名家视点 第8辑

阅读推广的进展与创新

《图书情报工作》杂志社 编

海洋出版社

2018年 · 北京

图书在版编目（CIP）数据

阅读推广的进展与创新/《图书情报工作》杂志社编. —北京：海洋出版社，2018.1

（名家视点. 第 8 辑）

ISBN 978-7-5210-0017-7

Ⅰ.①阅… Ⅱ.①图… Ⅲ.①读书活动-研究-中国 Ⅳ.①G252.17

中国版本图书馆 CIP 数据核字（2017）第 331269 号

丛书策划：高显刚

责任编辑：杨海萍 张 欣

责任印制：赵麟苏

海洋出版社 出版发行

http://www.oceanpress.com.cn

北京市海淀区大慧寺路 8 号 邮编：100081

北京朝阳印刷厂有限责任公司印刷 新华书店北京发行所经销

2018 年 4 月第 1 版 2018 年 4 月第 1 次印刷

开本：787 mm×1092 mm 1/16 印张：20.5

字数：358 千字 定价：52.00 元

发行部：62132549 邮购部：68038093 总编室：62114335

海洋版图书印、装错误可随时退换

《名家视点丛书》编委会

主　任：初景利

委　员：杜杏叶　易　飞　徐　健　王传清

　　　　王善军　刘远颖　赵　芳　谢梦竹

　　　　胡　芳　栾瑞英　盛怡瑾　袁贺菊

　　　　王　瑜

序

　　伴随着"狗年"的来临，由《图书情报工作》杂志社策划编辑、海洋出版社正式出版的《名家视点：图书馆学情报学档案学理论与实践系列丛书》第8辑如约而至，就要与广大读者见面了。这也是《图书情报工作》杂志社和海洋出版社联袂在狗年为广大的读者献上的一份小小的礼物。

　　本辑丛书包括四本书：《阅读推广的进展与创新》《面向MOOC的图书馆嵌入式服务创新》《数据管理的研究与实践》《智慧城市与智慧图书馆》。四本书所有文章均是从《图书情报工作》近些年所发表的优秀论文中遴选出来的。可以说，这四个主题都是当下学界业界所关注的热点或前沿领域，是图书馆学情报学理论与实践的新发展，也是国内近些年关于这些领域研究成果的集中体现。

　　《阅读推广的进展与创新》共计收录29篇文章。阅读推广是图书馆的一种重要服务模式，既是图书馆馆藏资源宣传推广的一种策略，也是拉近图书馆及其馆藏与读者之间距离的一种重要手段，更是提升公众文化素质与阅读素养的一种重要机制。从学术的角度，阅读推广的研究主题并不是创新，但实践上的异常活跃给阅读推广研究带来了新的生机与活力。本专辑的内容不仅展现了关于阅读推广的若干基本理论研究成果和多个国家阅读推广的实践经验，还重点汇集了多个图书馆在阅读推广方面的成功案例，值得学习和借鉴。

　　《面向MOOC的图书馆嵌入式服务创新》收录27篇文章，分"理论篇""建设篇""服务篇""综述篇"四部分，阐述了图书馆的环境下MOOC的应用与发展。MOOC在图书馆中的引入和应用已有数年的历史，但其意义和价值仍待不断地开发，其应用前景非常乐观。MOOC以其独特的教学模式深刻地影响了大学教育，也为图书馆创新服务提供了新的手段和契机。国内外图书馆在 MOOC 教学与服务方面已经有了不少的探索。本书可以说是从一个侧面反映了这些探索所取得的成果。

《数据管理的研究与实践》共收录 27 篇文章，分"理论篇""国外篇""国内篇"，一定程度上客观总结了国内外在数据管理的研究与实践方面所取得的最新进展。数据管理（或称科研数据管理、科学数据管理、数据监护等）是数据密集型科研范式（第四范式）转变的必然要求，也为图书馆信息服务、知识服务从基于文献到基于数据提供了新的机遇与新的能力。但总体而言，对国内的图书情报工作而言，数据管理还是新生事物，我们对它的认识与应用的能力还非常有限。本书所介绍的相关内容对于我们更好地理解数据管理，推动数据管理融入图书馆业务体系，建立数据管理平台与服务能力，都是很有启发价值的，特别是国内外图书馆在数据管理方面的一些探索，表明数据管理已经不是概念层面的问题，而是在实践中已经有了长足的发展。

《智慧城市与智慧图书馆》共收录论文 26 篇。"智慧"是一个非常时髦的词汇。智能技术的发展与应用，使得"智慧城市""智慧社区""智慧校园"乃至"智慧地球"成为可能。可以说，智能无处不在，智慧无所不能。同样，如果城市是智慧的，校园是智慧的，图书馆如果还不是智慧的，那图书馆是否还有存在的必要？因此，加快智慧图书馆的建设绝不是口号和噱头，而是当务之急，具有迫切的需求。2017 年，国内对智慧图书馆的讨论异常热烈，许多会议都将智慧图书馆列入探讨主题，许多期刊发表了许多篇智慧图书馆的文章。如果说将 2017 年定为"智慧图书馆元年"，也不为过。本书将为智慧图书馆的研究与实践提供助推器，希望国内图书馆更多地关注智慧图书馆，更多地参与智慧图书馆的建设，尽早实现智慧图书馆的目标。

《图书情报工作》至今已经走过 62 个年头，也处于其历史发展的最好时期。2017 年各项计量指标均名列前茅，而且还首次获得中国科学院科技期刊排行榜奖励，特别是首次获得"全国百强科技期刊"。杂志社不仅立足办好期刊，更快地发表更多的优秀成果，还积极承担传播知识的社会责任，每年举办多场学术会议和培训。出版专辑也是这样一种责任的体现，使得分散的相关主题的研究成果得以通过图书的形式再次揭示与展现，推动所发表的成果的增值和再利用。

感谢收录本专辑的各篇论文的作者的贡献，感谢广大读者对本专辑和本刊多年来的关注、厚爱和支持。在许多人的观念里，图书情报是传统行业，但这一行业在需求与技术的双驱动下，正在焕发前所未有的青春。通过创新与变革，重新定位图书情报的专业角色，重新塑造图书情报的职业形象，重新构建图书情报的职业能力，是时代赋予我们这一代图情工作者的神圣责任。

祝大家狗年"旺，旺，旺"！

初景利

中国科学院大学经济与管理学院图书情报与档案管理系主任

《图书情报工作》杂志社社长、主编，教授，博士生导师

2018年2月9日 北京 中关村

目　次

理　论　篇

"微时代"的经典阅读推广策略 …………………………………（3）
基于社交网络的群组式阅读推广模式研究 …………………（15）
大学生网游现象及阅读推广对策 ……………………………（26）
用户满意度视角下社交阅读推广服务的路径选择 …………（40）
经典阅读推广的误区及对策研究 ……………………………（52）
服务营销组合策略在阅读推广中的实践与探索 ……………（61）
论名人效应在阅读推广人机制中的应用价值 ………………（73）
高校图书馆阅读推广评价机制的研究 ………………………（86）
国内阅读推广研究主题分析 …………………………………（98）

国　外　篇

国外阅读立法对阅读推广的影响研究 ………………………（113）
国外阅读推广的品牌化运作及启示 …………………………（124）
欧美图书馆多元化阅读推广模式及其启示 …………………（133）
英美国家婴幼儿阅读推广项目研究及启示 …………………（144）
意大利早期婴幼儿阅读推广计划管理模式研究 ……………（156）
奥地利儿童阅读推广分析与启示 ……………………………（166）

实 践 篇

图书馆阅读推广的多元化趋势研究 ……………………（177）
高校图书馆阅读推广理论架构与实践 ……………………（187）
2014年高校阅读推广活动优秀案例分析与启示 ……………（195）
总分馆服务模式下的儿童阅读推广实践研究 ………………（209）
4I模型对高校图书馆阅读推广的启示 ……………………（221）
基于市场细分的大一新生阅读推广研究 ……………………（232）
基于微信公众平台的高校图书馆阅读推广效果实证研究 ……（241）
高校阅读推广用户满意度影响因素分析与建议 ……………（253）

专 题 篇

图书馆"阅读推广人"模式的实践探索 ……………………（265）
经典阅读：图书馆阅读推广的永恒主题 ……………………（274）
"立体阅读"：多元融合的阅读推广新模式探析 ……………（282）
"游学阅读"：图书馆体验式阅读模式再造 …………………（291）
图书馆"微媒体阅读推广"实践与探索 ……………………（300）
高校图书馆"培养型"阅读推广研究与践行 ………………（310）

理 论 篇

"微时代"的经典阅读推广策略*

1 引言

伴随新媒体的飞速发展，文化及信息的传播产生了深刻的范式转换，以微传播为主要驱动的"微时代"已进入到人们生活的方方面面，深刻影响着人们的阅读方式、思维方式以及理解方式。而以新技术和新装置为手段的全新信息获取方式也正迅速改变着我们的阅读，表现在阅读方式、阅读内容、阅读频度、阅读量度以及阅读深度的多向度转型等方面。经典作品是人类文明的结晶，阅读经典作品对个体成长、对社会发展都有着重要的意义，推广经典阅读无论怎样强调都不为过。以完整性、深刻性、开放性以及价值性为特征的经典作品，在"微时代"的阅读背景下，其推广任务已不仅是读或不读的问题，还是为什么读和怎么样读的问题。

2 "微时代"及其特征

"微时代是以信息数字技术为基础，是采用数字通信技术，运用音频、视频、文字、图像等多种方式，通过新型的、移动便捷的显示终端，进行以实时、互动、高效为主要特征的传播活动的新的传播时代。"[1]对"微时代"而言，日新月异的新技术的发展，使微时代呈现出日益加强的趋势：无论时间与空间、社会与文化、传播与接受都正在变得越来越"微化"。

2.1 "微装置"依赖与微传播的用户高黏度

对手机、平板等移动硬件的高度依赖以及对微博、微信、微商等软件平台使用的高黏度，是微时代的一个典型特征。"技术性的装置不但是一个有使用功能的装置，同时也是一个深刻影响人们思想、情感和行为的范式塑造者。"[2]美国人里夫金更是指出，在很大程度上，文化的创造依赖于介质的性质[3]。阅读介质的改变同时改变着文化、思维和行为，对微装置的依赖是微

---

* 本文系聊城大学社会科学基金项目"'微时代'下的经典阅读推广研究"（项目编号：321021513）研究成果之一。

阅读（或称"碎片化阅读"）行为和习惯形成、固化和强化的强大动力。微时代的阅读已经成为人机协作的阅读，阅读中的读者成为装置的一部分，并且装置也成为阅读过程的一部分。

以微博、微信为代表的微传播以极高的使用黏度占据着用户的时间。以微信为例，据 Curiosity China 公司制作的 2015 年微信用户数据报告[4]，微信已覆盖90%以上的智能手机，25%的微信用户每天打开微信超过 30 次，55.2%的微信用户每天打开微信超过 10 次。微传播几乎挤占了用户的所有碎片时间，主宰着用户的阅读内容、阅读方式并以互动的方式干预着读者的阅读过程。

2.2 信息的极速传递

一个指尖即可完成的裂变式传播，不仅简单、快捷、即时，而且还具有互动性和交往性，并且目标受众由于社交圈的交叉性和交互性而具有不可控特征。

2.3 信息的高度娱乐化

微时代下的信息内容除了"微"这一典型特征外，高度娱乐化是其另一显性特征。"一切艰深、费解、复杂的信息都趋向于简化和有趣，吸引眼球的视觉愉悦成为微文化的微信息和微叙事的基本构成方式。"[2]甚至晦涩难懂的专业术语都可能以大众化语言甚或网络语言充分表达，辅以图片、漫画、表情包等表现形式来抓取读者注意力。

2.4 阅读的"过度注意力"模式

美国学者凯瑟琳·海尔斯认为当下有两种注意力模式[5]，一种是传统的深度注意力（deep attention），另一种是过度注意力（hyper attention，或译作"超级注意力"），后者的特点是其焦点在多个任务间不停跳转，偏好多重信息流动，追求强刺激水平，对单调沉闷的忍耐性极低。过度注意力的优点在于能够适应高速度、高信息度、快速变化的社会环境，适合多任务工作处理。微时代的各种"微"化倾向，更是加强了过度注意力的发展，读者越来越远离深度注意力的认知模式。深度注意力的缺失，容易使人依赖简单便利的问题解决方式，抗拒深度思考。微传播带来更多阅读的同时，也带来了阅读的困扰，过度注意力下频繁跳转的界面剥夺了阅读中的理解力、判断力与思考力，导致思维弱化。

3 微时代下经典阅读推广所忽视的问题

随着国家对全民阅读的日益重视，我国的经典阅读推广研究也逐步向纵深方向发展，在微时代下如何推广经典越来越受到研究者的重视。学界在经典阅读环境创设、推广活动创新、专业馆员服务、现代技术支持等多方面都有较系统的研究，推动着经典阅读推广向更深入、更细致的方向发展。阅读推广研究基本涵盖了从理念到实践，从实体到虚拟的各个层面，涌现出大量的研究成果，为打造书香社会，促进全民阅读起到了重要的推动作用。目前的经典阅读推广侧重对阅读推广的方式方法的宏观研究，较少基于问题从微观上解决经典阅读"读不下去""读不深入"的研究。

在实践中，阅读推广的经验介绍及活动开展以图书展、图书漂流、真人图书、读书节、征文比赛、社交网络推广等主，从活动形式、活动内容到活动开展的具体步骤以及活动反馈和效果都有较详尽的研究成果。针对微时代下阅读特性的，如武汉大学"拯救小布之消失的经典——2015武汉大学读书节经典名著在线游戏"、四川大学图书馆的"微拍电子书"等成功案例，都成为微时代下阅读推广的积极应对策略，在推广实践中呈现出主题形式、宣传渠道、组织管理及品牌价值的多元化趋势[6]。

推广经典阅读绕不开以微阅读为表征的微传播时代。微时代下的经典阅读推广的不仅是经典文本及其所承载的价值（包括文学性、思想性、价值观等），同时也是深度认知模式的推广，整体理解力、判断力、深度注意力的推广。

笔者以中国新闻出版研究院近5年的全国国民阅读调查[7]（2011—2015年，第九次至第十三次）为据，对与微时代下阅读推广相关的主要指标进行分析（见表1），结合经典阅读调查指标及经典阅读推广文献研究，认为在微时代中的图书馆经典阅读推广忽视了5个方面问题。

表1 2011-2015年全国国民阅读调查主要指标（成人）

指标 年度	图书阅读率（%）	数字阅读接触率（%）	图书阅读量（本）	电子书阅读量（本）	阅读偏好（纸书）（%）	手机阅读接触时长（分钟/天）	微信阅读时长（分钟/天）	个人阅读评价满意率（%）
2011年（第九次）	53.9	38.6	4.35	1.42	75.3	13.53	-	21.2
2012年（第十次）	54.9	40.3	4.39	2.35	74.4	16.52	-	19.1
2013年（第十一次）	57.8	50.1	4.77	2.48	66.0	21.70	-	21.0
2014年（第十二次）	58.0	58.1	4.56	3.22	57.2	33.82	14.11	25.8
2015年（第十三次）	58.4	64.0	4.58	3.26	57.5	62.21	22.63	20.8

3.1 经典阅读推广对微阅读的忽视

从表1可以看出，数字阅读接触率与偏好纸书的阅读率近5年呈现出此长彼消的趋势，图书阅读量5年来虽未有大的波动，但其中电子书阅读量却有长足发展，以微装置为介质的阅读迅猛发展，而从第十二次阅读调查开始增加的对微信阅读时长的调查，更显示出对微阅读的重视。时间的碎片化加剧，也让阅读微化严重。把经典与微阅读对立，往往是以经典的阅读篇幅为依据，而忽略了微阅读时长与经典的可连接性，即连续的微阅读同样能够阅读长篇的经典著作。对于微阅读来说，一部大部头的经典读本，其文字量无论是纸版或是电子版都已经显得与微阅读格格不入。而图书馆经典阅读的推广基础却往往是以书目为基本单元，十几万字或是几十万字的阅读量对微阅读来说是不能承受之重。诚然，经典作品的推广必然是以其完整性为前提，被割裂的经典也必然不能体现经典的价值。但是经典阅读推广对微阅读形式的忽视，必然导致推广经典的局限性。如何让经典在日益普及的微阅读形式下得以推广并保证经典的完整性，是图书馆必然面临的课题。

3.2 经典推广对阅读深度的忽视

由表1可知，读者个人阅读满意率近5年均徘徊于20%上下，显示出读者对阅读的质量有较强的期待。阅读满意率指标是读者对自己阅读的主观综合评价，并不能反映出读者在哪些方面满意或是不满意。而纵观目前对经典阅读的调查与统计，大部分仅限于阅读篇目、阅读量、阅读时长、阅读频次和阅读结构等可统计的指标，对于阅读的完整度、阅读深度、阅读的效度等不可量化的指标却因操作困难而难以统计，因其统计的困难，在经典阅读推广时难免无据可依。在当下，对信息的强力浏览或扫描式阅读其实是在剥夺阅读、剥夺思维，碎片化的微阅读如果没有理解力、思考力、判断力、反思评价力等的参与，就有可能造成整体认知结构障碍。目前，经典阅读存在的问题不仅是阅读量和阅读时间的减少，更是阅读完整度、阅读深度的缺失。

3.3 经典阅读推广对阅读媒介的忽视

第十三次全国国民阅读调查数据显示[8]：我国成年国民每天接触新兴媒介的时长整体上均有不同程度的提升，手机阅读接触时长增长显著，人均每天微信阅读时长为22.63分钟。阅读媒介不仅影响着阅读方式，同时也深刻影响着阅读内容及读者对内容的理解方式，即不同的阅读媒介规定着对阅读内容的不同理解方式。哪些内容是被强化的，哪些内容是被弱化的，在纸媒与网媒之间是不同的。比如：纸媒之下的"一千个读者，就有一千个哈姆雷特"，在影视媒体之后，不同观众心目中的哈姆雷特形象就几无差别。新媒体"强化了散漫、强化了呈现、强化了感性与审美，从而弱化了集中、弱化了提议、弱化了理性与思考"[9]。而同样作为数字化阅读，电脑阅读与手机阅读在阅读状态、阅读环境、阅读时长以及思考方式等方面也是存在差异的。我国的经典阅读推广往往仅对经典本身展开推广，对经典在不同媒介下的阅读未有充分区分与重视，尤其是对相同文字内容的不同媒介表现下，在推广上未进行区分。开展经典阅读推广，图书馆就应当重视不同阅读媒介的力量，尤其是在微阅读媒介下应采取不同的推广策略。

3.4 经典阅读推广对创造深度阅读需求的忽视

图书馆经典阅读推广注重读者需求，通过纸本或电子图书等提供丰富阅读资源，举办经典阅读讲座进行阅读指导，开设经典阅览室打造阅读环境等，有效地提升了有经典阅读需求读者的经典阅读量，是对读者需求的有效满足。但是，经典阅读推广往往忽视对经典阅读需求的创造，即隐性需求显性化，浅层需求深层化。尤其对"读不下去"的经典来说，就是要把阅读需求转为阅读行为，把泛读转为精读，把略读转为深读。微时代之下，信息提供与推送几乎占据了读者所有的碎片时间，如果仅是满足读者的经典阅读需求，那么经典阅读推广仍然是一种被动的对已有需求的满足，达不到推而广之的目的。微时代之下，阅读推广就要让经典不仅能够被微阅读，而且能够被读完、读深。

3.5 经典阅读推广对关系推广的忽略

大数据时代，对现象背后产生的原因的省察，可能是有用的，但对有些现象来说并不是很重要的。传统的对因果关系的重视，已经被对相关关系的重视所取代。"相关关系通过识别有用的关联物来帮助我们分析一个现象，而不是通过揭示其内部的运作机制"[10]。比如，亚马逊销售额的三分之一都是来自于它的个性化推荐系统，虽然计算机不知道为什么喜欢海明威作品的客户会购买菲茨杰拉德的书，但是这似乎并不重要，重要的是销量增加了[10]。

目前，图书馆利用相关关系的经典阅读推广，多是利用QQ、微信、微博等社交关系进行推广，已经是对关系推广有所重视，大大提高了阅读推广效率。除了读者之间的社交关系之外，图书馆还应梳理与经典及经典阅读行为的各种相关关系，如经典与环境、性别、年龄等的关系，阅读行为与其他行为之间的关系等，并利用其进行阅读推广。如四川大学图书馆的"微拍电子书"活动，即是运用阅读行为与微拍行为的关系，利用"90后"读者群喜爱的新媒体新技术与阅读的结合，通过集中读者注意力，引起读者兴趣，以促使读者参与行动。图书馆掌握着本地区或社区读者借阅的大数据，其目标受众的针对性更强，在利用相关关系进行经典阅读推广方面仍有很大潜力可挖。图书馆的经典阅读推广往往囿于自身，视野受限。在相关关系的利用中，比如未能主动揭示经典阅读的"有用关联物"，缺乏对"有用的关联物"的主动把握和有意识、有针对性的推广。

4 微时代下的经典阅读推广策略

微时代下的经典阅读经历了一个从传统经典化到去经典化的过程，阅读推广者必须在对微阅读充分理解与尊重的基础上进行阅读推广，顺势而为，让读者重拾经典，让阅读从去经典化到重新经典化。对图书馆人来说，在微时代的经典阅读推广中首先要成为一个有准备的人，成为推动者，让经典在微时代不仅能读得下去，而且能读得深入。

4.1 让经典适应微阅读：经典的"微化"处理

让经典适应微阅读，适应微时代，并非简单地打破经典的完整性，经典"微化"处理不仅指经典文本要适应微阅读形式，更是指要适应微时代的思维与行为方式。

4.1.1 数字经典文本的"微化"服务　对微装置的依赖已经使阅读不再是单纯的个人对文字的阅读，而是成为阅读手段与阅读内容结合而成的人机交互的阅读，依赖于虚拟的阅读环境，是一种多感觉阅读，在多种形式上提供意义。因此，进行阅读推广时就要使经典文本的呈现状态能够适应微阅读，在以经典内容为主之外，在多种形式上提供服务，实现读者与经典、读者与作者、读者与读者以至读者与推广者的有效交流与对接。

（1）重视读者阅读体验，做到阅读即服务（reading as a service），为经典的内容打造微阅读的形式。如开展"共读一本经典"活动时，可利用微信号等媒介每天推出合宜的阅读量，设计编排适合微阅读的经典文本呈现方式，减轻阅读压力，消除阅读障碍。由于微阅读状态下的读者对单调沉闷的耐受度低，为减少阅读长篇经典的压迫感，可在保证原著内容完整性的前提下，把原文的大段文字适当分段、留白。晦涩难懂部分提供通俗易懂的图文解说微链接，另以图片、颜色等醒目形式突出经典的精彩华章。在文中插入与内容关联的话题等兴趣点，延长关注度，以适应数字媒介下读者的认知负荷，降低认知成本。适当的阅读量不仅适合读者的微阅读需要，而且相同阅读进度的内容能够满足读者阅读时的互动需求，及时发布阅读感悟，实现读者间的深度交流。

（2）深入理解经典，为经典找到切合的推广方式，让经典能够从各种角度进入读者的阅读视野。图书馆作为专业阅读推广者，推广经典必然要建立在对经典的深入理解上，根据不同经典的特点建构多元的呈现方式，以适应读者的微阅读需求。以我国古典"四大名著"之首的《红楼梦》为例，推广者可利用主题推广组织文本内容及关联知识，以可见、可感、可理解的方式呈现给读者。基于《红楼梦》的博大精深，推广者可从目标受众特点入手，从"人物""事件""诗词""美食""建筑""服饰""礼仪""养生"等方面选择主题，靶向推广，以读者易于接受的微阅读时长与篇幅呈现经典内容，引发兴趣，促使读者由线上的主题微阅读转向线下的整本阅读。经典阅读推广者应该从形式推广、活动推广逐步转型，成为经典的深度推广者。

4.1.2 让纸本经典阅读适应微时代下的思维方式与行为方式　指尖决定的阅读，表明了阅读内容选择的个性化与形式的简约化，要让养在"深闺"的经典更接近读者，图书馆的经典阅读推广就要具有读者思维，把让读者走向经典变为让经典走向读者。

（1）图书馆可以在传统分类法的基础上，对经典的内容、主题、关键词、意义等进行语义提取、分类，借鉴"凌乱标签"（网络中流行的一种新的组织信息的方式，是由读者自由创造的，带有强烈的个体阅读经验、生命体验等个性化特征的信息标注形式），让读者参与添加条目、分类，实行多重分类，纸本经典多处上架，数字经典则可从多种语义标签中检索、获取，增大被检索几率。例如，豆瓣网成员为《三国演义》添加的标签多达1 608个[11]，读者不仅可从"三国演义""古典文学""小说""罗贯中""古典名著""历史"等中规中矩的标签检索，也可从诸如"神秘主义""冷兵器""75万字""没有读完"等充满体验、感性和不确定的凌乱标签中得以检索。

（2）对纸本经典的借阅也需重视读者体验，扩大读者话语权，开放规则制定。比如，微时代下读者的阅读除了"微"之外，也更注重表达与互动。纸本经典传统的借阅期限如每本书借期30天或60天，对大部头或是较难读懂的经典来说，可能就无法满足读者的时间需求。而对于乐于表达的读者来说，纸本书的禁止涂写与标注也会让阅读不能尽兴。图书馆可在人员、经费和流通等条件允许的情况下，开放读者话语权。例如经典文本的借期在合理的范围内由读者说了算，或者设置部分可涂写的纸本经典，让读者的感受可及时、充分地表达及交流。

4.2 经典阅读管理：对阅读深度的干预

微时代下的读者以更即时、简洁的方式获取各种资讯、他人的思考结果及各种文化的观点与意义，而无须耗时费力进行提取、分析、反思、批判，或者联想、推理、顿悟，因为一切都唾手可得。当下，对经典的推广不仅是对精神及文化的自觉引领，也是对微时代下深度注意力和深度思维的推广，经典阅读推广对阅读深度的干预就显得尤为重要。

4.2.1 顺应读者微阅读需求，引导读者完整阅读经典　在越来越"微"的时代里，与其对抗碎片化，不如因势利导帮助读者完成完整的经典阅读。事实上，大多数读者的时间是在反复地刷微博微信的过程中被更加碎片化了，过度注意力下的阅读使读者对单一沉闷的忍受力降低，经典的"读不下去"也势所必然。图书馆开展经典阅读推广需要顺应碎片化下的微阅读与被频繁切换的注意力。

（1）顺应读者微阅读需求，合理分解阅读任务。适当分解阅读任务，可以有效减轻读者阅读压力。线性的，如按章节、按叙事顺序等分解，非线性的，如按主题、人物关系、逻辑关系等分解。比如在做微信公众号推广时，可设计推出连续的阅读单元，推出诸如"五分钟读经典"等推送文章，并附本馆纸本资源方位及数字资源链接，方便读者线下阅读。既顺应了时间的碎片化，又保证了经典的完整性。

（2）抓取读者注意力，鼓励创意推广，增强阅读刺激水平。单纯只有文字的经典文本很难引发过度注意力下读者的关注度，阅读推广应当注重推广时对读者的刺激水平，适当增加些合宜的娱乐性因素，鼓励创意推广以引发关注。微信微博等推广都可配以生动、活泼、贴切的插图、漫画，甚至网络表情，或者稍显夸张的网络语言，方便读者刷屏的居中排版等，以"山不就我我就山"的深度推广精神，主动向读者靠近。还可增加游戏设计以刺激阅读，如经典阅读进阶奖励，"通过游戏化策略推进，激发读者的参与度与投入感，增加其参与乐趣和黏性"[12]。

4.2.2 制造阅读议题，进行深度阅读引领　微时代下，阅读引领在经典文本的深阅读中起着很重要的作用，推广者应善于引领读者深入文本，然后超越文本。正如本雅明童年时的体验"你从来不是阅读书籍，而是住在里面，闲荡于行与行之间"[13]，阅读需要移情体验和行动上的参与。当前，经典阅读权威或阅读领袖的地位下降,自媒体下的读者更需要参与和交流式引领以及与当下接轨的思想碰撞。

(1)管理读者微评论,让阅读成为有深度、有温度的阅读。经典阅读推广者同时也应是阅读者,对所推广的经典给予阅读引领和反馈,是图书馆经典阅读推广的深度拓展,也是对微时代下读者深入阅读的一个有力推动。如利用微博、微信等进行阅读推广时,要关注微博、微信的读者留言,并给予积极回应,以提升阅读质量和参与热情,鼓励思考,促进反思,推动阅读,延缓读者关注力的转移。对读者留言的回复与评论会激发读者对经典阅读内容进行二次、三次重复阅读,有利于阅读走向深入。在此基础上,还可建立经典阅读微信交流群、QQ群等,对经典的深度阅读、深度交流给予支持。

(2)以微创作等推广形式激发深阅读。2016年2月网友@杜子建发布微博(新浪),以唐代诗人韦应物《简卢陟》中的一句"我有一壶酒,足以慰风尘",征求续诗,激发了广大网友的续诗潮及创作热情,其中不乏佳作。经典文本的开放性使微创作得以可能,以经典文本为基础的微创作会促进读者的深阅读,拉近读者与经典的距离。在微时代下,经典阅读推广的征文活动可转变为微创作等形式,降低参与的时间成本,适应读者时间的碎片化,提高读者的参与度。

(3)以与当下接轨的思想碰撞引领深度阅读。以2015年8月15日正式上线的微信公众号知更社区(zhigengshequ)为例,其定位是服务于读书会和读书人的知识社区。其文章选编"皆是经典著作中符合当下语境的'酷炫'思想,如《弗雷泽<金枝>:为什么有的人总喜欢找'替罪羊'?》《叔本华:如何用一种痛苦来结束另一种痛苦?》等"[14],更容易引发读者共鸣。而在推广阅读苏格拉底时,知更社区推出的"读苏格拉底,有什么用"[15],以当代人更容易引起兴趣的"情绪管理""如何说服别人""聪明人的品质"等作为推广点,打造了更易被接受的经典与读者的相遇方式。经典阅读推广要善于让经典与当下的思想、问题与热点相结合,让读者主动深入阅读经典,带着兴趣与问题的阅读更易让读者进入深阅读。

4.3 创造阅读需求:善于看到需求,并达到对深度阅读需求的满足

"技术逻辑下,读者按照日趋精准的算法,机械地阅读一篇篇'个性化推荐'的文章,阅读各种智能终端设备为你筛选的方向"[16]。这种基于读者偏好或习惯而推送的阅读,几乎完全覆盖了读者的微阅读时间。因此,经典阅读推广除了要持续满足阅读需求外,还要善于为读者创造阅读需求,变被动推广为主动推广。

11

（1）细分读者群体，利用大数据创造需求。经典阅读推广可利用读者阅读偏好的学历因素、地域因素等大数据，根据潜在需求进行有针对性的推广。比如 2016 年 1 月 29 日，《人民日报》在官方微博发布"大数据告诉你 2015 年 9 所高校大学生图书借阅排行榜"后，网友@菏泽中院评论读者借阅倾向时总结为北大政治派、复旦技术派、山大历史派……阅读偏好一目了然，高校图书馆可据此向学生推荐相关主题的经典著作，提高经典阅读率。

（2）满足读者深度阅读的需求，利用专职馆员推广经典，把推广做细、做精、做深。图书馆要善于利用馆员学科背景优势，结合馆员对经典著作的偏好及研读深度，组建专业化的经典推广团队，把有深度、有温度、有共鸣的经典主动推送到读者面前。例如，借鉴以传承中华生命智慧为目标的燕京读书会的做法：燕京读书会以精读儒释道经典为内容，并邀请学者、专家等从各种角度阐释、推广国学经典，帮助读者反复把经典读细、读深。图书馆可根据不同馆情，从著者、年代、国别、学科分类等角度对经典进行专业化细分，组建专业的经典阅读推广团队，把对经典的推广做得更加精致、深入。

4.4 借力经典阅读相关关系，促进经典阅读推广

大数据时代，无处不在的终端和计算能力不但使个人行为变得可以追溯，甚至态度与情绪都可被数据化从而可据以分析。对大数据的挖掘和利用，让数据产生了集体性价值和潜在价值。读者的检索行为、阅读行为、社交行为等大数据，都可被作为关系数据进行分析，阅读推广利用对相关关系与社交关系的揭示来推广经典会达到事半功倍的效果。

4.4.1 利用相关关系，创造关联条件，增强经典阅读的"可接触率" 首先，提取经典阅读相关关系中的"有用关联物"，创造经典阅读推广的关联条件。对图书馆检索数据及读者阅读行为进行分析，找出最相关词条，或通过代理合法取得与阅读有关的数据信息，分析与经典阅读有关的各种相关关系，找出比较强的相关关系，据此进行经典阅读推广。如沃尔玛公司在飓风来临时把蛋挞放在靠近飓风用品的位置以增加销量，就是对相关关系的运用。而前述亚马逊推荐系统得出的一项结论，喜欢海明威作品的客户会购买菲茨杰拉德的书，也是对相关关系的有效运用。经典阅读推广应善于从看似无关的关联物中抓取相关关系，如阅读某经典的内容相关、时间相关、空间相关、环境相关、选择相关，以至性格相关、兴趣相关等相关关系中寻求最相关条件，快捷、有效地推广经典。

其次，利用相关关系增强阅读经典的"可接触率"。让经典阅读与其他行

为通过相关关系连接，创造关联条件，利用经典的作者、国别、文体、主题等，尤其是内容的辐射与关联，增强经典阅读资源的"黏性"与关联度，让经典随时与目标读者相遇。

4.4.2 利用社交关系，推动互动传播，让每一种关系都成为推广节点 微时代下，阅读正在经历着从个体阅读到人机协作阅读、从传统阅读到社会化阅读、从独立阅读到共享式阅读的转变。阅读不仅是独立的和私人的，同时也成为社会的和分享的阅读。经典阅读推广应充分利用读者的社交关系以及有聚合效应的传播平台，善于借力来推广经典。

充分利用社交关系的互动传播、推广，让每个读者都成为推广节点，辐射推广。微信群、QQ群、MSN等社交圈既是对个体身份的认同和彰显，又是对个体身份的隐匿，每一个人都既是群体又是个体，相似的兴趣、阶层或价值观等让阅读分享更容易引发共鸣，促进推广。群成员通过阅读、交流、分享、转发，可使推广效率在很短时间内成倍提升。经典阅读推广者可依据经典进行分类，打造各具特色的微信公众号"圈粉"，聚集有相同兴趣爱好的读者，让订阅的读者通过评论、交流、分享等行为对经典的阅读更加广泛、持久和深入。图书馆要善于利用各种社交平台，让经典阅读推广由单向推广转向多向推广。经典阅读推广以生动、有趣、活泼、开放、可分享、易传播的形式与内容呈现给读者，让每一个读者都能够成为经典的推广者与促进者。

参考文献：

[1] 林群. 理性面对传播的"微时代"[J]. 青年记者, 2010, (2)：7-8.
[2] 周宪. 时代的碎微化及其反思[J]. 学术月刊, 2014, (12)：5-12.
[3] 里夫金. 零边际成本社会：一个物联网、合作共赢的新经济时代[M]. 北京：中信出版社, 2014：181.
[4] 2015微信用户数据报告[EB/OL]. [2016-04-18]. http：//www.ithome.com/html/it/152417.htm.
[5] 海尔斯. 过度注意力与深度注意力：认知模式的代沟[J]. 杨建国, 译. 文化研究, 2015, (1)：4-17.
[6] 许天才, 杨新涯, 王宁, 等. 图书馆阅读推广的多元化趋势研究[J]. 图书情报工作, 2016, 60 (2)：82-86.
[7] 聚焦全国国民阅读调查[EB/OL]. [2016-09-09]. http：//www.chuban.cc/ztjj/yddc/.
[8] 第十三次全国国民阅读调查数据在京发布[EB/OL]. [2016-04-29]. http：//cips.chuban.cc/yjsdt/201604/t20160419_173544.html.
[9] 李玮. 读尼尔·波兹曼《童年的消逝》[J]. 新闻爱好者, 2009, (11)：151.

[10]　迈尔-舍恩伯格，库克耶. 大数据时代［M］. 盛杨燕，周涛，译. 杭州：浙江人民出版社，2013.

[11]　豆瓣读书《三国演义》［EB/OL］.［2016-05-24］. https：//book.douban.com/subject/1019568/.

[12]　栾雪梅. 经典阅读推广的误区及对策研究［J］. 图书情报工作，2015，59（2）：51-55.

[13]　匙河. 阅读是一场惊心动魄的历险［N］. 中华读书报，2016-05-25（16）.

[14]　知更社区：用时代的"基础设施"做最贴心的知识服务［EB/OL］.［2016-06-15］. http：//toutiao.com/i6262602520292491777/.

[15]　读苏格拉底，有什么用？［EB/OL］.［2016-06-15］. http：//www.wtoutiao.com/p/1f0rcA5.html.

[16]　碎片化阅读会导致"低智商社会"吗？［EB/OL］.［2016-06-15］. http：//cul.qq.com/a/20160225/053691.htm.

作者简介

栾雪梅（ORCID：0000-0002-9094-2426），馆员，硕士，E-mail：lxmlctu@126.com。

基于社交网络的群组式阅读推广模式研究[*]

1 引言

随着移动互联网的纵深发展，人们的阅读方式正经历着一场潜移默化的转变，从纸质阅读到数字阅读，再到移动阅读，均体现出阅读模式的创新。"互联网+阅读"时代，更是让移动社交阅读焕发出了光彩。这种通过用户人际关系网络，在线传递阅读信息，分享阅读体验的新型阅读模式，受到了广大读者的喜爱与追捧。

在移动社交与移动阅读如火如荼地开展的同时，也引发较多的争议与质疑。豆瓣读书等阅读社区中，读者表现出的阅读热情仅限于娱乐化、网络文学，而对传统文学、专业知识阅读则呈现出冷清、孤寂的状态；拇指阅读等APP阅读平台中，社交阅读分享大多局限于书籍推荐与书评，好友相互对阅读的回复与点赞，且缺乏群体性、共同参与的交互阅读及缺失深层阅读和深层思考；Facebook、微信社交群组阅读中依赖好友相互间推荐的阅读资源则呈现出大量碎片、松散、无序的情景，没能形成相互关联与层次，却造成了读者阅读耐心的缺失与注意力的涣散。这些状况都说明："社交网络"+"阅读"还处于浅层结合期，未能基于读者社交链实现有效阅读交互与激励，更谈不上对读者阅读认知的提升与思想的升华。

社交阅读正成为国民阅读的一种新趋势[1]，如何顺应这种趋势，在充分发挥社交网络优势的同时，弥补或消除其存在的不足，构建积极互动的阅读环境，激发读者阅读分享与交流的欲望，促进读者实现系统性、深层次、有意义的阅读，成为阅读推广领域亟待解决的问题。本文在基于社交网络平台的阅读推广中引入群组模式，对群组式阅读推广的意蕴内涵、环境构成要素、实现策略进行深入研究，并依据分析成果，设计与实施案例，验证其应用效果，以期为社交阅读的推广活动提供一种可行、有效的参考模式。

---

[*] 本文系 2015 年度四川省教育厅科研项目"'全民阅读'背景下高校图书馆促进大学生开展深度阅读的激励机制研究"（项目编号：15SB0035）研究成果之一。

2 文献综述

基于社交网络阅读的研究已成为近两年来国外阅读领域研究中的热点。大量广泛而深入的研究从不同的角度揭示了社交网络阅读,其主要内容可以分为4个部分:①社交网络对用户阅读的意义。J. White等提出社交媒体可以支持学生的阅读,能促进对阅读内容开展批判性的讨论,是一个参与和互动的建构主义学习[2]。D. Tamir等通过心理学与神经科学的相关理论与研究,论证了阅读与社交网络、社会认知的关系[3]。②基于社交网络阅读的资源推荐算法与技术研究。M. Waumans等提出一种新的算法,产生了无向、加权等多种类型的阅读网络[4]。A. Kochtchi等建立了一个新的可视化分析系统,用于对社交网络阅读中互动探索和阅读标签的提取[5]。③基于社交网络的阅读促进方法、激励策略等。C. Liu等基于用户在社交网络阅读中的需求,建立了一个简短的阅读评论流,帮助用户提高快速阅读技巧和概述总结能力[6]。J. Fox与C. Anderegg将Facebook用户的行为分为:被动、活动、互动3个类别,指出用户规范性和可接受性的行为是增强网络互动的有效策略[7]。④社交网络阅读对用户的阅读绩效影响。C. Asternan等研究了Facebook在线阅读环境中,大学生对阅读资源开展交流辩论,有利于参与阅读与学习及对复杂科学话题的理解[8]。S. Tsvakootaba等对澳大利亚放射学领域的网络阅读进行了实验,论证了阅读网络中人员的关系密度、位置与角色等网络特征对专业知识发展及非正式知识共享之间的相关关系[9]。L. Sesek与M. Pusnik对斯洛文尼亚国家中"新时代读者"进行了跟踪研究,在提出社交网络对通俗文学阅读必要性的同时,也指出用户社交阅读行为处于弱链接状态[10]。

国内有关社交网络阅读的研究相对较少,张月群等提出图书馆阅读推广过程中,要充分利用社会网络环境下馆员与用户联系的便宜性,了解个性化、情景化的用户需求,充分利用用户资源使用数据和相关专家推荐榜单,分学科、分层次、分阶段地向用户推荐现阶段的经典图书和其他资源[11]。杨益与孙济庆从社会网络的读者阅读行为分析了读者与图书之间确实存在的关系[12]。姚飞等介绍了清华大学图书馆利用社交网络平台对书友会成员开展信息推送、图书搜索等实践[13]。黄震华等则提出了一种社交网络群组间信息推荐的有效方法[14]。

通过对以上文献分析可知,国外高度关注社交网络阅读的相关研究,其研究的理论与实践不断加深,研究涉及的领域、对象、范畴也不断扩大,正逐步形成完善的研究体系。而国内的研究尚处于起步阶段,相关策略方法的研究尤为薄弱,更缺乏对阅读成效的实证分析与数据支持。如何通过社会网络开展阅读推广，实现读者的深层次、关联性阅读，仍需要开展深入细致的探索，基于社交网络的群组式阅读推广将是其中一项重要的研究尝试。

3 基于社交网络的群组式阅读推广模式构建

3.1 社交群组式阅读推广的内涵

群组模式的出发点是基于某种紧密关系将不同用户组合在一个社区中，从而把用户从相对封闭的好友关系疏导至群组，创建一种新的更开放的社交关系，实现信息的传播与分享[14]。基于社交网络的群组式阅读推广则是通过群组中的社交关系结构，将群组成员组织起来，按一定的目标、任务和形式，开展阅读活动。

这种推广模式与传统阅读推广模式截然不同，它赋予了推广活动全新的意蕴与内涵。在充分认同推广人员对阅读活动的策划、组织、引导作用的同时，这种新型的推广模式更关注如何利用社交群组，在阅读过程中发挥群体动力，通过群组成员间相互影响、相互促进，增强读者对阅读的正向情感与投入程度，推动其参与阅读的能动性，进而对碎片化、无序化的阅读进行资源关联与整合，达成对阅读知识的高效迁移与创新运用，实现深层次、有意义的阅读。

3.2 社交群组式阅读推广的环境特征

较之传统的阅读推广环境，基于社交网络群组的阅读推广环境更为复杂，社交网络、读者、同伴、推广人员、阅读资源是其基本构成要素见图1，这5个要素相辅相成，缺一不可。

社交网络是社交阅读推广的先决环境，它所构建的开放式、扁平化、平等性的关系网络，为参与其中的读者与推广人员之间奠定了平等、合作的关系。这种"去中心化"的阅读环境，打破了传统推广活动中读者被动参与阅读的局面，使推广人员成为了阅读的同伴与支持者，这将有利于读者从心理上认同推广活动，进而投入到分享、交流的阅读过程中。

在社交网络的群组式推广阅读环境中，读者是单一的个体，能够按照自身的需求与能力开展独立阅读，通过自我阅读管理实现对阅读资源的获取、信息转换与知识建构。与此同时，读者也是社交网络中的一个节点，利用群组相互间的连边关系开展资源传递、协同阅读与体验分享，通过相互影响与相互作用，规范阅读行为，深化阅读认知，改善阅读绩效。

在协同阅读过程中，一方面同伴相互间的信任感能使读者畅所欲言地对

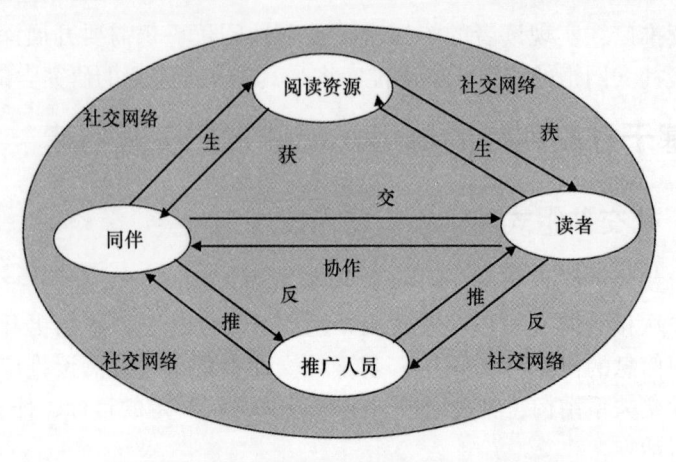

图1 基于社交网络群组的阅读推广环境特征

阅读问题开展讨论与探索，有利于激起思维的火花，突破原有单一的阅读思维定势，促进知识的关联与迁移，实现相互间知识的互补。另一方面，同伴相互协同阅读，能使读者轻松观察到友人的阅读行为与阅读成效，激发自身参与阅读的意愿。同伴相互间的期望与认同，更能让读者获取正向情感激励，增强阅读的行为动力，驱使自身持久地投入到阅读的协同活动中。

在基于社交网络群组的阅读推广环境中，推广人员扮演着双重角色：作为推广活动的管理者既要对群组的阅读进行策划、组织、监督、修正与评估，对不同的读者个人搭建阅读支架，提供阅读支持；要作为社交网络群组的一部分，要以普通读者的身份参与协同阅读，与同伴相互促进、启发、深入与激励，增强读者对群组的归属感与认同感，引导读者深层次阅读、并使得阅读更有意义。

社交网络群组阅读推广中的阅读资源可分为3个层次。第一，所呈现的阅读资源来自推广人员的推荐阅读材料，也包括读者自行搜索的与阅读主题相关的零碎的、补充性资源。由于读者自身在知识结构、学科背景及阅读经验上有差异性，因此，所呈现的资源具有多元性、分散性、碎片性的特征。第二，这些资源在经过群组成员的分析、讨论、探究后，生成为阅读学习笔记、阅读知识图谱、评论与反思等资源，这是读者开展有效阅读后，对资源的高度结构化联结，具有集成性、系统性，有利于读者对阅读内容更深刻的理解与记忆。第三，随着读者更进一步地阅读交互，读者作为资源的创建者，从简单的内容阅读转移并演化为对阅读资源的整合与创新，资源具有了生成性与创造性，这是知识迁移与重构的成果，是阅读突破局限，创新发展的终极实现。

3.3 社交网络群组式阅读推广的实现路径

3.3.1 组建关系紧密的群组　过大或过小的团队规模均不利于知识的扩散与创新[15-16]，且成员深度阅读交互与协作的开展必须是建立在成员相互熟悉、相互信任的基础之上。因此，在基于社交网络开展阅读推广之初，推广人员首先要为读者提供相对紧密的、稳定的、大小适合的阅读群组。建立有效的社交群组绝非一朝一夕，推广人员可以利用已存在的社交网络开展群组分割。通过挖掘读者原有的阅读数据进行阅读偏好、能力、习惯等分析，从而初步筛选出较为相似的读者阅读特征组建不同子群，以子群中读者的社交情感为纽带，建立一个能够分享资源、创建互联的网络群组，建立稳定融合的群组关系，消除阅读孤独感，增强阅读积极性。此外，在组建推广子群时，推广人员还要充分兼顾成员的异质性，即在对已存在的社交网络进行群组分割时，适当扩大群组成员的年龄、性别、地域、学科背景等因素的异质，这有利于在协作阅读中，群组成员从不同的思维角度呈现出更多的阅读信息与观点、激发持续参与讨论的热情，为实现成员间紧密的连接互动提供动力。

3.3.2 注重群组社交网络资源的聚合　知识、人、资源聚合可以产生"协同增效"效果[17]。阅读之初，社交网络群组成员由于自身阅读的差异性，造成对阅读知识掌握的片面性与孤立性。但事实上，这些知识个体之间有着千丝万缕的联系[18]。为了揭示知识之间隐含的关系与结构，则需要群组成员对资源进行不断补充，并按知识的逻辑结构找出资源的相互连接点，层层递进，实现对知识融合与创新。推广人员要采用多样化的推广策略促进读者参与并投入协同阅读，鼓励读者呈现个体阅读信息，并通过自主交流、探讨、评价等交互活动将网络中数量庞大的信息与碎片化的知识连通起来，引导读者将各种知识融会贯通，使知识从碎片、杂乱、无序中的状态整合为系统、有序、渐进的体系结构。

3.3.3 提供动态、层次性的阅读支持与协同　在基于社交网络群组的阅读推广中，推广人员要根据阅读推广经验的积累，在专业化、标准化的前提下，制定开放性、差异性的阅读目标，鼓励读者按自身的特定倾向与需求选择不同的阅读目标开展阅读。在读者进行个体阅读时，推广人员通过跟踪读者的阅读进度，进而帮助读者扩展阅读资源、提供疑问反馈、增强阅读技能、缓解阅读压力、提高阅读自信、开展阅读管理、分享阅读体验。在读者进行协同阅读时，推广人员要以读者的身份与其他读者一同解决阅读疑难问题、加深阅读理解、响应阅读反馈、展示阅读成果等，引导读者阅读资源利用不同的角度、不同的层次进行发散思考与探索，通过知识的不断交融与启发，实现集体思维与集体智慧的共享，提高读者的深度阅读认知与高阶思维能力。

3.3.4 扩大群组间的阅读情感体验 通过社会网络关系建立的阅读群组中，读者之间有着平等、互助、信任的良好关系，推广人员应充分利用这种关系，推动读者在群组平台中分享个人的阅读成果，并开展点赞、转发、回复、反馈与评论。通过相互间的阅读激励与竞争，点燃读者的阅读热情，促使读者激发起超越自我和同伴的欲望，释放潜在的内驱力，不断地修正与调整自己的阅读行为，提升读者互动参与度。推广人员还应根据不同读者群体的交互阅读形式，组织开展主题探究式、任务驱动式、互助合作式等形式多样的阅读，从而增强群组凝聚力，使读者间形成融洽友爱、默契配合的阅读同伴关系，在高效的阅读互助过程中，增强读者正向的情感体验，构建起相互影响与相互启发的阅读生态行为。

4 基于社交网络的群组式阅读推广实践

4.1 基于社交网络的群组式阅读推广设计

笔者选取四川师范大学《平凡的世界》阅读推广活动作为个案开展研究，采用双组对照实验法，对双组成员的阅读开展不同的推广干预策略，通过测量两组成员在阅读认知、阅读行为的差异，论证基于社交网络的群组式阅读推广模式对读者阅读所产生的成效影响。

大学生更加倾向于利用朋友圈开展社交行为，是社交阅读的主要用户，因此，个案研究的对象均来源于参与四川师范大学阅读推广活动的大学生。在为期8周的推广过程中，他们在图书馆同一名推广老师的引导下，对《平凡的世界》一书开展了阅读。

笔者在参与活动的普通学生中随机选取了35人组成对照组，他们仅有极少部分人员相互认识，不存在有效的群组社交关系。推广人员按照以往的移动推广方式，利用在线微博社交平台，开展资源推荐、问题解答、任务布置、成果分享等活动，完成了传统的阅读推广服务。

根据社交群组式阅读推广模式的构建策略，笔者从四川师范大学志愿服务团体中挑选出33名学生组成实验组。该实验组成员相互间认识，且具有一定异质性，并在实际的志愿服务工作中多次利用微信群平台开展交流，因此，可以确认实验组为关系较为紧密的群组。在推广人员对实验组成员进行了相同的阅读资源推荐后，鼓励实验组成员自行对书籍本身及其相关资源（作品创作背景、角色塑造、人物关系、相似作品等）进行搜索与查找，并在社交网络平台中进行推送、分享，以供团体成员开展扩展性、综合性阅读交流与探索。在扩展成员阅读情感体验及支持阅读层面，推广人员以阅读主题为枢纽，利用思维导图等工具将阅读主题分为多个角度来进行研究，组织学生以小组的形式自行开展阅读与交流；对不同的小组布置开放性的阅读任务，鼓励学生在阅读过程中就生成的阅读成果开展分享、互评与点赞。最后，对产生的不同阅读结果进行汇总、整理与展示，以期使成员在相互的总结、评论中，实现对阅读相关知识结构的全面认知。在实验组的整个活动中，推广人员以阅读主题为核心，以知识关联为基础，以同伴交流互助为手段，以知识整合与创新为归宿，完成了基于社交网络的群组式阅读推广实践。

4.2 实践成效分析

4.2.1 阅读认知成果分析 阅读实验结束后，笔者对两组学生阅读成绩及阅读思维层次开展了认知成果分析。

笔者运用测验试卷的方法对学生的阅读成绩进行定量评价。借鉴加涅学习结果分类理论[19]对试卷的测试题进行编制，其具体内容涵盖：对阅读所涉及特定细节的精确回忆；对相关扩展补充资源的了解；对重要事实理论的正确理解；对阅读题意的推理判断等。测验题型以测量的难易程度分为单选与多选两类题型，共计 12 小题，每题计 1 分。并对回收的测试试卷进行分值统计，在平均总分为 12 分的情况下，实验组平均成绩高于对照组 2.154 分。运用 SPSS 软件将两组成员阅读成绩分值进行 K-S 检验，其成绩服从正态分布，再对两组的成绩进行独立样本 T 检验（见表1），其结果显示两组成员阅读成绩在 0.01 水平存在显著差异。这表明：基于群组社交关系搭建的阅读环境，有利于学生清晰梳理知识间的关联属性，在重组与整合的基础上，构建较为完善的知识框架，增进了知识的记忆与理解，优化了阅读过程，使认知效果得以显著积极的提高。

表1 试验组与对照组阅读成绩差异性检验

方差方程的 Levene 检验		均值方程的 t 检验						
F	Sig.	t	df	Sig.（双侧）	均值差值	标准误差值	差分的 95% 置信区间	
							下限	上限
2.416	.131	4.196	29	.000	2.154 17	.5133 7	1.104 21	3.204 13

21

为了进一步明确学生阅读认知思维的层次变化，研究运用内容分析法对微信群平台中呈现的内容进行逐一分析，从提问、交流、讨论、评价等一系列发帖内容中提取本次实验中推广人员与学生进行阅读思维的相关数据样本。借鉴布鲁姆[20]的认知领域目标分类理论及比格斯的SOLO学业评价理论[21]，将阅读的思维层次从低到高依次划分为：知识分析（对阅读知识的梳理、讨论、评论，争议、质疑等）、知识联想（对相关知识的回忆、想象、扩展、补充等）、知识重构（阅读成果展示中对阅读知识的归纳、综合、加工、重组等）、知识的运用（运用阅读知识开展创造）4个不同层次。将双组中提取的与阅读思维相关的803条样本内容按其明确的思维意义进行层次归类并按类别逐一开展对比。思维层次对比状况如图2所示：

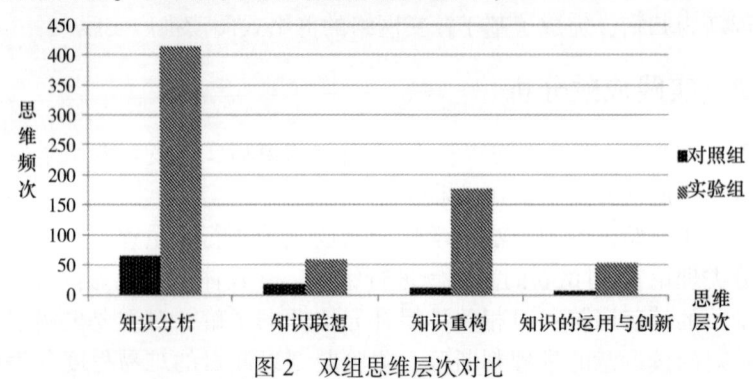

图2 双组思维层次对比

从图2中可以看出，实验组学生在不同思维层次上的数量较对照组均呈现出明显的增长态势，这充分说明实验组成员在阅读过程中，一方面，通过对阅读中存在的问题进行分析、思索、质疑、争论、求证和归纳，对抽象与复杂的知识进行了结构化思考，拓展了理解的深度，促进了自身对不同阅读资源的融会贯通，实现了内在知识的迁移与建构。另一方面，在相互交流、相互合作的阅读过程中，成员间在多个层面与角度产生了思维的碰撞与启发，打破思维的局限，实现了发散性、创新性等较高层次的阅读思维，也为知识的创新运用提供了更多可能。然而，从图2中还可以看出：实验组成员在知识的联想、运用与创新等高阶思维层次的总量仍偏低，这也从侧面印证了在阅读过程中开展高阶思维的复杂性与困难性，因此，在阅读推广活动中有效地提高读者高阶思维层次还需要群组成员相互间长期协同与支持。

4.2.2 阅读行为影响分析 基于社交网络的群组式阅读推广对成员阅读行为的影响更为明显。笔者通过统计实验过程中微信平台所产生的发帖数量，观察双组成员交互的状态。对照组中推广人员与学生共产生324条帖子，实验组共产生2 083条帖子。研究以周为时间节点（X轴），以产生的帖子为交互的数量（Y轴），对每周交互情况进行统计，确认其交互状态（见图3）。图3中，实验组的交互行为明显高于对照组，在实验组中的各个阶段，交互都有发生，这表明，在社交网络群组式阅读推广过程中，成员之间开展了大量的阅读交互，且交互行为贯穿于阅读全过程，已成为了阅读的一种常态。

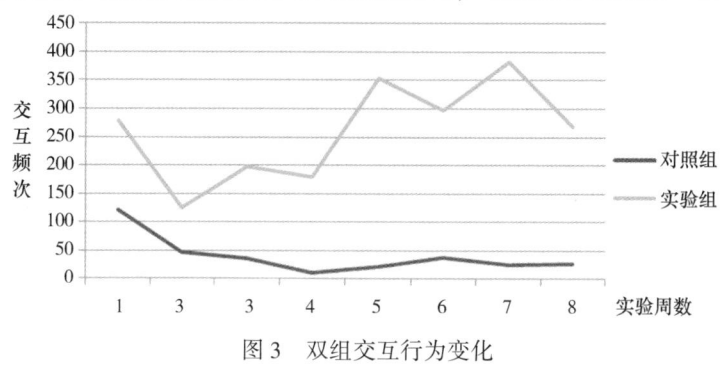

图3 双组交互行为变化

对阅读的主体行为开展分析。在对照组的交互行为中，推广人员发布任务、推广资源、提出问题、回答疑问、参与讨论、开展评论等交互行为共176次，占总数的54.3%，这表明对照组阅读过程中，推广人员占据主体地位，学生阅读多为被动的跟从。而在实验组的交互行为中，推广人员的交互行为共377次，仅占总数的18%。这充分说明在实验组阅读过程中，成员具有自主阅读交互的积极性，这种阅读的主体意识将有效增强其阅读的投入程度，并为个人长效持久的阅读参与提供了有力保障。进一步将实验组成员间的交互行为开展分类，如图4所示：

图4 实验组交互行为分类

从图4中可以看出，成员阅读交互行为最多的是相互间的点赞与评论，这种相互激励的行为占据了交互行为总数的47%，这充分说明，在社交网络群组中，成员间双向互动式激励能使成员体验到彼此的接纳与支持，从而共同营造出宽松、和谐的阅读氛围，这提升了成员参与阅读活动的自我意愿，对于维持高水平的阅读交互起到了重要意义。其中，讨论、分析、提问、解答等行为占据了交互行为总数的38%，它们的开展也为成员深层次、系统性阅读发挥了积极作用。

5　结语

基于社交网络群组开展推广活动是智慧型阅读推广的新诉求。案例实践表明：基于社交网络的群组式推广对读者的阅读认知与阅读行为有着积极、显著的改善作用。但面向不同背景特征的读者，如何利用社交网络有效开展群组阅读推广仍需要从样本研究对象、读者心理状况、个体行为规律、绩效影响程度等多方面进行全面深入的因果论证与持续性跟踪探索，从而催生出具推广理论性、普遍性、适用性的，使基于社交关系的阅读走出尴尬境地，通过群组式阅读推广，高效实现对阅读信息的传播与分享，运用与创造，进而推动全民阅读格局的发展与革新。

参考文献：

［1］　调查显示国民阅读率上升［EB/OL］.［2016-04-20］. http：//learning.sohu.com/20160420/n445087328.shtml.

［2］　WHITE J, HUNGERFORD-KRESSER H. Character journaling through social networks［J］. Journal of adolescent & adult literacy, 2014, 57（8）：642-654.

［3］　TAMIR D, BRICKER A, DODELLFEDER D, et al. Reading fiction and reading minds：the role of simulation in the default network［J］. Social cognitive & affective neuroscience, 2016, 11（2）：215-224.

［4］　WAUMANS M, NICODEME T, BERSINI H. Topology analysis of social networks extracted from literature［J］. PLOS one, 2015, 10（6）：1-30.

［5］　KOCHTCHI A, LESBERGER T, BIEMAMM C. Networks of names：visual exploration and semi-automatic tagging of social networks from newspaper articles［J］. Computer graphics forum, 2014, 33（33）：211-200.

［6］　LIU C, CHEN M, TSENG C. Incrests：towards real-time incremental short text summarization on comment streams from social network services［J］. IEEE transactions on knowledge & data engineering, 2015, 27（11）：2986-3000.

［7］　FOX J, ANDEREGG C. Romantic relationship stages and social networking sites：uncertainty reduction strategies and perceived relational norms on facebook［J］. Cyberpsychology behavior & social networking，2014，17（11）：685-691.

［8］ ASTERHAN C，HEVER R. Learning from reading argumentative group discussions in facebook：rhetoric style matters（again）［J］. Computers in human behavior，2015（53）：570-576.

［9］ TAVAKOLI-TABA S，HOSSAIN L，HEARD R，et al. Personal and network dynamics in performance of knowledge workers：a study of Australian breast radiologists［J］. PLOS ONE，2016，11（2）：1-15.

［10］ SESEK L，PUSNIK M. Reading popular literature and digital media：reading experience，fandoms，and social networks［J］. Anthropological notebooks，2014，20（2）：103-126.

［11］ 张月群，郦纯宁. 社会网络环境下图书馆知识转移角色变迁与应对策略［J］. 图书与情报，2015（6）：107-112.

［12］ 杨益，孙济庆. 基于社会网络的读者专业阅读相关性研究［J］. 新世纪图书馆，2012，(10)：91-92.

［13］ 姚飞等. 图书馆服务与社交网络整合研究——清华大学图书馆书友会实践案例［J］. 图书馆杂志，2011，(6)：24-28.

［14］ 黄震华，张波，方强. 一种社交网络群组间信息推荐的有效方法［J］. 电子学报，2015，(6)：1090-1093.

［15］ 刘惠琴. 团队异质性、规模、阶段与类型对学科团队创新绩效的影响研究［J］. 清华大学教育研究，2008，(8)：83-90.

［16］ 陈光华，梁嘉明，杨国梁. 产学研合作研发是规模经济的吗？［J］. 科学学研究，2014，(6)：882-889.

［17］ 杨进中，张剑平. 基于社交个性化学习环境构建研究［J］. 开放教育研究，2015，(4)：89-97.

［18］ 李明鑫. 基于知识链接的数字资源整合研究［M］. 长春：东北师范大学出版社，2014：58-59.

［19］ 加涅. 学习的条件［M］. 傅统先，陆有铨，译. 北京：人民教育出版社，1985.

［20］ 布卢姆. 教育目标分类学第一分册：认知领域［M］. 罗黎辉，等译. 上海：华东师范大学出版社，1986.

［21］ BIGGS J，COLLIS K. Evaluation the quality of learning：the solo taxonomy［M］. New York：Academic Press，1982.

作者简介

张泸月（ORCID：0000-0002-0626-2971），副研究馆员，硕士，E-mail：girlzhangluyue@126.com。

大学生网游现象及阅读推广对策*

1 引言

当今阅读推广已成为高校图书馆的核心服务工作，其目标群体为在校所有大学生。实际上，参与阅读推广活动的大学生均喜爱阅读，受益的也仅是喜爱阅读的大学生。而阅读推广的目的不仅是让喜爱阅读的人多阅读，更要让原本不喜爱阅读的人爱上阅读。通过查阅资料分析发现，已有少数学者的研究以大学一年级新生为阅读推广的目标群体，如张春峰等的《基于市场细分的大一新生阅读推广研究——以燕山大学为例》[1]和郭文玲的《大一学生阅读现状调查及对策研究》[2]，但仅有吴燕、叶银珍的《阅读疗法对高校网瘾学生的心理干预研究》针对大学生网瘾问题开展了阅读疗法研究[3]。据《中国青少年网瘾报告》（2009）显示，18-23岁的青少年网民网瘾比例（15.6%）最高，本、专科生网瘾最为严重，占青少年网民的32.6%，近一半网瘾青少年（47.9%）把网络游戏（简称网游）作为其上网的主要目的并且在这上面花费的时间最长[4]。笔者试以热衷网游的大学生作为目标群体探索针对性的阅读推广对策，积极引导他们利用图书馆的资源进行自主性学习，使不爱阅读和没时间阅读的网游大学生成为阅读推广的受益对象，实现真正意义上的阅读推广。

另一方面，闫宏微的《大学生网络游戏成瘾问题研究》中调查了南京7所大学，其玩网游成瘾大学生平均每天上网时间为3.33小时[5]，因此本文将网游大学生界定为平均每天玩网络游戏超过3小时的大学生。出于日常学习与生活的便利，很多大学生都拥有智能手机和电脑。而由于网络的普及和个人自律性差等原因，部分大学生沉溺于网游世界，网游占据了很多课余阅读和专业学习的时间，导致网游大学生在学业发展和人格成长方面产生了难以弥补的后果。网上常有报道，部分学子因网游失去了人生方向，天天混日子，严重影响到学业，有的学生因网游而挂科过多导致退学；有的学生沉溺于网

---

* 本文系2015年度江苏省高校哲学社会科学研究项目"新媒体时代全民阅读推广的组织责任制研究"（项目编号：2015SJD566）研究成果之一。

游世界而丧失社交能力，患上了抑郁症或自闭症；更有甚者因网游时间过长伤及身体而命丧黄泉，诸如此类的案例不胜枚举，这些惨痛的现象值得深思。笔者通过访谈了解到，很多大学生在宿舍里玩网游，不仅自己玩还带动室友一起，有时吃饭叫外卖，已到了足不出户的地步。痛惜之余，高校图书馆有必要思考和探索如何对网游大学生进行针对性的阅读推广。因此，本文拟通过调查分析大学生的网游和阅读学习现状来探讨针对网游大学生的阅读推广策略，以吸引他们走进图书馆，引导他们逐步改变阅读学习现状，促使他们形成良好的阅读兴趣和习惯，利用图书馆资源进行自主性阅读和学习，把自己培养成为对社会有用的人才。

2 大学生的网游和阅读学习现状的调查分析

苏南地区地处长江三角洲中心，是中国经济最发达和现代化程度最高的区域之一，其大量的企业对应用型人才需求量很大，而地方应用型本科院校可培养具有较强社会适应能力和竞争能力的高素质应用型人才[6]，自主阅读能力是高素质应用型人才的基本功，其培养离不开图书馆资源的高效利用。通过访谈得知，不少大学生过度沉迷于网游，大量的课余时间被网游占用，没有利用图书馆的资源进行大量的自主性阅读而把自己培养成为高素质人才。因此，探索苏南地区应用型本科院校大学生的网游和阅读现状具有一定现实意义和代表性，本文选取金陵科技学院、江苏科技大学、常州工学院、苏州科技大学和常熟理工学院5所院校为例，采用问卷调查和访谈方式，分析大学生的网游及学习现状，探索高校图书馆如何对其进行针对性的阅读推广。于2016年3月，笔者在上述5所应用型本科院校发放"大学生网游情况问卷调查表"1 000份，回收有效问卷856份，有效回收率为85.6%。

2.1 大学生网游状况

根据调查，大学生玩网游的情况如图1、图2所示，其中不玩网游的大学生比例仅占12%，发现身边玩网游人不多的学生比例也只占26%，可见网游基本上成了大学生的主流生活，且各年级和各学院都有玩网游的学生，男女生均有，男生比例较大。

2.1.1 大学生痴迷网游的原因 大学生痴迷网游的原因如图3所示，其中打发时间的学生比例占66.7%，说明大部分学生不知如何安排课余时间；寻求刺激的学生占10.9%，这部分学生觉得大学生活平淡无味，多余的精力没处发泄；排解情绪的学生占14.7%，说明这部分学生学习和思想上有压力，

图1 玩网游人数

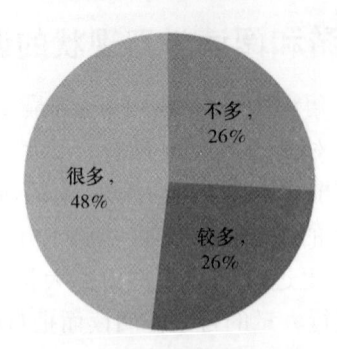

图2 发现身边玩网游人数

需要找个地方来排解，由于同学之间的影响，自然就想到了网游；以交友为目的学生只占到7.7%。大学生在上大学前是以高考为目标，被老师和家长安排着学习，一旦进入大学，没有了高考的压力，没有人安排学习，也就失去了目标，没有了学习的动力，同时也不知道通过大量阅读来充实自己的课余生活，导致大部分同学用网游来打发时间，如此时间一长，就致使部分同学痴迷于网游世界而不能自拔。

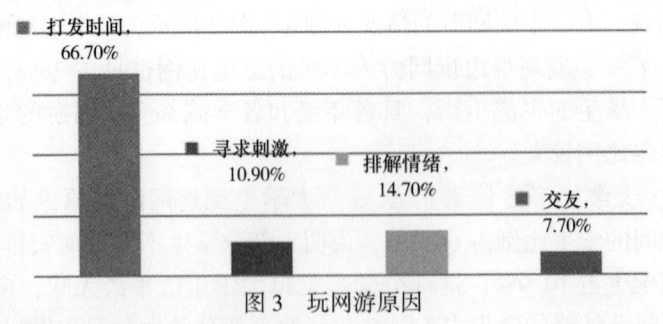

图3 玩网游原因

2.1.2 大学生玩网游的程度和态度 大学生网游成瘾比例及对待网游成瘾的态度如图4、图5所示。从图4中得知，大学生玩网游没有成瘾的学生比例为66%，有瘾及轻微有瘾的学生比例为34%，说明大部分学生只是为了休闲，并且能够很好地把握自己，也有少部分同学无法控制自己，程度较深，长此下去必定影响到学业。从图5可见，没有意识到应该摆脱网游的大学生比例为43%，认为应该摆脱网游的大学生比例为17%，持无所谓态度的大学生比例为40%，可见绝大部分学生认可玩网游，只有少数人想摆脱网游，认识到网游给自己带来了不良后果，也说明这些大学生思想意识发生了转变，希望有外力来帮助他们。

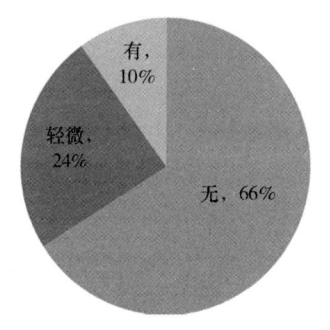

图4 玩网游成瘾人数

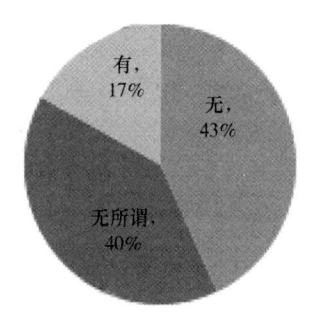

图5 想摆脱网游人数

大学生平均每天玩网游时间如图6，调查结果显示大学生平均每天玩网游1-2小时学生比例为57%，玩3-4小时的学生比例为21%，玩5-6小时的学生比例为13%，也有少数人玩6小时以上，占9%。平均每天玩网游6小时以上的学生基本上把课余时间都用来玩网游，这样的大学生令人揪心和惋惜，背离了来大学校园进一步提升自己的初衷。通过对大学生的逃课与挂科情况分析发现，经常逃课的学生平均每天玩网游时间基本都超过了5小时，而挂科门数较多的学生平均每天玩网游时间也是5小时以上。走访常熟理工学院的部分班主任和辅导员，了解到挂科较多的学生平均每天玩网游时间都过长，这些学生也常逃课。还通过学生访谈知晓，常有些学生逃课也是因玩网游。可见大学生平均每天玩网游时间过长甚至成瘾影响到了正常学习和学业水平，如何对他们进行预防和疏导性的阅读推广，将其引上常规的阅读学习状态，值得图书馆人思考和探索。

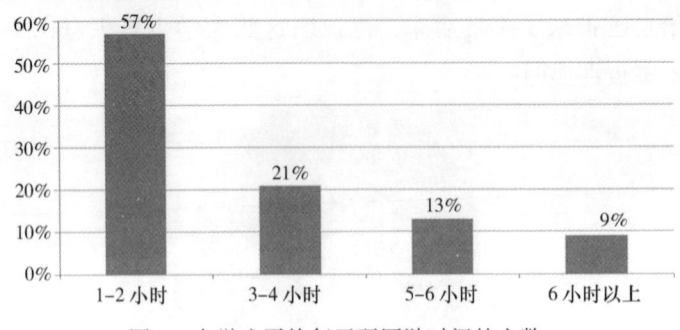

图6 大学生平均每天玩网游时间的人数

2.2 网游大学生的阅读学习现状

2.2.1 网游大学生的阅读兴趣 据调查，除网游外最想做的其他事，如图7所示，睡觉和看电影或逛街人数均为30%左右；看书人数比例为25.9%，说明阅读兴趣不浓厚。而对于是否接受阅读引导调查结果如图8所示，不希望有人推荐图书的学生比例仅为12%，无所谓有人推荐图书的学生比例为21%，希望有人推荐图书的人数比例为67%，可见大部分学生希望有人为他们推荐图书，引导他们阅读。

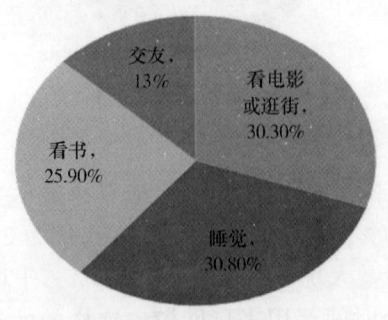

图7 除网游外最想做的其他事

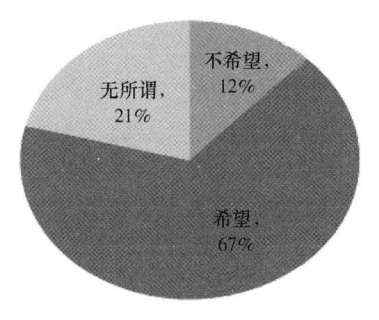

图8 是否希望有人为你推荐图书

2.2.2 大学生利用图书馆资源情况 如图9所示，不了解图书馆资源的学生比例为27%，略微了解一些的学生比例是42%，仅有31%的大学生了解图书馆资源。不会使用图书馆资源的学生比例为13%，略微会使用的学生比例是42%，会使用的学生比例为45%。从不去图书馆借书的学生比例为8%，偶尔去借书的学生比例为56%，常去借书的人数比例是36%。从这个对比图可知，大学生利用图书馆资源情况不乐观，了解图书馆资源、会使用图书馆资源和常去图书馆借书的学生均不到半数，说明图书馆的阅读推广力度不够，没有深入人心，阅读推广面不够广。

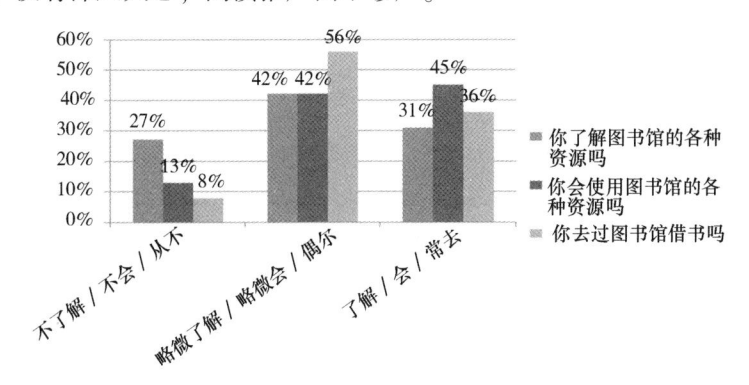

图9 大学生利用图书馆资源情况

2.3 网游大学生的职业规划

网游大学生的职业规划情况如图10所示，没有想到开发游戏的学生比例高达71%，没有想到网游竞赛的学生比例为74%，没有想到以网游方向为职业的学生比例为88%，可见他们只是顺潮流玩网游打发时间。但也有部分大

31

学生想到过开发游戏及以网游方向为职业目标等，这些学生想法多，兴趣也多，可利用他们的兴趣吸引他们走进图书馆，用适合的推荐书目来帮助他们实现开发游戏的理想及职业规划等。

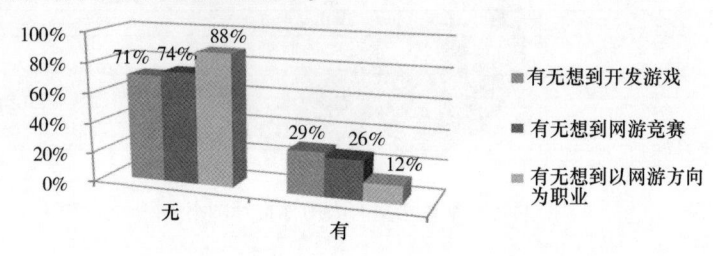

图10　有无想到开发游戏、网游竞赛及以网游方向为职业

3　针对网游大学生开展阅读推广的具体措施

通过对大学生的网游状况和阅读学习现状的调查分析，大学生玩网游的人数比例高达88%，甚至部分学生因自控力差，致使玩网游费时多，沉溺深，对他们的学习产生了严重的不良影响，出现多门课程挂科以及逃课等现象。除了学校加强教育和管理外，图书馆也应探讨如何对他们开展针对性的阅读推广，引导他们进入正常的阅读学习状态。

3.1　预防性阅读推广应从大一新生开始

据访谈得知，高考模式导致部分学生在中学有兴趣阅读而没时间，在大学有时间自主阅读而没了热情，无所事事时以玩网游打发时间；部分学生带着新奇进入大学学习，随着时间的流逝，新奇变得平淡，受爱玩同学的影响，逐步也开始玩网游。张春峰等也认为大一新生的阅读欲望被中学的学业压力暂时抑制了，如不加以引导和刺激会被其他的兴趣所吸引[1]。为了再次燃起大学生的阅读热情，促使大学生保持新奇感和学习动力，预防性阅读推广应从大一新生开始，针对网游大学生的特点，图书馆应创新传统的新生入馆教育，创新阅读推广理念和形式，吸引他们的眼球；鼓励所有新生参加图书馆的各种阅读类社团，并长期开展各种活动，促使他们与图书馆保持黏度；积极利用网络和新媒体线上线下与新生互动交流，激发他们的阅读热情，培养他们的阅读兴趣，以防他们染上网游之瘾。

3.1.1　创新传统的新生入馆教育　其目的是更好地引导新生了解和学会使用图书馆的资源，积极地利用图书馆的资源进行大量自主性的阅读和学习，并激发他们的阅读兴趣和阅读热情，防止他们无所事事时被网游等吸引。传统的新生入馆教育主要包括图书馆开展的新生入馆教育讲座、新生入馆参观活动和新生在线入馆教育考试等，时间较短，理论较多，容易使学生听不懂，有的学生甚至根本不听，低头玩手机，这种新生入馆教育形式没有起到应有的作用和效果。为创新传统的新生入馆教育讲座形式，与手机和电脑抢学生，常熟理工学院图书馆老师对2016级新生使用QQ"面对面发起多人聊天"功能，现场与学生互动和讨论，激发学生的兴趣，起到了意想不到的效果。图书馆还可将传统的新生入馆参观改为由学长代替老师带领新生参观，一个班级分解为好几个小组不定时入馆。因学长的身份、年龄与新生相似相近，易于引起新生的好奇和亲切感；每次参观的人数较少，易于沟通和交流，容易达到预期的效果。图书馆还可利用大一新生的新奇感，通过新媒体对大一新生进行阅读推广，线上和线下对他们进行阅读指导和书目推荐，唤醒他们的阅读意识。如常熟理工学院图书馆在2015级和2016级新生入馆教育参观时，推荐所有新生关注图书馆的微信公众号，还结合新生专题书展和学长推荐书单等形式，引导新生多阅读。2015年9月针对大一新生做了一期微书展"迎新生、促阅读——历年茅盾文学奖作品精选推荐"，同时通过图书馆微信公众号展示给读者，学生反响很好[7]。

3.1.2 创新阅读推广理念和形式 除了创新传统的大一新生入馆教育外，还应针对大一新生的特点创新阅读推广理念和形式，激发他们的阅读热情，保持他们的新奇感，促使他们利用图书馆的资源进行大量阅读和自主性学习，就不会有多余的时间玩网游。如武汉大学图书馆自2012年起每年10~11月针对新生举办图书馆文化活动月，每届为期2个月，包括新生畅游图书馆、新生入馆教育专题培训、书山寻宝、信息素养教育培训、影视赏析等系列活动，促使新生积极参与图书馆文化月活动，并尽快了解和积极使用图书馆资源与服务，这种持续时间长、形式活泼、内容丰富的创新性新生入馆教育理念和形式值得借鉴。另外武汉大学图书馆2014年9月首次推出了在线游戏"拯救小布"[8]来进行新生入馆教育，更具有针对性和吸引读者眼球的魅力，符合大学生年轻好胜等心理特点，在寓教于乐中帮助学生学会了使用图书馆。

3.1.3 组建各种阅读类社团 为了保持大学生对图书馆的黏度，长期吸引他们亲近图书馆，图书馆可对刚进校门的大一新生进行招新，组建各种阅读类社团，定期交叉开展各种阅读类活动和阅读指导，激发他们的阅读热情和培养他们的阅读兴趣。如常熟理工学院图书馆自2015年起陆续组建了读管会、书友汇、经典诵读协会、阅读推广人团队、围棋文化俱乐部等多个学生社团，分管社团的图书馆老师负责组织指导，长期交错地开展各种读书类活动，结合各个阅读类社团QQ群进行线上线下综合阅读指导和阅读推荐，激励他们多阅读。同时图书馆各个社团活动的开展还带动和吸引了其他读者的积极参与，实现了阅读推广。如阅读推广人团队2016年度开展了8期阅读推广活动，吸引参与人数为2 100人左右。

3.1.4 多种形式的互动交流 图书馆还应与学生采取立体式的互动交流，以唤醒大一新生因自身成长经历和高考前学业压力所引起的阅读迷茫，引导他们多阅读。常熟理工学院图书馆老师通过多个学生阅读类社团QQ群和微信公众号平台与学生进行线上互动，在组织社团策划方案和开展阅读推广活动时现场进行线下交流，这种线上线下立体式的互动交流，拉近了读者与图书馆的距离，同时也使学生易于接受老师的推荐阅读。

常熟理工学院图书馆通过对大一新生预防式的阅读推广，创新阅读推广理念，组建多个阅读类团队，长期交错地开展多种形式的阅读推广活动和立体式的线上线下互动交流，取得了良好效果。据访谈得知，2015级学生第一学年玩网游人数比2014级学生少了很多。由汇文系统统计得知，2015级学生第一学年的阅读人次和借阅册数与2014级学生第一学年相比，均有较大提升，如表1所示：

表1 2014级及2015级新生借阅量对比

读者年级	借阅人次	借阅册次
2014级	3 451	65 177
2015级	4 100	81 729

3.2 发挥馆员组织的力量，开展多管齐下的创新阅读推广活动

充分发挥馆员的主观能动性，挖掘馆员组织的潜力，集思广益，实行多管齐下的阅读推广方案，使阅读推广活动互为补充、互相促进，让阅读推广的影响时间更持久、受众面更广泛。目前阅读推广已成了图书馆的核心服务，常熟理工学院图书馆为践行这个理念，馆领导高度重视，从2015年起每年在图书馆员中征集阅读推广项目，发挥馆员组织的力量，经过馆内专家评委论证筛选，对有可行方案的阅读推广项目提供一定的资金，为阅读推广活动的顺利开展提供保障。目前常熟理工学院图书馆已开展了9个创新阅读推广项目，均已取得了不错成效，学生入馆率和借阅率显著提高。以往图书馆除了

考试期间阅览室读者爆满外,平时到馆人数屈指可数,近2年各种阅读推广项目开展后,即使不是考试时期,到馆读者数量也大增,每个阅览室上座率均保持在50%左右。9个阅读推广项目中的"大学生阅读推广人的培育""纹枰论道——大学生围棋文化推广阅读""新媒体推阅读"和"真人图书馆"4个项目,更是针对网游大学生的阅读推广做了一些有益的尝试,以下逐一论述。

3.2.1 大学生阅读推广人的培育 此项目通过招聘大学生阅读推广人并对他们进行培育,使大学生读者成长为阅读推广人,成为阅读推广的组织者和生力军。该方式充分发挥大学生阅读推广人的主观能动性和培养他们的社会责任感,让读者对读者进行阅读推广,因而更接地气[9]。因大学生阅读推广人更了解读者,知道如何去影响和带动身边的同学热爱阅读,特别是其针对网游大学生的阅读推广具有针对性。组织培育大学生阅读推广人的老师给他们出了个课题,让他们去讨论、思考和实践如何对网游大学生进行阅读推广。实施中有的大学生阅读推广人有意识地先把自己宿舍爱玩网游的同学带到图书馆来,然后慢慢地改变他们的阅读认识和培养他们的阅读兴趣。结果确实取得了一定成效,如,其同宿舍爱玩网游的某位同学常被拉到图书馆来,慢慢地喜欢上看书学习,从此不再网游。可见大学生阅读推广人的培育为针对网游大学生的阅读推广开了个好头。

3.2.2 纹枰论道——大学生围棋文化推广阅读 据调查,有部分网游大学生喜爱玩棋牌类游戏。棋牌是传统的娱乐游戏,对人际交往和益智都有好处。"纹枰论道——大学生围棋文化推广阅读"项目通过成立围棋爱好者俱乐部,定期组织围棋文化沙龙交流活动,吸引这部分读者到馆参与,同时对他们进行阅读推广和推荐适合的书目,从而转移其对围棋游戏的吸引力,积极引导他们正确对待网络围棋游戏,避免他们在宿舍里玩网络围棋游戏时间过长而影响学业。通过对围棋爱好者的调查得知,他们都觉得找到了组织,遇到了好老师,组织沙龙交流活动满足了他们热爱围棋文化、相互交流切磋的愿望,同时老师的阅读引导又使他们明白了要合理安排时间,用更多的阅读经历来丰富自己的思维以提高围棋技艺;通过阅读围棋名人传记类书籍,也帮助他们树立了正确的人生观和价值观等。

3.2.3 新媒体推阅读 目前94%的大学生使用智能手机,且手机上网是他们的日常生活内容之一[10]。很多高校图书馆也已有官方微信公众号平台,因而图书馆利用微信公众号平台做阅读推广大有所为。常熟理工学院图书馆"新媒体推阅读"项目通过官方微信公众号对大学生读者进行阅读推广,在针对网游大学生的阅读推广方面也做了尝试。利用当前年轻人喜欢的网络语言和很多流行游戏里的元素为大学生读者推送图书馆的各种信息服务和推荐阅读，微信页面设计卡通有趣，不仅吸引读者的眼球，而且深受读者喜爱，常有不少读者与老师互动交流。例如有学生留言"老师，你发阅读方面的文章很令人感动，可是近段时间我游戏有点上瘾了，一边想去图书馆看书，一边又在宿舍里玩网游，控制不住自己，怎么办呀？"。老师立马回复"那你明天来图书馆找我一起玩游戏，怎么样？"之后这位同学真的来图书馆找这位老师一起玩游戏。这位老师也是游戏高手，同学很佩服，但因老师工作忙，有时只玩一会，有时没时间玩，老师告诉同学能否先去阅览室看书学习并为他推荐阅读书目，有时间再切磋。老师这种工作重于游戏的以身作则的为人方式影响到了这位同学，同时这位同学在对老师推荐书目的阅读中找到了人生方向，改变了自己的游戏态度，常去图书馆阅览室看书学习。可见高校图书馆利用微信公众号服务针对网游大学生的阅读推广也是一种有效措施，如何做怎么做，就需要发挥老师的主观能动性和责任心。

  3.2.4 真人图书馆 真人图书馆在国内很多高校都已开展，有的学校已形成一定规模，如浙江师范大学图书馆的真人图书馆[11]和上海交通大学的"鲜悦"真人图书馆[12]等在阅读推广方面都取得不错成效。"真人图书馆"项目在针对网游大学生的阅读推广也做了一些努力，特别策划了一期真人图书。2016年4月，常熟理工学院邀请到因游戏改变自己人生的大学生——2011级学设计的肖同学作为真人图书来对网游大学生进行现身说法，并将把整个真人图书交流过程制作成视频放在图书馆网站上，长期供人阅读。该同学因喜欢单机游戏，对游戏里的原画设计产生浓厚兴趣，为此休学一年去学习原画设计，取得了好成绩，毕业后并顺利进入腾讯公司工作[13]。在做这期真人图书前，项目组针对网游大学生的阅读推广做了特别策划宣传，为吸引他们来到真人现场，海报设计里加了不少流行游戏的元素，并利用图书馆微信公众号、海报专栏、大学生阅读推广人组织一起线上线下同时宣传。项目组提前与真人图书交换了意见，因是针对网游大学生的阅读推广，肖同学现场与大学生进行了自由平等的沟通交流，分享智慧，激励他们改变网游和阅读现状，发奋图强，鼓舞他们重新认识自己，珍惜大学好时光，好好规划人生，多阅读，多学习。项目组老师现场进行了问卷调查，发现到场听众有近75%的同学喜欢玩网游，2016年9月对这批同学做了回访，结果有50%的同学基本不玩网游了。

3.3 创新第三空间阅读模式

  "第三空间"是美国社会学家 R. Oldenburg 最早提出的，他把家庭和职场分别作为第一和第二空间，把图书馆、博物馆、美术馆、咖啡馆、音乐厅、酒吧、公园等作为第三空间，体现了以人为本的特征，人们可以自由释放自我[14]。如台湾中兴大学图书馆"兴阅坊"阅读共享空间，以大自然为设计灵感，营造出以科技感与书林绿意的意象，集崭新、愉悦、FUN3种体验的寓意建设成学习共享空间，为大学生带来舒适愉悦的阅读环境[15]。又如台湾大学医学院图书分馆的"阅读新乐园"，以公园式的图书馆，为读者舒压解闷，激发读者的学习灵感[16]。

针对网游大学生的心理特征，以人为本，创新第三空间阅读模式，吸引他们回归图书馆。高校图书馆可将部分自习室改造成第三空间阅读模式，相对分隔成游戏引导区、游戏创作区、交流休闲区及咨询培训等，空间装饰为游戏里的情景，书架和书桌设计为舒适可爱的动漫形式，生动活泼而富于趣味。让呆板的书架、单调的阅览桌椅、被动服务的馆员、空洞的墙壁及严肃的规定等更人性化，打造具有人情味的阅读空间，实现阅读、创作、讨论、社交、休闲等功能，达到聚集人气、获取信息、学习交流、放松心灵等目的，满足大学生游戏化心理的需求，调节他们的情绪，引导他们逐渐转变阅读态度，建立阅读兴趣。

游戏引导区作为高校图书馆吸引网游大学生走进图书馆的一种手段，不仅可以满足他们的娱乐休闲需求，还可以通过控制游戏种类和加强引导，让他们从游戏中受益[17]。根据大学生竞争、好胜等心理特点，图书馆可开发通关游戏，游戏内容设置为信息素养教育和主题阅读等，实现游戏化服务，让大学生在游戏中学习利用图书馆知识的功用，达到寓教于乐的效果，同时也实现了阅读推广目的。裴雷认为图书馆提供游戏服务区能招徕读者和吸引读者，进而可对读者宣传阅读行为，增加读者数量[18]。武汉大学图书馆2015年读书节经典名著闯关在线游戏"拯救小布什之消失的经典"寓教于乐，轻松活泼，有趣好玩，较好地推广了经典主题阅读[19]。图书馆还应开发含有图书馆元素的新游戏，体现图书馆资源及服务推广，便于读者积极使用，吸引读者的眼球，把他们从游戏的参与者逐步转变为图书馆的忠实用户[20]。因此游戏引导区通过对游戏内容的控制，可以转移读者的游戏兴趣，强化图书馆的服务内容及阅读推荐等，逐步转变读者的阅读观念，引导读者利用图书馆的资源进行自主阅读学习。

游戏创作区和交流讨论区定期开展游戏创作和讨论活动，吸引网游大学生创作游戏，一起分享创作心得，激发他们的创作灵感，以此引导他们的职业规划等，使他们意识到学习比玩更重要，激励他们逐步摆脱沉迷网游的状态。游戏讨论区还应设立相关内容的书目书展，针对有志于以开发游戏为职业方向的大学生，为他们推荐游戏开发和制作等图书，激发他们的阅读兴趣；推荐历代名人传记等励志类图书，激励他们找到榜样的力量，以此规划他们的职业方向；针对网游成瘾和想摆脱网瘾的学生，推荐包括传递正能量、阅读疗愈和阅读方法等类别的图书，以阅读改变他们的人生，帮助他们找到正确的人生方向，逐步培养他们的阅读兴趣。

4 结语

大学生适当地玩网游可以舒缓压力和调节情绪，但过度甚至上瘾就百害而无一利，可能导致学业荒废，失去人生方向，甚至患上抑郁症等严重后果，这些都不是大学教育所期望的。通过对苏南地区应用型本科院校大学生的网游状况和阅读学习现状调查分析，发现玩网游的大学生群体相当可观，部分学生已成瘾，且有愿望摆脱网游；还有部分学生希望有人为其推荐阅读书目，引导其阅读。图书馆肩负教育职能，应对网游大学生开展针对性的阅读推广，创新阅读推广理念和形式，尤其应注重对大一新生的预防性阅读推广，充分发挥馆员组织的潜力，开展多管齐下交互式的创新阅读推广活动以及创新第三空间阅读模式，利用新媒体对学生进行线上线下的互动交流，拉近读者与图书馆的距离，吸引其走进图书馆，了解图书馆，充分利用图书馆。图书馆应以人性化的服务和舒适的阅读环境愉悦他们的心情，让适合的阅读书目转变他们的人生态度，逐步引导他们走上正常的阅读学习状态，达到阅读推广的目的。

参考文献：

[1] 张春峰，丁玉东，石伟铂. 基于市场细分的大一新生阅读推广研究——以燕山大学为例 [J]. 图书情报工作，2016，60（8）：68-72.

[2] 郭文玲. 大一新生阅读现状调查及对策研究 [J]. 图书馆论坛，2013，33（5）：149-156.

[3] 吴燕，叶银珍. 阅读疗法对高校网瘾大学生的心理干预研究 [J]. 现代交际，2016，(3)：158-159.

[4] 中国青少年网络协会. 中国青少年网瘾报告（2009）[EB/OL]. [2017-01-25]. http://edu.qq.com/a/20100201/000119_1.htm.

[5] 闫宏微. 大学生网络游戏成瘾问题研究 [D]. 南京：南京理工大学，2013.

[6] 钱国英，徐立清，应雄. 高等教育转型与应用本科人才培养 [M]. 杭州：浙江大学出版社，2007.

[7] 迎新生、促阅读——历年茅盾文学奖作品精选推荐 [EB/OL]. [2016-05-15]. http://lib.cslg.cn/bencandy.php?fid=67&id=504.

[8] 新生游戏——拯救小布［EB/OL］.［2016-06-01］. http：//apps. lib. whu. edu. cn/game/.

[9] 图书馆报."丢书大作战"这样的阅读推广,接地气么?［EB/OL］.［2016-11-29］. http：//tsg. wzq. sddfvc. cn/info/1996/2597. htm.

[10] 贾爱娟,高源. 微信公众号应用于高校图书馆阅读推广的创新［J］. 华北理工大学学报,2016,16(4)：63-67.

[11] 王波. 图书馆时尚阅读推广［M］. 北京：朝华出版社,2015.

[12] 鲜悦 Living Library［EB/OL］.［2016-03-20］. http：//living. lib. sjtu. edu. cn/.

[13] 肖扬：艺术学院的"出格"学生［EB/OL］.［2016-06-22］. http：//news. cslg. cn/ReadNews. asp? NewsId=68955.

[14] 黄宪广. 引进国外理念首创"悠图馆"［EB/OL］.［2016-06-03］. http：//epaper. ccdy. cn/html/2013-01/01/content_ 87669. htm.

[15] 张婷."兴阅坊"：台湾中兴大学图书馆"学习共享空间"［J］. 高校图书馆工作,2014,(3)：6-10.

[16] 郎杰斌. 空间体验——图书馆的核心价值之一［J］. 大学图书馆学报,2013,(2)：42-48.

[17] 韩宇,朱伟丽. 美国大学图书馆游戏服务的调查与思考［J］. 图书情报工作,2009,53(23)：99-102.

[18] 裴雷. 图书馆游戏服务的相关问题探讨［J］. 大学图书馆学报,2010,(1)：14-18.

[19] 首届全国高校图书馆阅读推广案例大赛［EB/OL］.［2016-12-13］. http：//conference. lib. sjtu. edu. cn/rscp2015/download. html.

[20] 沈涛. 图书馆开展游戏服务的思考［J］. 高校图书馆工作,2014,(4)：66-69.

作者贡献说明：

梅华：设计论文整体研究思路和框架,撰写论文;

杨晓湘：修改论文部分内容;

肖爱斌：提供部分调查数据。

作者简介

梅华(ORCID：0000-0002-8067-6937),馆员,E-mail：mhtjy@cslg. cn;杨晓湘(ORCID：0000-0003-0032-290X),理科读者服务部主任,副研究馆员;肖爱斌(ORCID：0000-0002-6923-1478),副研究馆员。

用户满意度视角下社交阅读推广服务的路径选择[*]

1 研究背景

伴随着社交媒体席卷网络，媒介不再只是传递信息的工具，而是塑造了一个全新的数字化、信息化、网络化社会生活空间，并由此改变着人们的行为方式、思考方式及社会关系[1]。在这场剧烈的变革中，阅读活动也随之进行着颠覆性的转变，并催生出社交阅读这一新型的阅读模式。社交阅读即为社交网络（媒体）+阅读，其旨在将个体的阅读行为融入到社交生活层面，在虚拟网络空间中，借助社交的语境与形式，开展阅读传递、交流、分享，以实现人们对多元知识的获取及满足人们深层次的阅读感悟与体验。第十二次全国国民阅读调查数据显示：有超过六成的成年人通过手机进行微信阅读，这种以公众号和朋友圈为主的新的社交方式，已成为数字化阅读中一种强有力的推手[2]。豆瓣读书社区中，大量的用户通过社区虚拟关系网，建立了阅读交互小组，分享着阅读情感与体验。除此之外，各种集看书、找书、聊书为一体的社交阅读平台也纷纷登场，"爱阅读""拇指阅读"等APP应用下载量巨大，其积累的阅读用户更是数以亿计。毋庸置疑，社交阅读已成为阅读界的新时尚，并将逐步成为全社会的一种普遍需求。

在人们对社交阅读持续开展赞美与追捧的同时，社交阅读的弊端也正逐步显示出来。社交阅读环境中依赖用户自身交叉推荐的大量密集、无序的阅读资源并未能有效满足用户获取知识的需求，却为用户带来了资源重复、无从选择的困扰；阅读的交流缺乏相互间有效地深入引导，多停留在表面的相互点赞及评论，这不仅分散了用户的阅读注意力，更加剧了用户碎片化、浅显化的阅读状况；在社交阅读已成为不可逆转的趋势下，如何减少或避免社交阅读带来的不良影响，充分发挥其优势，创建具有智慧特性的社交阅读环境与氛围，使用户在群体阅读的同时，提升个体阅读质量，满足个性阅读需

---

[*] 本文系国家社会科学基金一般项目"基于用户满意度视角的阅读推广服务质量管理研究"（项目编号：16BTQ020）研究成果之一。

求，已成为阅读推广领域必须深入探索的焦点问题。

社交阅读的宗旨在于聚焦用户。本文从阅读用户的角度与立场出发，分析社交阅读中用户的满意度现状，对比用户的意愿和诉求，明确用户需求及其满意度之间存在的差距，并据此提出在开展社交阅读推广过程中，需要重点关注的服务方向与思路，力求将社交阅读推广服务中有限的资源投放到最有效的层面，大力改善用户阅读满意度，提升社交网络阅读质量和效果，实现推广服务的效益最大化。

2 概念及研究述评

2.1 社交阅读

已有大量研究探讨了社交网络媒体对于用户阅读的有效意义。D. Miller 与 S. Kelley 认为当用户与其他用户就阅读开展联系时，相互间的阅读认同与满意将促进其有意义阅读的顺利开展[3]。Z. Ercegovac 指出图书馆通过社交媒体开展书籍推荐时，这种阅读形式能跨越不同层次用户的阅读偏好、阅读能力，实现令人兴奋及有意义的群体阅读[4]。

随着社交阅读研究的深入，其组织形式及策略方法的研究也得到了进一步的深化。A. Heiting 介绍了在 Goodreads 社交平台中，开展社交阅读时主要存在学生们不愿意分享阅读这一问题，并通过实证调查，了解学生的社交阅读习惯与态度，进而确定出建立阅读社区开展积极的社会互动是帮助用户实现阅读社交链接的有效方法[5]。J. Fox 与 C. Anderegg 将脸谱网社交用户的行为分为被动、活动、互动 3 个类别，指出规范性和可接受性的行为是增强网络互动的有效策略[6]。

2.2 用户满意度

"Customer Satisfaction"一词最早源于企业营销领域，可译为"用户满意度"或"顾客满意度"。R. L. Oliver 等提出"用户满意度"这一概念，用于反映用户对一种产品或服务自身的需求与期望被满足程度的感受，是对产品或服务本身的评价[7]，并建立起期望—感知不一致模型[8]，该模型成为用户满意度经典理论。C. Fornell 等将数学运算方法（结构方程）和顾客购买商品或服务的心理感知（满意度）相结合，提出了满意度模型[9]，并运用偏微分最小二次方求解得到用户满意度指数，这成为世界各国制定国家满意度指数模型的基础。

由于用户满意度涉及产品与服务的质量结果，同时也涉及产品与服务的具体实施过程，因此，国内外各行业、领域从实际运用的视角对用户满意度及用户忠诚度、后期行为、服务质量的关系进行了深入研究。P. Guenzi 和 O. Pelloni 通过实证研究论证了多层次与多主题的模型，解释了客户与员工间的人际关系对顾客满意度与忠诚度的影响[10]。邓朝华等通过对541名移动即时通讯服务用户的实证调查，研究了信任、服务质量感知的价值对用户满意度的影响以及用户满意度、信任和转移成本对用户忠诚的影响[11]。徐娴英及马钦海从期望出发，比较了顾客视角的感知服务质量与满意度的区别[12]。

2.3 社交阅读满意度

基于用户社交阅读满意度的研究是社交阅读研究的进一步深化，国外有部分文献涉及这一内容。J. Vlieghe 等在社交媒体环境下进行了一项关于职前教师对学生开展阅读练习的探索研究，分析了社交阅读和社会媒体在素质教育中的作用。大部分参与者认为 Goodreads 这一社交平台中的阅读评论与评级是不完整、肤浅可疑、不相关或非结构化的。他们认为，缺乏重点和控制的阅读减少了 Goodreads 平台中的信息整体质量，也影响了用户满意度的评级[13]。J. Colwell 等通过建立 Blog 社交平台对15名教授儿童文学阅读课程的中学教师开展培训，并通过描述的方式记录了参与教师在 Blog 平台中扩展阅读资源、开展阅读支持与鼓励的满意状况[14]。C. Kiili 等对38名16-18岁的芬兰高中学生开展了一项社交合作阅读的实证研究，该研究关注了学生在查找资源、加深思维、扩展想法、增强理解、收集反馈等阅读层面的满意状况[15]。

综上所述，国外对社交网络阅读的相关研究已进入教育学、社会学、心理学等多学科领域的研究范畴，从用户满意度的视角开展研究更是逐步成为了相关研究的前沿与热点。而我国对社交阅读用户的满意度研究还处于起步阶段，研究基础较为薄弱，尚未能形成明确研究框架与思路，更缺乏大量、有力的实证探讨。鉴于此，本研究将以相关的前期成果为理论基础与指导思路，以满意度为切入点，探索在开展社交阅读推广过程中，能有效改善阅读现状的可行途径，为推动社交阅读的良好发展提供借鉴与参考。

3 研究设计

3.1 研究问题和方法

本研究以用户参与社交阅读满意度为核心开展分析，研究包括：①利用探索性因子分析法探讨社交阅读用户满意度的关键构成因素。②通过对构成因素开展加权分析,得出用户满意度指数,进而科学判别当前社交阅读的用户满意状况。③运用 IPA 分析方法(重要性与满意度分析方法)将各因素的期望值与满意度进行数据对比,分析差距大小,并据此确定出开展社交阅读推广服务应着力解决的方向与目标。

3.2 问卷设计

运用质性研究方法,先后对 15 位参与过社交阅读的用户开展深度访谈,进而通过访谈内容,总结归纳出需要测量的研究内容。

根据访谈结果,编制问卷调查表。问卷共分为 3 个部分:①第一部分着重了解被调查用户的人口统计特性,包括性别、年龄层次、文化程度、所处省份等。②在第二部分中,研究参考了 M. Gagne 的基本心理需求量表[16]、P. K. Hellier 的顾客期望量表[17]、C. Fornell 的顾客满意度量表[18]以及唐雯和陈爱祖的顾客测评问卷[19],确立了 17 项测量项目,并运用李斯特 5 级层次性量表,对涉及满意度与期望值的测量项目进行赋值,分值由高到低分别为 4、3、2、1、0 五级层次,以期从不同侧面分别收集用户期望与满意度的感受数值。③第三部分主要调查用户后期参与社交阅读的状况与希望改进的策略。此外,问卷还在主体部分的开头位置,设立了关于调查对象的过滤性问题,对没有参与过社交阅读的用户终止问卷答题,从而更好地筛选出具备回答资格的调查对象(即参与过社交阅读的用户),确保后期调查顺利开展。

问卷编制完成后,通过对 30 名用户开展预调查,征询其对问卷相关选项、语义、表述等方面的建议与意见,对问卷进行修改与补充,确定正式测量问卷。

3.3 数据来源与汇总

为了全面了解不同特征用户的社交阅读现状,研究采用随机抽样的方法,通过线上(问卷星平台)与线下(人工发放、回收问卷)相结合的方式开展了为期 3 个月的数据收集。研究从四川、江苏、海南等 18 省的 27 个国内城市回收数据样本 1 712 份,其中有效样本 1 463 份,有效回收率为 85.4%。运用 SPSS 16.0 软件对数据进行汇总分析。

4 数据统计与分析

4.1 样本结构概述及信、效度分析

调查样本人口特征基本情况见表 1。由表 1 可知,研究的样本数量在性

别、年龄、学历、学科分类等方面收集都较为全面，样本结构与开展社交阅读用户的总体结构大体相近，具有一定的代表性。

信度分析即可靠性分析，是对同一对象重复测量时所得结果的一致性程度进行分析，是评价问卷质量的重要指标[20]。对数据进行信度分析，问卷的Cronbach's a 系数为 0.953，大于 0.7 的信度评判标准，说明该问卷信度较高，数据具有较高的可靠性。结构效度指调查的结果正确反映理论概念的程度[21]。Bartlett 球形检验显示：KMO=0.938，P<0.001，适合开展因子分析，因子分析中，累积解释方差量达 80.00%，这表明问卷具有较好的结构效度，问卷测量项合理有效。

表1 样本结构特征情况

项目	分类	比例（%）
性别	男	41.15
	女	58.85
年龄	18 岁以下	3.83
	18 岁–35 岁	65.55
	36 岁–55 岁	28.23
	55 岁以上	2.39
学历	高中及高中以下	9.09
	大学	83.25
	研究生（硕士、博士）	7.66
学科分类	文史	18.66
	理工	43.06
	经管	22.97
	艺体	5.26
	不确定	10.05

4.2 因子萃取

问卷第二部分中针对用户阅读满意度的测量共计 17 个变量，为了有效减少变量的数目，明确其关键性影响因素，研究通过探索性因子分析法在众多变量中找出隐藏的具有代表性的因子，将具有相同共性的变量归入同一维度。对数据开展因子分析，共萃取出 5 个维度，根据维度组成项目中的共同因子特征，将其分别界定为阅读情感、阅读技能、阅读知识、阅读行为、阅读环境 5 个影响维度（详见表2）。其中，阅读情感因子代表社交阅读中用户相互鼓励、点赞、反馈、合作、评论时产生的归属感与成就感等心理状态；阅读技能因子代表社交阅读中用户获取、加工、管理、交流、展示信息的相关能力；阅读知识因子代表阅读资源的合适性、表现形式、思维深度等；阅读行为因子代表寻求阅读帮助、开展阅读交互等行为；阅读环境因子则代表交互、合作环境的和谐程度，资源交流与获取的难易程度。从表2中可知，5 项因子累积解释方差量为80%，因此，可以认定提取出的 5 项影响维度对原始变量具有较强的解释能力，能有效反映原有测量指标的信息。

表 2　因子特征值及方差贡献率

提取维度	特征值	方差贡献率（%）	累积贡献率（%）
阅读情感	9.467	59.167	59.167
阅读环境	1.346	8.410	67.577
阅读知识	.768	4.798	72.375
阅读行为	.656	4.101	76.476
阅读技能	.564	3.528	80.004

4.3　社交阅读满意度指数

满意度指数是通过建立模型计算用户对产品或服务质量的评价指标。利用加权平均的方法计算满意度指数，其公式为：

$$CSI = \sum_{i=1}^{n} w_i a_i$$

其中 CSI 为用户满意度指数，w_i 为第 i 项指标的加权系数，a_i 为用户对第 i 项指标的评价。

在表 3 中，将各维度的满意度平均分值转化为百分制形式，得到用户对各项的评价分值，运用各项评价分值除以总评价分值得到各项加权系数，通过运用满意度指数公式，得出社交阅读用户满意度指数仅为56.7842。满意度指数较低表明：当前社交阅读的开展并不能很好地满足用户需求，从用户的角度来讲，当前社交阅读还存在着较大的效用问题。

表 3 计算满意度指数

维度	满意度分值	评价	加权系数（%）	加权值（%）
阅读情感	2.401 442 308	60.036 06	21.209 7	12.733 450
阅读环境	2.110 876 923	52.771 92	18.643 4	9.838 468
阅读知识	2.137 192 315	53.429 81	18.875 8	10.085 300
阅读行为	2.403 846 154	60.096 15	21.230 9	12.758 950
阅读技能	2.269 038 462	56.725 96	20.040 3	11.368 030
满意度指数	-	-	-	56.784 200

4.4 确定社交阅读推广服务的针对性环节

　　用户满意度取决于用户感知价值与期望值之间的比较。为了进一步深入分析社交阅读用户满意度较低的问题，找寻需要重点积极改善的薄弱环节，研究运用 IPA 分析法对关键影响因素的期望值与满意度值开展对比。以用户期望为纵坐标，用户满意度为横坐标，建立用户期望与满意度二维象限图（见图 1），通过因素所在象限考查其期望值与满意度的差距大小。图 1 通过中心点 O（2.25，2.25）进行象限分割，从图 1 中可以得出：处于第Ⅱ象限的阅读情感因素，其满意度值已明显高于期望值，这表明：利于社交平台开展阅读已完全超越了用户本身的情感需求，达到了超预期的效果，阅读情感成为当前社交阅读的优势所在。对此因素只需持续保持原有状况即可。

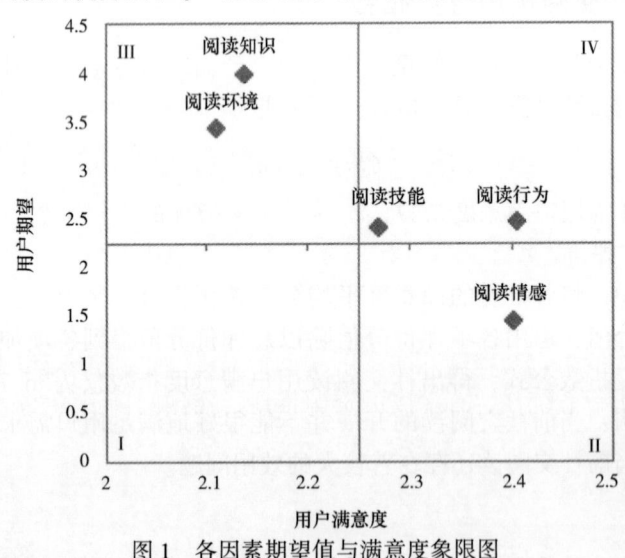

图 1 各因素期望值与满意度象限图

处于第Ⅳ象限的阅读行为及阅读技能两因素其期望值与满意度分值均在平均值之上，且分值差距较小，因此此两因素虽有改进的空间，但仍不作为当前亟须改善的因素，只需要后期不断持续改进即可。

处于第Ⅲ象限的阅读知识、阅读环境两个因素，其用户期望值相对较高，但满意度分值均较低，说明在实际社交阅读推广过程中此两因素间的差距较大，是需要积极改进的重点目标。权衡两个因素，阅读知识在期望值与满意度分值之间存在的缺口差距显著大于阅读环境因素，因此，阅读知识因素是社交过程中最为薄弱的环节，应将其作为推广过程中首要改善的对象，开展针对性服务，而阅读环境因素则次之。

5 结论与讨论

根据分析结论，当前社交阅读的改进措施应主要聚焦于阅读知识与阅读环境两个因素。因此，在开展社交阅读推广时，要充分考虑对此两因素进行有效改善，以期缩小用户期望与满意度之间的差距，促进社交阅读用户满意度的有效提升，实现社交阅读推广的深度效益。

5.1 注重阅读推广知识的切合性、层次性和建构性

参与社交阅读的用户有着不同的阅读偏好与阅读目的，这决定了他们对阅读知识的需求有着显著的差异性。为了切实满足阅读用户的知识需求，在社交阅读推广服务过程中，必须首先开展用户分析，以便进行用户细分，尽可能将有相同阅读知识需求的用户聚集起来，选择具有切合性的阅读资源进行推广。要实现精确的用户细分，则需借助数据挖掘分析工具，根据网络平台中记录保存的用户阅读信息数据，甄别出用户隐藏的、潜在的阅读需求。这些数据包括用户本身的人口统计特征（性别、年龄、学科背景等）、用户前期参与阅读的相关资源（阅读内容、阅读收藏、阅读反思）、用户参与阅读的行为（阅读方式、阅读时间等）以及阅读用户开展的阅读互动信息（对相关阅读资源的关注、转发、评论、点赞等）。根据相关智能算法，找出用户隐含的阅读规律，辨别用户真实的阅读需求，将具有相同阅读需求的用户提取出来，组建阅读群组，并根据其需求的趋同性，确立一个相关的阅读主题，围绕着此主题进行系统性、有深度的资源推广，实现阅读资源在社交阅读平台中合理的流动与分配，从而帮助用户避免将大量精力消耗在对海量无序阅读资源的查找与选择中，而是着重于对切合的资源开展快速获取、整理与吸收，并内化为真正有价值的知识，完善自身知识体系。此外，切合的阅读资源也可能来源于群组中用户的推荐，对于这部分资源，则需要推广人员在充分尊

重参与用户在平台中自主提交阅读内容权利的同时，对用户提交的内容进行有效的控制，力求将自行推荐的资源整合到主题阅读资源中，保障阅读推广平台中呈现的资源具有统一性、高效性，避免过时、重复的资源反复被不同用户交叉推荐，从而降低资源的利用效率与用户的阅读体验。

就社交阅读而言，个性化、自主性的阅读是其最重要的优势之一。即使因知识需求相同而组建在同一群组的用户，也可能因个体的差异，如不同的阅读习惯、知识背景、时间安排等因素，对同一主题的阅读有着不同的目标层次。因此，在知识的传递过程中，推广人员在对同一主题推荐相关阅读材料时，还应综合分析材料所蕴含的知识结构与差异，从易到难，从简到繁，将其分类为具有层次性的资源，并对资源的难易层级做出说明，激励不同的用户根据自身的需求，个性化选择切合的资源开展延伸性、探究性阅读。这种力求运用有限的阅读资源分层满足用户需求的无限性与差异性的推广策略，能将阅读的自主性与推广的专业性有机地结合起来，有利于用户循序渐进地理解阅读知识的内涵与价值，扩展认知的视野与深度。

在社交阅读推广服务中，推广人员除了传递阅读知识外，更应引导用户对阅读的知识开展运用与创新。推广人员应组织用户对知识开展分析、讨论、推理、归纳、总结与反思等活动，一方面，通过不同角度、层层递进的活动激起用户深度阅读的积极性，避免走马观花、似是而非的浅阅读；另一方面，则通过此一系列活动揭示出知识的内在联系，将零散的知识系统化、关联化，使阅读用户对知识建立深入正确的理解，并将其与自身原有的知识融会贯通起来，完成对多元知识的建构过程，随着阅读知识的不断凝聚与积淀，在用户现实的工作与生活中得以综合、运用与创新，使阅读知识呈现出更大的实际价值，帮助用户不断面对新的社会变迁带来的挑战，增强用户阅读的成就感，使社交阅读推广实现由"社交关系驱动"转变为"阅读价值驱动"，进而促进用户建立起终身阅读的态度，实现阅读推广的真正价值。

5.2 建立全方位、系统性的阅读服务支撑环境

树立"用户为本"的服务理念，是建立有效支持系统必须遵循的原则。社交阅读推广服务的目的是满足用户在社交平台中多样化的阅读需求，有效提升用户参与推广活动的满意状态，促进用户持续性、深层次阅读的顺利开展。因此，在服务开展之初，推广人员就必须认同"用户为本"的推广服务理念，具备明确、清晰的服务意识，积极将热诚、平等的服务理念融入到推广活动各环节中。在服务过程中，利用社交平台的凝聚效应，建立起良好的人际关系与和谐的交互环境，不断接近与用户之间的距离，了解用户的阅读

状况，响应用户的阅读需求，进而从推广的资源、行为、情感等各方面为用户建立起优质的服务氛围，全面系统地支持用户在社交平台中的有效阅读，使用户对平台产生信任感与依赖感，自然融入平台，全面深入参与基于社交平台的阅读推广活动。

  推广支持环境应着力于为用户提供阅读支架，激发用户阅读的自信与动机，促进深度、有意义阅读的实现。借鉴建构主义学习的"支架理论"，搭建阅读支架，即为推广人员在用户阅读过程中，对相关知识的理解与应用提供一种框架，从而利用框架促进用户对知识的理解逐步走向纵深。提供阅读支架，首先应对阅读过程中可能存在的共性问题提供引导与帮助。利用与阅读知识相关的范例、问题、工具、图表对阅读资源中的复杂的知识内涵与脉络进行直观、透彻的解释、分析、评价，支持用户对此阅读知识的高级思维活动。其次，提供个性化支架。利用社交平台对数据的记录与保存功能，智能化、实时精准地分析出用户动态的阅读困难，并综合考虑用户的阅读特征与偏好，给予适当的阅读解答与建议，开展针对性的支架帮助。此外，提供的支架还应具备提升性，使用户在阅读环境中，不断地延伸、递进支架的层次，创设有利于阅读的情境，开展丰富的阅读交互活动，搭建出自主、探究、协作的阅读环境，进而支撑用户阅读合作与创新，使用户在基于社交网络开展群体阅读时，能主动探索、主动发现，不断地就阅读内容开展分享、交互、关联与融合，产生阅读的共鸣，增加阅读的深度，提高阅读的效率，实现协同增效的阅读效果。

  支撑环境还包括鼓励用户转变角色，参与推广。社交群体阅读中，用户之间有着许多共同的特征和密切的关系，这就决定了单一用户的阅读行为与情感状态对用户群体的影响更为重要和特殊。因此，在开展社交阅读中，推广人员应帮助部分具有领导能力、主动热情的用户树立阅读推广意识，创造与塑立他们的推广人角色，使其逐步成为社交阅读群体的推广领袖，能独立自主地就特定的问题发起更多的讨论、反思、总结等，在潜移默化中影响、鼓励着同伴深度参与阅读，发表自身观点，开展头脑风暴。在这种由同伴相互协同、相互渗透、相互推广的组织环境中，不仅汇聚了用户阅读的情感，为社交阅读的相互支持与协助提供了桥梁与纽带，使用户在共同创造、共同推广的基础上，形成阅读互助的良性循环，增强阅读用户对群组的归属感与组织感，树立起为阅读团队服务的责任感，形成更稳固、信任的多边关系，而且增强了阅读信息、知识、情感的流动性与多样性，为社交阅读的设计与策划拓宽了思路，在阅读与推广的不断深入中，创造着更丰富的集体阅读智慧，彰显出相互间推广的意义与价值，实现了社交阅读的群策群力。

6 结语

互联网社交时代，阅读推广必须与时俱进，积极融入时代潮流，为促进用户社交阅读的横向发展与纵向延伸探寻最适合的模式与方法，在充分满足用户复杂多样化的阅读需求时，更为用户的社交阅读创造惊喜，使传统阅读推广服务实现蝶变。

在此次研究中，调查范围还相对较窄，分析数据也相对较少，且由于满意度为个体主观的心理感受，还具有动态可变性，因此，持续收集数据，不断修正满意度分析结论，将是进一步开展的方向。此外，在采取有针对性改进措施后，还应对用户满意度的状况变化开展追踪与反馈，以利于后期持续地改进推广目标与策略。

参考文献：

［1］ 赵国栋，王珠珠，原帅. 大学生网络生活方式之聚类分析：以北京大学为例［J］. 北京大学教育评论，2010，8（4）：147-162.

［2］ 社交化阅读成为全新阅读趋势［EB/OL］.［2016-04-28］. http://news.xinhuanet.com/politics/2015-04/23/c_127723766.htm.

［3］ MILLER D, KELLEY S. Reading in the wild: the book whisperer's keys to cultivating lifelong reading habits［M］. San Francisco: Jossey-Bass, 2014.

［4］ ERCEGOVAC Z. Letting students use Web 2.0 tools: to hook one another on reading［J］. Knowledge quest, 2012, 40（3）: 36-39.

［5］ HEITING A. Socializing reading: facilitating dynamic adolescent reading communities［J］. Illinois reading council journal, 2015, 44（1）: 23-33.

［6］ FOX J, ANDEREGG C. Romantic relationship stages and social networking sites: uncertainty reduction strategies and perceived relational norms on Facebook［J］. Cyber psychology, behavior & social networking, 2014, 17（11）: 685-691.

［7］ 张泸月，唐琼. 高校阅读推广用户满意度影响因素分析与建议［J］. 图书情报工作，2015，59（18）：67-71.

［8］ OLIVER R L. A cognitive model of the antecedents and consequences of satisfaction decisions［J］. Journal of marking research, 1980, 17（4）: 460-469.

［9］ 刘宇. 顾客满意度测评［M］. 社会科学文献出版社，2003：48.

［10］ GUENZI P, PELLONI O. The impact of interpersonal relationships on customer satisfaction and loyalty to the service provider［J］. International journal of service industry management, 2004, 15（4）: 365-384.

［11］ 邓朝华，张金隆，鲁耀斌. 移动服务满意度与忠诚度实证研究［J］. 科研管理，2010，31（2）：185-192.

[12] 徐娴英,马钦海.基于期望视角的感知服务质量与顾客满意度区别研究[J].数理统计与管理,2012,31(5):863-870.

[13] VLIEGHE J, VANDERMEERSCHE G, SOETAERT R. Social media in literacy education: exploring social reading with pre-service teachers [J]. New media & society, 2014, 18(5): 800-816.

[14] COLWELL J, HUTCHISON A, REINKING D. Using blogs to promote literary response during professional development [J]. Language arts, 2012, 89(4): 232-243.

[15] KIILI C, LAURINEN L, MARTTUNEN M, et al. Working on understanding during collaborative online reading [J]. Journal of literacy research, 2012, 44(4): 448-483.

[16] GAGNE M. The role of autonomy support and autonomy orientation in prosocial behavior engagement [J]. Motivation emotion, 2003, 27(3): 199-223.

[17] HELLIER P K, GEURSEN G M, CARR R A, et al. Customer repurchase intention: a general structural equation model [J]. European journal of marketing, 2003, 37(11/12): 1762-1800.

[18] FORNELL C, JOHNSON M D, ANDERSON E W, et al. The American customer satisfaction index: nature, purpose, and findings [J]. Journal of marketing, 1996, 60(4): 7-18.

[19] 唐雯,陈爱祖.顾客满意度测评中的问卷检验[J].数理统计与管理,2005,24(1):58-61.

[20] 张向先,刘宏宇,胡一.社交网络信息生态链的形成机理及影响因素实证研究[J].图书情报工作,2014,58(16):36-41.

[21] 刘全,黄珊燕,赵洁.基于概化理论和结构方程模型的问卷效度研究——以中国公民的统计素养调查为例[J].统计与决策,2010,(19):31-33.

作者简介

张泸月(ORCID:0000-0002-0626-2971),副研究馆员,硕士,E-mail:girlzhangluyue@126.com。

经典阅读推广的误区及对策研究*

1 引言

经典阅读对人的成长的意义不言而喻，倡导经典阅读本是社会与公众的共同价值指向，但是经典与公众的距离看似很近，实则似乎越来越远。2013年6月，广西师范大学出版社发布了"死活读不下去排行榜"[1]，同时期《纽约客》发文《被拉下神坛的"经典名著"》[2]，英国《星期日泰晤士报》也曾在2008年列出了一个"欲烧书单"[3]。而据湖北省图书馆新馆开放不到一年的调查，文献借阅排行榜更是无一经典名著上榜[4]。阅读本是一件很私人的事，不喜欢哪本书甚至是排斥哪部经典作品都无可厚非，但是从整体来看，当今经典作品被解构、被否定，经典阅读量越来越少，经典阅读时间越来越短却是不争的事实。在"浏览"大过"阅读"的今天，经典阅读推广显得尤为重要。

2 经典阅读之困解析

2.1 什么是经典

对于什么是经典，古今中外的名家对其各有自己的理解，但对于哪些是经典作品的看法却基本一致。《文心雕龙·宗经》中说："经也者，恒久之至道，不刊之鸿教也。"经就是经典意义的来源，是指在长期流传中形成的，经过历史选择并且具有历史传承的思想观念的文本。阿根廷的博尔赫斯也认为，"经典是一个民族或几个民族长期以来决定阅读的书籍，是世世代代的人们出于不同的理由，以先期的热情和神秘的忠诚阅读的书"[5]。而通俗一点的，则是意大利的卡尔维诺在《为什么读经典》一书里对经典的第一条定义所说，经典是那些你经常听人家说"我正在重读……"而不是"我正在读……"的书[6]。在这里，卡尔维诺着重强调的是经典不断地被认知的过程。而大多数

---

* 本文系聊城大学成人教育科研项目"基于成人教育的高校图书馆服务营销研究"（项目编号：ldcj201412）研究成果之一。

现代人对于经典的态度，则可以从马克·吐温对经典的调侃中略见一斑——人人都希望读过，但人人又都不愿去读的东西。

2.2 读不下去的经典：阅读的未完成性

多数人对经典作品的态度是希望自己读过，即多数人是认同经典作品的。无论"读不下去"、"难以忍受"还是"欲烧书单"，其实都表明已经读过或至少读了一部分，是一种"经典阅读的未完成状态"。经典文学作品尚且如此读不下去，更遑论经典哲学、经典经济学等其他学科的经典文本了。

"读不下去"来自两方面的原因：一是来自经典作品本身的阅读障碍。如语言的佶屈聱牙、晦涩难懂，作品篇幅过长、叙事繁杂、作品背景理解困难（时代隔阂）等；二是来自读者自身的原因，如阅读偏好使然，或是阅读力、理解力受限所致的读不下去以及读者阅读时间碎片化所致的阅读中断等。

2.3 被解构的经典：与经典的另一种相遇

以严肃性与完整性为关键词的经典阅读让人望而生畏，推广者对经典的倡导大多充满正统、权威与说教感，经典与普通读者的距离在某些推广者看来好像重点不在于读不读，而在于如何读。人为制造"浅阅读"与"深阅读"、"碎片化"与"完整性"、"严肃性"与"娱乐性"等的对立，实际会将读者逐渐推离经典。阅读媒介的改变解构了传统的阅读方式，阅读可以是无序的、非连续的、破碎的。"图书数字化的力量让我能够无视文本的次序、长度和可靠程度，随意从中摘取文字和信息"[7]。那么，经典可不可以这样读？对"浅阅读"、"碎片化"与"娱乐性"的批评其实是对这种阅读方式持否定态度的。事实上，阅读具有私人性，读什么和怎么读由读者决定，"正在读"比"怎么读"更重要。读者通过阅读对经典作品解构与颠覆，那么，对经典的理解与重建也正是通过阅读来完成的。对经典而言，作品还在那里，阅读的本质也没有改变，读者只是换了一种与经典相遇的方式。

3 经典阅读推广不力的原因

经典阅读推广是图书馆阅读推广工作的重要内容，目前，对经典阅读推广的研究基本等同于阅读推广，针对经典阅读特殊性的推广研究较少。在实践中，图书馆越来越重视经典阅读推广，通过举办各种活动倡导读者回归经典，如推荐经典书目、展出经典作品、举办经典导读讲座、组织经典阅读小组或开展阅读征文活动等，经典阅读率得到了提升，取得了较好的社会效果。但相当一部分阅读推广在实践中存在误区，形式主义严重，不能因势利导，只重视阅读活动本身,忽视了阅读意愿、阅读形态、阅读环境等能够深度影响读者经典阅读行为的因素,往往是活动开展得如火如荼,经典阅读率却未见明显增长,经典还是"读不下去"。

3.1 说教式或负担式阅读推广,干扰阅读兴趣

卡尔维诺说,出于职责或敬意读经典作品是没用的,我们只应仅仅因为喜爱而读它们[7]。有兴趣,才阅读。我国对经典阅读推广的着力点往往在于作品的思想性、历史性、文学性、严肃性、价值观等方面,其实这些特征是作为经典所必备的而且已经得到充分认可的,更加着意的推广并不能增加读者的阅读兴趣,反而会因其有"说教感"而干扰读者阅读兴趣,容易导致开展了一系列轰轰烈烈的阅读推广活动,而读者并不买账的现象。

对青少年来说,阅读推广不是阅读教学,不要把经典阅读变成负担式阅读,比如可将针对中小学生的强制读书笔记、读后感样式的经典阅读,改为更符合青少年学生特点的分享式阅读。对成人读者来说,经典阅读推广也不必非要做成价值观推广,无形中增加读者的阅读压力,平等与交流视角的推广更能拉近读者与经典的距离。此外,经典作品推广语言宜深入浅出,所谓"真佛只讲家常话",严肃、深刻的思想不一定非得用严肃深刻的语言来表述推广,亲切、易懂、贴近时尚的语言更容易激发读者的阅读兴趣。

3.2 经典阅读推广不重视碎片化阅读

经典作品推广的前提与假设往往是深阅读、深思考,以此摒弃碎片化、浅阅读以及造成这种现象的数字化阅读。据第十一次全国国民阅读调查报告[8],2013年我国成年国民图书阅读率较2012年上升了2.9个百分点,数字化阅读方式的接触率较2012年上升了9.8个百分点,各媒介综合阅读率为76.7%,较2012年仅上升了0.4个百分点。由此可见,阅读增长的贡献率主要是由数字阅读带来的,这是进行经典阅读推广所不能忽视的,建立在对浅阅读与碎片化阅读进行批评基础上的推广必然是片面和狭隘的。

对浅阅读的批评蕴含两种假设:即经典不能浅读,浅阅读不能引发深思考。我们知道,阅读经典可以引发宁静的感悟和睿智的思考,这正是作品本身的力量,而不是阅读方式或阅读形态所带来的,所以"正在读"比"怎么读"更具有本质意义。

进行经典阅读推广要正视阅读媒介的改变。纸媒或是网媒在经典阅读推广中占有同等的地位,在屏幕时代(screen age),经典与你只有一个指尖的距离,网络媒体的重要性甚至超越纸媒。"诚然,媒介拥有改变信息表现方

式、参与者行为习惯的力量,但有一样东西是其无法改变的,那就是阅读的本质。碎片化也好,干扰也好,信息过载也好,也许它们只是我们适应这一新媒介的过程,也许是互联网化的阅读未来发展将解决的问题。最重要的是,我们依旧在阅读,更多地阅读"[9]。阅读媒介改变的只是阅读方式,而非阅读内容。现时的阅读推广应更关注和更顺应阅读媒介的转变才能达到推广的目的。

3.3 忽视阅读的场景建设

仅限于对经典作品思想内容或是对阅读方式的推广会让经典阅读推广陷入僵化的窠臼,流于形式。让"人人都希望读过,但人人又都不愿去读"的耳熟能详的作品名称变成读者的案头长卷,只做读者都知道的表面推广是无法推动阅读进行的。推广不应仅是广而告之,而更应让读者摸得到、触得着、放不下。以往的阅读推广往往忽视阅读环境建设与场景建设,这些与经典阅读看似不搭界的场景——无论是物理场景或是虚拟场景,在某种程度上决定着经典与读者越来越近还是越来越远。阅读是私人的,而阅读推广却应是全社会的,不止图书馆,阅读推广应联合学校、社团、社区等组织,利用各种资源、技术与力量,让读者与经典充分接触。

4 经典阅读推广的对策

4.1 唤醒读者经典阅读兴趣

基于大多数人对经典的态度,强调经典的意义对阅读推广而言应该没有更大的作用。"喜欢读"和"我要读"比"应该读"和"要我读"更能让读者完成阅读行为。正如伍尔芙在《我们应当怎样读书?》一文中所说,"假使容许那些权威——无论他们多么显赫——进入我们的图书馆,让他们来告诉我们怎样读书,读什么样的书,进而对我们所读的东西进行评价,这样做便扼杀了图书馆圣地灵气所在的自由精神"[10]。对经典的推广,无论多么强调经典的意义,都不如点燃阅读的兴趣。

4.1.1 发掘经典的现时价值,引发兴趣点 对经典的耳熟能详(仅指经典作品的名称和大概内容)让读者对经典少了部分期待。经典阅读推广要更注重经典作品在当代的意义,发掘经典作品的现时价值,将其与社会现实、热点信息等结合,并进行深度加工以引发读者的兴趣点。

4.1.2 重视读者阅读体验,保护阅读兴趣 超越期望的阅读体验能引

55

发期待与兴趣，更容易让读者选择阅读经典。为经典阅读提供更好的阅读体验，是阅读推广所不应忽略的一个方面。更好的阅读体验不仅来自作品内容，还应包括经典作品不同版本、不同译者的语言文字体验，甚至版面、字体等情感、视觉体验方面。经典阅读推广应善于鉴别，甄选优秀译者、优秀版本等，为读者创造、提供经典阅读之外的人文价值、社交价值和情感价值。如悉心选择部分经典内容，撷取精华，提供精彩试读；推荐经典作品的经典译本或版本进入推荐书目；摒弃字体不清晰、字号过小、页面混乱、广告充斥的版面或网页，尽量完美呈现经典作品以维护读者的阅读兴趣。

4.1.3 依靠兴趣关联进行关联推广 我们推广经典阅读，当然是希望读者阅读原著，但读者的阅读兴趣往往也依靠兴趣关联。不能忽视易中天"品三国"之后《三国演义》的阅读热潮以及于丹"论语心得"后的《论语》等诸子百家的阅读热潮。虽然"经典被装进电视里浮光掠影，畅销被放进浏览器大肆横行，晦涩被制成胶片反复解读"[11]，但不容否认的是人们阅读经典原著的兴趣被成功激发。经典阅读推广应该重视相关性推广与关联以激发阅读兴趣，选取以经典改编的优秀影视作品，相关的艺术作品鉴赏（绘画、书法、雕塑等）或是名家和大师对经典的解读等作为兴趣点，铺陈渲染，实现从线上到线下、从解读到原著、从影视到作品的阅读，完成由"浅阅读"到"深阅读"，由"碎片化"到"完整性"的转化。经典"读不下去"可以找到各种理由，但是完成对经典的阅读，可以只凭一个"兴趣"。

4.2 变碎片化阅读为可持续的阅读体验

4.2.1 争夺碎片时间 图书馆应主动开展经典阅读推广营销，与充斥于资讯、游戏中的读者争夺碎片时间。首先，经典阅读推广要放下身段，正视读者碎片化的阅读习惯，开展碎片化阅读营销。充分利用图书馆网站、微博、微信、相关媒体、网页、社交网络等密集投放推广，全渠道覆盖碎片时间，主动靠近读者。其次，在进行阅读推广时要具有碎片化思维意识，从看似碎片的世界中赢得读者。经典阅读推广要针对碎片化阅读开展专门的推广规划，有目的、有步骤地引导读者对碎片化时间进行管理。

4.2.2 破除碎片魔咒，提供连贯的阅读体验 大部头的经典著作往往让人望而生畏，在信息每时每刻都在刷新的状态下，人们已经没有耐心和时间挑战一部需要长时间、静心阅读的作品。这是类似"让李敖去读书，我们来读李敖"的解读版经典盛行的原因之一。图书馆开展经典阅读推广要重视碎片化状态下的阅读，为读者提供连贯的阅读体验，让线上数字阅读与线下传统阅读贯通融合，使碎片时间同样能用于阅读经典。例如，在经典文献资源提供方面，纸版书可提供方便易携的口袋书，而电子书则要通过互联网在不同设备间保持阅读状态的同步以维持阅读的连贯性，实现任何人、任何时间、在任何地方、利用任何设备（anyone、anytime、anywhere、anydevice）都能够自由而且连续地阅读，通过媒介的融合和内容的聚合对抗碎片化阅读。例如，图书馆在进行经典阅读推广时，除了在移动图书馆同时列示纸本藏书信息外，也可借鉴《移动的力量》[12]一书的"跃读"模式，通过在纸本经典图书中添加二维码的方式，让用户用移动智能设备获取线上的经典阅读资源及相关富媒体资源，使读者能够随时随地实现线上线下的转换，获取连贯的阅读体验。

4.2.3　变浏览为阅读　作家王蒙不无忧虑地指出，"长期使用高度舒适化、便捷化、海量化的手段来获取信息，用网络浏览代替阅读和思考，人类就会变成白痴"[13]。阅读学研究认为，大略地看、泛泛地读叫浏览，以跳读与扫描为主要行为特征，需细细品味的经典作品往往在浏览中被忽略、被跳过。对此，图书馆开展经典阅读推广应重点抓取碎片时间的读者注意力，区分不同类型的经典著作，采用不同的推广方式与呈现方式，不能作一刀切式推广。

比如我国古代经典"经史子集"类、中外诗歌、散文类、中外经典短篇小说等较容易拆分成小的独立单元的经典作品，推广时就不必拘泥于整本推广，单元推广更容易抓取读者注意力，减轻读者阅读压力，从而把浏览变为阅读。如公众微信号"读首诗再睡觉"（dushoushizaishuijiao）、"经典短篇阅读"（yuedudp）等，都成功抓取了读者的碎片时间，把浏览变成了阅读甚至赏析。图书馆馆员亦可依托专业背景，组建团队，建立各类经典阅读推广微信号进行经典推广。

对于大部头著作来说，更宜以精彩试读的方式来抓取读者的碎片时间，引发其注意力和兴趣，使其实现从线上浏览到线下阅读的转变。网络时代，社交、分享与阅读如影随形，比如新闻因被分享而受关注的比例达到83%[14]，微信、微博等社交网络应成为经典阅读推广的重要阵地。如果说新闻是以"新"来吸引阅读，养生类是以"实用"引发关注，那么，经典阅读推广也要找到每一部经典独特的推广点，促使读者把线上的关注和浏览转变为线下的阅读行为。对适宜拆分的长篇著作，馆员也不妨建立专题阅读推广微信号或其他推广形式，参照原著章节，按照6分钟左右（如果视频时长超过6分钟，则参与度急剧下降[15]）的阅读量重新编排，定期连续发布，适当

57

配以作品背景、名家赏析或其他拓展材料，在碎片时间为长篇经典作品打造适合的阅读时长和阅读量。

4.3 重视阅读推广中的场景建设

阅读总是在一定场景下进行的，无论是物理场景或是虚拟场景。除却著作本身和读者本身的原因而外，场景无疑是阅读行为中非常重要的一个因素，决定着读者的行为特点和需求特征。

4.3.1 阅读的物理场景建设：创建阅读经典的外在环境 美国历史学家余英时曾经就我国传统经典阅读提出过一个很实际的建议：中国旅馆的每个房间都应该放一部"四书"，就像日本人放佛经，西方人放圣经一样。他在接受某次采访时说："摆一本'四书'总有人会翻两句，得一句有一句的好处"[16]。图书馆应与社会各部门联动，让经典作品随处可见——不独旅馆、商场、车站、公交车甚至洗手间等但凡能驻足的地方，让古今中外的经典随手可得，创设阅读经典的大环境，让经典常备。而在图书馆内部，应把经典作品放在触手可及之处，而不拘泥于书架与书库。如置于书库内的阅览桌上，并定期轮流更换。或在图书馆自习室桌上放置醒目、简洁的经典阅读推广宣传材料或精彩试读章节。甚至可以在图书借阅办理台旁定期放置和更换经典图书以触发读者借阅动机。或是设立经典阅读室（如国家图书馆[17]）、经典阅读俱乐部（Reading Club）等，提供安静优雅的环境、充足的光线、作品背景展示，以营造经典阅读氛围。

4.3.2 阅读的虚拟场景建设：降噪以抓取读者注意力 网络阅读的注意力最容易被转向，阅读搜索过程中的各种链接，阅读进行中的广告、图片、视频、弹出窗口、公共链接等信息会干扰阅读进程，成为阅读中的噪点。经典阅读推广理应重视虚拟场景的降噪以避免注意力转向，减少阅读中出现的噪点。读者对数字阅读场景的舒适度体验很重要，字体大小、颜色搭配、翻页设计、页面留白等细节的体验都会影响到读者选择继续或是放弃阅读。在阅读形式设计上，不能局限于视觉阅读，图书馆应当尽量为读者提供多种阅读形式，如移动视读版、听读版、网页版等。如可借鉴：《经济学人》关于"书籍的未来"的在线文章 *From Papyrus to Pixels*: *The Digital Transformation Has Only Just Begun*[18]（《从纸草到像素：数字转型才刚刚开始》），除网页格式外，还配合其主题制作了仿书样式以及可以听的音频格式，页面干净简洁而又功能齐全，提供3种阅读方式，5个章节直达按钮以及分享和在线评论按钮。另外，图书馆在提供阅读搜索路径时，要简化流程，无论读者从哪个渠道检索，在找到其阅读目标之前，整个操作不要超过三步。"如果超过三步，消费者的耐心就没有了，我们就可能失去一次宝贵的与顾客对话的窗口"[19]。

4.4 培育阅读经典的习惯

经典阅读推广不应止于几部或若干部经典作品的推广，还要让"浮慕西化而不深知西方文化的底蕴，憎恨传统而不解中国传统为何物"[20]的当代青少年养成阅读经典的习惯，推广一种经典阅读的态度。呈指数级增长的互联网信息将阅读者变成了搜索者，思考缺位，功利性强而人文价值缺失，而经典阅读习惯的推广正是把搜索者还原为阅读者。

4.4.1 以游戏化策略助推阅读习惯的养成 经典阅读习惯是一种习得行为，需要反复的刺激与重复才能形成。经典阅读推广可借鉴游戏让人欲罢不能的特点，通过游戏化策略推进，激发读者的参与度与投入感，增加其参与乐趣和黏性。比如，图书馆可设经典阅读 VIP 制度，设置不同的级别，使读者享有不同的权利，同时承担相应的义务，以经典阅读量、阅读水平、阅读带动等作为进阶指标，做到有挑战、有惊喜、有收获。习惯一旦养成，阅读经典就会成为一种下意识的自动行为。

4.4.2 培育经典阅读环境，让阅读可持续 经典阅读推广不应局限于图书馆馆内推广、局部推广，而要着眼全局，重视阅读大环境的主动培育。大环境要尊重经典，祛除功利，创造经典阅读的社会氛围。经典阅读要尽量做到全渠道覆盖推广，像布宜诺斯艾利斯申报"世界图书之都"的口号那样，"在布宜诺斯艾利斯不需要寻找书籍，因为书籍在这里无处不在"。图书馆应主动与文化部门、社会团体、出版社甚至书商等联动，善于借助社会的力量，整合所有可用的文献资源，打造经典阅读的氛围，让经典书籍无处不在，进而让经典阅读也无时、无处不在。

参考文献：

[1] 广西师大出版社理想国. 死活读不下去前10名作品 [EB/OL]. [2014-10-14]. http://weibo.com/1698243607/zCh82ciPY? from=page_ 1005051698243607_ profile&wvr=6&mod=weibotime&type=comment#_ rnd1422845186021.

[2] Sacks S. 被拉下神坛的"经典名著" [EB/OL]. [2014-10-14]. http://newspaper.jfdaily.com/xwwb/html/2013-06/08/content_ 1039828. htm.

[3] 康慨. 众作家集体起意烧书为哪般 [N]. 中华读书报，2008-06-25（6）.

[4] 网络时代更需要让阅读经典成为一种习惯 [EB/OL]. [2014-12-01]. http://cul.sohu.

com/20131023/n388731213.shtml.

[5] 吴晓东. 从卡夫卡到昆德拉 [M]. 北京：三联书店，2003：3.

[6] 卡尔维诺. 为什么读经典 [M]. 黄灿然，李桂蜜，译. 南京：译林出版社，2006：1.

[7] Szpiech R. 中世纪手稿告诉你，谷歌如何摧毁阅读 [EB/OL]. [2014-12-06]. http://www.guancha.cn/Ryan-Szpiech/2014_11_04_282773.shtml.

[8] 第十一次全国国民阅读调查报告 [EB/OL]. [2014-10-16]. http://site.douban.com/210084/widget/notes/13276908/note/346734454/.

[9] 如何为用户提供更好的阅读体验 [EB/OL]. [2014-10-14]. http://www.geekpark.net/topics/114052.

[10] 伍尔芙. 伍尔芙随笔全集 I 普通读者 [M]. 石云龙，刘炳善，孙亮，等译. 北京：中国社会科学出版社，2001：467.

[11] 胡尧熙. 深浅阅读观：不对决的分立 [EB/OL]. [2014-11-25]. http://book.sina.com.cn/news/v/2006-02-20/1922197074.shtml.

[12] 吕廷杰，李易，周军. 移动的力量 [M]. 北京：电子工业出版社，2014.

[13] 王蒙. 长期用网络浏览代替阅读思考 人类会变白痴 [EB/OL]. [2015-01-02]. http://www.chinanews.com/cul/2014/09-22/6615806.shtml.

[14] 移动媒体趋势报告：中国网络媒体的未来 [EB/OL]. [2014-11-27]. http://tech.qq.com/a/20141112/048252.htm?pgv_ref=aio2012&ptlang=2052#p=29.

[15] Guo P J. Kim J, Rubin R. How video production affects student engagement: An empirical study of MOOC videos [EB/OL]. [2014-07-02]. http://dl.acm.org/citation.cfm?id=2566239.

[16] 康慨，甄宏戈. 经典阅读时代重来? [EB/OL]. [2014-10-22]. http://www.chinaqking.com/sh/2008/14837.html.

[17] 潘伯明. 国图经典名著阅览区的功用和建设 [J]. 现代情报，2009（7）：148-150.

[18] The Future of the book [EB/OL]. [2014-10-14]. http://www.economist.com/news/essays/21623373-which-something-old-and-powerful-encountered-vault.

[19] 5F 移动互联网思维+Love Simple 十大落地法则 [EB/OL]. [2014-12-01]. http://www.yixieshi.com/pd/17430.html.

[20] 余英时. 文史传统与文化重建 [M]. 北京：生活·读书·新知三联书店，2012：507.

作者简介

栾雪梅（ORCID：0000-0002-9094-2426），馆员，硕士，E-mail：lxmlctu@126.com.

服务营销组合策略在阅读推广中的实践与探索[*]

——以广西科技大学图书馆"微书评"为例

1 服务营销组合策略的研究背景

1.1 服务营销组合策略的产生

1993年"图书馆和信息服务机构营销政策"国际研讨会在北京召开,之后,越来越多的学者参与到图书馆服务营销的研究领域中来[1]。营销组合策略作为服务营销的核心内容,成为学者们研究的热点。麦卡锡教授认为服务营销应该具备4个方面的要素,提出了著名的"4P"服务营销组合理论,即:服务产品(product)、服务定价(price)、服务渠道(place)、服务促销(promotion),这一理论多应用于以有形产品营销为主的传统企业。接着,科特勒在"4P"理论基础之上增加了权利(power)和公共关系(public relation),形成了"6P"营销组合理论;随后,布姆斯和比特纳在"4P"的基础上增加3个"P",即:人(people)、过程(process)和有形展示(physical evidence),形成了"7P"服务营销组合理论[2]。这一理论主要应用于以无形产品营销为主的服务业。

服务营销组合策略是将服务营销组合理论中的各个要素重新进行排列组合后,综合起来加以应用。选择哪些要素组成新的服务营销组合策略,需要考虑两个方面的问题:①要素数量的多少不甚重要,而是要以用户的需求为出发点;②不能生搬硬套,必须结合自身资源的优势和特点做出取舍。因此,一个好的服务营销组合策略,不在于有几个"P",而是应该根据阅读推广实际的案例,选择能够给团队提供最优营销组合框架的谋略或政策。

---

[*] 本文系CALIS广西壮族自治区文献信息服务中心预研课题"高校图书馆参与公共文化服务体系构建探析"(项目编号:CALISGX201509)研究成果之一。

1.2 服务营销组合策略的研究现状

近年来,国内学者尝试着用"4P""6P"或者"7P"服务营销组合理论对图书馆具体的服务营销案例进行研究和探索。郑文晖、司莉对高校图书馆应采取的"4P"服务营销组合策略进行了探讨[3];刘亚文则提出高校图书馆的服务应该在"4P"的基础上再增加"人"和"过程"两个因素,形成"6P"服务营销组合策略[4]。金声在对高校图书馆服务营销的研究综述中提到:目前国内图书馆学者对服务营销组合策略的研究多集中在对相关概念、基本原理、要素、方法等理论层面上的讨论,或只是简单地将服务营销组合策略直接套用到具体的案例中加以诠释;至于服务营销组合策略在高校图书馆实践中起到的效用如何,不得而知。通过结合服务营销组合理论策略,在分析现状的基础上,提升理论深度的研究很少[5]。

1.3 服务营销组合策略对阅读推广的研究意义

图书馆对服务营销组合策略的研究领域涉及流通阅览、学科馆员、读者培训、数字资源、社会服务、图书馆内部管理等多个方面。但是将服务营销组合策略用于指导阅读推广工作方面的研究总体数量很少,对其系统性的认识不足;加之阅读推广是近年来才被重视的图书馆业务之一,各级各类图书馆虽然都在积极开展阅读推广活动,但是严重缺乏理论指导,研究趋于滞后,国家层面的重视程度和理论研究不能同步。

阅读推广是图书馆服务营销的一种表现形式,因此,阅读推广定义与服务营销具有本质上的一致性。本文主要以"7P"服务营销组合策略为理论基础,以广西科技大学图书馆阅读推广实践的具体案例为研究对象,将服务营销组合策略的理论很好地结合到阅读推广服务的实践中来,对阅读推广这项服务营销活动的本质内容和内在规律进行揭示,以期形成普适性、通用性的实践论证与归纳总结,用于指导阅读推广活动的普及以及阅读推广服务营销研究的持续发展。

2 "微书评"案例服务营销组合策略

"微书评"案例是广西科技大学图书馆联合广西科技大学校团委联合打造的阅读推广精品活动。广西科技大学图书馆老师指导读书协会和勤工助学学生阅读图书馆内图书后撰写书评,将甄选出来的优秀书评推送到广西科技大学校团委微信平台。校团委将优秀书评以及该图书在图书馆的馆藏信息发布在每周三的"青阅读"栏目中提供给全校学生分享。结合近两年来开展此项活动的特点，现将服务营销组合理论的各个要素加以整合，总结出适合"微书评"阅读推广的服务营销组合策略，即服务产品、服务价格、服务渠道、服务促销、图书馆内部营销、学生团队营销、效果评价的"7P"服务营销组合策略。

2.1 服务产品策略

"微书评"是2014年广西科技大学图书馆推出的阅读推广服务的新产品。笔者认为，要想使这项服务活动取得实效，开始打造这项服务产品时要考虑以下3个问题。

2.1.1 产品的定位 当前的阅读推广活动一方面数量繁多且精彩纷呈，给学生提供了展示自我与锻炼能力的平台；另一方面由于全校的活动缺少统筹规划，给组织与参与者增加了大量的工作量。因此，在活动定位时要避免盲目跟风，一味追求数量和次数而不顾及活动质量。在产品定位时，应力争将"微书评"打造成影响力较大、参与人数众多、容易宣传和推广的大学生精品活动。

2.1.2 系列产品的开发 在开发"微书评"的相关服务产品时，应提供多元化的服务与产品，从多个维度让读者体验到活动带来的收获。因此，能否衍生和带动产生系列活动产品是评价阅读推广活动之优劣的另一个标准。"微书评"是将纸质形式的书评电子化后放在微信平台上，其核心产品是电子化的书评，该产品关注的是新媒体读者，而有部分读者仍旧习惯使用纸质载体进行阅读，纸质书评作为系列产品之一应予保留。同时，还可以以书评评论的图书为中心，做专题图书的推荐，开展相应的读书分享会和沙龙活动[6]。这些都可以被看做是"微书评"的系列产品。

2.1.3 产品质量的提高 服务产品的产品定位和系列产品的开发很重要；同样，产品的质量也不容忽视。如何结合广西科技大学图书馆的实际情况，将"微书评"打造成独具特色的品牌活动？如何尽量使得自己的产品或者服务有别于其他的阅读推广活动？这些问题都需要在实践中不断地摸索总结并予以解决。因此，产品质量的提高穿插在营销组合策略的每一个环节中，不能孤立地看待产品质量，将其他每一个环节和步骤做好，产品质量也就提高了。

2.2 服务价格策略

无论是有形产品还是服务产品，价格是读者最终决定是否使用的关键因素。这里的价格营销是指读者在利用手机查看"微书评"和参与"微书评"其他系列活动时所支付的成本，包括心理成本、金钱成本和时间成本。服务价格策略的制定是以减少成本投入为原则的。

2.2.1 减少心理成本 心理成本指读者利用手机查看"微书评"和参与"微书评"其他系列活动时在精神层面的付出。减少心理成本可以从两方面入手。

（1）确定被选书目。经典图书是经过时间验证的公认的好书，因此可以作为写书评的被选书目；热门图书是借阅量大的符合时代需求的图书，也可作为被选书目。

（2）提高书评撰写质量。读者对书评中所抒发的感受有认同感并且有想进一步了解书中细节的意愿，这样的书评被认为是质量高的书评。选对书和写好书评可以有效减少读者的心理成本。

2.2.2 降低金钱成本 金钱成本指读者利用手机查看"微书评"和参与"微书评"其他系列活动时所产生的费用。读者利用手机查看"微书评"时会产生上网的费用。如何减少或者避免上网费用成为读者考虑是否参与此项活动的主要因素。高校作为知识和文化传播的重要阵地，公共区域和教学楼都实现了无线上网，读者可以免费使用网络。这就意味着读者利用手机查看"微书评"不需要付费，将金钱成本在校园之内减少为零，一定程度上加快了该活动的传播速度。如果读者离开校园再利用手机查看"微书评"，则需要支付手机上网的费用，但是"微书评"属于纯文本的内容，只需要少量的手机流量就可以完成阅读。"微书评"其他系列活动，如专题图书的推荐和读书沙龙活动，所有费用都由图书馆承担，读者不需要支付任何费用。

2.2.3 缩短时间成本 时间成本指读者利用手机查看"微书评"和参与"微书评"其他系列活动时花费的时间。因此，必须要有时间和效率观念，使读者在参与服务时能够在有限的时间内获得有价值的信息[7]。

（1）"微书评"自身的特点。"微书评"的特点是短小精悍、言简意赅，这就避免了长篇大论给读者造成时间上的浪费。

（2）"微书评"的阅读方式。由于其独特的手机阅读方式，读者可以随时随地利用其零碎时间进行阅读。这种阅读方式很大程度上节省了读者的时间成本。

（3）丰富多彩的"微书评"系列活动。系列活动的开发成为"微书评"的有效补充，从不同角度对同一内容进行全方位的揭示，深受读者欢迎，这也成为缩短时间成本的有效措施。

2.3 服务渠道策略

服务渠道策略就是服务产品开发出来后,如何把服务和产品推送给读者和应该在什么地点进行推送所采取的策略[8]。"微书评"活动的服务渠道可以从两方面来开辟。

2.3.1 形成四位一体的校园文化格局 广西科技大学承办校园文化活动的主体单位主要是图书馆、校宣传部、校团委、校学生处。广西科技大学多年来校园文化活动经验表明,要想让任何一项活动卓有成效,需要形成四位一体的校园文化宣传格局。这样既可以避免活动在内容上的重复,同时又能最大限度地扩大参与范围。广西科技大学图书馆在"微书评"活动的运作过程中,主动寻求学校宣传部的帮助,加大对活动的宣传力度,让更多的学生参与和关注此项活动;与校团委协商"微书评"活动在微信后台的合作方案,对学生的投稿实行了"图书馆老师-团委学生编辑-团委老师"三级审稿制度;与校学生处加强与辅导员以及班主任的联系和沟通,发动更多喜爱读书且爱好写作的学生加入"微书评"的创作团队。

2.3.2 加强图书馆学界的交流合作 密切加强交流与合作是"微书评"在服务营销中突出特色和优势的关键策略。广西科技大学图书馆积极响应中国图书馆学会对阅读推广活动的号召,配合柳州市图书馆学会、广西图书馆学会和广西高校图工委的工作,利用大学图书馆的资源优势和高校独特的社区地理位置优势,将政府资源和高校资源整合起来;将全民阅读与公共文化服务体系建设相结合,以广西科技大学为试点,集合了柳州市图书馆、广西科技大学社区、市妇联的资源,共同打造书香型高校社区,开展各项针对全体社区居民的公共文化活动,提升高校图书馆服务社会的能力。"微书评"活动是广西科技大学系列阅读推广活动之一,在活动定位时即努力将该活动打造成精品活动。精品活动的打造不能闭门造车,要主动学习全国各级各类图书馆的好的做法,主动参与图书馆学界的各种会议和案例交流学习,汲取他馆的先进经验。"微书评"活动运作的两年中,先后参与了广西图书馆学会阅读推广案例大赛初赛、华南赛区阅读推广案例决赛、中国图书馆学会阅读推广案例比赛。通过参与比赛,不仅获得了名次,受到了鼓励和认可,同时也学习到了更多阅读推广活动的好方法,有利于更好地改进和完善"微书评"活动。

2.4 服务促销策略

服务促销指推销产品的方式。"微书评"的核心产品是电子化的书评,其依托的是微信平台这种新媒体的运作。新媒体可以让更多的读者关注和参与"微书评"活动，最大限度地发挥"微书评"系列产品的作用。因此，应形成以媒体促销为主、其他方式为辅的促销策略，加大对"微书评"的宣传和报道。

2.4.1 传统媒体促销方式 传统媒体是相对于新媒体而言的，主要包括报纸、期刊、电视、广播等通过纸张、声音、图像等载体进行传播的媒体形态[9]。传统媒体拥有较为稳定的读者人群，因此，利用传统媒体来对"微书评"进行促销仍将是最主要的方式之一。

（1）利用相关节日打造"微书评"系列活动。广西科技大学图书馆在每年的世界读书日都举办各种主题活动，拉开全年阅读推广活动的序幕。"微书评"推出的系列活动有：文津奖获奖图书书目和书展、最受大学生读者喜爱的图书推荐、经典名著书评、专题图书沙龙等活动，相关活动得到了中国图书馆学会的报道。

（2）利用重大事件打造"微书评"系列活动。该方式是针对当下的热点问题或者是轰动性的事件，推送的相关"微书评"活动。广西科技大学图书馆在2015年4月，以"汪国真诗集"为主题，推出了经典诗歌朗诵会、读书分享会、诗歌图书展等系列活动，活动受到了《南国今报》《柳州日报》、柳州电视台新播报、柳州市新闻广播等媒体的关注。

（3）注重媒体宣传范围。传统媒体可分为全国性媒体、地方性媒体、校园媒体3种。在宣传时，应尽量结合重大节日和事件来撰写新闻，争取在最大范围内对活动进行宣传报道。

2.4.2 新媒体促销方式 新媒体又称数字化新媒体，是相对于传统媒体而言的，指利用网络数字技术，通过互联网、电脑、手机等渠道或终端，向读者提供信息的媒体形态。新媒体因其有着传播速度快、互动性强等特点而深受读者特别是青年读者的喜爱[10]。"微书评"活动本身就是主要通过新媒体的方式进行的一项活动，因此，以新媒体进行促销是宣传此项活动最有效的方式。利用新媒体对"微书评"进行宣传，不能将新媒体的各种载体形式孤立起来运用，而应该综合应用，以达到更好的效果。一方面，通过网络在传统媒体对应的门户网站上宣传"微书评"活动并对读者提供微信平台的公众号；另一方面，读者可以通过手机添加或者扫描二维码的方式关注微信平台，参与到"微书评"的活动中来。

2.4.3 其他促销方式 除了利用传统媒体和新媒体进行宣传之外，"微书评"活动还利用海报以及小礼品进行促销。"微书评"团队的招募信息被制成海报在校园人群密集处张贴,"微书评"所有纸质书评被制成海报在图书馆阳光大厅定期展示,"微书评"系列活动的宣传单被发放至学生宿舍,活动过程设置互动环节,对参与者发放小礼品(印制书签和明信片)。这些成本不高的促销方式,在整个活动的组织策划中达到了很好的宣传效果,有效地提高了读者参与活动的积极性。

2.5 图书馆内部营销策略

在服务产品的营销组合策略的各个组成要素中,"人"的因素是比较特殊也是最重要的一个因素[11]。服务产品质量的优劣和人的因素有着直接的关系。在"微书评"这个案例中,"人"所代表的"P"指图书馆员和学生团队。图书馆员和撰写书评的学生团队在"微书评"的服务营销中扮演着十分重要的角色——既是活动的策划者,也是活动的参与者之一。"微书评"活动的质量与图书馆员和团队学生的素质有着直接的关系。因此,"微书评"活动在市场营销的环节不仅需要传统的"4P"外部市场营销策略,也需要在此基础上增加"人"这一策略。图书馆内部营销策略是一种管理策略,它的核心是如何培养具有阅读营销意识的馆员,具体包括组织结构的构建和人才队伍的建设两个方面。

2.5.1 组织机构的构建 广西科技大学图书馆原来是以图书馆内部业务为单位进行机构设置和职责分工的。此种机构设置的优点是任务责任明晰,缺点是忽略了图书馆服务对象的需求。信息时代给图书馆提出了更高的要求,特别是高校图书馆作为一个教辅部门,更应该主动承担起教学、科研和育人的责任,以主动发掘和满足读者需求为第一要务。机构的设置也应该以读者为中心,形成以读者为中心的一站式服务模式。阅读推广作为目前图书馆的核心业务之一,应及时了解读者需求,探索读者喜爱的阅读推广活动的方式和内容,以最快的效率为读者提供最满意的服务[12]。广西科技大学图书馆在2014年对图书馆管理模式和组织机构进行调整,成立推广服务部,专门致力于图书馆的各种阅读推广和对外营销活动。"微书评"系列活动主要由推广服务部牵头完成。

2.5.2 人才队伍的建设 选择尽可能优秀的人来实施服务是服务营销中的关键。打造和设计出优质"微书评"系列活动的前提是人才的保障。

(1)提高馆员队伍的整体素质。阅读推广不是依靠一个人的力量能够完成的,应该提高图书馆全体馆员的整体营销素质;同时,随着业务的扩大,阅读推广应该组成一个团队,选拔优秀馆员从事图书馆服务营销工作。在人力不足的情况下，可以组成由图书馆推广服务部馆员负责、其他各部门馆员协助的团队，分工协作地开发和负责各项阅读推广活动。

（2）培养优秀的阅读推广馆员。优秀的阅读推广馆员应该具备的素质包括：紧跟图书馆前沿动态，具有良好的职业道德；了解和掌握图书馆各方面业务知识；熟悉服务营销知识，了解读者需求；有创新意识和良好的沟通能力。

2.6 学生团队营销策略

"微书评"活动中，学生团队作为营销组合策略中的另外一个"P"，发挥着重要的作用。参与"微书评"活动的学生主要来源于读书协会和勤工助学两个学生团队。如何有效地发挥学生团队的作用，制定学生团队的营销策略至关重要。

2.6.1 建立发散型营销模式 高校图书馆可以建立发散型营销模式："微书评"指导老师将读书协会和勤工助学的学生作为核心组成员来培养；将读书协会和勤工助学学生的本班同学和好友作为积极组成员；将全校师生作为外围组成员。核心组成员带动积极组成员，积极组成员去组织和号召外围组成员。每个小组的规模不能太大，为了更有利于图书馆馆员指导书评的写作，建议每位图书馆馆员指导一个核心组，每组人数控制在10人以内。通过开展"微书评"系列活动发现人才并实现小组成员身份的转化[13]，形成如图1所示的发散型营销模式。

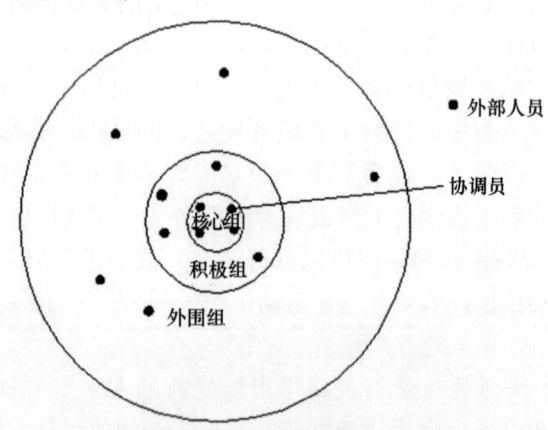

图1 高校图书馆学生团队发散型营销模式

2.6.2 完善学生团队的管理 读书协会和勤工助学团队，都属于志愿自发组成的队伍。因此,完善学生团队的管理很重要。要使团队成员明确团队目标,才能有效进行分工和调动团队成员来配合完成具体的工作任务。在招聘和选拔环节,图书馆馆员需要优选有一定写作能力的学生加入团队;在培训环节,主要针对如何提高写作水平和撰写书评的能力加强培训;同时,实施激励机制和人才动态管理,引入竞争机制,将表现突出的学生优选为核心组成员,同时给予表彰[14]。

2.7 效果评价策略

在"微书评"活动开展起来后,及时跟进和反馈活动效果,是提高活动质量的有效途径。效果评价策略是营销组合策略的最后一环,也是不可或缺的重要因素[15]。在效果评价策略中,参与面广、创新性强、推广价值高、媒体评价好组成了衡量活动质量的重要指标。通过表1所得的结果可以对活动效果进行评价。

表1 "微书评"活动调查统计

年	期次	推荐书名	本书作者	书评作者	书评作者来源	阅读量（人次）	点赞量（次）
2014	第1期	《清欢》	林清玄	黄语嫣	读书协会	9	2
	第2期	《引爆流行》	马尔科姆·格拉德威尔	陈志强	读书协会	8	3
	第3期	《苏菲的世界》	乔斯坦·贾德	李曙	阅览部勤工	7	2
	第4期	《自控力：斯坦福大学心理学课程》	凯利·麦格尼格尔	庞业海	阅览部勤工	7	3
	第5期	《萤窗小语》	刘墉	李娜	阅览部勤工	79	3
	第6期	《方法论》	笛卡尔	陈智松	读书协会	84	3
	第7期	《傅雷家书》	傅雷	庞业海	阅览部勤工	85	1
	第8期	《十日谈》	乔万尼·薄伽丘	刘文媛	读书协会	61	1
	第9期	《骆驼祥子》	老舍	匿名		54	6
	第10期	《目送》	龙应台	黄语嫣	读书协会	109	10
	第11期	《微微暖，微微爱》	新浪微博编写	雷树奇	阅览部勤工	94	2
	第12期	《笑红尘》	古龙	陈智松	读书协会	75	2
	第13期	《西夏死书》	顾非鱼	陈智松	读书协会	61	4
	第14期	《不合时宜的阅读者》	连清川	陈智松	读书协会	44	3
	第15期	《我的书店时光》	清水玲奈	陈智松	读书协会	55	2
	第16期	《等待花开的日子》	暖暖风清	席冬兰	读书协会	122	3

续表

年	期次	推荐书名	本书作者	书评作者	书评作者来源	阅读量（人次）	点赞量（次）
	第17期	《趣品人生》	于丹	邹红	读书协会	58	2
	第18期	《生命最后的读书会》	威尔·施瓦尔贝	黄语嫣	读书协会	91	8
2015	第19期	《书虫系列之远大前程》	查尔斯·狄更斯	秦上贵	阅览部勤工	97	6
	第20期	《匆匆过客》	路遥	覃献斌	推广部勤工	120	13
	第21期	《华胥引》	唐七公子	徐花兰	阅览部勤工	132	8
	第22期	《旋风少女》	明晓溪	郭玉娟	推广部勤工	76	6
	第23期	《边城》	沈从文	李若楠	读书协会	105	7
	第24期	《龙族》	江南	柴越乾	阅览部勤工	121	6
	第25期	《活法》	稻盛和夫	张宏华	读书协会	96	4
	第26期	《遇见一些人流泪》	韩梅梅	李琴、邓晓冰	读书协会	222	7
	第27期	《惊人的假说》	弗朗西斯·克里克	冯小燕	阅览部勤工	79	9
	第28期	《明朝那些事儿》	当年明月	李霞	读书协会	186	29
	第29期	《最美的时光》	桐花	林燕妮	阅览部勤工	329	33
	第30期	《活着》	余华	雷树奇	阅览部勤工	352	22
	第31期	《蜡笔小新》	臼井异人	韦杰	阅览部勤工	246	12
	第32期	《谁动了我的奶酪》	斯宾塞·约翰逊	周义俊	阅览部勤工	208	12
	第33期	《求职，从大一开始》	覃彪喜	刘思宏	阅览部勤工	201	10
	第34期	《PPT演示之道》	哈林顿·雷克达尔	秦嘉星	阅览部勤工	254	8
	第35期	《夏有乔木，雅望天堂》	籽月	许位敏	读书协会	211	10
	第36期	《超越人性的自卑》	崔俊芳	赵艳萍	阅览部勤工	171	9
	第37期	《小脑袋，甜念头》	杰·英格拉姆	陈艳梅	阅览部勤工	80	8
	第38期	《人性的弱点》	卡耐基	吴永尊	阅览部勤工	190	7
	第39期	《花田半亩》	田维	陈桂兰	阅览部勤工	277	9
	第40期	《撒哈拉的故事》	三毛	梁雪花	阅览部勤工	111	5
	第41期	《飞鸟集》	泰戈尔	张凌魁	阅览部勤工	96	4
	第42期	《我的人渣生活》	章无计	莫潮杰	阅览部勤工	170	8
	第43期	《看见》	柴静	李娟	阅览部勤工	245	11
	第44期	《我已出发》	闾丘露薇	黄莹	阅览部勤工	117	9
	第45期	《此间的少年》	江南	梁雪花	阅览部勤工	219	11
	第46期	《你和我的倾城时光》	丁墨	何晓芳	阅览部勤工	253	11
	第47期	《空岛》	余秋雨	秦上贵	阅览部勤工	119	7
	第48期	《不要等到毕业以后》	张志	罗景辉	阅览部勤工	222	8
	第49期	《林徽因散文精选》	林徽因	赵艳萍	阅览部勤工	147	13

从表中可以看出,"微书评"活动阅读量和好评度在持续上升,这说明活动的参与度越来越高。同时,撰写书评的学生团队范围也越来越广,不再局限于固定的几个学生,说明学生的写作能力在图书馆馆员的指导下都得以锻炼和提升。该活动由读书协会发起,联合图书馆和校团委在全校范围展开,参与面广;利用微信平台和学生团队开展"微书评"系列活动,具有创新意识;通过书评、沙龙、分享会等形式,开展全校师生室内室外、线上线下的阅读活动,具有推广价值;活动受到各种媒体的报道。正因为如此,"微书评"活动先后荣获 2014 年中国图书馆学会阅读推广活动优秀案例二等奖、2015 年广西图书馆学会阅读推广活动优秀案例三等奖、2015 年华南赛区阅读推广活动优秀案例三等奖、2015 广西优秀社团精品活动等奖项[16]。

阅读推广的道路上没有可以直接套用的营销方法和理论,只有在不断地探索和实践中总结和归纳,结合自身特点和本馆实际情况适时做出调整,才能寻找到适合自己的营销组合策略,走出一条可持续发展的阅读推广道路。

参考文献:

[1] 邱华. 服务营销 [M]. 北京:科学出版社,2004.
[2] "7Ps"服务营销组合理论 [EB/OL]. [2015-12-15]. http:// baike. baidu. com/.
[3] 郑文晖,司莉. 高校图书馆服务营销现状与策略研究 [J]. 图书馆理论与实践,2009,(1):94-97.
[4] 刘亚文. 用户为导向的高校图书馆营销实践与效果 [J]. 图书馆建设,2012,(3):105-108.
[5] 金声. 高校图书馆服务营销综述 [J]. 图书馆论坛,2013,(4):169-171.
[6] 薛宏珍. 社团依托下的高校图书馆阅读推广案例分析 [J]. 河南图书馆学刊,2014,(2):75-78.
[7] 王嵘. 高校图书馆服务营销策略分析 [J]. 图书情报工作,2008,52 (6):128-130.
[8] 服务渠道 [EB/OL]. [2015-12-10]. http:// baike. baidu. com/.
[9] 传统媒体 [EB/OL]. [2015-12-11]. http:// baike. baidu. com/.
[10] 新媒体 [EB/OL]. [2015-11-11]. http:// baike. baidu. com/.
[11] 曹礼和. 服务营销 [M]. 武汉:湖北人民出版社,2000.
[12] 赵虹. 建立以读者为中心的高校图书馆管理模式 [J]. 扬州大学学报(高教研究版),2008,12 (12):79-80.
[13] 温格. 实践社团:学习型组织知识管理指南 [M]. 边婧,译. 北京:机械工业出版社,2003.
[14] 薛宏珍. 高校图书馆志愿者活动常态化机制研究 [J]. 图书馆界,2014,(3):38

-41.
[15] 关志英. 图书馆共建共享联盟服务营销的探索与实践——以 CASHL 为案例的研究 [J]. 图书情报工作, 2011, 55 (8): 88-89.
[16] 朱小玲. 校园文化品牌活动构建和阅读推广 [J]. 大学图书馆学报, 2011, (2): 33-34.

作者简介

薛宏珍（ORCID: 0000-0002-2016-3857），副馆长，副研究馆员，硕士，E-mail: 18922028@qq.com。

论名人效应在阅读推广人机制中的应用价值*

——"Premier League Reading Stars"项目的启示

1 引言

伴随着"全民阅读"建设的深入开展,"阅读推广人"这一角色应运而生并逐渐得到重视。《全民阅读促进条例(草案)》(以下简称《条例(草案)》)第十五条——"阅读推广人"中明确要求:"全国全民阅读指导委员会制定标准,由地方全民阅读指导委员会组织图书馆和新闻出版行业从业人员、中小学教师、大学生及其他相关组织从业人员建立阅读推广人员队伍,进行全民阅读指导和服务工作"。除此之外,《条例(草案)》还对县级以上的阅读推广人的职业认证与培训等提出了相关要求。近几年,我国各省市也开始制定了相关地方规章制度。如深圳市法制办于2014年6月公布的《深圳经济特区全民阅读促进条例(征求意见稿)》也分别在第35-39条对阅读推广人的制度、工作、权力、使用和志愿者队伍建设进行了界定和要求[1]。2015年1月1日开始实施的《江苏省人民代表大会常务委员会关于促进全民阅读的决定》[2]及2015年3月1开始实施的《湖北省全民阅读促进办法》[3]也都对"阅读推广人"角色的设置进行了规定。

"阅读推广人"在整个全民阅读建设中扮演着非常重要的角色,是"全民阅读"建设的重要人力保障。但由于我国"阅读推广人"的机制建设才刚刚开始,相关研究与实践相对还不够成熟。欧美国家在阅读推广人的建设方面具有丰富的经验,尤其注重借助名人效应助推阅读推广。本文着重分析英格兰足球超级联赛(简称英超)俱乐部的"Premier League Reading Stars"项目中名人效应在阅读推广中的应用优势,从而提出相关建议,助力我国阅读推广人的建设。

2 我国阅读推广人理论与实践发展

2.1 阅读推广人的定义与作用

《深圳市阅读推广人管理办法》将阅读推广人定义为：市民个人或组织阅读机构，通过多种渠道、形式和载体向公众传播阅读理念、开展阅读指导、提升市民阅读兴趣和阅读能力的专业和业余人士。故事讲述人、故事妈妈、文化义工、阅读指导老师、阅读活动负责人等不同层面的概念，在最基础的程度上，都可以被包含在阅读推广人范畴之内[4]。中国图书馆学会在2014年"阅读推广人"培育行动中对阅读推广人进行了定义：阅读推广人是指具备一定资质，能够开展阅读指导、提升读者阅读兴趣和阅读能力的专职或业余人员，培育对象包括各级各类图书馆和科研、教学、生产等相关企事业单位人员及有志参与阅读推广事业的其他社会人员[5]。

简而言之，阅读推广人主要负责推广阅读。依据推广的形式，阅读推广人包括阅读理念与价值的倡导者、阅读活动的策划与组织者、故事讲述人等；依据专业水平，阅读推广人可分为专业阅读推广人、业余阅读推广人；依据服务对象的年龄，阅读推广人包括亲子阅读推广人、儿童阅读推广人、青少年阅读推广人及其他；依据相关评优争先标准，阅读推广人可分为优秀阅读推广人和普通阅读推广人。

作为阅读推广工作的组织与实施者，阅读推广人在全民阅读建设中具有极其重要的作用：①引导作用。阅读推广人推广阅读，传递阅读理念与价值，提高人们的阅读意愿，使不爱阅读的人爱上阅读，使喜欢阅读的人更爱阅读。②帮助作用。阅读推广人一般具有较强的阅读能力、沟通能力，可以帮助不会阅读的人（如文盲）学会阅读，辅助存在阅读困难的人（如盲人）跨越阅读障碍。③凝聚作用。阅读推广人通过"一对多"的组织形式，使得分散的读者能够凝聚成各类阅读团体、学习组织。而这类阅读团体的繁荣既可以凝聚更多力量参与到阅读推广工作中来，助推全民阅读建设，又使得读者之间得以充分交流，相互激励，共同提升阅读素养，凝聚社会发展正能量。④品牌作用。阅读推广人不仅是打造阅读推广品牌的中坚力量，同时一位有名气的阅读推广人本身也是一种品牌，也可以成为一座城市、一个地区甚至一个国家的"符号"，对于塑造浓郁的社会文化氛围具有积极的推动作用。

2.2 我国阅读推广人的建设现状

2.2.1 我国阅读推广人的构成　阅读推广人应满足以下条件：①具有

意愿。首先，具有较强的阅读意愿，阅读推广人应该热爱阅读。其次，具有阅读推广意愿，阅读推广人应自愿并乐于从事阅读推广工作。②具备资质。阅读推广人应有较强的口头表达能力和协调沟通能力，团队精神强。不仅能够以身作则，而且能够在阅读内容和阅读方法上起到指导作用[6]。

由于以上条件的限制，长期从事与阅读相关工作的图书馆员、教师、高校辅导员成为"阅读推广人"的主要构成人员。相关政策如《深圳经济特区全民阅读促进条例（征求意见稿）》第38条、第46条提出"公共图书馆应当配备一定数量的阅读推广人"；第47条、第58条提到"教育机构应配备推广教师"。《湖北省全民阅读促进办法》第16条提出"教育机构应配备阅读推广教师"。教育机构内，由高校辅导员担任阅读推广人具可行性和操作性强的明显优势，高校辅导员和学生联系密切，方便开展阅读活动，并能以阅读活动为载体促进其他工作的开展，是高校图书馆阅读推广队伍人员补充的好选择[7]。中国阅读学研究会常务副会长甘其勋教授[8]认为教师是学生阅读的引路人，对学生阅读兴趣的激发、阅读能力的培育、阅读习惯的养成，起着不可替代的作用，是当然的阅读推广人。

除此之外，担任阅读推广人的有作家，如彭懿[9]、梅子涵[10]、"花婆婆"方素珍[11]等；有创业者，如张大光[12]等；有全职妈妈，如喆妈[13]等。

可以说，阅读推广人的构成呈现多元化的特征。以深圳2012年阅读推广人培训班学员为例，其身份构成为：来自民间阅读组织者52人（占38%），图书馆职员27人（占19.8%），中小学教师13人（占9%），企业员工7人（占5%），机关公务员6人（占4.4%），全职妈妈4人（占2.9%），其他行业从业者27人（占19.9%）。

2.2.2 我国阅读推广人的培育　深圳和上海在阅读推广人培育工作方面进行了大量的探索。早在2012年，深圳读书月组委会、深圳市文体旅游局就开始了深圳市阅读推广人公益培训[14]。通过"授课+交流+实践"的方式，从知识结构、实践能力两个方面提高阅读推广人的专业水平。2015年，上海市"阅读推广人"计划暨首期"阅读推广人"培训班也正式启动[15]。浦东图书馆作为示范性试点单位，以"阅读推广人"工作组为领导小组，负责阅读推广人管理办法、认证细则、培训课程方案等制度设计，以及阅读推广人培训计划的实施、阅读推广人认证等具体管理协调工作[16]。

尽管已有很多实践上的探索，相关理论研究相对滞后。"如何培训"、"培训什么"还未得到系统的研究。2015年2月4日，深圳图书馆举办了中国图书馆学会"阅读推广人"培育行动教材编写会第一次会议。会后，根据"阅读推广人"培育行动项目安排,该教材将于近期出版,同期持续开展"阅读推广人"培育行动的培训工作,包括"阅读推广人"基础级培训、少儿阅读培训、数字阅读培训、经典阅读培训等[17]。

2.2.3 我国阅读推广人的评优活动 2011年深圳开始了"优秀全民阅读推广人"的评选[18],要求参选人具备以下条件:①组织策划的读书项目和活动有较强的创意,服务对象相对稳定并逐年增加;担任阅读团体负责人或项目负责人;②宣讲阅读理念和经验,定期主持各类阅读经验交流会、读书会、培训班、研讨班或充当主讲人、阅读义工,具有较高的知名度和影响力,受众面广,推动全民阅读效果明显;③编辑读书栏目、撰写书评、编制推荐书目、出版专著,具有一定的权威性;④指导读书会、文学社等各类阅读组织开展活动,成绩显著。

2014年,北京于第四届北京阅读季开始举办"金牌阅读推广人"评选活动[19]。武汉2015年公布的《武汉市全民阅读综合评估指标体系(试行版)》[20]也将"十佳阅读推广人"作为三级指标进行考核。评选优秀阅读推广人,不仅仅鼓励先进,激励着阅读推广人,同时也是打造阅读推广品牌、扩大影响力的一种方式。

2.3 我国阅读推广人建设存在的不足

就目前来看,我国阅读推广人存在以下不足:①影响力不足。首先,我国阅读推广人队伍建设尚处于发展阶段,缺少具有相当影响力的领军人。其次,受限于自身影响力,阅读推广人未能调动更多民众的阅读兴趣,推广范围受到了一定的限制。②分工不明确。阅读推广的目标群体多元、服务方式多样。对阅读推广人一概而论,采取"一刀切"是不可取的方式。应该根据不同的目标群体和服务方式,细分阅读推广人,细化相应的选拔机制、培训内容、认证标准等。③协作不充分。公共图书馆、教育机构、民间组织等之间的合作平台较少,来自不同职业背景的阅读推广人之间缺乏协作互动,极大地制约了阅读推广人的发展空间。

总之,目前我国的阅读推广人建设,尤其注重资质的考核,对阅读推广人的影响力关注较少。而影响力不足,缺少品牌,又制约了阅读推广的发展。为打破这一困境,与其从无到有地打造品牌,何不借助"已有品牌",借助名人效应,助力全民阅读建设。英国"Premier League Reading Stars"项目为我们提供了范例。

3 "Premier League Reading Stars" 项目中的名人效应

3.1 项目简介

"Premier League Reading Stars"项目是由英国读写素养信托组织（National Literacy Trust，简称 NLT）主办、英超俱乐部和英格兰艺术委员会协办的一项阅读推广项目，其中，英超俱乐部主要足球明星和提供资金，英格兰艺术委员会主要提供资金支持[21]。

NLT 通过调查发现很多不喜欢阅读的青少年却常常对足球有着极大的兴趣，如果由足球明星来倡导阅读，将有助于他们兴趣阅读的提升。2003 年，NLT 启动了"Premier League Reading Stars"项目，该项目启动之初的目的是为了提升热爱足球却不喜欢阅读的青少年和成人的阅读兴趣和阅读能力，发展至今主要面向不喜爱阅读却喜欢足球的 5-6 年级的小学生和 7-8 年级的初中生，特别是那些如果不采用有效激励措施，学习成绩有可能远远落在后面的男生。2003-2010 年，英超俱乐部主要通过与图书馆的合作来推动阅读，共有 16 000 多名学生和家长参加，参与者共阅读了 25 000 多本书[22]。2010 年后，该项目则主要通过与学校、图书馆建立联系进行阅读推广活动，目前已有 1 000 多所学校参与该项目[23]。

2010 年之后，每年想要参加该项目的机构需要向项目组提交参加申请，其中申请者以学校和图书馆为主[24]。该项目针对参与机构主要通过以下 3 项工作推动阅读：

3.1.1 指导培训教师和图书馆员　要真正地长期指导孩子们的阅读，学校教师与图书馆的参与必不可少。因此，"Premier League Reading Stars"项目组设计了面向教师和图书馆员的策略书（tactic book），为教师和图书馆员提供充分详细的指导。策略书一般由知名作家或足球评论员撰写，包括 10 个环节的教学设计和指导，其中包括著名的作家或足球评论员编写的足球故事等。除此之外，项目组还设计了分发给学生的带有英超标记的物品，包括笔、书签、徽章和生动的阅读杂志，策略书和纪念品包装在一起，在"Premier League Reading Stars"项目中被称为资源包，以免费或收费的方式分发给学校[25]。

"Premier League Reading Stars"项目组会对每个学校选出的进行阅读指导的教工进行免费的为期一天的培训，由策略书作者负责，培训一般在体育场进行，通过一天的培训，使教工能够掌握策略书的精髓。

3.1.2 在线阅读挑战赛 就青少年的年龄阶段而言，比赛往往是他们十分乐于参加的一种活动形式。"Premier League Reading Stars"项目也比较注意采用比赛这种方式。阅读挑战赛从项目建立就开始举办，原来的阅读挑战赛采用小组的方式，每个参加挑战的小组阅读完100本书就可能获得免费的书籍和比赛门票，但这种方式也存在无法评估学生是否真的阅读了那些书籍的弊端，因此，2011年NLT对这种模式进行了调整，改为在线挑战模式。具体来说，就是每个英超俱乐部提供一位球员作为"reading stars"，该球员会朗诵5段不同风格的内容，可能是一本书，也可能是一篇新闻文章，也可能是网页的内容，球员朗诵的不是全部内容，只是片段，每个片段即为一个挑战，每个片段设计3个问题，其中前2个问题能在该片段中找到答案，而第3个问题在片段中是找不到答案的，只有参加挑战的学生将相应的书籍、文章或网页的全部内容阅读完才有可能回答正确，除了球员的阅读视频外，网站上还提供该片段的文本方便学生查看[26]。

参与挑战赛的学生们每通过一项挑战就会获得相应积分，当积分增加到一定数量时，就有机会获得足球运动员谈论他们所喜欢书籍的完整视频，并且可以获得相应证书，完成所有挑战的学生将获得纪念品[27]。

3.1.3 推荐书目 每一位明星会推荐一本面向儿童和成人的书目，组成一个20强的书单在网站上公布。同时阅读挑战赛中球员选择朗诵的图书也具有推荐作用。对于这些图书，NTL和布朗书屋（Brown Books）合作，给予购买者30%的折扣。目前"Premier League Reading Stars"项目正是通过这3项长期的稳定活动吸引了一大批热爱足球的青少年参与到这些阅读推广活动中，变得爱阅读、会阅读，项目取得了较大成功，为阅读推广积累了十分宝贵的经验。

3.2 项目成果

"Premier League Reading Stars"项目会定期采用问卷调查、访谈等多种方式对项目活动效果进行评估，内容包括询问参加"Premier League Reading Stars"项目之前和之后的情况变化、教师和图书馆员的反馈等。2014年的评估数据表明该项目已取得了显著成果，主要表现在[28]：①四分之三的孩子在10周内完成了曾经需要6个月完成的阅读；②三分之一的孩子完成了1年的阅读，甚至更多；③表示自己"非常喜欢阅读"的孩子增加了两倍多；④十分之七的孩子表示自己作为读者感到很骄傲；⑤活动之后超过一半的孩子开始常去图书馆，且三分之一的孩子成为了图书馆的会员；⑥半数的孩子表示参与活动后有了自己最喜欢的作家；⑦接近三分之二的孩子表示足球明星使他们更加热爱阅读。

3.3 项目分析

"Premier League Reading Stars"项目能够取得如此成功，除了丰富多彩、计划有序的活动设计与组织之外，借助名人效应，激发儿童的阅读热情尤为重要。

名人效应一般指名人具有吸引力和号召力而产生的强大的社会影响。麦克拉肯（G. McCracken）[29]认为名人效应在现代市场中具有极大的作用，并提出"意义转移理论（meaning transfertheory）"（见图1）。

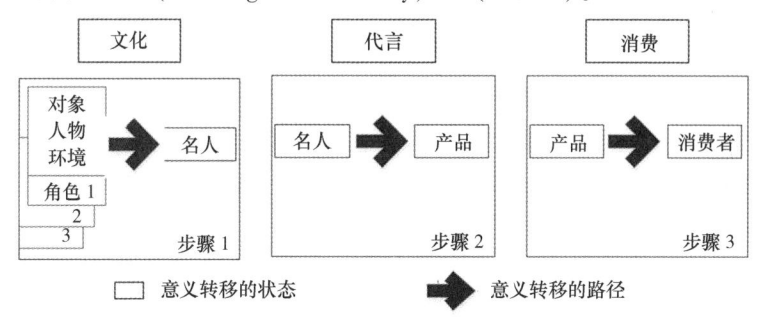

图1 意义转移与名人代言过程示意

第一阶段，名人由于各种社会因素的影响而得以产生；第二阶段，名人代言，名人的某些意义（meaning）被赋予到产品之上；第三阶段，带有名人某些意义（meaning）的产品被消费者所接受。之所以如此，是因为名人本质上因消费者而产生，即各种社会因素受到消费者的影响。麦克拉肯指出只有在产品（product）和名人（celebrity）的某些意义（meaning）之间建立合适的联系，消费者（consumer）才能从产品（product）中获得自己所需的意义（meaning）。

"Premier League Reading Stars"项目的成功，源于充分利用名人效应，找到了名人与产品之间的联系，即球星与阅读推广活动之间的联系——足球。围绕足球来设计"名人代言机制"，赋予阅读活动以球星属性，使得足球少年们更易接受阅读活动。围绕活动的开展流程，整个阅读活动被充分赋予了球星的特征，如图2所示：

由图2可以看出：①阅读活动的发起，由球星倡议或发起阅读挑战；

```
┌─────────┐    ┌─────────┐    ┌─────────┐    ┌─────────┐
│ 阅读活动的 │───▶│ 阅读活动的 │───▶│ 阅读活动的 │───▶│ 阅读活动的 │
│   发起   │    │   设计   │    │   实施   │    │   总结   │
└─────────┘    └─────────┘    └─────────┘    └─────────┘
     ▲              ▲              ▲              ▲
    ★球星          ★球星          ★球星          ★球星

   发起挑战        参与设计       录制朗读音频/视频   提供亲笔签名
 吸引足球少年目光  推荐阅读书目    提升少年阅读兴趣   激励少年阅读
```

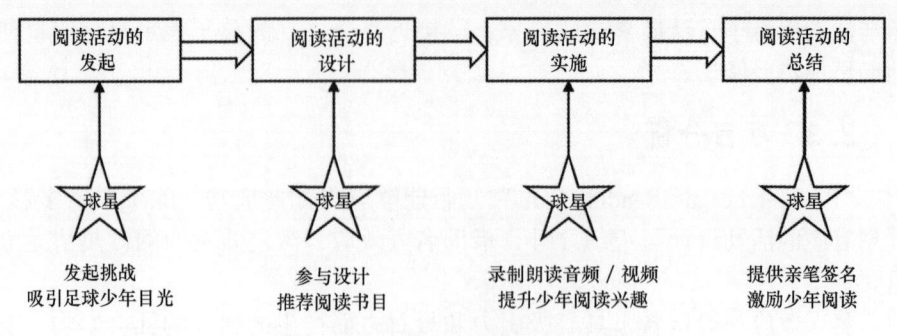

图 2 基于活动流程的意义转移示意

②阅读活动的设计，球星参与设计，推荐相关阅读书目；③阅读活动的实施，球星参与音频、视频的摄制；④阅读活动的总结，球星提供奖品（如亲笔签名、签名照等），参与颁奖等。

在球星与阅读活动之间建立适当的关联，极大地提高了足球少年们的热情，使得他们更容易接受阅读活动，并乐于参与阅读。在参与阅读活动的过程中，依据球星和阅读活动提供的意义（meaning）改善或重塑自己，使得自己也逐渐爱上阅读，享受阅读。利用"名人效应"，成为该项目取得如此成功的一个重要因素。

4 对我国阅读推广人建设的启示

"Premier League Reading Stars"项目的巨大成功得益于充分利用名人效应，对于我国阅读推广人建设具有重要的借鉴意义。

4.1 借助名人效应，将各类名人纳入到阅读推广人队伍中来

"Premier League Reading Stars"项目中，通过名人来激发阅读推广对象的阅读热情，效果显著。我国可借鉴该做法，在各类名人、明星中选择恰当人选，在其自愿的前提下，委任其作为阅读推广人，利用其知名度和影响力来激发大众对阅读的兴趣度和关注度。

名人担任阅读推广人，参与的形式是多种多样的：①可以参与到阅读活动的发起与设计，美国前第一夫人劳拉·布什和美国国会图书馆共同创办了美国"国家图书节"（National Book Festival）[30]；②可以只参与阅读价值与理念的宣传，如中央电视台的多名著名主持人拍摄全民阅读公益广告[31]；③可以只参与阅读奖励环节，如"Premier League Reading Stars"项目中球星向儿童提供亲笔签名等。多样化的参与形式在一定程度上可确保名人的参与积极

性，利于全民阅读推广充分利用名人效应，提高全民阅读推广的知名度和影响力。

4.2 分工明确，注重名人与专业阅读推广人的协同互助

由于精力、时间等原因，名人难以全程参与到阅读推广中来。"Premier League Reading Stars"项目中，足球明星与专业人士分工合作。球星主要发起阅读挑战、朗诵相关材料、提供相关奖励礼品（如亲笔签名）等。在具体实施层面，仍主要由教师和图书馆员来推动。

我国在建设阅读推广人队伍时，也可细分阅读推广人，注重各类阅读推广人的协作。阅读推广人可分为：①倡导者，负责读书价值与理念的宣传；②策划/组织者，负责阅读活动的设计、组织与实施；③讲述人，负责故事的讲述、书籍的阅读，如故事讲述人；④指导者，负责指导帮助不会阅读、存在阅读障碍的读者。

名人可担任阅读倡导者和讲述人，或宣传阅读理念，或发起阅读活动，或录制阅读音频、视频，或提供奖励礼品，或作为颁奖嘉宾。而专业阅读推广人（如教师、图书馆员）则负责推广项目的设计、活动的组织、阅读的指导等。总之，分工明确，相互协作，在名人工作量最小化的基础上确保名人效应的最大化，有利于提高阅读推广项目的影响力，促进阅读推广的长期持续开展。

4.3 注重名人的身份特征与群体阅读需求的对应关系

大众的阅读兴趣受到年龄、职业、兴趣爱好等因素的影响。相同年龄段、相同职业、相同兴趣爱好的人群则具有共性的需求特征，形成群体阅读需求。"Premier League Reading Stars"项目精准挖掘到英国5~6年级的小学生和7~8年级的初中生对足球的热爱以及由此而产生的有关足球的知识需求。由足球明星来推广相关足球知识，不仅是"对症下药"，而且颇具吸引力。在球星的号召下，不爱阅读只爱足球的足球少年们，尝试着拿起书进行阅读，循序渐进，逐渐养成阅读习惯，爱上阅读。在我国阅读推广人的选择中，也可根据不同目标群体的需求特征来寻找相对应的名人。如运动爱好者喜欢各类体育运动，但并不一定都具备系统的专业体育知识，这类阅读推广人可由专业运动员、教练来担任，向运动爱好者们推广相关专业体育的知识；又如儿童类的阅读推广人可由少儿主持人来担任。

名人身份特征与目标群体需求的一一对应，首先使得阅读推广在内容上更具针对性；其次由于名人在其领域内具有影响力，故极大地提升了阅读活

动或推荐书目的吸引力；再者，推广人与目标群体之间构建了共同语言，使得二者之间的交流更充分，阅读推广的效果更好；最后，由于名人本身在其领域内具有一定的权威性，其推荐的相关知识具有一定的专业性，一定程度上确保了相关推荐书目的质量。

4.4 利用名人效应来激活激励机制

全民阅读中实施"激励"手段，具有加强、激发、推动、引导民众朝向阅读活动的目标而积极努力的良好作用，激励手段包括物质激励、精神激励、竞赛激励、舆论激励等多种模式。名人效应能够有效激活各种激励模式，激发大家的阅读兴趣[32]。

首先，激活物质激励。对粉丝来讲，金钱或者普通实物的诱惑力敌不过偶像的亲笔签名或者签名照。为了获得这份难得礼品，粉丝将极大地调动起自身的主动性和积极性，参与到阅读中来；其次，激活精神激励。为了获得偶像或者权威的认可与肯定，满足自身的情感需求，获得心理上的满足，读者亦会充分调动自己的阅读欲望及动力；第三，激活竞赛激励。如"Premier League Reading Stars"项目中的挑战赛，或有名人参与，或者是参与者与名人直接比赛，这些环节设计都会提升参与者的积极性；第四，激活舆论激励。名人在自己博客、微博或公共账号上对阅读事迹或先进人物的赞赏及宣传，有利于广泛营造热爱阅读的舆论氛围。同时，名人的赞扬或称赞将极大地提升被激励者的荣誉感和自豪感，能使他们的自尊得到满足。

5 结语

"阅读推广人"是我国"全民阅读"建设下新出现的一种具有重要意义的角色，是全民阅读建设中重要的人才保障，但我国"阅读推广人"机制建设尚处于发展初期，相关研究与实践仍不够成熟。在全民阅读推广人建设中，我们可以尝试利用名人效应扩大和提升阅读宣传与推广的范围和效果，利用名人效应打造阅读品牌。在人才选拔方面，允许将各界名人纳入到全民阅读推广队伍中，使之与其他专业阅读推广人协同互作，发挥"1+1>2"的效果；在职责内容方面，要注重阅读推广人的细分，名人可更多地担任倡导者和讲述人的角色，确保名人自身工作与推广工作的平衡。同时注重专业阅读推广人的协作互助；在服务对象方面，注重名人职业特征与目标群体需求的对应关系，从而提升宣传推广的针对性和有效性；充分利用名人效应，激活全民阅读激励机制，提升大众的参与兴趣与积极性。

然而，名人效应助推阅读推广也在以下方面存在以下问题：①名人的意愿问题。只有在同时具备阅读意愿和推广意愿的情况下，名人才具有参与阅读推广工作的热情，也才能引导阅读。本身爱阅读但由于精力或利益问题而不愿意推广阅读的名人，以及愿意拍摄公益广告宣传来提高自身影响力但懒于读书、甚至不读书的名人都不适合担任阅读推广人。②名人的参与度问题。名人是全程参与还是只负责广告宣传，与名人的参与意愿和任务设计有极大的关系。如果名人愿意全程参与，其具体的职责范围、任务分配则需要活动设计者根据具体情况而设计。如果名人只愿进行广告宣传，那么广告的类型选择、设计拍摄都需要广告专业人士的配合参与。③名人的利益问题。阅读推广具有很强的公益性，与名人的自身利益存在冲突。西方国家具有浓郁的公益文化氛围，因而其名人参与公益性事业的积极性比较高。相较而言，我国名人参与公益性事业的积极性较弱，这与社会发展和公众对公益事业的认知有关。但不妨采用实地参观、荣誉鼓励等正反馈方式，使有意愿的名人加深对阅读推广事业的理解，提高参与阅读推广的积极性。④名人效应的两面性问题。应警惕名人效应的负面性，如郭美美事件引发了十字会信任危机。名人的负面新闻对阅读推广也会产生不良的影响。因而，在选择名人时，应尽量避免争议性人物。

综述所述，借鉴国外先进经验，借助名人效应来助力我国阅读推广的发展，仍需接受实践的洗礼和检验。应基于我国实情，结合国外先进理念，从实践中摸索出一套适合我国国情的阅读推广人建设的方法。

参考文献：

[1] 深圳市人民政府法制办公室关于公开征求《深圳经济特区全民阅读促进条例（征求意见稿）》意见的通告［EB/OL］.［2015-07-26］. http：//www.fzb.sz.gov.cn/xxgk/qt/tzgg/201406/t20140623_2485949.htm.

[2] 江苏省人民代表大会常务委员会关于促进全民阅读的决定［EB/OL］.［2015-07-26］. http：//www.jsxwcbj.gov.cn/m2/display?cid=27825.

[3] 湖北省全民阅读促进办法［EB/OL］.［2015-07-26］. http：//gkml.hubei.gov.cn/auto5472/auto5473/201412/t20141224_603523.html.

[4] 谯进华.深圳阅读推广人的实践及发展［J］.特区实践与理论，2013，(2)：64-66.

[5] 中国图书馆学会.中国图书馆学会召开第六届青年学术论坛和阅读推广人培育行动记者会［EB/OL］.［2015-09-20］. http：//www.lsc.org.cn/c/cn/news/2014-11/06/news_7571.html.

[6] 张麟.高校图书馆义务馆员的阅读推广及基本条件［J］.图书情报论坛，2011，(Z2)：37-39.

[7] 张敏.高校辅导员担任阅读推广人的探索［J］.图书馆论坛，2013，(5)：153

-156.
[8] 甘其勋．社会担当：扫描"阅读推广人"的专业活动之道［J］．图书馆杂志，2014，(4)：27-29.
[9] 王慧敏．播撒幸福的种子——访著名儿童文学作家、图画书阅读推广人彭懿［J］．山东教育，2008，(33)：26-27.
[10] 鲁艺．做孩子童年阅读的点灯人——访著名儿童文学作家、童书阅读推广人梅子涵［J］．山东教育，2011，(36)：15-17.
[11] 张贵勇．"阅读推广是种花的事业"——对话著名阅读推广人"花婆婆"方素珍［J］．人民教育，2014，(10)：68-71.
[12] 张贵勇．让故事陪伴孩子成长——台湾著名阅读推广人张大光谈故事屋［J］．未来教育家，2015，(4)：62-63.
[13] 李云．全民公益阅读背后的推手们［J］．法人，2014，(3)：81-83.
[14] 深圳政府在线．深圳市阅读推广人培训班报名通知［EB/OL］．[2015-09-30]．http：//www.sz.gov.cn/cn/xxgk/szgg/tzgg/201205/t20120525_1916865.htm.
[15] 浦东图书馆．上海市"阅读推广人"计划暨首期"阅读推广人"培训班在我馆启动［EB/OL］．[2015-09-20]．http：//www.pdlib.com/pdtsg_website/html/default-site/pd_tsg_bggk_xwdt/2015-05-04/Detail_28571.htm.
[16] 杨飞．构建专业化的阅读推广人队伍——上海市图书馆学会阅读推广人培育工作实践［J］．新世纪图书馆，2015，(7)：38-42.
[17] 中国图书馆学会"阅读推广人"培育行动教材编写会第一次会议在深圳图书馆召开［EB/OL］．[2015-07-26]．http：//www.lsc.org.cn/c/cn/news/2015/02/06/news_7739.html.
[18] 深圳图书馆．深圳市全民阅读示范单位示范项目优秀推广人评选办法［EB/OL］．[2015-09-14]．http：//www.szlib.org.cn/subject/article/view/id-2565/id-22049.html.
[19] 北京阅读季领导小组办公室．2014年书香中国·北京阅读季总体方案［EB/OL］．[2015-09-14]．http：//www.bjydj.net/about2014.
[20] 夏立新，李成龙，孙晶琼．全民阅读综合评价指标体系构建的探索——以《武汉市全民阅读综合评估指标体系（试行版）》为例［J］．图书情报知识，2015，(4)：106-112.
[21] Premier League Reading Stars［EB/OL］．[2015-07-28]．http：//www.literacytrust.org.uk/premier_league_reading_stars.
[22] 赵俊玲，郭腊梅，杨绍志．阅读推广：理念、方法、案例［M］．北京：国家图书馆出版社，2013：141.
[23] Premier League Reading Stars Cymru/evaluation［EB/OL］．[2015-07-28]．http：//www.literacytrust.org.uk/premier_league_reading_stars_cymru/evaluation.
[24] Premier League Reading Stars/Take part［EB/OL］．[2015-07-28]．http：//www.litera-

cytrust. org. uk/premier_ league_ reading_ stars/take_ part.

[25] Premier League Reading Stars/Training［EB/OL］.［2015-07-28］. http：//www. literacytrust. org. uk/premier_ league_ reading_ stars/training.

[26] Premier League Reading Stars/Online challenge for 2015［EB/OL］.［2015-07-28］. http：//www. literacytrust. org. uk/plrs_ 2015_ home.

[27] Premier League Reading Stars/Online challenge for 2015 / Information for parents and carers［EB/OL］.［2015-07-28］. http：//www. literacytrust. org. uk/plrs_ 2015/parents.

[28] Premier League Reading Stars /Impact［EB/OL］.［2015-07-28］. http：//www. literacytrust. org. uk/premier_ league_ reading_ stars/impact.

[29] McCracken G. Who is the celebrity endorser? Cultural foundations of the endorsement process［J］. Journal of Consumer Research, 1989（16）：310-321.

[30] The Library of Congress. About the Library of Congress national book festival［EB/OL］.［2015-09-14］. http：//www. loc. gov/bookfest/about/.

[31] 央视网. 央视多位主持人拍摄公益广告倡导全民阅读［EB/OL］.［2015-09-04］. http：//1118. cctv. com/2014/04/22/ARTI1398137873314282. shtml.

[32] 王磊, 丁振伟. 全民阅读活动中激励策略之运用［J］. 图书情报工作, 2015, 59（3）：11-15.

作者贡献说明：

夏立新：提出论文立意与研究方法；

李成龙：撰写与修订论文；

孙晶琼：收集与整理研究素材。

作者简介

夏立新（ORCID：0000-0002-4162-2282）教授, 博士生导师；李成龙（ORCID：0000-0001-8822-345X）, 博士研究生, 通讯作者, E-mail：chenglonglee@126. com；孙晶琼（ORCID：0000-0002-7074-9602）, 硕士研究生。

高校图书馆阅读推广评价机制的研究[*]

1 引言

传统纸质资源被现代化的数字资源不断替代，促使人们的阅读习惯悄然发生着改变。但不论媒介如何转变，阅读仍然是人们获取信息、认识世界、陶冶情操、自我认知的重要途径[1]。根据全国国民阅读调查数据报告显示，2015年我国人均纸质图书阅读量仅为4.58本，电子书阅读量为3.26本，虽然同比去年均出现上涨，但是与俄罗斯、美国、日本等发达国家相比差距明显。如何激发国民阅读兴趣，增加阅读数量，提高阅读质量，已经成为图书馆的重要责任之一[2]。2009年，中国图书馆学会更是把"科普与阅读指导委员会"更名为"阅读推广委员会"[3]。阅读推广工作也得到党中央的重视，2012年，"开展全面阅读"首次出现在"十八大"党的工作报告中；2014年，"倡导全民阅读"首次被列为政府重点工作；2015年，国务院总理李克强在政府工作报告中提出建设"书香社会"[4-5]。

近10年来，图书馆阅读推广工作取得了长足进步。活动主题由起初单一的纸质读物推荐，发展出诸如真人图书馆、主题讲座、文艺、沙龙、在线推荐等以互联网、移动新媒体为主的阅读推广活动[6]。宣传推广途径也从传统的海报、横幅、传单，转变为图书馆主页公告、微博、微信、QQ等互联网和移动新媒体[7]。但是，高校图书馆在开展阅读推广工作中仍然存在诸多不足，譬如，阅读推广活动的评价机制缺失，对阅读推广活动所带来的图书馆日常运转指标变化、读者对活动的反馈以及深度体验缺乏统计和分析；对阅读推广活动的建档备案、活动人员的绩效考核和激励制度不完善[8]。针对以上问题，笔者希望通过对大量阅读推广案例的研究，得出解决方案，为高校图书馆阅读推广评价机制的建立和完善提供重要参考。

---

[*] 本文系中央高校基本科研专项"图书馆阅读推广长效机制和评价体系的研究"（项目编号：106112016CDJXY850003）研究成果之一。

2 预评价机制

一项成功的活动离不开前期翔实可行的企划案，对企划案的评估即预评价机制是阅读推广评价机制的首要环节。高校图书馆在任何一项阅读推广活动开展之前，都应该对其进行基本标准的评价，以此衡量活动质量，预测活动效果，为活动提供更为翔实可行的建议。

2.1 基础指标预评价

阅读推广的预评价是整个评价机制中的第一步，也是最为关键的一步，它是整个活动成功的基础，通过活动前期准备和计划书评价活动开展的必要性、可行性、价值性。一项完整的阅读推广活动应包括：组织者（主办方、协助方）、创意（形式、内容）、流程（宣传、时间、场地）、目标（目标人群、效果预期）、预算、其他等主要元素，见图1。下面将针对以上每个环节设定标准，逐一评价。

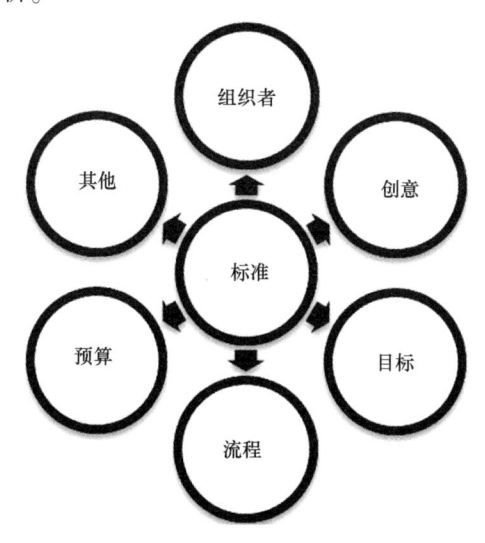

图1 高校图书馆阅读推广活动标准参考要素

（1）组织者：明确活动负责人，以负责人为中心设立专人执行活动各环节，人员数量、职责、分工明确清晰，确定协作部门和主要工作，同时可以邀请部分读者参与活动筹划。

（2）创意：主题积极向上、与社会主义核心价值观保持一致、迎合当下文化大背景、内容新颖、主题明确，同时考虑与其他阅读推广活动的联系性以及活动后续的延展性，从而保证活动影响力的持续性。

（3）目标：活动前期进行初步调研，活动定位明确、目标人群清晰、根据活动规模必须设定预期效果，明确收集活动之后读者反馈意见的形式与途径。

（4）流程：宣传计划翔实可行，并留有充足的宣传时间。活动的时间、场地安排合理，在不影响学校日常工作的情况下，应尽可能扩大活动影响。

（5）预算：根据活动规模（参与人数、持续时间等）设定财务预算等级，财务预算合理、条目清晰，在确保活动正常开展的同时，尽可能合理安排开支。

（6）其他：必须设立活动应急预案，针对突发情况提前筹备解决方案。活动负责人及组织者应量化馆员阅读推广工作并计入全年个人绩效考核。

阅读推广活动预评价的实施可以有效规范活动，提高活动成功概率，为活动质量提供保障，将图书馆有限的资源用到实处并真正发挥效果。

2.2 特色性预评价

阅读推广活动前期标准化的评价机制将为活动设立基准线，并有效控制活动质量。但优秀的阅读推广活动必须借助自身优势，考量当地文化背景，研究推广目标群体。因此，在基础指标预评价的基础上，综合高校自身各方因素对阅读推广活动的特色性进行评价是阅读推广预评价机制中不可缺少的一部分。表1列出了部分具有特色的成功阅读推广活动案例，它们都很好地利用了自身或当地的文化资源优势，对推广目标人群定位清晰。

表1 全国高校图书馆阅读推广特色案例与内容

高校图书馆名称	阅读推广活动名称	活动主题	活动特色
清华大学图书馆	读有故事的人，阅会行走的书——"学在清华．真人图书馆"交流分享[9]	现场荐书，交流阅读体验，通过分享自身感受，影响参与读者	借助清华大学丰富的名人资源发挥明星效应，吸引读者，推广阅读
中国科学技术大学图书馆	中国科大图书馆英才书苑主题读书沙龙[10]	邀请各领域学术英才，推荐优秀读物，通过沙龙形式，将系列作品展现给参与读者	以书苑为基础、论坛为契机、沙龙为中心，由学生自主组织参与，形式多样主题明确
宁波卫生职业技术学院图书馆	聚焦过刊资源，服务特殊人群[11]	多次利用期刊资源，服务不同人群，关爱特殊群体	有效结合本校实际情况，以特殊人群作为阅读推广目标

续表

高校图书馆名称	阅读推广活动名称	活动主题	活动特色
青海民族大学图书馆	汉藏文优秀传统文化翻译图书推广[12]	关注汉藏传统文化交流，推广优秀翻译图书	发挥本校和当地文化的特色，以不同民族文化交流为契机，推广经典，吸引读者
石河子大学图书馆	书香盈满人生路读书节之畅民族文化 享民族风情[13]	以异域风情和文化为主题，宣传优秀民族作品	结合当地风土人情，重点考虑推广目标，以少数民族文化为特色，推广阅读

阅读推广活动的特色性评价为已经具备基本标准骨架的活动添加了血肉，使其更具有吸引力、影响力。然而特色化不是漫天乱谈、特立独行，而是应脚踏实地，充分参考自身具备的优势资源、文化背景、受众人群等客观条件。特色性预评价机制可以让阅读推广活动保持生命力，让读者对活动充满兴趣和激情。

2.3 品牌潜力预评价

高校图书馆在全年阅读推广工作安排中，其有限的资源和人力在分配中必定存在主次。图书馆应该重点支持一到两个品牌活动，以其为中心，开展系列活动，充分发挥品牌效应，积累影响力，让活动深入读者心中。针对活动品牌潜力的评价，应基于活动基础指标预评价，并着重参考活动的特色性预评价。品牌潜力预评价对图书馆阅读推广工作全年安排以及资源配置都有着重要意义。

品牌活动不但应该满足标准，具备特色，而且在影响范围和力度上也应表现突出，活动潜力十足。经过调研，表2列出了具有代表性的部分高校品牌阅读推广活动：

表2 全国高校图书馆阅读推广品牌案例与内容

高校图书馆名称	阅读推广活动名称	活动内容	活动优势
四川大学图书馆	光影阅动——微拍电子书[14]	利用新媒体微视频，无门槛面向普通读者征集作品，交流互荐优秀作品	形式新颖，迎合时尚，参与人员层次丰富，参与感强，贴近大众，又不缺乏名家

续表

高校图书馆名称	阅读推广活动名称	活动内容	活动优势
上海交通大学图书馆	鲜悦（Living Library）：以人为书，分享智慧[15]	引入"鲜悦"概念，通过读者与嘉宾的现场交流，共享阅读体验	主题新颖，以真人为书，多方协作，多元宣传，形式多样
武汉大学图书馆	《拯救小布之消失的经典》——2015武汉大学读书节经典名著在线游戏[16]	利用在线游戏形式，通过答题闯关，使读者了解作品，吸引读者	原创度高，趣味性强，利用排行榜和奖励机制提高用户体验感，利用网络，迎合年轻读者
重庆大学图书馆	"以书评促阅读"的系统化推广案例[17]	通过读者评价作品，发表看法，实现读者间的直接交流	关注读者对读物的体验，搭建网络平台，构建读者间的互动交流，并加以激励制度，增加读者参与度
西南政法大学图书馆	《法府书香》——深度阅读结硕果[18]	以出版物为核心，以学生投稿为主、名家约稿为辅，坚守深度阅读	学生自主创新，坚持原创，贴近读者，传播媒介多样

总结这些优秀品牌活动案例，可以发现，其共同特质包括：①形式新颖，迎合当下时尚，如互联网、新媒体；②重点关注用户体验，充分调动参与者的主观能动性，让参与者一方面是阅读资料的提供者，另一方面又是阅读推广活动的受益者；③活动的可行性、延续性强，可选主题灵活，影响面广，便于读者参与。高校图书馆可以根据以上要素，结合自身情况，对已有活动进行品牌潜力评价，将具有品牌潜力的活动进行重点资助与管理，将其发展壮大，随着不断积累的影响力和品牌效应，品牌活动更可以成为图书馆乃至整个大学的一张耀眼名片[19]。

3 评价指标与基础数据

阅读推广预评价机制的实施可以很好地规范活动，控制质量，合理分配资源，但这只是活动前期的准备工作。针对活动效果的评价，更需要活动开展过程中和开展后各项具体指标和基础数据反映出的结果。

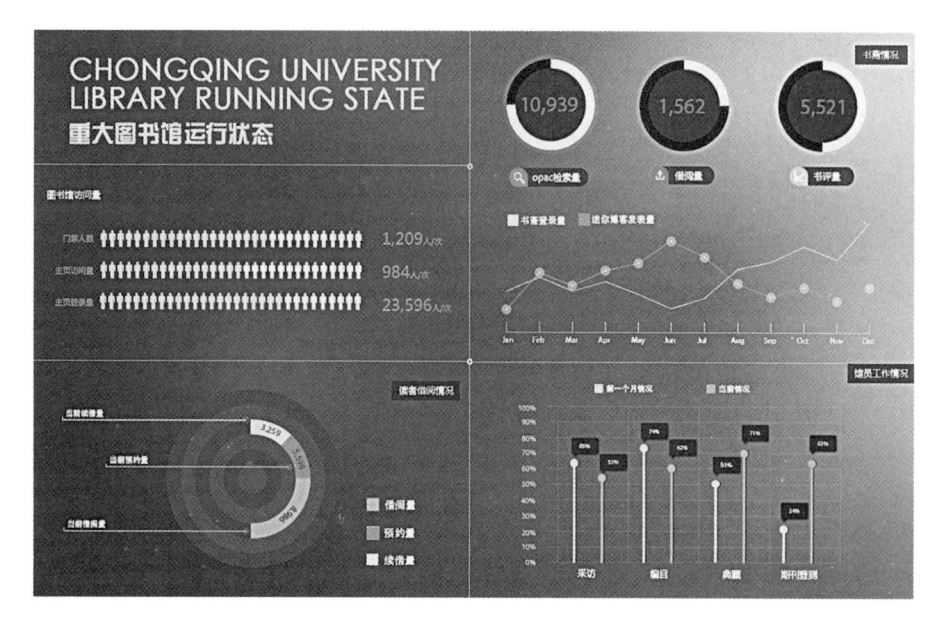

图2　重庆大学图书馆日常运行状态指标

3.1　图书馆运转指标

计算机和互联网技术的日新月异，使得高校图书馆对其日常整体运转可以通过各项重要指标进行实时监控管理，图2是重庆大学图书馆每天对全馆各方面运行状态参数的实时监控图。通过各项数据在阅读推广活动前后的变化可以直观评价阅读推广活动的影响效果。

成功的阅读推广活动会使图书馆在活动期间以及后续一段时间内，到馆人数、推荐相关图书借阅量、关联数字资源的浏览量、下载量等出现大幅提高。图书馆微博、论坛等点击量、关注人数、留言人数、对活动的评价意见等会出现突增。而那些只在乎形式，不关注效果的失败活动，以上各指标数据在活动期间和后续时间并不会有明显变化，读者参与度低，甚至连活动的关注度都寥寥无几。通过对图书馆日常整体的各项运转指标进行数据统计和对比，分析变化趋势，将成为图书馆对每个阅读推广活动最为直接的评价手段。

3.2　活动反馈意见

对阅读推广活动效果的评价，最具发言权的一定是活动参与者，对活动参与者反馈意见的收集是阅读推广活动评价机制中不可缺少的重要环节。

首先，阅读推广活动反馈建议需要通过多元化的渠道进行收集。利用互联网、移动终端设备，通过图书馆主页的信息公告栏、官方微博的活动反馈意见连接、校园论坛的主题贴设立、手机版图书馆参与活动讨论的信息推送、微信图书馆活动意见收集等当下人们热衷的参与方式全方位传播活动信息，收集反馈意见。其次，如何激发参与者的主观能动性，对活动进行认真、客观、真实的评价是另一重要问题[20]。图书馆应该建立系统的参与奖励制度，如参与活动并提交体验报告和建议可以获得相应积分，积分可以抵扣超期图书罚金、兑换图书馆纪念品。同时积分还可以与读者等级挂钩，积分越高等级越高，等级越高享受图书馆的服务越全面，如允许借阅册数的增加、查收查引等收费服务的免费使用、笔记本电脑和电子阅读器等计算机设备的优先借用和借用期限的延长、研修室和讨论间的优先使用、扫描打印复印的免费使用等。

3.3 读者深度体验

图书馆各项运行指标的提高，只能从表面反映出阅读推广活动的成效，但是阅读推广活动的效果，不能只反映在到馆人次、图书借阅数量、数字资源的浏览和下载量。阅读推广更深层次的意义是培养阅读习惯，使读者自发地在阅读中认识世界，了解自我，这无疑需要图书馆收集读者的阅读体验，与读者进行交流沟通。

豆瓣网的书评体系已深入人心，很多读者会根据其他读者的阅读体验选择感兴趣的读物，潜移默化间，读者已转变成为阅读推广的发起者，而这样一个书评体系也从阅读习惯上改变着读者，并且为读者创造了一个自由交流的信息平台。重庆大学图书馆长年致力于以书评促阅读的阅读推广模式，希望可以通过读者之间的真实体验和互动实现更深层次的阅读推广，不但以此提高馆藏利用率，更希望培养同学们的深度阅读习惯，提高阅读素养[21]。"一万个人眼中就有一万个哈姆雷特"，用心去阅读，体会作者的思想世界，从中寻找自己的灵魂感触，并将其升华为自己的语言，这样的提高才是阅读推广的最终目标。图3是2009-2014年重庆大学图书馆收到的年度书评数量统计，庞大的读者书评记录是图书馆人宝贵的基础研究资料，也是每一次阅读推广活动后，评价其成功与否的重要参考标准。图4是从重庆大学图书馆个人书斋中随机选取的读者书评。

读者阅读品鉴数据的不断积累，为图书馆通过大数据分析研究读者阅读行为提供了宝贵基础。根据这些基础数据图书馆还可以构建"悦读会"等社交平台，将有相同阅读喜好的读者进行关联互荐，创建读者间的深度交流平

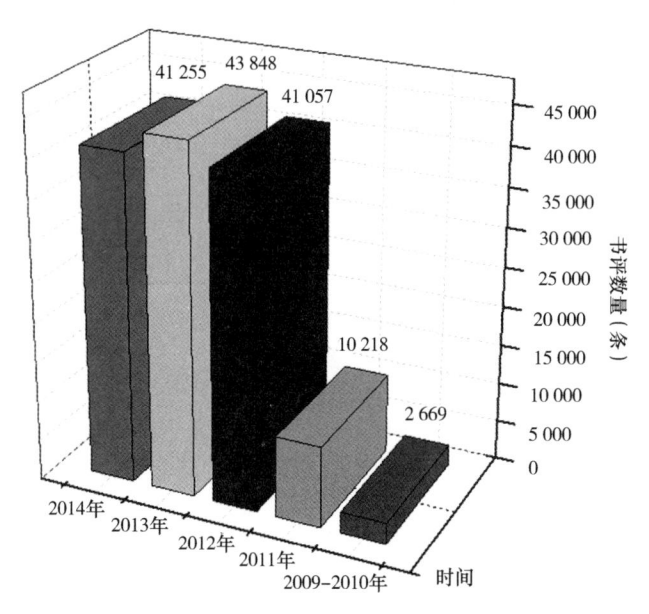

图3　2009-2014年重庆大学图书馆年书评总量统计

图4　重庆大学读者书评示例

台，在交流中进一步实现读者自发的阅读推广。

3.4　评价指标细化

进一步细分以上三大评价指标，以此明确评价指标下的基础数据。表3列出了图书馆运转指标、活动反馈意见和读者深度体验3个一级指标下的13个关键二级指标。其中，到馆人数等5个图书馆日常运转指标和活动参与人数等4个活动反馈意见指标，是反映阅读推广活动效果最直接的基础数据。读者书评等4项读者深度体验指标则需要图书馆对活动参与者持续关注，这也是阅读推广活动累积效果的体现，可以作为图书馆阶段性阅读推广工作效果的评价基础。

表3 阅读推广活动评价指标明细

一级指标名称	图书馆运转	活动反馈意见	读者深度体验
二级指标名称	到馆人数 借阅量网站浏览量 数字资源下载量 话题讨论连接数	活动参与人数 活动现场评估 活动问卷调查 读者意见反馈	读者书评 阅读习惯变化 读者互荐读物频次 书友会活动情况

4 评价机制的完善

阅读推广工作的基础，在于图书馆人的策划、组织和管理，因此，其评价必须与图书馆人的工作考核挂钩，否则评价结果无法落到实处。规范阅读推广工作的建档，与馆员个人年度工作绩效考核相联系，以及相关激励制度的实施势在必行。

4.1 活动建档

图书馆每年举办的阅读推广活动都是最具价值的研究案例，对每个活动的详细情况进行建档备案，不光只是简单地记录工作，更重要的是每个案例及其效果的分析，将是以后图书馆阅读推广工作最为重要的参考基础，而且活动档案的建立还可以作为相关人员工作表现的考核资料。

阅读推广活动档案应包括活动各细节，如参与人员、分工、主题、形式、时间、地点、费用、活动前后图书馆运转指标、工作人员自述建议、突发情况记录等。每次活动后一段时间内可以在图书馆主页、官方微博、相关论坛等平台进行活动问卷调查，并邀请参与读者和工作人员一同开展讨论例会，而问卷调查结果和会议记录也应该一同并入档案。逐步丰富的阅读推广活动档案，将是图书馆阅读推广工作的一笔巨大财富，它将为活动策划、筹备、应急、人员选择、新进员工培训等提供重要参考。

4.2 绩效考评

阅读推广工作可以设立专职岗位，但活动从无到有绝不是凭一己之力就可以完成，它无疑需要图书馆多部门联合行动。可是，活动成果若只与阅读推广专职人员绩效考核挂钩，会使其他馆员消极应对相关工作。阅读推广应成为每一个图书馆人的职责，将其与馆员日常工作绩效考核挂钩是调动馆员工作热情、规范工作流程、明确分工的最好方法。绩效考评过程中阅读推广工作应设立标准，量化指标。如组织活动场次、参与人数、活动后馆藏资源的借阅量和下载量提高比例、读者反馈效果的评分等，以上指标的量化还可以转化为工时，与馆员日常工作量并轨，在保证图书馆正常运转、不影响读者使用的前提下，鼓励馆员以转化工时的方式，积极投身阅读推广相关工作。阅读推广工作还应该纳入图书馆人员绩效考核范围，作为馆员岗位应聘、薪资待遇、职称评选参考之一，以引起馆员重视，从根本上改变馆员在阅读推广工作中的消极态度。

4.3 激励制度

利用读者个人积分奖励制度，可以提高阅读推广活动中读者的参与度，而图书馆工作人员也需要相应的激励制度激发潜能。因此，图书馆应考虑建立阅读推广工作相应的激励制度。如根据活动具体规模、效果，设立相应的物质奖励；精神层面，可以将成功的活动案例作为馆员晋升和每年优秀馆员、明星馆员评选的参考条件等[22]。

4.4 阅读推广评价机制流程

阅读推广评价机制应建立在完善的活动企划预评价机制的基础上，根据基础指标预评价，筛选活动，对达标项目进一步开展特色性和品牌潜力预评价，活动开展过程中，以量化评价指标、相关基础数据、一线读者反馈建议和阅读推广活动各要素详细备案为参考基础，与馆员绩效考核挂钩，结合适当的激励制度构建完备的阅读推广评价机制，将有效提高活动品质。阅读推广评价机制的流程如图5所示：

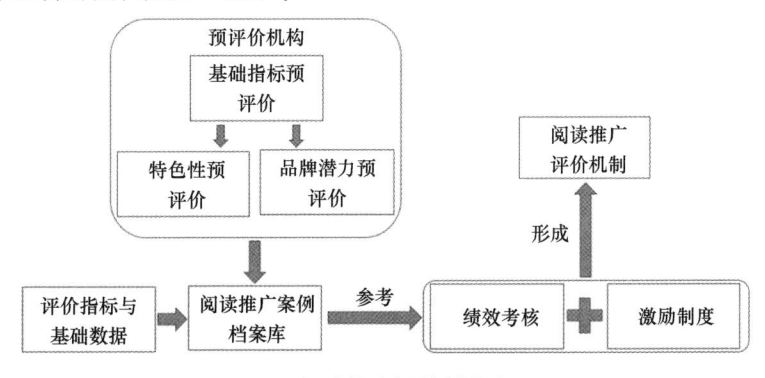

图 5 阅读推广评价制度流程

5 结论

改变我国国民阅读现状，培养国民阅读习惯，打造全民阅读时代，绝不是一两场阅读推广活动就能实现的。阅读推广工作评价机制的建立，一方面可以在前期很好地保证活动基本品质和资源的合理分配，另一方面通过对活动实施期间各项数据的收集和分析实现活动的全方位评估，从而总结经验不断完善改进活动。评价机制的建立可以大大解决现今图书馆在阅读推广工作中的痛点，使得馆员有激情策划组织活动，读者有热情参与反馈，良性循化下的阅读推广事半功倍。

参考文献：

[1] 秦疏影.高校图书馆精细化阅读推广模式研究与效果评价——以北京农学院图书馆阅读推广活动为例［J］.图书情报工作，2015，59（16）：45-49，89.

[2] 路艳霞.中国新闻出版研究院公布第十三次全国国民阅读调查结果［EB/OL］.［2016-04-19］.http：//iwep.org.cn/dybg/dyba_wh/201604/t20160419_2973544.shtml.

[3] 王波.图书馆阅读推广亟待研究的若干问题［J］.图书与情报，2011，(5)：32-35，45.

[4] 张建静.高校图书馆阅读推广研究综述［J］.图书情报工作，2014，58（S2）：120-125.

[5] 李克强.李克强作2015年政府工作报告［EB/OL］.［2015-03-06］.http：//www.farmer.com.cn/xwpd/tjyd/201503/t20150306_1017076.htm.

[6] 李璐璐.基于国民阅读现状调查的高校图书馆阅读推广研究［J］.大学图书情报学刊，2013，(3)：74-78.

[7] 许天才，杨新涯，王宁，等.图书馆阅读推广的多元化趋势研究——以首届高校图书馆阅读推广大赛为案例［J］.图书情报工作，2016，60（2）：82-86.

[8] 吴高，韦楠华.我国高校图书馆阅读推广所存在的问题与对策研究［J］，图书情报工作，2013，57（2）：47-51.

[9] 清华大学图书馆.读有故事的人，阅会行走的书——"学在清华.真人图书馆"交流分享［EB/OL］.［2015-11-16］.http：//conference.lib.sjtu.edu.cn/rscp2015/files/07case.pdf.

[10] 中国科学技术大学图书馆.中国科大图书馆英才书苑主题读书沙龙［EB/OL］.［2015-11-20］.http：//conference.lib.sjtu.edu.cn/rscp2015/files/05case.pdf.

[11] 宁波卫生职业技术学院图书馆.聚焦过刊资源，服务特殊人群［EB/OL］.［2015-11-20］.http：//conference.lib.sjtu.edu.cn/rscp2015/files/03case.pdf.

[12] 青海民族大学图书馆.汉藏文优秀传统文化翻译图书推广［2015-11-22］.http：//conference.lib.sjtu.edu.cn/rscp2015/files/11case.pdf.

[13] 魏江辉. 石河子大学图书馆举办"书香盈满人生路"2015年读书节系列活动［DB/OL］.［2016-03-01］. http：//www.chinalibs.net/ArticleInfo.aspx？id=376335.

[14] 四川大学图书馆. 光影阅动——微拍电子书［EB/OL］.［2015-11-16］. http：//conference.lib.sjtu.edu.cn/rscp2015/files/18case.pdf.

[15] 上海交通大学图书馆. 鲜悦（Living Library）：以人为书，分享智慧［EB/OL］.［2015-11-16］. http：//conference.lib.sjtu.edu.cn/rscp2015/files/06case.pdf.

[16] 武汉大学图书馆.《拯救小布之消失的经典》——2015武汉大学读书节经典名著在线游戏［EB/OL］.［2015-11-20］. http：//conference.lib.sjtu.edu.cn/rscp2015/files/31case.pdf.

[17] 重庆大学图书馆."以书评促阅读"的系统化推广案例［EB/OL］.［2015-11-20］. http：//conference.lib.sjtu.edu.cn/rscp2015/files/26case.pdf.

[18] 西南政法大学图书馆.《法府书香》——深度阅读结硕果［EB/OL］.［2015-11-20］. http：//conference.lib.sjtu.edu.cn/rscp2015/files/12case.pdf.

[19] 石继华. 国外阅读推广的品牌化运作及启示［J］. 图书情报工作，2015，59（2）：56-60.

[20] 淳姣，姜晓，姜婷婷，等. 图书馆阅读推广评估引入CBBE模型研究［J］. 图书馆论坛，2015，（1）：48-53，104.

[21] 王宁，杨新涯，袁辉."以书评促阅读"的实施过程与思考——重庆大学图书馆的实践探索［J］. 图书情报工作，2015，59（20）：83-87.

[22] 伊丽春，罗衍松. 高校图书馆学科馆员管理评价机制的构建［J］. 图书馆学研究，2008，（5）：23-26.

作者贡献说明：
许天才：负责论文整体研究思路和框架设计，撰写论文；
杨新涯：负责论文部分内容修改和提供相关数据；
徐娟：负责论文数据收集和整理；
魏群义：负责论文部分内容修改；
彭晓东：负责论文结构指导与部分内容修改。

作者简介

许天才（ORCID：0000-0003-2933-0743），馆员，博士，E-mail：xtc@cqu.edu.cn；杨新涯（ORCID：0000-0002-5267-4993），研究馆员，博士；徐娟（ORCID：0000-0002-6806-9173），馆员；魏群义（ORCID：0000-0001-7367-5621），副研究馆员，博士；彭晓东（ORCID：0000-0002-6403-5347），教授，博士。

国内阅读推广研究主题分析*

1 前言

阅读是最为重要的人类文明活动之一，是从信息符号中提取意义并影响其非智力因素的过程，是人类汲取精神食粮、传承和延续民族文化的重要纽带与桥梁。从个体来看，阅读贯穿每个人的知识积累、文化修为；从国家层面看，阅读关系着整体国民素质和软硬实力。近年来，我国高度关注阅读的重要性：党的十八大报告在关于"扎实推进社会主义文化强国建设"的论述中明确表示要"开展全民阅读活动"；2014年和2015年李克强总理两度在《政府工作报告》中提及要"倡导全民阅读，建设书香社会"。在此背景下，各级政府与社会组织大力开展阅读推广活动。

何谓"阅读推广"？该词源于英文"reading promotion"，直译为"阅读推广""阅读促进"，但国内对阅读推广并没有通用定义。综合诸多学者的观点，笔者认为阅读推广是由五要素构成的，即目的、主体、对象、内容和方式，分别回答"为何推广""谁来推广""向谁推广""推广什么"和"如何推广"，各要素之间相互联系、相辅相成，构成了阅读推广的整体。阅读推广在国内的发展经历了从应用研究到理论研究的过程，相关文献反映了这一发展变化。本文试图通过对阅读推广文献进行分析，理清阅读推广的发展脉络，明确其研究主题。笔者采用共词分析法中的聚类分析对阅读推广文献进行研究，用定量的方法从客观的角度分析我国阅读推广研究热点及变化趋势，通过分析总结出国内阅读推广各主题上研究的优势和不足，并对阅读推广进一步发展作出展望。

2 文献综述

以中国知网中国学术期刊（网络版）和万方数据知识服务平台为数据源，选择"主题"字段，检索词为"阅读推广"，时间截止为2015年底，对检索

---

* 本文系西南科技大学图书馆项目"阅读推广理论与实践研究"（项目编号：lib201601）研究成果之一。

结果合并、去重后共有 2 472 篇文献，除去会议通知、征文等得到 2 299 篇学术论文。从文献数量看，国内阅读推广研究文献整体呈直线上升态势，研究始于 2005 年，在中国图书馆学会科普与阅读指导委员会成立之前就开始出现相关研究；2009 年以后相关论文开始急剧增加，表明在科普与阅读指导委员会更名为阅读推广委员会之后，阅读推广受到更多关注；2012 年超过 200 篇，2015 年超过 850 篇，论文数量直线上升说明随着新技术、新媒体的兴起，各界对阅读推广研究的关注程度明显增加。然而，国内学者大多关注阅读推广的实践活动及其理论研究，很少通过对该领域的文献分析来探讨阅读推广的研究主题。在国内有限的几篇相关文章中，刘彦丽[1]、余明霞[2]运用文献计量学的方法，从文献数量、期刊分布、作者分布、主题分布等方面分析了阅读推广的研究现状；李杏丽等[3]虽然绘制了阅读推广研究的知识地图，但对阅读推广的各研究主题未能展开深入讨论。基于此，笔者采集了 CNKI 和万方数据知识服务平台上的学术文献，运用共词分析法，深入探讨国内阅读推广的研究主题和发展现状。

3 国内阅读推广主题词的时序特征及阅读推广的发展阶段

经过 10 年的发展，国内学者对阅读推广的研究重点和方向越来越明晰。表 1 是关于阅读推广的研究主题随时间变化的分布表。在 2009 年前研究者对该领域的研究对象、内容和重点缺乏系统认识，讨论主要围绕"儿童"群体展开；到 2010 年后，阅读推广主体由公共图书馆逐渐扩展到高校图书馆，阅读服务研究尤其少儿阅读得到进一步深化，出现"分级阅读""少儿图书馆"等；到 2015 年随着阅读环境的变化，出现了"数字阅读"，研究范围得到进一步扩展。从"公共图书馆"到"高校图书馆"，从"经典阅读"到"数字阅读"不仅仅是阅读推广研究主体和对象的变化，而是随着阅读推广活动的不断开展，阅读推广的内容边界被进一步拓宽，对象得到进一步细分，应用领域得到进一步深化。除了主题词的变化，对阅读推广的研究也逐渐形成了明确的研究方向，研究的重点从应用研究转向理论研究。

表 1 研究主题分布（部分）

2005-2009 年	频次	2010-2012 年	频次	2013-2015 年	频次
阅读推广	18	阅读推广	184	阅读推广	1 169
图书馆	12	图书馆	74	高校图书馆	400
全民阅读	11	公共图书馆	67	图书馆	357

续表

2005-2009年	频次	2010-2012年	频次	2013-2015年	频次
公共图书馆	10	全民阅读	64	公共图书馆	291
阅读指导	6	高校图书馆	27	全民阅读	201
社区图书馆	5	少儿阅读	24	阅读	79
少儿读者	4	阅读	24	经典阅读	57
儿童阅读推广	3	经典阅读	16	大学生	51
社会阅读	3	阅读学	16	少儿阅读	41
社区服务	3	儿童阅读	14	儿童阅读	40
儿童	2	分级阅读	12	阅读推广活动	37
儿童文学作品	2	少儿图书馆	11	数字阅读	32
儿童文学创作	2	读书活动	11	策略	32
儿童阅读	2	阅读活动	10	阅读服务	31
出版市场	2	大学生	9	读者服务	30

根据研究主题随时间的变化趋势，国内阅读推广的发展可分为3个阶段：初步发展期（2005—2009年），国内学者主要讨论全民阅读、阅读推广的概念以及早期的儿童阅读推广；发展中期（2010—2012年），随着阅读推广活动逐步盛行，图书馆在阅读推广中的重要地位得到高度重视，尤其高校图书馆、少儿图书馆开展阅读推广的研究较多；发展稳定期（2013年至今），阅读推广的研究方向更为明确，同时，学者们将目光逐渐由实践研究转为理论研究，以期从理论高度研究在阅读推广实践中遇到的各种问题。

4 国内阅读推广研究主题的聚类分析

共词分析法是文献计量学的重要方法之一，属于内容分析法的一种，其思想源于引文耦合与共被引分析，通过对一组词两两统计其在同一个文本主体中共同出现的频次来构建共词矩阵，结合多元统计分析等方法，确定文本所代表的学科领域中主题间的关系，研究各领域主题发展的历史脉络和演化态势[4]。笔者主要采用多元统计分析法中的聚类分析对关键词进行分析，以确定研究主题。

为进一步分析，笔者对2 299篇文献的关键词进行同义词合并，选取词频不少于15次的43个关键词构建共词矩阵，并借助SPSS 21.0进行系统聚类得到树状图（见图1）。通过对树状图的分析，同时借鉴前人的研究成果，得出国内阅读推广的研究主题可分为如下几类：阅读推广的提出与兴起、高校阅读推广、未成年人的阅读推广、阅读文化研究、新媒体下的阅读推广、阅读推广理论研究和数字阅读推广。

4.1 阅读推广的提出与兴起

2006年，中国图书馆学会成立了科普与阅读指导委员会，这标志着我国阅读推广有了专门的组织机构，具有里程碑意义。2009年，科普与阅读指导委员会更名为阅读推广委员会，指导和推动全国图书馆界联合社会各界力量开展阅读推广活动，加强阅读文化和阅读服务的研究。

在阅读推广委员会成立后，业内大量研究文献讨论了阅读推广的目的和意义，研究具体从4个层面进行：从人类社会发展层面看，阅读是社会发展到一定阶段的产物，而全民阅读是社会走向成熟与发展的标志，是社会发展的需要，是时代的使命；从国家民族层面来看，全民阅读、阅读推广是立足中国文化、提高中华民族素质与竞争力的重要举措[5]；从图书馆层面来看，阅读推广是图书馆的根本任务，是图书馆发展的趋势，是图书馆生存发展的需要[6]；从个人层面来看，在信息迅速传播的网络时代，阅读是形成基本素养、提升个人竞争力的主要方式，并能使人保持个人尊严与思想自由，成为一个不会落伍于时代的人[7]。可见，不论是国家、政府还是社团或个人，已然充分认识到阅读推广的重要性和重要意义。

4.2 高校阅读推广

在全民阅读的浪潮中，高校图书馆因资源和人力优势主动承担起阅读推广的责任。相比阅读推广的其他研究主题，高校图书馆阅读推广的研究成果较多，且较为系统，主要包含以下几个方面：

4.2.1 高校图书馆开展阅读推广的意义和目的　从高校图书馆角度来看，随着服务模式的变化，其角色相应发生了改变，由单纯的信息提供者转为高校阅读推广的宣传者、组织者、引导者和实施者；而从读者角度来看，大学生在阅读课外书籍时往往不得要领，高校图书馆可以对大学生课外阅读提供很好的引导，即直接介入阅读推广，更好地帮助大学生获取课外知识，发挥其读书育人的作用。

4.2.2 高校阅读推广主体　高校阅读推广主体主要是图书馆员，在阅读推广过程中，图书馆员需准确定位个人角色，扮演好道德引导者、活动设计者、组织管理者、沟通激励者、反思创新者等多重角色。为帮助图书馆员

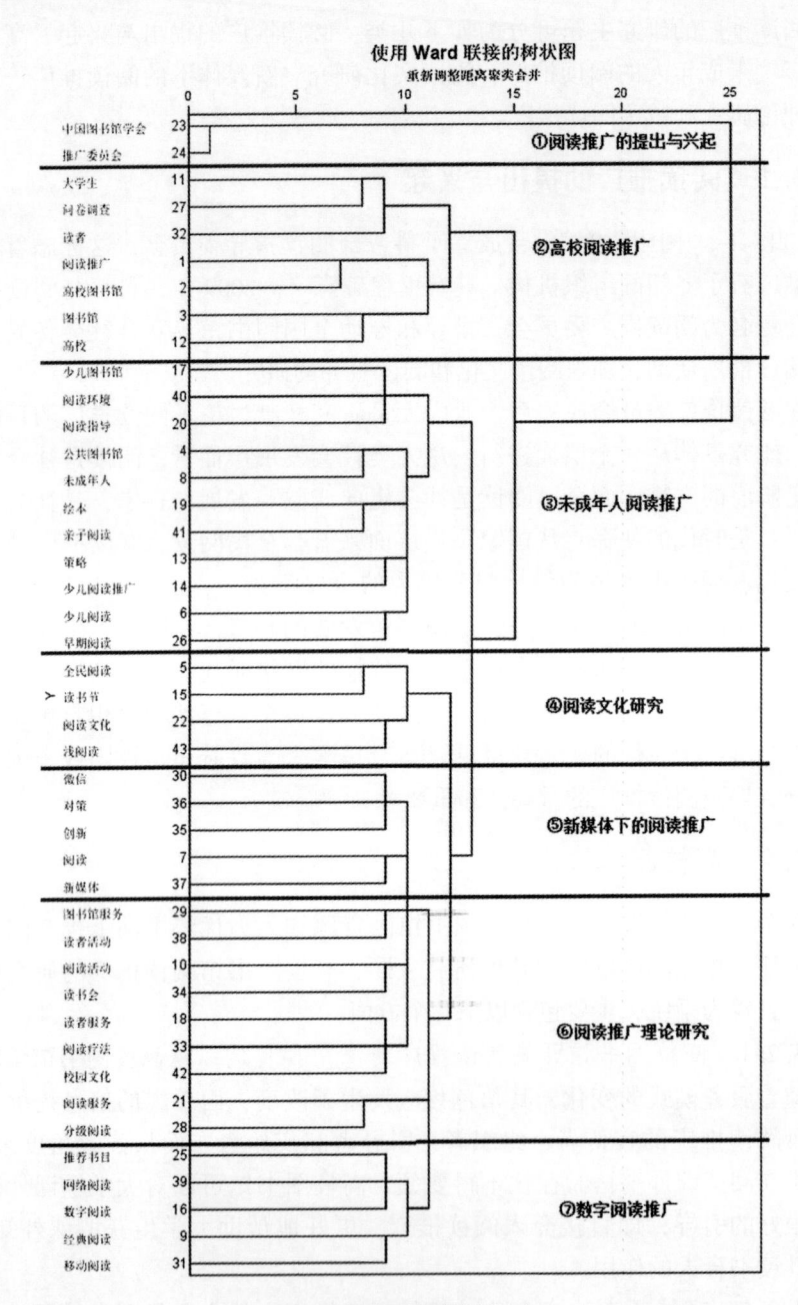

使用 Ward 联接的树状图
重新调整距离聚类合并

图 1 聚类分析的树状图

认同角色定位、掌握阅读推广基本技能，高校图书馆管理层需在培养图书馆员"阅读推广"的职业情感、制订科学合理的考核标准、重视馆员职业发展、创建高绩效的推广团队等方面给予积极支持[8]。

4.2.3 高校阅读推广内容　高校阅读推广内容主要依据图书馆现有的馆藏资源和服务以及读者的阅读需求来确定。其中，在诸多有关读者阅读需求的研究中，对于阅读书籍类型的调查结果呈现出高度相似性，如文学、教辅、外语、计算机等类图书都位居前列。不少学者对推荐书目、经典阅读等展开研究，如王波[9]在讨论高校图书馆开展新生教育活动时指出，新生教育推荐书目是一个体系，应该包括3种类型，即校史校情书目、综合素质教育书目和心理健康教育书目。

4.2.4 高校阅读推广对象　高校阅读推广对象主要是在校大学生，研究主要集中在大学生的阅读行为和阅读心理等方面，其中阅读行为主要包括阅读时间、阅读内容、阅读方式、阅读数量、阅读倾向、阅读影响因素、阅读费用、阅读环境等；阅读心理包括阅读需求、阅读动机、阅读兴趣、阅读观念等方面[10]。

4.2.5 高校阅读推广模式和策略　针对高校大学生阅读呈现出功利性、多样性、休闲式的特点，研究者从不同的角度出发，提出了不同的阅读推广模式和策略。从阅读推广的时效性来看，建立阅读推广的短效机制以有效激发大学生的阅读热情，如读书论坛、名人名师阅读讲座等；建立阅读推广的长效机制，以保持大学生的阅读热情，如编印导读刊物、建立读书社团等[11]。从阅读推广的物理空间来看，高校阅读推广模式可分为3种，即馆内阅读推广模式和馆外阅读推广模式、网络阅读推广模式[12]。

4.2.6 高校阅读推广的评价与反思　对高校阅读推广的评价主要从阅读推广主体（图书馆）和推广对象（读者）两方面来探讨的。在图书馆方面，评价指标为馆藏情况和图书馆对活动的重视程度；在读者方面，评价指标包括读者参与广度、读者参与深度、读者满意度。在反思高校阅读推广和阅读教育活动时，不少学者认为高校图书馆需从读者兴趣、专业阅读需求来配置和推荐文献，提供个性化的阅读服务，树立品牌意识，重视宣传；同时，图书馆需从自身出发，提升阅读推广能力[13-14]。

高校是阅读推广的主要阵地，一直都深受学界关注，国内有关高校阅读推广的研究文献已涵盖了阅读推广的各要素，但同时也应该看到在高校阅读推广人、高校阅读推广的效果评价、国外高校阅读推广等方面的研究还比较薄弱，高质量成果较少。

4.3 未成年人的阅读推广

国内有关未成年人阅读推广研究起步较晚，主要介绍国外未成年人阅读推广活动实例、成效以及先进的服务理念、经验和模式，并在此基础上与国内进行比较等，涉及的主要国家有英国、美国、德国、韩国、日本等。王自洋等[15]介绍了 IFLA 根据未成年人的年龄阶段将其划分为婴儿和学步幼儿、儿童和青少年三大群体，并先后制订了相应的图书馆服务指南；李慧敏[16]详细介绍了比较有代表性的学龄前儿童早期阅读推广活动，特色尤为鲜明的有英国的"阅读起跑线"（Bookstart）计划、美国的"出生即阅读"（Born to Read）计划、德国"阅读测量尺"等；刘学燕[17]指出韩国通过制定阅读推广的相关法律法规、阅读推广计划和方案，使图书馆事业有了长足发展，青少年阅读推广取得很好的成效；蔡晓丹[18]在介绍欧美、港台地区和中国大陆青少年阅读推广的现状的基础上，对比分析大陆与欧美、港台地区开展青少年阅读推广在"硬"和"软"两方面的差距。

除此以外，还有不少学者对未成年阅读推广实践进行研究，涉及未成年人阅读推广模式、推广策略、推广对象、推广内容等。陈蔚[19]在总结国内外影响较大的儿童阅读推广实践活动的基础上指出，儿童阅读推广模式分为贯穿模式、分级模式、接力模式和联动模式；张燕[20]通过实证来考察儿童阅读推荐书目的研制与推广，探讨了书目与儿童阅读推广系统中诸因素的关系。与国外相比，我国未成年人阅读推广的研究缺乏系统性，很多方面才刚刚起步，如性别对儿童阅读和阅读推广的影响、未成年人新媒体阅读及推广等。

4.4 阅读文化研究

阅读文化研究是从文化视角来研究人类的阅读活动，将阅读作为一种文化现象，置于社会历史的整体环境中综合考察以归结其文化内涵和社会功能。而阅读文化是指建立在一定的技术形态和物质形态基础上，受社会意识和环境制约而形成的阅读价值观念和阅读文化活动，它具有时代性、区域性、民族性、群体性和关联性[21]。

从阅读方式来看，阅读文化主要讨论传统阅读与现代阅读、深阅读和浅阅读。其中，深阅读指阅读主体从具有较大知识信息含量和较高系统性的书面语言和符号中获得丰富意义的社会行为、实践活动和心理过程；浅阅读是阅读主体从书面语言和符号中获得意义的社会行为、实践活动和心理过程[22]。与深阅读相比，在浅阅读过程中，阅读主体大脑参与程度并不高，对阅读语言和符号的理解和掌握程度不高，一般停留在了解或知其大概的层面。

从阅读活动角度来看，阅读文化研究包括阅读指导、阅读推广、阅读需求、阅读心理等。其中，阅读疗法是阅读文化在实践中的具体运用，也称"图书疗法"或者"书目疗法"等，是以阅读文本为媒介，将读书作为保健、养生以及辅助治疗疾病的方法，使自己或指导他人通过对文本内容的针对性接受、理解和领悟，养护或调理精神、恢复身心健康的一种方法。在阅读疗法中，阅读疗法书目和网络阅读疗法得到了高度关注[23]。而网络阅读疗法是通过网络渠道将阅读作为保健和辅助治病的手段，比较典型的网络阅读疗法平台有泰山医学院宫梅玲"书疗小屋"博客、中国图书馆学会"阅读与心理健康委员会"专栏、阅读疗法专家王波"书间道"博客之"阅读推广"栏目等[24]。

国内对阅读文化研究已积累了不少成果，但需要研究和解决的问题依然存在，如阅读如何随时代变迁而变化发展，阅读对人类的思维方式、知识结构有哪些影响，以及阅读文化的学术与理论价值等都有待进一步挖掘。

4.5　新媒体下的阅读推广

新媒体是所有新的传播手段或传播形式的总称，是数字技术、网络技术和移动通信技术发展的结果[25]。在新媒体环境下，诸如微博、微信等以其个性化、交互化、碎片化的优势为受众提供立体化、多元化、短平快的微阅读，在改变受众阅读习惯的同时也对阅读推广工作提出了新的挑战。有学者认为图书馆需从数字图书馆和移动图书馆开展建设，提供多元化、多层次服务；同时，也应该看到新媒体阅读推广普遍缺失，推广途径有限，且方式单一、缺乏特色，需利用新媒体完成阅读价值观的转换，并融入传统阅读推广，发挥图书馆对时代热点问题的阅读影响力[26-27]。但这些研究还处于应用理论探讨阶段，基于新媒体环境下的阅读推广模式和机制等相关基础理论研究还有待深入。

4.6　阅读推广理论研究

阅读推广理论包括应用理论和基础理论，前者指从实践中总结、并指导实践工作的理论，如阅读推广的策划、宣传、评估等；后者从"形而上"的角度进行论证，回答阅读推广是什么、为什么、怎么做、为什么要这样做等问题，解决阅读推广存在和发展的根本问题，涉及图书馆学及阅读学、社会学、教育学、经济学、政治学等多学科的理论精华,而形成自身的理论体系[28]。

目前,国内阅读推广应用理论研究较多,学者从不同角度对阅读推广实施过程的问题开展研究,如在探讨推广模式时,贲欧[29]将阅读推广的实现模式总结为主体模式、媒介模式、受众模式 3 种;在研究书目时,徐雁等[30]通过对比分析,指出了阅读推广中常用的推荐书目、影响书目和畅想书目的编制规则和特点;在讨论阅读推广的组织方式时,段梅等[31]认为读书会由于小众、自由、与其他推广方式相比缺乏影响力,应联合多方资源与力量,强化内部管理,同时借助新媒体平台将会更好地促进读书会的发展。阅读推广的基础理论问题包括阅读推广的定义,阅读推广与图书馆服务、图书馆核心价值的关系,阅读推广是原有图书馆服务的延伸还是一种新型的图书馆服务类型,以及阅读推广是否符合图书馆核心价值[32]。研究这些无形的基础理论问题比应用理论更为重要,然而目前学术界讨论较多的是关于阅读推广的定义,对其他基础理论问题的研究并不深入、系统。

4.7 数字阅读推广

数字阅读即阅读的数字化,主要有两层含义:一是阅读对象的数字化,如电子书、网页、网络小说等;二是阅读方式的数字化,即阅读的载体、终端是电子仪器,如手机、电脑、电子阅读器等[33]。数字阅读的网络化和泛在化使阅读内容不受时空限制,使阅读主体能多视角和多维度地获取知识点,加之数字阅读具有便利性和快捷性,相比纸质阅读,数字阅读在缩小数字鸿沟、提升信息素养、助推书香社会、帮助人们转变思维方式等方面体现出更多优势[34]。作为阅读推广的主要机构,图书馆可在 3 个层面开展数字阅读推广:第一,阅读引导,即深层次、多角度地组织并揭示信息内容,以读者容易使用的数字方式展示馆藏,让读者便捷获取信息;第二,阅读提供,即以读者为中心,面向读者提供在线阅读、资源下载、数字移动阅读器外借服务等多样化的阅读方式;第三是阅读互动,即图书馆与读者之间建立积极互动的机制[35]。虽然数字阅读以其自身优势逐步颠覆纸质阅读,但在发展过程中也有许多值得进一步思考和探索的问题,比如深阅读还是浅阅读、文字还是多媒体、自媒体还是出版大鳄、收费还是免费、创作共用协议还是版权独有、Web 还是 APP、推送还是拉取等[36]。

5 国内阅读推广研究的局限性

5.1 基础理论研究不足，对实践指导不够

阅读推广属于实践领域，主要支撑性理论为应用理论；但更为重要的是基础理论，它是用于指导实践的，较为透彻地做好理论研究方能指导图书馆人自觉开展阅读推广，提升阅读推广内在品质[37]。

目前，国内学术界对阅读推广应用理论研究较多，关注点集中在阅读推广活动的各种表象、形式，对基础理论的研究相对匮乏，更缺少具有前瞻性的理论研究。范并思指出阅读推广的理论与实践中存在 4 个基础理论问题，包括阅读推广的定义、阅读推广与图书馆服务的关系、阅读推广的服务类型以及是否符合图书馆核心价值，但至今为止业内并没有对以上 4 个基础理论问题系统的分析和研究。阅读推广要得到长足发展，必须兼顾应用理论研究与基础理论研究，不能顾此失彼。

5.2 对阅读推广环境下读者的阅读心理、阅读行为等缺乏系统深入的研究

读者是阅读推广的对象，不同的阅读对象具有不同的特点，阅读心理、阅读行为、阅读习惯、阅读需求等也随之不同，而这正是开展阅读推广活动的依据与基础。

目前，国内学者主要通过问卷调查、走访、面谈、以往活动相关数据记录等方式来对读者进行调研，且调研的内容多局限于可量化的指标，比如手机阅读时间、读书数量、听讲座次数等，对于读者参与阅读推广的心理及真实需求的探讨较少，对读者在参加阅读推广活动前后心理和需求变化的研究更为匮乏。然而，开展阅读推广活动，只有对读者进行连续、细致的调研，获得准确的信息，充分并深入了解读者的需求与兴趣，才能使活动开展具有针对性，达到应有的效果[38]。

5.3 阅读推广活动的绩效评价有待系统化

国内阅读推广活动开展得有声有色，但却疏于对活动效果的评价，或者只是对活动的举办次数、参与人数、报道效果等作简单统计。科学的评价是为了总结前期经验与不足，积极调整完善，有的放矢地指导下一步的工作。对阅读推广活动效益的评价需要一套完整、系统的评价指标体系，全面、立体地考量阅读推广活动的效果。该评价指标体系可以从两个方面着手：一是

基于阅读推广主体（如图书馆、出版机构或社团等）的阅读推广活动评价指标，比如是否符合预算、是否节省人力物力和财力、社会影响力、媒体报道量等，这些指标对阅读推广主体是非常重要的；二是基于阅读推广对象即读者的阅读推广活动评价指标，如活动是否有创意、推荐书目是否适用、现场环境是否优雅等，这是关注受众一方。将基于阅读推广主体和基于阅读推广对象的指标体系进行对接和整合，便是综合性的评价指标体系[39]。另外，新媒体环境下，阅读推广逐步引入微媒体，其推广模式、推广策略及效果都与传统阅读推广有所不同，对利用微媒体开展阅读推广工作效果的评价研究也亟待加强。

6 结语

本文通过对 2 299 篇文献关键词的共现分析，直观形象地揭示了国内阅读推广的研究主题，以期为阅读推广实践活动和理论研究提供参考。但本研究尚属探索性研究，还存在一些不足。如选取高频词时没有充足的理论支撑，仅根据关键词词频整体情况和个人经验来确定高频关键词的阈值；另外，由于关键词是文献作者自行确定，缺乏规范性，这不可避免地影响了聚类结果，导致部分主题存在交叉现象。

参考文献：

[1]　刘彦丽.2004-2014 年国内开展阅读推广文献研究分析［J］.图书馆工作与研究，2016，(3)：80-91.

[2]　余明霞.我国阅读推广的文献计量研究［J］.图书馆界，2013，(4)：48-51.

[3]　李杏丽，王艳红，贾爱娟.中国阅读推广研究地图——基于阅读推广研究论文的计量分析与可视化识别［J］.大学图书情报学刊，2015，33（6）：114-117.

[4]　张勤，马费成.国外知识管理研究范式——以共词分析为方法［J］.管理科学学报，2007，12（6）：65-75.

[5]　邱冠华，金德政.图书馆阅读推广基础工作［M］.北京：朝华出版社，2015：1-2.

[6]　吴晞.图书馆为什么要进行阅读推广［J］.公共图书馆，2013，(12)：9-13.

[7]　范并思.阅读推广：高校图书馆服务"新常态"［J］.上海高校图书情报工作研究，2013，(2)：1-4.

[8]　赵颖梅.阅读推广理论与实践研究［M］.成都：西南交通大学出版社，2015：57-61.

[9]　王波.高校图书馆阅读推广中的新生教育书目［J］.图书情报研究，2015，(2)：3-15.

[10]　耿雅津.大学生阅读研究综述［J］.图书馆学刊，2013，(9)：137-141.

[11] 徐琼.建立高效图书馆全方位阅读推广模式的探索［J］.新世纪图书馆,2013,(2)：62-65.

[12] 刘开琼.高校图书馆阅读推广模式探究［J］.图书馆研究,2013,43（2）：64-67.

[13] 岳修志.基于问卷调查的高校阅读推广活动评价［J］.大学图书馆学报,2012,(5)：101-106.

[14] 季亚娟,王醒宇.国内外大学生阅读情况比较及高校图书馆阅读教育与推广的反思［J］.图书馆杂志,2014,（8）：65-69,52.

[15] 王自洋,李怡梅.IFLA 与未成年人阅读服务［J］.图书与情报,2013,（2）：6-10.

[16] 李慧敏.婴幼儿童（0-6 岁）阅读推广案例特色研究——以英国、美国、德国为例［J］.图书馆工作与研究,2011,（8）：109-112.

[17] 刘学燕.韩国儿童青少年阅读推广现状及启示［J］.山东图书馆学刊,2013,（4）：101-104.

[18] 蔡晓丹.欧美、港台、大陆青少年阅读推广比较分析［J］.图书馆理论与实践,2011,（6）：31-34.

[19] 陈蔚.基于绘本载体的儿童阅读推广模式研究［J］.图书馆杂志,2013,（12）：107-110.

[20] 张燕.21世纪初儿童阅读推荐书目研究［D］.上海：华东师范大学,2012.

[21] 王余光.阅读,与经典同行［M］.深圳：海天出版社,2013：104-117.

[22] 周亚."浅阅读"概念界定及相关辨析［J］.图书馆杂志,2013,32（8）：18-22.

[23] 徐雁."阅读疗法"、"文学疗愈"与全民阅读推广［J］.图书情报研究,2010,3（4）：12-23.

[24] 王景文,李杏丽,廖志江,等.我国网络阅读疗法实践进展评述——基于网络阅读疗法平台的调查分析［J］.图书馆工作与研究,2014,（12）：121-125.

[25] 石磊.新媒体概论［M］.北京：中国传媒大学出版社,2009：8-12.

[26] 麻小红.新媒体时代读者阅读方式与图书馆服务对策［J］.图书馆研究,2013,43（1）：75-78.

[27] 苑世芬.高校图书馆新媒体阅读推广策略研究［J］.现代情报,2013,33（1）：74-78.

[28] 吴晞.图书馆阅读推广的若干热点问题［J］.图书馆,2015,（12）：31-33.

[29] 贲欧.阅读推广实现模式研究［J］.图书馆学研究,2012,（22）：25-27,37.

[30] 徐雁,谭华军.目录明,方可读书：推荐书目、影响书目、畅销书目与读物推广［J］.图书馆杂志,2014,33（4）：30-36.

[31] 段梅,曹炳霞,韩叶.读书会的发展与阅读推广组织方式［J］.图书情报工作,2015,59（20）：29-33.

[32] 范并思. 阅读推广与图书馆学：基础理论问题分析 [J]. 中国图书馆学报, 2014, 40 (5): 4-13.

[33] 张建静. 高校图书馆阅读推广研究综述 [J]. 图书情报工作, 2014, 58 (12): 120-125.

[34] 王世伟. 论数字阅读 [J]. 图书馆杂志, 2015, 34 (4): 4-10.

[35] 杨志刚. 开展数字阅读提升图书馆内容服务 [J]. 图书馆论坛, 2011, 30 (1): 123-125.

[36] 张洁, 顾晓光. 数字阅读的若干热点冲撞 [J]. 图书与情报, 2011, (4): 83-87.

[37] 吴晞. 图书馆阅读推广基础理论 [M]. 北京: 朝华出版社, 2015: 42.

[38] 刘彩娥. 国内高校图书馆阅读推广活动的几个误区 [J]. 图书馆, 2014, (3): 111-113.

[39] 王波. 图书馆阅读推广亟待研究的若干问题 [J]. 图书与情报, 2011, (5): 32-35, 45.

作者贡献说明：
朱春艳：提出研究思路、撰写论文；
华薇娜：负责论文修改；
张焱：负责资料搜集、整理。

作者简介

朱春艳（ORCID: 0000-0003-0814-5020），馆员，博士研究生，E-mail: 35061435@qq.com；华薇娜（ORCID: 0000-0001-5850-4461），教授，博士；张焱（ORCID: 0000-0001-9602-1057），助理馆员。

国 外 篇

国外阅读立法对阅读推广的影响研究[*]

2012年，党的十八大首次将"全民阅读"列入党的工作报告之中。2013年全民阅读被纳入国家立法计划，引发各界热议。随后，"倡导全民阅读"在2014年和2015年连续被写入政府工作报告，江苏省、湖北省和辽宁省在2015年先后出台了地方性全民阅读促进法律法规，深圳特区、上海市等地也在制订之中。由此可见，将"全民阅读"上升为国家意志、纳入法制轨道，已经是国内部分立法者的共识。近年来，我国学界开始关注全民阅读问题，发表论文数量逐年增长[1]。其中少量论文介绍了国外阅读立法的有关经验，提出我国阅读立法应充分借鉴国外做法。但需要指出的是，引入国外阅读立法经验的前提是这些法律法规是有效的、成功的，而相关的实证研究目前仍然欠缺。

1 引言

在古代，阅读是少数人的特权。随着社会生产力的进步，学校、书店和图书馆等公共文化设施逐渐普及，与此同时，民间读书会、扫盲运动等为越来越多的人争取到了阅读图书的机会，也成为阅读推广（reading promotion）理念的先声。但将阅读推广上升至国家立法层面，政府将"阅读权"视为公民的权利之一并予以保障，则是迟至20世纪下半叶才为世界所普遍认可。以联合国教科文组织、国际图联等国际组织所拟定的法律性决议为肇始，以美国为代表的一些发达国家先后通过立法将保障公民阅读权纳入了政府职责。

从纵向上来看，广义上的阅读立法包括各个国际组织促进阅读的法律性决议、各国专门性的阅读促进法律和各国某些行业性的法律。国际组织的法律性决议是世界各国所普遍认可的一般准则，具有一定的示范意义，例如联合国教科文组织宣布每年4月23日为世界读书日[2]，为世界各地所认可，并且往往被直接定为某国家或地区的读书日，如2000年日本《促进儿童阅读活动法》规定每年4月23日为日本儿童读书节[3]。专门为促进阅读进行立法的

---

[*] 本文系西南大学中央高校基本科研业务费专项资金资助项目"国外阅读立法对校园阅读推广的影响研究"（项目编号：SWU1509481）研究成果之一。

有美国、日本、韩国、俄罗斯、瑞典、墨西哥、印度、巴西、智利等国家。此外，一些国家通过修订某些行业性法律（如图书馆法、出版法和教育法等）来保障和促进阅读，例如日本1999年的《国立青少年教育振兴机构法》[4]（教育领域立法）和2005年的《文字和印刷文化振兴法》[5]（出版领域立法）都含有促进阅读的条款。国外主要的促进阅读相关法律（不包括行业性法律）见图1。

图1 国外主要阅读立法概况

从横向上来看，国外阅读立法的基本内容包括3个方面：第一，该国的阅读推广活动分别由哪些机构管理、领导和参与；第二，该国阅读推广的经费从何而来，如何使用；第三，该国应开展哪些基本的阅读推广项目。其中，"机构"是主导力量，"资金"是核心问题，"项目"是执行方式。

通过比较研究，可以发现：①国外阅读立法中普遍涉及的"机构"主要有：政府部门、图书馆（包括公共图书馆和学校图书馆）和一些非政府组织（如民间读书会）；②"资金"除了支持机构的运作和项目的执行外，还资助了相关的科学研究；③就"项目"而言，除了读书节、活动项目和表彰项目这三个重要类别外，还涉及评估类的项目，并且评估类项目具有一定的独立性。因此，本研究试从机构、科研、项目及评估4个视角出发对阅读立法所产生的影响展开讨论，研究思路如图2所示：

2 阅读推广机构

阅读立法的主要目标之一是厘清相关法律主体的权利与义务关系。国外阅读立法"并非简单地要求公民开展阅读活动，而是将政府作为推动全民阅读活动的主要义务主体，提高各社会团体组织的服务意识和服务能力"[6]，因此，国外阅读法律及其配套施行的政策、规章等对阅读推广相关机构的权利与义务进行了直接分配，主要体现在政府职能机构、图书馆和非政府组织等3

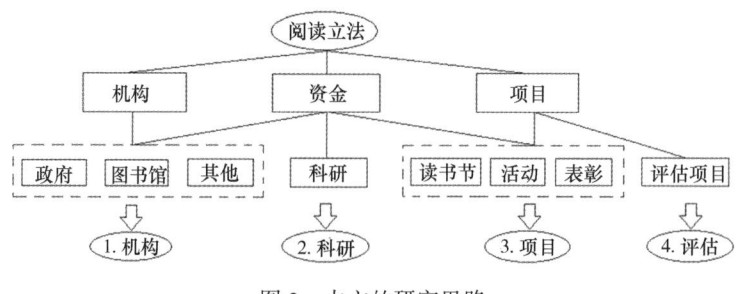

图 2 本文的研究思路

个方面。

2.1 政府职能机构

阅读立法的核心原则是政府承担责任，行政部门必须依据立法精神，设立和改组有关部门，使之履行阅读推广的职能。其中包括：①在现有机构内设立新的部门，例如韩国 1994 年依据《图书馆和读书振兴法》成立图书馆与读书振兴委员会[7]，2006 年依据《阅读文化促进法》[8]设立阅读推广委员会，隶属文化体育观光部，并由该部门负责制订阅读推广 5 年基本计划；②增加现有机构的职能，如日本在《促进儿童阅读活动法》提出国家负有阅读保障的责任之后，文部科学省开始实际担负起这一新的政府职能；③设立顾问机构、为国家政策提供参考，如美国在 1997 年成立国家阅读小组（The National Reading Panel），其报告为《卓越阅读法案》在国会的通过提供了充分的依据[9]。无论是哪种形式，都是在阅读立法之际，政府通过改变机构设置，增加了对阅读推广的支持、管理和规划的职能。

2.2 图书馆

国外阅读立法对图书馆产生的影响主要体现在国家图书馆层面。国家图书馆在各国图书馆体系内处于核心地位，负有指导的职责，其实践也具有积极的示范意义。美国国会图书馆的下属部门图书中心（The Library of Congress's Center for the Book）是依据《公共法 95-129》成立的[10]，专门负责全国性的阅读推广活动。该图书中心的成功经验后来也被推广至地方政府及一些海外国家。日本在 2000 年前后数次为儿童（包括 18 岁以下的儿童及青少年）阅读立法，日本国立国会图书馆在 2000 年建成国际儿童图书馆，负责指导日本全国儿童阅读推广活动；2002 年施行的《推进儿童阅读活动基本计划》还要求各级公立图书馆增加儿童读书室，提供少儿阅读指导的岗位，开展针对儿童的服务项目等[11]。2006年韩国制订《阅读文化促进法》，韩国国立中央图书馆在同年成立国立青少年图书馆，负责指导和推动青少年阅读推广项目在全国范围内的实施[12]。可见，国外一些图书馆阅读推广职能的完善与该国阅读立法进程是密不可分的。

2.3 非政府组织

阅读立法与社会团体活动的相关性评估较为困难，但仍然可以找到例证。例如，俄罗斯2006年颁布《国家支持和发展阅读纲要》[13]后，从2007年开始召开每年一届的"《国家支持和发展阅读纲要》全国会议"，与会者来自政府、出版商、学校、图书馆等机构，对该法律的实施效果展开讨论，提出次年规划[14]。又如，日本国会在2008年通过决议，将2010年设立为"日本读书年"，此后，图书馆协会的机关期刊《图书馆杂志》在2009年刊载了"面向2010年的国民读书年"的研究专题文章[10]。可见，阅读立法会对行业协会的工作方向产生一定的影响，并推动阅读推广研究的开展。日本政府在阅读立法后还设立了儿童梦想基金，而日本民间团体的推广活动资金多数都来自于该基金。美国在《卓越阅读法案》中也提出整合教育机构，民间团体可向州政府申请经费[9]。这说明阅读立法可以通过规定、倡导、鼓励和资助等形式，引导社会团体的活动方向。

3 阅读推广研究

阅读所涉及的学科主要包括图书馆学、教育学、心理学、文学和编辑出版学等。阅读研究成果可以对阅读推广展开科学指导，是阅读立法的重要内容之一。例如，美国《卓越阅读法案》第205节规定应对阅读教学研究展开资助[9]；韩国《阅读文化促进法》第5条规定，每5年拟定的基本计划中应当包含阅读文化相关的调查及研究[8]。

除了通过法律条款直接资助和引导阅读研究以外，阅读领域的立法反映出社会意识的共同倾向，并可能引发学界的讨论、质疑和实证。从国内情况来看，以"阅读立法"为主题词，在中国知网期刊库中检索到的论文不到50篇（检索时间为2015年11月18日），最早发表于2013年（与我国提出"阅读立法"同步），并逐年增长。

为考察国外的情况，本研究选择发表量较大的英文文献为例。笔者以"read＊promot＊"为检索词，以哈佛大学图书馆知识发现系统Hollis+为数据源，除去无关主题、无关文献类型和其他语言等干扰项后，共检索到1946—2015年间阅读推广相关的英文文献共35 194篇（检索时间：2015年11月1

日）（见图3）。

图3　1946—2015年阅读推广相关英文文献数量

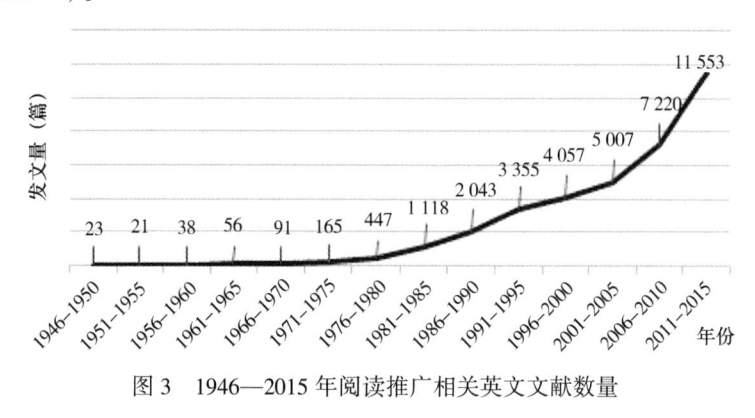

图3显示出英文文献增长的趋势，其中20世纪70年代、20世纪90年代前后和2010年以后3个时间段出现了爆发式的增长，而这3个时间段正是国际组织法律性决议出台和美国展开阅读立法的关键时间点。国际社会最早是从20世纪70年代起开始关注阅读推广的，联合国教科文组织首先确定1972年为"国际图书年"，1982年提出"走向阅读社会"。为第一个文献突然增长的时间段。1994年，联合国教科文组织与国际图联共同颁布《公共图书馆宣言》，1995年设立"世界读书日"，美国于1986年开始专门为阅读立法，1994年修订《中小学教育法》并提出《目标两千年教育法》，这一阶段，相关文献数量第二次出现突然增长的情况。2009年和2010年，奥巴马政府针对《不让一个孩子掉队法案》法案实施后的若干问题进行了两次大范围修订，同期相关文献数量再次突然增长。由此可见，英文文献数量增长趋势尤其是部分时期突然增长的现象，与相关阅读立法的进程是相关的。

1998—2013年期间的阅读推广相关英文文献数量如图4所示：

从图4可以看到，1998—2002年、2003—2008年、2012年以后这3个时间段的文献数量比较接近，而2003年前后、2009—2012年这两个时间点出现了比较明显的数量增长。考察美国阅读立法情况可知，《不让一个孩子掉队法案》于2002年正式实施，其积极措施及成效获得了一部分教育学者的支持，但其设立的标准化考试和严格的问责制也引发了广泛质疑，英文文献数量在2003年出现了较大幅度增长，并随后保持高位。2008年奥巴马政府上台后即对《不让一个孩子掉队法案》持否定态度，反思该法案实施效果的文献也逐渐增多。美国在2009年颁布《复苏与再投资法案》，为儿童早期阅读教育投入50亿美元，同时开始修订《不让一个孩子掉队法案》、逐步为绝大多数州

图 4　1998—2013 年阅读推广相关英文文献数量

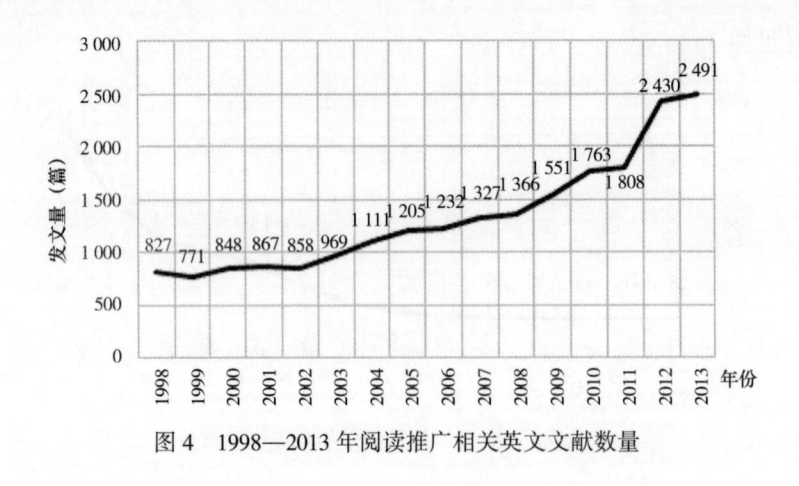

政府赋予豁免权，英文文献数量此时出现了第二次明显的增长。因此可以认为，阅读立法与阅读研究存在着密切的正相关性。

4　阅读推广项目

阅读立法可以将已有的成功实践经验法制化，进而形成长期有效的社会机制。表1统计了美国、俄罗斯、日本和韩国这4个国家直接受到阅读立法影响而形成的读书节、阅读推广活动和政府表彰奖项。尽管通过国家立法所确定的阅读项目并不多，但其重要性不言而喻——具有巨大的社会影响力和示范意义。

表 1　受阅读立法直接影响形成的读书节、阅读推广活动和政府表彰奖项

国别	读书节	主要阅读推广活动	政府表彰奖项
美国	全国读者年（1987年）、青少年读者年（1989年）、终生读者年（1991年）、国家读书节（秋季）	美国阅读挑战（1997年）、读遍美国（1997年）等	布尔斯廷奖（1977年）
俄罗斯	俄语年（2007年）、家庭年（2008年）、文学年（2015年）[15]	圣彼得堡国际图书沙龙（2006年）、汇编100本俄罗斯经典（2012年）等	青少年"阅读领袖"评选（2011年）、"图书伙伴关系"教育项目竞赛（2011年）等
日本	儿童阅读年（2000年）、儿童读书日（每年4月23日）、国民读书年（2010年）	儿童梦想基金（2000年）等	儿童阅读推广活动优秀案例评选（2001年）[16]
韩国	读书月（每年9月）、国家读书年（2012年）	阅读与图书馆（2007年）等	阅读文化奖（1995年）

首先，读书节作为世界上阅读推广活动中最为普遍的形式，各国大多将其明文纳入法律条文之中。其中，有实践先于立法的，如前文提到的日本儿童读书日，虽然是 2000 年通过《促进儿童阅读活动法》第 10 条设立的[3]，但日本的儿童读书周早在 1959 年就已经开始（每年 5 月 1 日~14 日），在 2000 年立法后才向前延伸一个星期至 4 月 23 日；有立法先于实践的，如韩国 1994 年《图书馆和读书振兴法》第 48 条规定"设立读书月"[17]，次年 9 月推出第一个国民读书月，持续至今；也有在立法之密切影响下产生的，如小布什总统的夫人劳拉·布什所倡议设立的美国国民读书节（小布什在任德克萨斯州州长时就签署了超过 12 项与阅读教学相关的地方法律，上台后即推出《不让一个孩子掉队法案》）。最重要的是，这些读书节活动在立法后并非沦为形式，而是逐渐形成了持续而成功的实践模式，并且成为各国阅读推广的国家级品牌，起到了明显的示范作用。

读书年作为读书节的延伸形式，也是政府大力倡导阅读的重要形式，一般通过国会产生法律性决议而设立，同时配合阅读法律的施行，如俄罗斯的家庭年、日本的儿童阅读年和韩国的国家读书年，这些国家在读书年期间，由中央各个职能部门及地方政府牵头、联合社会各界开展活动，在国民中广泛普及了阅读推广的概念，促进了阅读立法的社会认可度的提高。

其次，国外阅读立法也直接影响了一些经典阅读推广活动的出现。例如，推动美国《卓越阅读法案》出台的克林顿总统，为配合法案的实施，在 1997 年作了"美国阅读动员报告"，发起了美国阅读挑战活动。而"汇编 100 本俄罗斯经典"则是在俄罗斯总统普京的倡议下开展的，正是普金在 2006 年签署了《国家支持和发展阅读纲要》、使之具有了法律效力。这些国家领导人的参与和积极推动，配合了阅读法律的出台，提升了阅读立法的影响力，也为国民阅读行为作出了表率。

最后，国外阅读法律还催生了一些政府表彰项目。从知名度和公平性来看，政府级别的表彰项目无疑是最有分量的一类嘉奖。如日本的儿童阅读推广活动优秀案例评选（2000 年《促进儿童阅读活动法》推出的同年开始评选）、韩国的阅读文化奖（1994 年《图书馆和读书振兴法》推出的次年开始评选），都是由该国中央政府部门每年评选一次的最高奖项，表彰对国民阅读推进做出突出贡献的个人和团体。同时，国家级的表彰不仅是对部分人的嘉奖，也是对整个行业的认可。

5 阅读推广评估

从法律的角度看，对阅读推广提出评估标准是阅读立法的必然要求。一方面，职能部门的行为是否符合规定，需要以评估标准来判断；另一方面，立法的成效需要依靠某些指标得以彰显。具体而言，体现在如下3个方面：

第一，阅读立法中直接规定整体性的评估标准，以评价阅读推广项目的效率。如俄罗斯《国家支持和发展阅读纲要》，第六章提出了一套定性指标与定量指标相结合的评价标准，用以评估阅读推广活动的社会、经济效益[14]。美国《不让一个孩子掉队法案》针对学生、教师和学校规定了严格的数字标准，奥巴马政府则在2009年提出了《统一核心标准》（Common Core Standard）[18]。2006年，葡萄牙发起的《国民阅读计划》覆盖了全国各类人群。基于评估对象的广泛性和复杂性，该计划采用了"分散/定量"或"密集/定性"的混合操作方法，建立起一套评估指标[19]。

第二，阅读立法促进了相关评估标准的出台。以美国为例，美国《卓越阅读法案》虽然没有提出统一标准，但规定"本法案下的问责是通过评估建立的"，每一个项目必须使用资金的一部分以评估补助接受者是否达到了法案的要求[9]。《不让一个孩子掉队法案》则强调有标准可循的教育改革，推动了阅读教育及测试体系的细化和科学化，对现代分级阅读教育的发展也产生了极大的影响[20]。而奥巴马政府的教育改革，则增加了地方政府的灵活性——要求其制订符合地方实际的标准。

第三，评估标准的结果可以反映出阅读立法的成效。国际学生评价项目（Program for International Student Assessment，PISA）是联合国经济合作与发展组织实施的一项国际性学生学业成就的比较项目，其中包括对阅读素养的测试。该测试从2000年起每3年组织一次。图5反映了日本和韩国在PISA阅读素养测试中的表现[21]。其中，韩国自2000年起实施课程改革，修订图书馆法律，制订《阅读文化促进法》，加大学校图书馆投入。尽管其排名在2009年略微下降，但这与东亚国家普遍得分较高、更多国家参与（如中国在2009年参加测试）有一定关系，维持排名靠前已属不易。日本制订《促进儿童阅读活动法》后，2005年颁布《文字和印刷文化振兴法》推进母语教育，2006年修订《教育基本法》，2007年为"新学校图书馆图书充实计划"投入资金，其成效也十分明显。日本学生除了在PISA的阅读成绩进步明显外，日本全国学校图书馆协会的调查报告（每年1次，2015年为第60次）显示，2001年之后日本的小学、初中和高中的人均阅读量有了明显的进步[22]。

美国和俄罗斯在PISA中的成绩虽然徘徊不前，但另一项具有广泛影响力的阅读素养评估项目——国际阅读素养进展研究（Progress in International Reading Literacy Study，PIRLS，2001年开始，每5年组织一次）在2011年的报告中，将美国和俄罗斯列入全球阅读素养进步最大的国家和地区（2001—

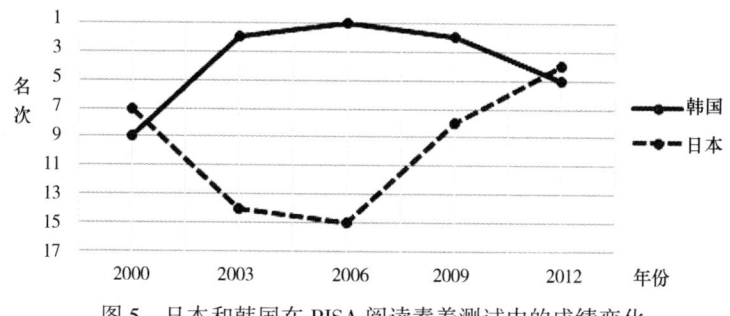

图5 日本和韩国在PISA阅读素养测试中的成绩变化

2011）的前10名[23]。这表明美国和俄罗斯也同样从阅读立法和阅读教育改革中获益良多。

6 结论

首先，从机构、科研、项目和评估4个角度出发，笔者认为国外阅读立法显著地影响了阅读推广，并且这种影响是积极而持续的，这说明国外在阅读立法方面的做法卓有成效。因此，应当积极引入国外阅读立法的有益经验，为我国阅读立法工作提供参考。

其次，从国外阅读立法的过程来看，这项工作并非一劳永逸，美国、韩国、日本等国家都经历了"制定—施行—修订—再施行"的过程，这说明阅读立法后的阅读推广实践也能够提供反馈信息、为阅读法律的继续完善提供依据，二者相互影响、相互促进，从而形成良性、有效并且符合时代要求的阅读推广机制。

最后，我国应当为全民阅读立法。国外阅读立法起步较早，且成效较好。近年来，越来越多的国家在关注国民阅读率下降的问题并开始进行阅读立法。据统计，我国2013年人均纸质图书阅读量为4.77本[24]，远低于发达国家，阅读立法已经十分必要。尽管国内存在反对阅读立法、质疑阅读立法效力等观点，但笔者认为，阅读立法无论繁简，也无论采取强制还是倡导的模式，都代表了国家精神文明建设的价值取向，体现着政府的历史责任感，并且昭示着整个社会对公民阅读权利的认可。因此，我国应充分重视阅读立法将会带来的深远影响，尽快进行全民阅读立法工作。

参考文献：

[1] 谢蓉，刘炜，赵珊珊. 试论图书馆阅读推广理论的构建[J]. 中国图书馆学报，

2015，（5）：87-98.

［2］ UNESCO. 28C/3.18 号决议［DB/OL］.［2015-11-09］. http：//unesdoc. unesco. org/images/0010/001018/101803e. pdf：51.

［3］ 子どもの読書活動の推進に関する法律［DB/OL］.［2015-11-09］. http：//law. e-gov. go. jp/cgi-bin/idxselect. cgi? IDX_ OPT =4&H_ NAME =&H_ NAME_ YOMI =%82%a0&H_ NO_ GENGO=H&H_ NO_ YEAR=&H_ NO_ TYPE=2&H_ NO_ NO=&H_ FILE_ NAME=H13HO154&H_ RYAKU=1&H_ CTG=26&H_ YOMI_ GUN=1&H_ CTG_ GUN=1.

［4］ 独立行政法人国立青少年教育振興機構法［DB/OL］.［2015-11-09］. http：//law. e-gov. go. jp/cgi-bin/idxselect. cgi? IDX_ OPT=1&H_ NAME=%93%c6%97%a7%8d%73%90% ad%96%40%90%6c%8d%91%97%a7%90%c2%8f%ad%94%4e%8b%b3%88%e7%90%55%8b%bb%8b%40%8d%5c%96%40&H_ NAME_ YOMI=%82%a0&H_ NO_ GENGO=H&H_ NO_ YEAR=&H_ NO_ TYPE=2&H_ NO_ NO=&H_ FILE_ NAME=H11HO167&H_ RYAKU=1&H_ CTG=1&H_ YOMI_ GUN=1&H_ CTG_ GUN=1.

［5］ 文字·活字文化振興法［DB/OL］.［2015-11-09］. http：//law. e-gov. go. jp/cgi-bin/idxselect. cgi? IDX_ OPT=1&H_ NAME=%95%b6%8e%9a%81%45%8a%88%8e%9a%95%b6%89%bb%90%55%8b%bb%96%40&H_ NAME_ YOMI=%82%a0&H_ NO_ GENGO=H&H_ NO_ YEAR=&H_ NO_ TYPE=2&H_ NO_ NO=&H_ FILE_ NAME=H17HO091&H_ RYAKU=1&H_ CTG=1&H_ YOMI_ GUN=1&H_ CTG_ GUN=1.

［6］ 赵宸. 发达国家全民阅读立法模式研究及对我国的启示［J］. 南京社会科学，2015，（4）：95-100.

［7］ 李炳穆，太贤淑，段明莲. 韩国图书馆法［J］. 图书情报工作，2008，52（6）：6-20.

［8］ Reading Culture Promotion Act［DB/OL］.［2015-11-08］. http：//elaw. klri. re. kr/eng_ mobile/viewer. do? hseq=19428&type=part&key=17.

［9］ Reading Excellence Act［DB/OL］.［2015-11-09］. http：//files. eric. ed. gov/fulltext/ED418384. pdf.

［10］ Public Law 95-129［DB/OL］.［2015-11-08］. http：//www. gpo. gov/fdsys/pkg/STATUTE-91/pdf/STATUTE-91-Pg1151. pdf.

［11］ 中国新闻出版研究院，江苏省全民阅读办公室. 国外全民阅读法律政策译介［M］. 南京：译林出版社，2015：47-48，206.

［12］ Lee S H. Korean national strategy for library development and reading promotion for children and young adults［DB/OL］.［2015-11-09］. http：//conference. ifla. org/past-wlic/2011/114-lee-en. pdf.

［13］ Federal agency for print and mass media, russian book union. national program for reading promotion and development in Russia,section 6［DB/OL］.［2015-11-04］. http：//www.mcbs.ru/files/publications/Documents/nat_ progr_ eng.pdf.

［14］ 张麒麟．俄罗斯的阅读立法及其阅读推广实践［J］．新世纪图书馆，2014，（4）：20-22.

［15］ 樊伟，郑军，杨华，等．俄罗斯社会阅读推广策略探析及启示［J］．四川图书馆学报，2015，（3）：95-97.

［16］ 曹磊．日本阅读推广体制研究［J］．国家图书馆学刊，2013，22（2）：85-90.

［17］ 王岩．韩国的《图书馆及读书振兴法》［J］．图书馆学刊，2001，(S)：128.

［18］ 张燕．20世纪80年代以来美国阅读教育改革与发展研究［D］．福州：福建师范大学，2011.

［19］ 胡维青，陈淑英，张艳花．葡萄牙"国民阅读计划"的评估及启示［J］．图书馆工作与研究，2015，（3）：76-79.

［20］ 孙南南．美国分级阅读教育体系探究［J］．沈阳师范大学学报（社会科学版），2011，（3）：48-50.

［21］ Wikipedia. PISA［DB/OL］.［2015-11-03］. https：//en.wikipedia.org/wiki/Programme_ for_ International_ Student_ Assessment.

［22］ 全国学校図書館協議会．「第60回読書調査」の結果［DB/OL］.［2015-10-27］. http：//j-sla.or.jp/material/research/54-1.html.

［23］ PIRLS. PIRLS 2011 international results in reading［DB/OL］.［2015-11-03］. http：//timssandpirls.bc.edu/pirls2011/downloads/P11_ IR_ FullBook.pdf.

［24］ 中国新闻出版研究院．2014年第十一次全国国民阅读调查报告［EB/OL］.［2015-11-09］. http：//www.199it.com/archives/224296.html.

作者简介

张麒麟（ORCID：0000-0001-9761-5463），助理馆员，硕士，E-mail：zhang70sw@swu.edu.cn。

国外阅读推广的品牌化运作及启示

1 引言

品牌是源于经济领域的一个概念范畴，在一定程度上代表着产品的质量、价值与信誉以及企业自身的形象和服务水平。随着品牌的价值逐渐被社会公众所认可，其概念已被泛化到社会其他领域。除企业之外，其他社会机构也纷纷实施品牌化战略，通过创建独具特色的品牌，来顺利实现自身目标。国外的一些阅读推广机构，在阅读推广中就非常注重品牌建设，并在品牌化道路上积累了丰富的经验。较之于国外，一方面，笔者通过文献调研发现，在理论研究上，目前国内基于品牌专业视角对阅读推广进行系统研究的较少。以 CNKI 数据库为例，选择主题作为检索入口，检索到截至 2014 年 10 月，与阅读推广及品牌相关的文献仅 7 篇，其中谢梅英、沈丽英提到了运用品牌意识统领阅读指导工作[1]，其他则基本是对著者所在地区或机构开展的阅读活动的介绍；另一方面，笔者通过网络访问调研发现，国内的阅读推广活动不乏某些环节上的品牌运作实践，如浙江大学的"悦空间——线上线下阅读基地"项目，设计了活动标志[2]，但仍缺乏相应的品牌意识和系统性的品牌化运作。因此，笔者通过调研国外阅读推广机构网站和相关文献，选取"读吧！新加坡"、"夏季阅读挑战"、"读遍美国"、"触手可读"、"阅读测量尺"、"全民朗读"、"直击阅读"等在阅读推广品牌化运作方面具有特色和代表性且为人熟知的阅读推广案例，从品牌化视角对其进行分析、梳理和探究，以期在丰富和创新阅读推广理论研究的同时，为我国阅读推广工作品牌建设实践提供借鉴与参考。

2 国外阅读推广的品牌化运作

美国市场营销协会（American Marketing Association，简称 AMA）将品牌定义为：一种名称、术语、标识、设计及其组成的集合，用于识别一个销售商或群体的商品和服务，并使它们与竞争者的商品和服务区分开来[3]。就一般意义而言，品牌既包括名称、标识等外在构成要素，又包括品牌定位以及品牌传播、品牌维系等内在和引申构成要素[4]。国外阅读推广活动的品牌化运作，就是围绕品牌的相关构成要素，对阅读推广品牌进行设计、定位、传播和维系的过程。

2.1 阅读推广品牌的设计

品牌设计主要涉及品牌名称的确立、品牌标识的设计等方面，其中名称是品牌外在构成要素中的核心，标识是其主体。国外的阅读推广机构从阅读活动开始之初，就将阅读推广的品牌形象设计纳入到整体发展规划之中。在品牌名称上，众多活动选用简单易记、富有亲和力和感召力的品名，以诠释阅读推广活动的主旨。例如由新加坡国家图书馆管理局等机构开展的"读吧！新加坡"（Read! Singapore）[5]、英国阅读社主办的"夏季阅读挑战"（Summer Reading Challenge）[6]等活动体现出品牌学中品牌命名传播力强、透视产品属性的原则，读者通过名称便能感知活动的内容和精神内涵。在品牌标识上，由美国教育协会于1998年正式启动的"读遍美国"活动（Read Across America）[7]选取美国著名儿童文学家Dr. Seuss创作的"戴帽子的猫"（见图1）[7]这一经典卡通形象作为标识，在延续至今的所有活动的宣传与装饰上均能见到该形象，同时活动开展时参与者都会戴上统一的帽子，使得"戴帽子的猫"成为"读遍美国"活动的典型标志与象征，当提及"读遍美国"活动时，人们会立即想起戴着帽子的猫、儿童们戴着帽子围在一起听故事的场景。由美国医疗机构负责开展的、面向儿童的"触手可读"活动（Reach Out and Read）[8]，在标识设计上运用象征医疗机构的图案，突出阅读推广主体的性质，其独特的构思使得该标识成为此项活动最佳的宣传名片，加深了人们对"触手可读"活动的认识和了解（见图2）[8]。这些品牌名称和品牌标识的精心设计，给读者直接带来了感觉上的冲击，使得品牌形象深入人心，读者能够快速、准确地对品牌形象形成深刻的记忆。

2.2 阅读推广品牌的定位

品牌定位是建立一个与目标市场有关的品牌形象的过程与结果[4]。"读遍美国"活动定位于提高青少年的阅读能力，为此组织者鼓励全美各类机构开展形式多样的阅读活动，邀请不同行业和地区的人士为青少年讲故事、分享自己对阅读的理解并介绍自己曾经最热爱的书籍。2014年举办的第17届"读遍美国"活动的重点就是激励青少年通过各种活动、资源来开展阅读，正如主办方——美国教育协会主页上所提倡的："You're never too old, too wacky,

图1 "读遍美国"活动标识

图2 "触手可读"活动标识

too wild, to pick up a book and read with a child "（你永远都不会因为年纪太大、太古怪、太野蛮而不拿起书本并与小孩一起阅读）。由德国布里隆市图书馆馆长乌特·哈赫曼设计的"阅读测量尺"项目[9]，针对0~10岁孩子的心理特点和发展特征，有针对性地为其提供阅读玩具、阅读书籍和育儿知识，在家庭、学校、医院、图书馆或其他公共场所，家长只要用阅读测量尺给孩子量下身高，就能知道这时期孩子应该读哪些书。清晰准确的目标定位与分类实施推广是该项目的显著特点之一，该项目自开展以来，受到了广泛好评，甚至成为一项国际标准。因担心暑假期间儿童阅读率降低，英国"夏季阅读挑战"将活动定位于促进儿童暑期阅读，旨在每年通过不同主题的活动，鼓励4~12岁的儿童在假期能到图书馆阅读6本或更多的书，让儿童享受阅读所带来的快乐。另外，由英国国家慈善机构Booktrust主办的Beyond Booked Up阅读推广活动[10]，定位于为所有7年级学生提供免费图书，培养学生独立选择图书的能力和听、说、写的能力以及阅读方面的技巧；上文所提及的"读吧！新加坡"活动，主要通过新加坡人共读几本书来推进阅读，让人们重新发现阅读的乐趣，并促进彼此之间的交流，使其有共同讨论话题的机会；"触手可读"活动则主要面向 6 个月~5 岁的儿童尤其是来自低收入家庭的儿童，其定位是使这些年幼的儿童群体掌握一定的阅读、识字和语言表达能力，为入学做好准备。可以看出：这些阅读推广活动案例均有准确鲜明的目标定位，有效地将品牌的功能、利益与目标用户群体的心理需要连接起来，因此在用户心中树立起了清晰的品牌形象，为其品牌竞争优势的确立奠定了良好的基础。

2.3 阅读推广品牌的传播

品牌传播是以广告、公关、销售、人际等传播方式，将特定品牌推广出去的过程，也是用户对品牌形象与定位形成认知的过程。在多元化媒体时代，国外阅读推广在品牌的传播与推广上，结合报纸、海报、书签、宣传册、广告牌等印刷型媒介以及网站、移动通讯、社交网络等电子媒介进行全方位、立体化的宣传推广，同时注重活动中的交流与互动。如"读遍美国"活动在开展时除印制了统一格式的宣传海报外，在其网站主页上还提供了 Pinterest、Facebook、Twitter、YouTube 等现代交互式工具，以便促进阅读推广活动组织者与参与者之间的交流和沟通；"读吧！新加坡"活动除运用报纸、广告牌等传统方式外，也运用了博客、Facebook、Twitter 等社交平台与读者互动，鼓励读者推荐书目、交流阅读心得、提供反馈意见。

在品牌的传播过程中，注重公共关系的利用则是国外阅读推广活动的另一个重要特色。品牌的公共关系传播是品牌组织通过报纸、广播、电视等大众传播媒介，辅之以人际传播手段，传递有关组织各方面信息的过程[4]。国外阅读推广活动在开展时一方面注重与媒体保持密切联系与合作，善于利用媒体的力量进行宣传、以扩大活动的影响力；另一方面则非常注重与其他机构及社会各界相关人士维持友好关系，争取他们的支持与参与。如"夏季阅读挑战"活动在开展时，与英国广播公司（BBC）就有着密切的合作，该公司第四、第七电台会定时对"夏季阅读挑战"活动中的图书及相关事宜进行宣传；同时，活动主办方与各公共图书馆和当地学校、乐购银行（Tesco Bank）、皇家盲人协会（RNIB）等机构进行了广泛合作，以争取它们的支持。由德国促进阅读基金会和《时代》周报联合开展的"全民朗读"活动[11]，在社会政要、社会名流、文娱明星和知名作家等公众人士的参与和支持下，于每年的 11 月份前往全国各地的幼儿园、学校、图书馆等地为孩子们朗读和讲故事，现已成为德国年度性的文化盛会，受到社会的广泛关注，市民纷纷参与其中。由美国出版商协会（Association of American Publishers，简称AAP）组织开展的"直击阅读"（Get Caught Reading）活动[12]，旨在通过提供免费的海报、通讯和视频等，让人们发现自己身边正在阅读的身影、意识到阅读是生活的重要组成部分，并感受阅读所带来的乐趣。为此，该活动邀请了大量有社会影响力的人物拍摄以阅读为主题的宣传海报，前美国第一夫人劳拉·布什（Laura Bush）、联合国儿童形象大使简·西摩尔（Jane Seymour）以及2014年最新加入该活动的著名演员加利·艾尔维斯（Cary Elwes）、入选《文学传记词典》（Dictionary of Literary Biography）十大后现代作家之一的尼尔·盖曼（Neil Gaiman）、美国足球运动员阿莱克斯·摩根（Alex Morgan）等都曾参与其中，这种充分利用名人效应的公共关系宣传推广方式，在鼓励人们向自己喜欢的榜样学习、热爱阅读的同时，也促进了"直击阅读"活动品牌的传播，提升了品牌的影响力。国外阅读推广活动在品牌传播上的一系列有效举措，扩大了阅读推广活动的知名度和影响力，提升了读者对品牌的忠诚度，并形成了强烈的品牌共鸣。以"夏季阅读挑战"为例，其因出色的宣传和深远的影响，于2012年伦敦奥运会期间被列为文化奥运的一项活动。

2.4 阅读推广品牌的维系

品牌维系是指针对内部和外部环境的变化，对品牌进行维护管理、保持品牌市场地位和生命力的一系列活动的统称。在市场竞争异常激烈的今天，任何品牌都存在着老化的可能，阅读推广品牌亦是如此。为避免阅读推广品牌出现守成有余、创新不足的僵化现象，国外的阅读推广活动在品牌维系措施上，紧随社会阅读趋势与读者阅读需求的变化，不断推陈出新、变换阅读活动的主题。"读吧！新加坡"活动从2005年开始，每年根据活动对象的不同，制定不同的活动主题，从最初的Coming of Age（总结来时路，盼望新天地）、Ties That Bind（情相系，心相连），到最近的Bridges（七彩长虹筑心桥）、Under One Sky（同一蓝天下），不同主题分别面向出租车司机、公务员、医药界人士以及不同年龄阶段的儿童等各类社会人群，改变了活动参与者对品牌的保守形象认知。该活动自开展以来，每年均有3万多人参与其中，显示了活动的生命力和吸引力。"夏季阅读挑战"活动面向的对象是4~12岁的儿童，该群体对活动的吸引力和新鲜感程度有着更高的要求，因此活动从1998年伊始，每年的主题都有所区别，如The Reading Maze（阅读迷宫）、Team Read（一起阅读）、Circus Stars（杂技明星）、Story Lab（故事实验室）等，这些不同特色的主题确保了项目的创新性，提升了读者参与的兴趣和积极性，截至2014年，该活动已连续举办了17届，每届参与人数均保持在

50万以上，彰显了"夏季阅读挑战"活动在英国的地位和影响。

随着时间的发展，用户的价值取向和审美观点也在发生变化。在国外的阅读推广活动中，适时更新活动品牌形象代言人，是其适应用户心理变化、预防品牌老化的另一举措。"读吧！新加坡"活动曾邀请新加坡总理李显龙、歌手孙燕姿以及部长、议员、广播员等公众人物，担任不同年度的阅读形象大使；"全民朗读"活动和"直击阅读"活动也因有社会知名人士的相继参与和代言，让众多参与者在此项活动中找到了自己熟悉和喜爱的身影，从而在保持已有活动参与者的基础上，不断吸引新人加入，并获得了认同，有效地防范了品牌形象的老化。

3 他山之石：对我国阅读推广品牌化建设的启迪与思考

随着"十八大"报告中关于开展全民阅读号召的提出以及全民阅读国家立法工作的启动，未来我国的阅读推广活动将会有更大程度的发展。就目前我国阅读推广的实践而言，尚未出现诸如"读遍美国"、"夏季阅读挑战"等品牌特色鲜明、影响深远的活动，其品牌建设仍处在探索发展阶段。因此，强化阅读推广的品牌化意识，借鉴和吸收国外阅读推广品牌化运作中的成功经验，并采取系统化的品牌运作措施，对于我国阅读推广活动层次与水平的进一步提升将有一定的实践意义和参考价值。

3.1 强化阅读推广的品牌化意识

阅读推广从其构成要素来说，包含阅读推广的主体、客体、对象和方式等内容，可以从由谁来推广、推广什么、向谁推广和如何推广这几个方面来解释。在全媒体、多元化信息时代，为了将阅读读物、阅读能力和阅读兴趣等客体内容有效地推广给阅读活动的对象，需要阅读推广主体机构树立起真正的品牌意识，有着将品牌理论与知识运用于阅读推广活动实践的自觉，这是创建阅读推广品牌、实施阅读推广品牌化战略的前提。另外，就如何推广这一方式而言，需要阅读推广主体机构摒弃传统的推广理念，特别是不能将阅读推广简单地等同于应时应景地举办某个短期活动。目前国内不乏清华大学图书馆的"爱上图书馆"[13]、北京大学图书馆的"书读花间人博雅"好书推荐暨阅读摄影展[14]等优秀活动案例，其中前者运用微电影等新媒体技术有效地宣传了图书馆的资源和服务，并获得了国际图联第10届国际营销奖，后者因独具特色的活动创意与形式获得"2014年高校阅读推广活动"优秀案例评比一等奖。但这些活动的突出问题在于缺乏常态化的运作，随着时间的推移，其营销效果会逐渐减弱，从某种程度上反映出阅读推广品牌化意识的缺失。因而唯有将品牌化思维和意识贯穿到阅读推广活动的每一个环节，同时注重阅读推广的内涵与质量建设，按照品牌化的运作模式和操作流程来长期、持续、深入地开展阅读推广，才能为阅读推广品牌建设奠定坚实的基础。

3.2 借鉴品牌化运作模式，提升阅读推广层次与水平

阅读推广品牌的创立与建设，除需要具备较强的品牌意识之外，在具体实施上还应采取系统的品牌化运作模式。

3.2.1 在阅读推广品牌的设计上，应设计出适宜的活动名称和活动标识 良好的品牌设计是使品牌深入人心的关键所在，而提及我国的阅读推广活动，在人们的脑海中很难浮现出让人记忆深刻的活动名称、明显的活动标识以及清晰的品牌形象。因此，在开展阅读推广活动时，应确立具有自身特色、易于传播、亲和力强且简单易记的活动名称；同时我国的阅读推广活动也应效仿"读遍美国"及"触手可读"等活动的经验做法，考虑设计丰富的、具有明显特性的标志，以加深人们对阅读活动的了解和认识，让人们能够在品牌标志和活动之间建立关联、产生联想，使之最终成为某项活动的名片和代名词。

3.2.2 在阅读推广品牌的定位上，应确立清晰、准确的目标定位 纵观上文所述的国外阅读推广活动，它们或专注于青少年阅读能力的提升，或专注于儿童暑期阅读，亦或是专注于低收入家庭儿童的阅读，等等。这些异常清晰、准确的目标定位，为其具体活动的开展指引了方向。具体到我国阅读推广的实践，因缺乏相应的品牌定位，存在盲目跟风、重复建设和目标模糊等典型现象，因此，需要在分析阅读推广活动开展现状、阅读推广对象的特点、需求及阅读现状等基础上，按照分级、分众等标准制订具体的阅读推广活动品牌定位。在品牌定位战略的指引下，可以使阅读推广活动参与者对活动品牌产生正确的认知，当参与者感知到品牌的优势、特征和个性并为之吸引时，二者之间便有了建立长期、稳固关系的可能，也就具备了建立阅读推广品牌的基础。

3.2.3 在阅读推广品牌的传播上，应注重多种传播渠道的利用 随着微博、微信等现代交互式工具的发展和普及，人们更加倾向于信息传播中的交流、互动与分享，这些现代信息技术在我国阅读推广的实践中也得到了广泛使用。结合线上的QQ、微博、微信、人人网等方式以及线下的海报、画册、宣传单等方式而进行的全方位的宣传与推广，已经逐渐成为国内众多阅读推广主体机构的共识和阅读推广开展过程的具体写照，如北京大学图书馆

的"书读花间人博雅"之好书推荐暨阅读摄影展,就运用了海报、书签、图书馆主页、校内门户消息、图书馆微博、人人网、微信等进行宣传推广。除此之外,还应特别借鉴国外利用公共关系渠道进行品牌传播的经验和做法。目前各类型图书馆是我国开展阅读推广活动的重要力量,在图书馆社会影响力薄弱、社会关注度较低的现实情况下,可通过加强与媒体、社会各类机构、社会知名人士等不同主体之间的合作,争取他们的支持与参与,充分发挥不同主体在各自领域中的优势,确保阅读推广的顺利开展,进而不断扩大品牌的影响力,促进阅读推广品牌的传播。

3.2.4 在阅读推广品牌的维系上,应采取相应的品牌维系措施 品牌其实是个易碎品,在瞬息万变的社会环境中,如果不持续努力、及时地对品牌进行维系,品牌将极有可能被用户所遗弃并化为乌有,正所谓"创业难,守业更难"。虽然我国阅读推广品牌建设尚处于发展阶段,但在品牌建设实践中既要对品牌名称、标识、定位等方面进行坚守并维持其相对稳定和不变,以凝练出品牌的核心要素和价值,也要有防范品牌老化的应变与创新之举。从每年各地、各机构开展的阅读活动的内容可以发现,诸如读书征文、演讲比赛等必定是其内容之一,而参与者的兴趣则逐渐减退,参与者的数量也是每况愈下。因而适时变换与创新阅读推广的主题、形式、宣传等,改变阅读活动在读者心目中的保守与固化形象,才能够提升品牌的活力和吸引力,提高读者参与的热情,从而避免阅读推广品牌出现老化危机。在此方面,上海图书馆开展的"上图讲座"[15],将朗诵、演唱、演奏等形式融入到讲座中去,同时设有"都市文化"、"名家解读名著"、"信息化知识"、"知识与健康"、"院士讲坛"、"国际科学家讲坛"、"青年讲坛"等不同的主题类型,使之成为一道亮丽的城市"知识风景",也为国内阅读推广品牌的建设和维系提供了启发与借鉴。

4 结语

品牌建设是一个长期发展和累积的过程,国外成功的阅读推广品牌,均经过了数十年的运作和建设过程。本文对国外阅读推广品牌运作中的经验和突出特点进行了简要总结,在我国阅读推广品牌建设中可以借鉴这些共性的经验和做法,同时也要结合现实情况和社会的发展,走出自身的品牌化特色之路,并最终建立我国阅读推广领域里强势品牌。

参考文献:

[1] 谢梅英,沈丽英.用品牌意识统领读者阅读 指导创新服务模式[J].图书馆理论与

实践, 2011, (12): 22-25.

[2] 浙江大学图书馆. "悦空间"青年读书角 LOGO 设计评选结果公告 [EB/OL]. [2014-10-28]. http://libweb.zju.edu.cn/libweb/redir.php?catalog_id=8580&object_id=182111.

[3] 凯勒. 战略品牌管理 [M]. 卢泰宏, 吴水龙, 译. 北京: 中国人民大学出版社, 2009: 4.

[4] 生奇志. 品牌学 [M]. 北京: 清华大学出版社, 2011: 11.

[5] National Library Board. Read Singapore [EB/OL]. [2014-10-28]. http://www.nlb.gov.sg/readsingapore/.

[6] Reading Agency. Summer Reading Challenge [EB/OL]. [2014-10-28]. http://readingagency.org.uk/.

[7] National Education Association. NEA [EB/OL]. [2014-10-28]. http://www.nea.org/grants/886.htm.

[8] About Reach Out and Read [EB/OL]. [2014-10-28]. http://www.reachoutandread.org/about-us/.

[9] 李蕊. 德国社会阅读推广考察及启示 [J]. 图书馆界, 2014, (1): 46-49.

[10] Booktrust. Beyond Booked Up [EB/OL]. [2014-10-28]. http://www.booktrust.org.uk/programmes/secondary/beyond-booked-up/.

[11] 李宏巧. 借鉴德国经验推广青少年阅读活动 [J]. 山东图书馆学刊, 2012, (6): 54-56.

[12] Association of American Publishers. Get Caught Reading [EB/OL]. [2014-10-28]. http://www.getcaughtreading.org/.

[13] 清华大学图书馆. 图书馆建馆百年纪念宣传片及《爱上图书馆》系列短剧展播 [EB/OL]. [2014-10-28]. http://lib.tsinghua.edu.cn/dra/news/annoucement/3301.

[14] 北京大学图书馆. 2013 好书榜精选书目/阅读摄影展 [EB/OL]. [2014-10-28]. http://www.lib.pku.edu.cn/portal/news/0000000951.

[15] 上海图书馆. 上海图书馆讲座 [EB/OL]. [2014-10-28]. http://www.library.sh.cn/jiang/index.aspx.

作者简介

石继华 (ORCID: 0000-0002-7869-2460), 参考咨询部主任, 馆员, 硕士, E-mail: 59063706@qq.com。

欧美图书馆多元化阅读推广模式及其启示

1 前言

在知识经济时代，国民阅读能力直接关系到国家竞争力[1]，欧美发达国家甚至把阅读推广作为提升本国竞争力的重要国策之一。与此同时，世界各国的图书馆界在阅读推广中发挥了重要的作用，并日益成为阅读推广的中坚力量。与欧美图书馆界悠久的阅读推广历史相比，我国图书馆界阅读推广起步较晚，还存在很多问题。本文旨在通过对欧美图书馆界多元化的阅读推动模式及其成功经验的研究，并针对我国图书馆界在阅读推广中存在的一些问题，有针对性地在注重多元合作、多元主体互动环境构建、长效可持续发展机制构建、立体阅读环境构建等方面提出建议。

2 欧美图书馆界阅读推广策略

维护民众阅读权利、推动全民阅读运动，不只是政府的责任。图书馆凭借其良好的阅读环境、丰富的阅读资源、专业的馆员、极其广泛的人群覆盖范围，在阅读推动中起着不可或缺的作用。欧美图书馆界在履行阅读推广使命中发挥了重要的作用，以美国为例，99.6%的图书馆都提供民众阅读活动，从幼儿到年长者，都是其推动阅读的对象[2]。美国前任副总统戈尔曾指出"图书馆与阅读推动密不可分，承担着最关键的角色"[3]。英国阅读协会也把英国的图书馆定位为英国最重要的阅读推动者[4]。欧美图书馆界自下而上地通过多元化的阅读推广模式，来激发民众阅读兴趣、培养民众阅读习惯、满足民众阅读需求。

2.1 通过立法或发布纲领性文件来维护和实现公民阅读权

美国图书馆协会（ALA）多年来一直秉承着"维护知识自由是图书馆职业的核心精神"理念，并将之确定为图书馆事业的11项核心价值之一，认为知识自由包括阅读自由及表达自由[5]。关于阅读自由与知识自由的关系，《图书馆学与信息科学大辞典》也有描述：二者本质上是一样的，只是狭义与广义的区别。另外，图书馆维护公民知识自由的权利，也即维护个人获取知识或信息的自由权利。而阅读是人类获取知识或信息的基本手段和重要途径，因此，图书馆对知识自由的维护在一定程度上是对公众阅读自由的维护，也是对公众阅读权的维护。公民阅读权是与生俱来的一种权利，其核心是阅读自由。这种自由不受国家、社会组织和他人的干涉。

图书馆是保障和实现公民阅读权、捍卫公众阅读自由的重要一环。为此，欧美图书馆界纷纷颁布了代表自己核心价值观和前进方向的维护知识自由的纲领性文件（见表1），体现了图书馆界作为知识自由的捍卫者及践行者，在维护知识自由的同时，也维护了公众的阅读权。如1953年，美国图书馆协会和美国图书出版者委员会发布《阅读自由宣言》，并先后进行了四次修订，以维护公众自由阅读、获得信息的权利[6]。另外，自19世纪以来，欧洲的一些国家相继颁布了图书馆法，赋予图书馆推动阅读的职能。如1850年英国议会通过的世界上第一部全国性《公共图书馆法》，其基本思想就是"图书馆要为通过书籍和阅读来实现自我提升的社会各阶层提供设施，不论贫富贵贱"[7]。西班牙2007年颁布的《阅读、书籍和图书馆法》强调了图书馆在整个社会中促进公众阅读习惯的重要性。可以认为，"透过世界各国林林总总的图书馆法，阅读与服务的公平始终是立法的本义，并通过法律条文对其加以保障实现"[8]。

表1 欧美部分国家图书馆界颁布的知识自由的声明

责任主体	纲领性文件
加拿大图书馆协会	《知识自由立场声明》（Intellectual Freedom Position Statement），1974年颁布并修订两次
加拿大研究图书馆协会	《研究图书馆表达自由声明》（Statement on Freedom of Expression in Research Libraries），1986年颁布
美国大学与研究图书馆协会	《学术图书馆知识自由原则》（Intellectual Freedom Principles for Academic Libraries），1999年颁布
英国图书馆协会	《知识自由与审查声明》（Intellectual Freedom and Censorship），1963年颁布并修订三次
	《信息获取声明》（Access to Information），1997年颁布
美国图书馆协会	《图书馆权利法案》（Library Bill of Rights），1948年颁布并修订三次
	《自由阅读声明》（Freedom to Read Statement），1953年颁布并修订两次
克罗地亚图书馆协会	《信息获取自由声明》（Statement on Free Access to Information），2000年颁布
国际图联	《图书馆与知识自由声明》（Statement on Libraries and Intellectual Freedom），1999年颁布

2.2 参与并策划全国性的阅读运动，营造全民阅读的氛围

加拿大国家阅读计划之一就是要通过大规模的全国性公众意识唤醒运动，让民众认识到成为阅读的国度的重要性。全民阅读氛围的营造需要全社会共同的努力，更需要自上而下的大规模的全国性的阅读运动来吸引公众对阅读的关注，并提升对阅读重要性的认识，以唤起全社会的阅读意识。作为阅读推动的中坚力量，欧美图书馆界在推动全民阅读运动中参与并策划了众多的全国性阅读运动。如"暑期阅读挑战"是英国阅读协会发起的面向4~12岁儿童的全国性阅读计划，2012年有98%的英国公共图书馆参与其中，在整个暑假，图书馆主导该项运动，并通过各种鼓励措施、多元化的活动来为儿童阅读营造氛围，促进儿童的阅读[9]。除此以外，还有很多的全国性阅读运动由图书馆发起并引领，如美国的"一书一城"阅读计划，其发源于美国的西雅图公共图书馆，2007年美国国会图书馆建立"一书一城"活动方案准则，全美各地图书馆纷纷效仿，发展成为全美阅读运动。另外，为了提高青少年阅读能力，并鼓励青少年参与图书馆阅读活动，美国图书馆学会自1998年开始，在每年10月的第三个星期特别设计了全国性的青少年阅读周活动，每年设计不同的主题吸引青少年参与，以鼓励青少年从阅读中寻找乐趣，从而营造全美青少年阅读的风气[10]。

2.3 多视角优化阅读环境

图书馆作为一个阅读场所，其数量及资源是否充足、布局是否合理、环境是否舒适、读者前去借阅是否方便等，都会极大地影响人们对阅读的兴趣。欧美各国不但图书馆密度较高、辐射范围大，而且为了保持对读者持续的吸引力，积极从馆舍、资源、服务方面为读者优化阅读环境，让民众惯阅读、喜欢阅读。首先是馆舍，以美国的公共图书馆为例，其非常重视馆舍内部的空间配置，通过家具布置、色彩装饰、空间布局等各种不同形式营造和谐舒适、温馨高雅的阅读环境。入选全球最美的25家公共图书馆之一的西雅图中央图书馆，其内部空间有许多营造阅读氛围的设计，例如其"阅览室"的装饰色调采用的是较为清冷的、安静的颜色，其吊顶则采用能很好降低噪音的软质材料，以营造一个安静的阅读环境[11]；"起居室"（Living Room）更是配备了咖啡店、工艺品商店以及舒服的沙发，再配合各种类型的书籍，成了名副其实的休息阅读区，读者可在此休息、阅读、闲谈、喝咖啡甚至与朋友聚会等，图书馆希望读者在此可以像在自己家客厅或书房一样舒服地阅读，因

此，图书馆的"Living Room"也被称作西雅图的客厅和书房[12]。

电子资源和服务在阅读中具有十分重要的地位。在当前电子书引领阅读的时代，欧美图书馆界也顺应潮流。根据美国图书馆协会的统计，美国已经有超过2/3的公共图书馆提供电子书借阅服务，5%的公共图书馆提供电子阅读器流通服务，24%的公共图书馆正在考虑开展这项服务。在电子书采购模式上也顺应了读者的阅读需求，以纽约公共图书馆为例，若有超过5个人在等待同一本电子书，图书馆将会自动增加购买版权数。欧美很多图书馆馆藏不仅丰富，而且还能及时地反映出版市场及读者的阅读需求，如美国巴尔的摩公共图书馆采购的图书最快24小时之内即可到馆并编目上架，以满足读者的阅读需求[13-14]。

2.4 常态性多元化阅读推广活动，培养读者阅读兴趣

研究表明读者的阅读兴趣对于其成功至关重要，儿童尤其如此。英国国家读写信托组织在2008年的研究报告《阅读改变生命》中总结，"孩子能为乐趣而读，就是他未来成功的最重要指标"。培养读者阅读兴趣有助于提升其阅读能力。读者阅读兴趣的产生取决于两个方面：一是内部条件，即出自自己内心的求知欲、阅读态度、知识储备等；二是外部条件，如阅读环境、有组织的阅读活动、讲授阅读方法等。内部条件与外部条件相辅相成，相互推动[15]。作为阅读兴趣培养的外部条件载体，欧美各国的图书馆无不致力于通过常态性、多元化的阅读推广活动来激发民众的阅读兴趣。阅读推广活动涵盖的范围十分广泛，如欧美图书馆界最普遍的说故事、读书会、亲子共读、阅读讲座、邀请名人朗读故事等，多数活动如同借还书一样已经成为图书馆的常态性服务项目。图书馆在一周不同时间里定期安排各种各样的活动。父母或照护者定期带孩子到图书馆参加各阅读活动，经过长时间的持续参与，孩子对阅读的兴趣也会逐渐得到培养，同时，父母或照护者定期参与阅读活动，也会强化其对阅读重要性的认识，这必将引起父母对孩子及自身阅读的重视，从而对他们阅读兴趣的培养也有一定的促进作用。

2.5 注重与业界多元合作，促进阅读推广

机构之间的合作往往会由于他们的差异性或互补性使得合作产生协同效应而创造"1+1>2"的效果，从而实现合作机构的多方共赢。全民阅读能力的提升需要全民的参与，而图书馆往往专业背景较单一、社会影响力较弱等，单一依靠图书馆的力量往往不能深入推进全民阅读工作，更需要与社会各个层面的合作。欧美图书馆界主动出击，积极与政府、媒体、出版商、学校、

家庭、企业等机构建立多元合作关系，制定整体性的规划，整合各方的资源，发挥各自的优势，共同策划和举办阅读推动活动，以取得阅读推动的组合效益。对于图书馆而言，通过多元化合作，既丰富了服务内容，还解决了困扰图书馆的资金短缺问题，并且还增加了图书馆的社会能见度和社会影响力，改善了图书馆的公众形象。旧金山公共图书馆的华盛顿图书中心甚至把其阅读推动的成功直接归功于与当地的书店、出版商和作家的合作[16]。英国暑期阅读挑战开展得最好的地方是那些学校、教师、图书馆、志愿者、儿童及青少年等之间联系紧密的地方。2011年英国暑期阅读挑战中92%的图书馆联系了7 600多所学校的学生，1 000多个图书馆招募了3 891名志愿者[17]。加拿大的TD暑假阅读计划，是由加拿大的图书馆与道明银行（TD Bank）集团合作，2009年至2011年间道明银行为TD暑假阅读计划提供270万美元的补助。此外，阅读推动同样也需要图书馆间的合作，如成立于1987年的美国暑期图书馆协作联盟（CSLP），其成立目标就是通过整合资源与供应商独家签约使图书馆以最低的成本为孩子们提供高质量的暑期阅读材料。到2008年，CSLP的成员涵盖46个州以及2个区域图书馆系统。CSLP快速的成长也说明了其存在的价值[18]。

3 欧美图书馆界阅读推广成效

从图书馆履行使命的本质要求和夯实自身生存的基础出发，越来越多的欧美图书馆已经把阅读推广视为常态性的主要业务来营运并取得了卓越的成效。其中，最直接的体现就是图书馆流通量及持证读者数量得以持续增加，提高了图书馆的利用率，进而提高了办馆效益。比如，加拿大谢尔本公共图书馆2011年的暑期阅读推广使其暑期流通量提高了50%[19]。加拿大TD暑期阅读计划中新办理读者证的儿童数量已从2007年的248 016增加到2011年的281 586人，年均增长率为3.4%。英国近5年参与暑期阅读挑战的儿童办理图书馆读者证的数量也呈增加趋势，绝大多数孩子在暑期阅读挑战结束后，还会继续使用图书馆，因此，这对于未来图书馆使用率的提高也有积极的促进作用[20-21]。欧美图书馆界的阅读推广活动还提升了读者的阅读素养和图书馆素养，甚至影响到了整个家庭，他们的父母更倾向于在家里拥有更多书籍和更多阅读活动，也更倾向于使用图书馆[22-23]。同时，阅读推广的受益读者数量持续增加，以美国纽约州为例，2011年有1 100多所图书馆提供暑期阅读项目，参与及受益的人数也从2000年的34万攀升至2011年的160多万[24]。2011年加拿大的TD暑期阅读计划有超过576 784儿童参加了图书馆组织的超过 34 052 项的阅读推广活动，参加人数较 2010 年增加了 6.1%[21]。

3.1 阅读推广有助于图书馆重塑形象，提升社会可见度

随着网络信息技术的发展，人类信息获取和使用方式发生了变化，曾被誉为知识宝库的图书馆日益被边缘化，甚至陷入困境。在此情势下，重新定位图书馆、创新服务模式、重塑积极的公众形象是图书馆界亟待解决的问题。图书馆阅读推广活动则提供了这样一条途径，通过多元化的阅读推广活动把读者甚至从来没来过图书馆的人吸引进图书馆，不但使读者了解并使用图书馆，还能提升读者的信息素养、阅读素养。另外，在阅读推广期间，大量的媒体对此进行宣传，进一步扩大了图书馆的影响力。图书馆通过多元化的阅读推广活动也改变了公众对于图书馆的传统形象，提升了对图书馆的认知度，同时凸显了图书馆在社会中的价值，重塑了图书馆的新形象。以奥地利图书馆界为例，2006 年以前他们每年举办不计其数的活动，但不幸的是，活动的效力没有被社会感知。奥地利图书馆协会 2006 年决定发起全奥地利最大的阅读运动："Austria Reads. Meeting-point Library"，运动的目标是推动阅读、奥地利所有的图书馆举办了成千上万的活动，在一周内有超过 50 万人来到图书馆。奥地利媒体对其进行广泛的报道，并呼吁全国所有利益相关者讨论图书馆及其服务的重要性。由于该活动的巨大成功，在活动完成后的三个月，政府首次把图书馆列入政府行动计划的一部分。该运动还荣获了奥地利国家公共关系奖，这是奥地利联邦经济部 25 年来首次颁发给文化教育机构，这对于图书馆而言是具有轰动效应的成功，极大地提升了社会可见度[25]。

3.2 社会投资回报效果明显

欧美学者研究证明图书馆的阅读推广活动可以获得较高的社会投资回报。如美国德克萨斯州北里奇兰希尔斯公共图书馆董事 S. Brown 通过核算雇佣教师的成本考察了培养孩子阅读技能的经济价值。根据他的数据和假定，公共图书馆暑期阅读项目能为每位读者节约大约 873 美元的学校学习成本[26]。英国图书信托基金会委托 Just Economics LLP 对 2009—2010 财年英格兰的"阅读起跑线"（Bookstart）进行社会投资回报分析，结果如下：国家每投资 1 英镑，Bookstart 为社会返回 25 英镑的价值。2009—2010 财年，通过教育部门对 Bookstart 的 900 万英镑的教育经费的杠杆作用带来来自个体伙伴、地方当局及初级保健信托基金的支持，产生了 6.14 亿英镑的社会价值。Bookstart 增加了父母及儿童共同参与社会活动的宝贵时间，提高了孩子（通常是在较少甚至没有阅读活动的家庭环境中）的识字与学习能力，减少了为使孩子不落后

而付出的补习花费。Bookstart 是低成本的早期教育干预，却为父母、孩子及国家创造了重要的社会价值[27]。2004 年 7 月，当时担任英国财政大臣的前任首相布朗宣布，英国政府将增加预算赞助并扩大 Bookstart 运动，并强调："Bookstart 是一种投资，不仅是投资在每一个孩子身上，更是对国家未来的投资"。

4 我国图书馆阅读推广的现状

相对于美国图书馆界上百年的阅读推广积淀，我国图书馆阅读推广历史较短。近些年来，在中国图书馆学会的指导下，全国图书馆界相继举办了丰富多彩的阅读推广活动，并取得了一定的成效，但还存在一些问题，如统一协调机制力度不够；阅读活动数量虽多，但成效不显、部分活动流于形式，缺乏连续性、长效性；各级政府投资差异性造成图书馆等公共文化设施不普及，甚至部分地区的图书馆至今还没有开展全民阅读推广活动；图书馆之间以及与其他机构之间缺乏合作等。所有这些都影响了图书馆阅读推广的深度和广度，在一定程度上削弱了图书馆进一步提高社会影响力的机会，乃至影响到了图书馆事业的发展。

5 对我国图书馆阅读推广的几点建议

5.1 注重多元合作，提升推广成效

现代图书馆的服务不能独立运作，须与公共、私营部门及第三方合作伙伴进行广泛的合作并进行协同集成服务，才会取得更好的效益[28]。阅读推广同样如此，仅仅依靠图书馆自身的力量远远不够，图书馆需要联合政府、图书馆业界、书店、学校、志愿者、家庭、媒体、社会机构等各方面的力量，根据不同性质的合作主体，建立多元的差异化的合作体系，制定整体性的规划，各主体间相互影响、相互作用、相互配合，整合各方资源，发挥各自优势，形成共振效应，协同推进阅读，以取得阅读推广的组合效益。在阅读推广中，不同的合作主体均有各自的优势，如学校（教师）最了解青少年的阅读能力及需要加强之处；媒体的宣传优势可大大提升阅读活动的传播力和辐射力；通过与志愿者的合作，对于图书馆来说，可以获得更多的支持，另外，馆员通过与青年志愿者讨论还可以了解青年人的阅读需求及特点，这样在与青年读者讨论阅读时就会变得更有信心；图书馆间的合作，可以整合各自的资源和优势，以联盟的形式协同举办活动，以取得最大的效益。

5.2 构建多元主体之间互动的环境

阅读虽然是读者的个性化行为，但是每个读者阅读的经验不同，从书中所获取到的体验也可能不同，因此，读者之间、读者与作者之间的交流互动就变得非常重要，通过交流可以加深对书籍的理解，彼此之间可以共享知识、共享经验、共享智慧，进一步提升阅读的效果，营造阅读的氛围，让他们感受到阅读的乐趣。同时通过相互交流还可以扩大人际交往范围，使原本单向的人书对话，变成了多元、立体的讨论，并逐渐成为一种社交方式。当然，互动主体并不仅限于读者、作者之间，还包括学者、出版商、图书馆员等。作为阅读推广主体的图书馆，有必要也必须要承担起为多元主体之间构建互动环境的角色。可从物理和虚拟互动空间构建着手：在物理空间上，营造和谐舒适的阅读环境的同时，利用现有空间举办各种形式的读书会，以供多元主体之间互动交流；在虚拟空间上，可以利用网络技术搭建多元主体之间互动的平台，如读书会网站、论坛、博客等。多元主体之间通过互动交流，各取所需：读者可以读到更喜欢的书籍；进一步增加对阅读的兴趣，分享彼此的阅读体验；作者或出版商可以基于读者需求进行写作或出版；图书馆员在分享他们阅读推广计划和活动信息的同时，也可以了解各主体的个性化特点及需求并及时完善服务内容。因此，这是多方共赢的服务。

5.3 构建阅读推广的长效可持续发展机制

目前国内图书馆开展阅读推广活动，多是靠行政指令启动、自上而下动员，并呈现出短期化严重而常态化不足、形式主义较重而实质内容缺乏的特点。阅读兴趣与阅读能力的养成通常要借助日常的训练与培养，国内图书馆界必须探索构建阅读推广的长效可持续发展机制，使图书馆阅读推广得以常态性发展。笔者认为应从两方面着手：首先，要从国家或地方法律法规建设上对图书馆的阅读推广活动做出明确具体的规定，为图书馆将阅读推广作为常态性服务项目奠定法理基础，并引起图书馆对阅读推广的重视，要求图书馆专门设置阅读推广部门，为阅读推广的常态性服务提供人力支撑。其次，为避免在阅读推广中出现重形式轻成效的问题，要建构基于阅读推广成效的发展和评价机制。图书馆首先收集基层用户需求，基于图书馆现状决定所能够满足的部分需求，从而决定所要取得的阅读推动成效，然后再基于这些成效来设计满足用户所期望结果的阅读推广计划或服务。最后，是对实际结果进行评估，检验阅读推广活动是否真的达到预期的成效。评价指标可涵盖两方面：一是基于图书馆自身的考虑，比如是否符合预算、媒体报道是否达到预期、受众数量多少等；二是对读者的考虑，即读者在阅读推广活动中是否有所收益，比如是否提高阅读能力与图书馆素养等，这通常是需要通过问卷调查或访谈的形式获取的。

5.4 搭建和完善立体阅读环境

阅读环境对于社会阅读氛围的营造、公众阅读兴趣的培养具有重要作用，它既包括硬环境也包括软环境，硬环境包括阅读场所、设施环境、阅读材料等，软环境包括阅读指导、活动形式等。阅读环境通常涵盖社会、家庭、学校等几个层面，相对于社会阅读大环境而言，学校和家庭阅读小环境直接影响着个体的阅读兴趣的形成和阅读能力的发展，而大环境则是小环境存在的基础和背景。对于图书馆而言，可从社会、学校、家庭三个视角搭建和完善三位一体的立体阅读环境。《欧洲阅读宣言》提到，在构建高质量的阅读环境时，一个广泛的公共图书馆网络至关重要。由于我国图书馆的密度及辐射范围远低于欧美发达国家，因此，在社会阅读硬环境构建方面可通过增设图书馆分馆、流动图书馆或自助图书馆等多样的图书馆形式来加大图书馆的辐射能力，将服务的触角进一步向基层延伸。在社会阅读之软环境构建方面，可以从提升全民阅读氛围角度着手，如效仿欧美等国家发起国家阅读年计划；除世界读书日外，还可以创建或利用特定的节日来推动全民阅读，通过这些特定节日时时提醒人们关注阅读。在家庭阅读环境构建方面，图书馆可以通过举办亲子阅读、建立家庭阅读俱乐部、发放阅读材料等，在为读者提供阅读指导的同时，不断向家长灌输阅读的重要性，让家长重视阅读，从而营造良好的家庭阅读环境。在学校阅读环境构建方面，图书馆可通过走访学校、教师，了解他们的阅读需求并利用自身的资源及优势向他们提供个性化的服务，如协助学校优化阅读空间，充实阅读资源，也可以与学校合作，举办丰富多样的阅读推广活动来营造学校的阅读氛围。

6 结语

阅读关系到个人的成长乃至国家的未来，图书馆人主动承担起阅读推广的社会责任并凭借其强大资源、环境、人员等优势而逐渐成为阅读推广的中坚力量。欧美图书馆界通过多元化的模式引领着民众阅读，并取得了巨大的成效，其成功经验也为国内图书馆界开展阅读推广提供了借鉴。阅读习惯的形成是一个长期的过程，所以阅读推广更是一项长期的系统工作，不可能一蹴而就。国内图书馆界通过借鉴国外的经验，在政府及社会各界的支持和帮助下，未来在全民阅读推广中必将会发挥出更重要的作用，取得更大的成功。

参考文献：

[1] 林巧敏. 阅读与国家竞争力 [J]. 全国新书信息月刊, 2008, (10): 4-10.

[2] 陈昭珍. 公共图书馆与阅读活动 [J]. 台北市立图书馆馆讯, 2003, 20 (4): 1-13.

[3] 饶梅芳. 台湾地区乡镇图书馆阅读推动活动之研究 [EB/OL]. [2012-11-25]. http://nccuir.lib.nccu.edu.tw/bitstream/140.119/33529/5/.

[4] Reading facts [EB/OL]. [2013-03-20]. http://readingagency.org.uk/news/reading-facts003/.

[5] Freedom to read [EB/OL]. [2013-03-23]. http://www.ala.org/aboutala/missionhistory/plan/freedomtoread.

[6] 阅读自由宣言 [EB/OL]. [2012-11-21]. http://www.douban.com/note/202411080/.

[7] Public Libraries Act 1850 [EB/OL]. [2012-12-25]. https://en.wikipedia.org/wiki/Public_Libraries_Act_1850.

[8] 程亚男. 公平: 图书馆事业的价值追求 [J]. 公共图书馆, 2010, (2): 2.

[9] Summer Reading Challenge 2012 – Story Lab [EB/OL]. [2013-04-04]. http://readingagency.org.uk/children/SRC%20Storylab%20report,%20February%202013%20-%20final.pdf.

[10] 王淑仪. 公共图书馆的青少年阅读推动服务探讨 [J]. 台湾图书馆管理季刊, 2007, 3 (2): 53-60.

[11] 高阳. 图书馆空间的革命——库哈斯的西雅图公共图书馆解析 [J]. 建筑师, 2010, (2): 63-69.

[12] 行走西雅图7: 原来图书馆也可以这样! [EB/OL]. [2012-12-28]. http://suunny1769.blog.163.com/blog/static/31234099201133811534 78/.

[13] 数字阅读成趋势, 图书馆电子书借阅成长200% [EB/OL]. [2012-12-08]. http://techorange.com/2011/10/14/ebook-library-stats/.

[14] 姜晓曦. 2011美国图书馆发展现状报告（摘译）[N]. 新华书目报, 2011-12-23 (23).

[15] 刘学勇. 小学生阅读过程的心理分析 [J]. 中国教育发展研究杂志, 2009, 6 (5): 90-91.

[16] Styles C. Library-based adult reading for pleasure in the USA and the Netherlands [EB/OL]. [2013-04-02]. http://www.cloreleadership.org/cms/user_files/fellow_fellowship_research_projects_download_report/33/Claire%20Styles%20Clore%20Research%202007.pdf.

[17] Summer Reading Challenge 2011 – Circus Stars [EB/OL]. [2013-04-04]. http://readingagency.org.uk/children/Circus%20Stars%20Evaluation%20-%20full%20report.pdf.

[18] Colorado Summer Reading Programs more popular than ever [EB/OL]. [2013-04-04].

http：//www. lrs. org/documents/fastfacts/263_ summer_ reading. pdf.

[19] 2011 winners［EB/OL］.［2013-04-27］. http：//tdsummerreadingclub. ca/librarians/library-awards.

[20] TD Summer Reading Club［EB/OL］.［2013-04-01］. http：//tdsummerreadingclub. ca/.

[21] The Reading Agency［EB/OL］.［2013-04-01］. http：//readingagency. org. uk.

[22] Literature review on the impact of summer reading clubs［EB/OL］.［2013-03-20］. http：//www. collectionscanada. gc. ca/obj/009003/f2/009003-06-040-e. pdf.

[23] Advocate：Summer Reading Programs improve student success［EB/OL］.［2013-04-04］. http：//www. librarytrustees. ab. ca/advocate-summer-reading-programs-improve-student-success.

[24] Importance of summer reading［EB/OL］.［2012-12-29］. http：//www. nysl. nysed. gov/libdev/summer/research. htm.

[25] Austria Reads. Meeting-point Library［EB/OL］.［2013-04-04］. http：//www. oesterreichliest. at/~oesterreichliest/mediafiles/16/austria-reads. pdf.

[26] 黄晓燕. 美国公共图书馆读书会对少儿阅读的影响［J］. 图书馆学研究，2010，(15)：83-88，77.

[27] Bookstart：Investing in the future of all our children［EB/OL］.［2013-04-04］. http：//www. bookstart. org. uk/usr/library/documents/main/bookstart_ sroi_ executive_ summary-1-. pdf.

[28] Department for Culture，Media and Sport. The modernisation review of public libraries：A policy statement［EB/OL］.［2013-04-04］. http：//www. official-documents. gov. uk/document/cm78/7821/7821. pdf.

作者简介

闫伟东，深圳大学城图书馆馆员，硕士，E-mail：yanwd@utsz. edu. cn。

英美国家婴幼儿阅读推广项目研究及启示
——基于拉斯韦尔 5W 传播模式

1 引言

婴幼儿时期是人类智慧潜能开发的关键期。美国心理学家布鲁姆（Bloom）曾提出著名的"儿童智力发展假说"，认为假如 17 岁儿童的智力为 100，那么儿童长到 4 岁就已经具备了 50% 的智力，到 8 岁时有了 80% 的智力，剩下的 20% 是从 8 岁到 17 岁的将近 10 年里获得的[1]。因此，0~4 岁是儿童接受早期教育的关键时期。婴幼儿阅读，也称早期阅读，包含了与阅读活动有关的一切行为，是早期教育的重要内容。世界各国很早就意识到婴幼儿早期阅读的重要性，纷纷研究制定相关法案及推广计划来推动本国的婴幼儿阅读活动。例如：英国于 1992 年开始实施"阅读起跑线计划"（Bookstart）；美国于 1994 年开始实行"出生即阅读"（Born to Read）示范项目，并于 2000 年开展"每一个孩子准备在你的图书馆阅读"（Every Child Ready to Read@ your library）活动；意大利于 1999 年开始推行一个名为"通过礼物培养阅读兴趣——一位成人读一个故事"（Nati per Leggere）的国家项目；日本于 2001 年 12 月颁布了《日本儿童阅读推广法》，并于 2002 年通过《儿童阅读推广基本计划》，2008 年又通过了《儿童阅读推广基本计划》（第二次修订版）[2]。

我国婴幼儿阅读推广活动还处于起步阶段，仅由部分经济发达地区的图书馆开始首先尝试。根据国务院颁布的《中国儿童发展纲要（2011—2020 年）》的目标和要求，我国要促进 0~3 岁儿童早期综合发展；为儿童阅读图书创造条件；推广面向儿童的图书分级制，为不同年龄儿童提供适合其年龄特点的图书；广泛开展图书阅读活动，鼓励和引导儿童主动读书[3]。这些目标的实现需要构建起能够覆盖全国范围的婴幼儿阅读推广方案。英美两国婴幼儿阅读推广项目作为全球最优秀的实践案例，对于制定我国婴幼儿阅读推广方案具有诸多启示。

2 英美国家婴幼儿阅读推广项目

2.1 英国

英国"阅读起跑线计划"（Bookstart）是世界上第一个国家性质的专为婴幼儿提供阅读指导服务的计划。该计划起始于1992年，由英国图书信托基金会（Booktrust）发起，后由英国政府出资赞助。其目的在于让每一个英国儿童都能从早期阅读中受益、享受阅读的乐趣并将阅读作为终身爱好。到2012年，该计划已经实行了20年，并成功推广至欧洲、亚洲、北美洲、中南美洲和大洋洲，成为全球最具有影响力的婴幼儿阅读推广项目。

这项计划最核心的部分就是由公共图书馆、教育和健康等多家机构联手为每个婴幼儿发放一个免费的阅读包（bookstart pack）。阅读包根据婴幼儿的年龄和身体状况设计了很多种，包括：①针对0~12个月龄的婴儿包（bookstart baby pack）；②针对蹒跚学步幼儿的高级包（bookstart+pack）；③针对3~4岁学前儿童的百宝箱（bookstart treasure pack）；④分别针对0~2岁和2~4岁聋儿的发光包（bookshine pack）；⑤分别针对0~2岁和2~4岁盲童的触摸包（booktouch pack）；⑥针对非英语母语儿童的双语资料（dual language books）。阅读包通常包含一个小帆布口袋，里面装有图画书、文具、阅读指南和推荐书目，由健康访视员带给婴儿父母，同时通过健康机构、教育机构或当地图书馆发放。免费的阅读包帮助婴幼儿家庭了解和参与到Bookstart中来。之后，Bookstart还为他们准备了更多更加丰富多彩的活动，诸如儿歌时间、故事时间、蓝熊俱乐部和全国活动周等。仅在英国本土，Bookstart每年举办的亲子阅读活动就有几千场。

这项阅读推广计划显著地改善了参与家庭对书的态度和阅读习惯，提高了儿童的语言读写能力，使他们的听说成绩和写作成绩分别超出班里平均水平20%和12%[4]。这样的优势还会一直延续到他们7岁，他们在阅读理解、写作、拼写、数学和科学方面的成绩要高于班里其他同学[5]。

Booktrust还聘请专门的投资回报研究机构测算Bookstart的社会投资回报（SROI）。以Bookstart在2009—2010财年的社会投资回报为例，英国政府每投入1英镑到Bookstart计划中，就会产出25英镑的社会价值[6]。高额回报的投资项目自然会吸引资金的投入，从而保障项目的可持续发展。

2.2 美国

美国图书馆协会（ALA）儿童服务分会（ALSC）是世界上最大的致力于

支持与加强儿童图书馆服务的组织[7]。由 ALSC 发起的"出生即阅读"（Born to Read）是一项全国性的婴幼儿阅读推广示范项目，1994 年在美国的 3 个图书馆开始试点[8]。其目的在于指导贫困家庭或读写能力缺乏的家庭，避免由于家庭教育能力不足而导致孩子继续重复父母低阅读能力的倾向。项目通过俱乐部或授课的形式，宣传早期阅读的重要性，指导父母如何开展亲子阅读。为了让更多的图书馆加入到该项目中来，ALSC 制作了配套的图书《出生即阅读：多早开始都不算太早》、培训手册、推荐书目和视频，同时在 ALSC 网站设立该项目专栏。

美国的另一项推广项目——"每一个孩子准备在你的图书馆阅读"（Every Child Ready to Read@ your library，ECRR），由 ALA 公共图书馆分会（PLA）与美国儿童健康与人类发展研究中心（NICHD）于 2000 年联合发起[9]，针对 0~5 岁的婴幼儿家庭。项目缘于国家阅读小组针对美国儿童阅读情况做出的一份关于如何指导儿童阅读的研究报告。项目进行的第一个步骤就是由图书馆向父母们宣传这份报告的内容，使公共图书馆参与到整个教育体系中来。项目提出：①阅读是一项必备的生活技能；②学习阅读应从出生即开始；③父母和监护人是孩子的启蒙教师，是孩子最好的教师；④终身学习是图书馆的基本职能，公共图书馆应该为婴幼儿家长提供 0~5 岁早期阅读指导。PLA 联合 G. C. Whitehurst 和 C. Lonigan 两位美国早期阅读方面的专家，将 0~5 岁婴幼儿早期阅读阶段细分为 0~2 岁的前说话阶段（pretalkers），2~3 岁的说话阶段（talkers）和 4~5 岁的前阅读阶段（pre-readers），以便更有针对性地分析每一阶段儿童的发育规律，分别制定各有侧重的阅读推广内容。

2008 年，ALA/PLA 成立了专项工作组对 ECRR 进行评估。2009 年，早期阅读领域知名专家 S. Neuman 和 D. Celano 接受专项组的委托，开始对 ECRR 进行全面评估。评估的目的在于测算项目产生的作用、根据最新研究成果修改项目的可行性和对升级版项目的建议。评估结果显示，ECRR 获得了广泛好评，它关于通过图书馆向婴幼儿父母宣传阅读方法的定位是正确的，公众认同图书馆是获得早期阅读教育的渠道来源。该项目还加强了早期阅读工作组织之间的沟通与协调。ECRR 后来根据最新的研究成果进行了修订升级，提出了发展婴幼儿前阅读能力的 5 项活动，即唱歌、对话、阅读、写作和游戏[10]。随着时间的推移和新研究成果的出现，ECRR 也在不断地成长和完善。

3 我国儿童阅读推广活动

3.1 全国少年儿童阅读年

2009年4月23日，由中国图书馆学会、少儿图书馆专业委员会策划开展的以"让我们在阅读中一起成长"为主题的全国少年儿童阅读年活动在天津少儿图书馆正式启动，该年成为我国第一个少年儿童阅读年。活动倡议全国各类图书馆，特别是公共图书馆、少儿图书馆、中小学图书馆一起行动起来，强力推进少年儿童阅读推广工作，争取建立我国的少年儿童阅读节，让孩子喜欢阅读、习惯阅读，在阅读中快乐，在快乐中成长。活动分为全国性主旨活动和各地各馆的自办活动，内容包括：①召开少年儿童阅读高层论坛；②送书到贫困地区公共图书馆或少儿图书馆和乡镇小学；③评选优秀少儿读物书目；④开展系列比赛和展览；⑤进行大型全国少年儿童阅读调查；⑥建立全国少年儿童阅读年网站及活动馆网站联盟。从其阅读调查问卷上的儿童年龄选项来看，此次活动针对的是7岁以上的少年儿童；从活动的内容以及形式上看，婴幼儿群体未被纳入此次活动。婴幼儿由于其特殊的生理发育特点，需要适合他们的阅读推广方案。

3.2 地区图书馆阅读推广活动

2011年，苏州图书馆"悦读宝贝"计划启动。该活动每年向1 000位持有苏州户口的0~3岁婴幼儿赠送"阅读大礼包"，内有婴幼儿读物、《亲子阅读》指导书、阅读测量尺、宣传册页以及苏州图书馆少儿读者证等。该活动还根据婴幼儿的年龄特点有针对性地开展了多项亲子读书活动，如推荐亲子阅读书目，举办亲子阅读讲座、"故事妈妈"培训、儿童心理健康咨询等。苏州图书馆希望通过"悦读宝贝"计划吸引更多的孩子父母参与幼儿早期阅读指导活动，提升亲子阅读的质量和水平[11]。该计划已经非常接近Bookstart的工作模式，只是推广范围十分有限。

深圳少年儿童图书馆自2011年起推出了"喜阅365——亲子共读"计划[12]。这是一个专业儿童阅读指导项目，由喜阅推荐书目、新浪微博（喜阅365）、喜阅读书时光、故事讲述人研习班等项目共同组成。具体包括一天推荐一本优秀亲子共读书，一周举办一次儿童读书会，一月召开一次家长分享会，同时开通新浪微博"喜阅365"，为市民推荐优秀图书、介绍阅读活动，分享、讨论阅读体验，发布各种国内外最新儿童阅读、儿童教育信息等。项目为家长和孩子提供全方位的阅读指导，寓教于乐，启迪智慧。该项目还走出深圳，进行异地阅读推广活动，扩大了推广范围。

2006年，首都图书馆与北京红泥巴文化发展有限公司共同发起"播撒幸福的种子"儿童阅读推广计划[13]，在全市范围内向家长、老师、图书馆工作者及相关的教育工作者推广先进的儿童阅读理念——"阅读从零岁开始"、"体验阅读、享受阅读"、"大声为孩子读书"、"为孩子营造适宜的阅读环境"等。通过成年读者的广泛参与和少年儿童的亲身体验，向少年儿童读者展示"阅读之美"，使他们在成长之路上能够以书相伴，爱上阅读，成为自主的、独立的、热诚的小读者[14]。

3.3 民间儿童阅读推广人

在我国民间还存在着一支自发推广儿童阅读的队伍，他们被称作儿童阅读推广人，其中知名的推广人包括梅子涵、朱自强、阿甲、王林、徐冬梅、李庆明、"小隐娘"等。他们有的通过建立"红泥巴"、"蓝袋鼠"这样的网站向大众推介童书、介绍阅读方法，有的侧重于儿童文学的阅读推广，还有的致力于儿童阅读的课程化。这些儿童阅读推广人用自己的专业知识和爱心逐步推动着儿童阅读习惯的改变。值得一提的是，阿甲和"小隐娘"都是在为人父母以后开始关注儿童阅读，以一种朴素的"幼吾幼，以及人之幼"的想法开始从事儿童阅读推广工作。这也反映了我国缺乏统一的婴幼儿阅读指导计划和年轻父母对这一方面的迫切渴望。

4 婴幼儿阅读推广方案

4.1 设计思路

阅读推广活动从本质上可以归结为一种传播活动，符合传播学的一般原理。著名的拉斯韦尔五W模式理论，将传播过程分为5个要素：谁（Who）、说了什么（says What）、通过什么渠道（in Which channel）、向谁说（to Whom）、有什么效果（with What effects）[15]。该模式把人类传播活动明确概括为由5个环节和要素构成的过程，是传播研究史上的一大创举，为后人研究大众传播过程的结构和特性提供了具体的出发点。根据这一思路，婴幼儿阅读推广方案可从推广主体（Who）、推广内容（What）、推广渠道（in Which channel）、推广对象（to Whom）、推广效果（with What effects）这五大要素切入，解析各要素的具体内容，规定各要素的执行方向，以期实现我国所有婴幼儿出生即阅读、阅读无障碍的目标。

4.2 要素解析

4.2.1 推广主体（Who） 从对英美两国婴幼儿推广项目的研究中可以看出，英国 Bookstart 的发起者是 Booktrust，美国 ECRR 的发起者是 PLA，ECRR 第2版的组织者还包括了 ALSC。我国不具备英国那样实力雄厚的专业图书基金会，不适合采取英国方式，而美国的方式比较符合我国国情。我国于2009年成立了中国图书馆学会阅读推广委员会，下设15个专业委员会[16]，其中包含青少年阅读推广委员会。作为致力于推广青少年阅读的专业工作委员会，它承担着理论研究和实践推动的双重任务，在培养青少年阅读意识、阅读习惯、提高阅读理解力、开展阅读研究、推动阅读运动、营造阅读环境等方面担负着重要的使命和责任[17]。在没有专门的婴幼儿阅读推广委员会的情况下，组织者可由青少年阅读推广委员会来承担。根据英美两国的经验，大型的国家范围内的推广项目需要联合相关的政府部门、公共组织和商业机构共同推进。政府部门方面，根据我国第十一届全国人民代表大会第一次会议批准的国务院机构改革方案和《国务院关于机构设置的通知》（国发〔2008〕11号）[18]，设立文化部、教育部、卫生部等部门为国务院组成部门，其工作职责中包含推进文化艺术领域的公共文化服务[19]、指导幼儿教育[20]和妇幼保健的综合管理和监督[21]，因而他们是项目的政策支持者。公共组织方面，图书馆系统、早期教育系统、妇幼保健系统和社区医疗系统分支众多，遍布城乡，他们是婴幼儿的直接接触者，是项目的具体执行人。商业机构方面，婴幼儿读物的创作人、出版商、销售商和婴幼儿玩具及早教产品供应商是保障项目质量、降低推广成本的重要合作伙伴，其他能够提供资金支持的基金会和商业组织也是项目推广的合作伙伴。综上，推广主体可定义为：由青少年阅读推广委员会发起，组织协调国家相关政府部门、公共组织和商业机构作为共同推广人，其组织结构如图1所示：

4.2.2 推广内容（What） 英国 Bookstart 最核心的部分就是由公共图书馆、教育和健康等多家机构联手为每个婴幼儿发放一个免费的阅读包，包括手提袋或小书包、图画书、文具、阅读指南和推荐书目等内容。通过将这些礼物送到婴幼儿家中，既让婴幼儿有书可读（玩），又让他们的父母了解有这样一个阅读指导活动。当他们在亲子阅读中遇到困难时，知道可以通过哪些渠道获得怎样的帮助。除此之外，还有大量诸如儿歌时间、故事时间、蓝熊俱乐部和全国主题活动周等形式活泼的互动项目。项目的标志和吉祥物设计成蓝色的小熊家庭，由熊爸爸、熊妈妈和熊宝宝组成，他们活跃在项目的

```
                    青少年阅读
                    推广委员会
        ┌──────────────┼──────────────┐
    文化部         图书馆系统      婴幼儿读物创作人
    教育部         早期教育系统    婴幼儿读物出版商
    卫生部         妇幼保健系统    婴幼儿读物销售商
                   社区医疗系统    婴幼儿玩具供应商
                                   婴幼儿早教产品供应商
```

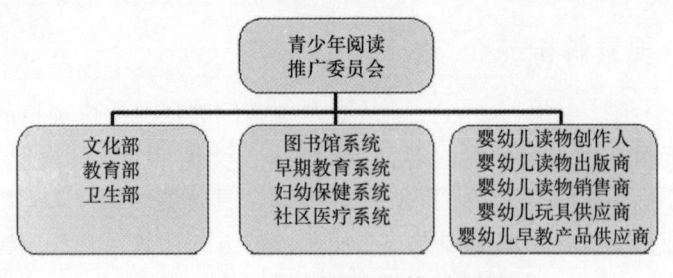

图 1　婴幼儿阅读推广主体组织结构

所到之处，深受孩子们的喜爱和追捧。而美国的 ECRR 主要以提供培训课程为主，编写课程教材，制作电子课件、发放宣传册和硬纸板卡片。由于项目主要针对婴幼儿的父母和图书馆员，所以略显严肃，不如英国的 Bookstart 那样生动有趣。鉴于 Bookstart 推广范围之大，婴幼儿喜爱参与程度之高，推广内容应从礼物包入手。礼物包至少应该包括婴幼儿各阶段发育特点对照表、精美图画书、亲子阅读指南、推荐书目、获得帮助的渠道、近期活动时间表和其他宣传手册，最好还能包括一些婴幼儿喜欢的文具、教具或玩具。设计活泼可爱的卡通形象标志作为项目代言人对于建立品牌项目是十分必要的。成功的代言人应该是形象可爱、态度友好、名字响亮、特点鲜明、能被婴幼儿一下就记住的。后续的推广工作就要靠长期的、丰富多彩的互动活动来持续推进。

4.2.3　推广渠道（in Which channel）　英国 Bookstart 的阅读包一般是由健康访视员送到婴幼儿家庭的，也可以在当地健康机构、早期教育中心或当地图书馆获取。其他各项活动地点通常选在当地的图书馆、幼儿园或儿童活动中心。可爱的蓝熊也会在书店或其他地方出现。活动的相关信息还可以从 Bookstart 官方网站获取，网站上还有丰富的电子绘本、音乐、视频、游戏和各种线上活动，这是全球婴幼儿参与 Bookstart 活动最方便的途径。美国 ECRR 设立的宗旨就是将公共图书馆纳入到婴幼儿教育体系中来，所以活动的地点主要在公共图书馆。它也同时提供丰富的网上资源，家长可以从 ALSC 官方网站获取。由于 0~12 个月的婴儿还不会走路，他们活动的范围有限，大多数时间在家里，有时候会去早教中心或者社区医疗服务站和医院，开展婴儿阅读推广最重要的地点是婴儿家中。其次是社区医疗服务站。根据我国的疫苗免疫时间表，婴儿从满月开始一直到 6 月龄，每个月都需要去社区医疗服务站接种疫苗，6 个月之后到 3 岁之前还需要数次去那里接种疫苗。1 岁以上的幼儿，随着年龄的增长，活动范围迅速扩大，开始活跃在早教中心、游乐场、大型购物中心、儿童书店或附近的图书馆。这些地点都可以作为开展互动活动的最佳场所。此外，网络媒介可以作为婴幼儿阅读推广的重要阵地。中国互联网络信息中心（CNNIC）发布的《第30次中国互联网络发展状况统计报告》显示，截至2012年6月底，中国网民数量达到5.38亿，互联网普及率为39.9%；其中最引人注目的是，手机网民规模达到3.88亿，手机首次超越台式电脑，成为第一大上网终端[22]。设立官方网站和通过手机平台发布阅读指导信息不受时间、地域的限制，又符合现代年轻父母信息获取习惯，对于在全国或更大的范围内推广婴幼儿早期阅读是必不可少的路径选择。

4.2.4 推广对象（Whom） 英国Bookstart的推广对象为0~4岁婴幼儿家庭。美国ECRR的推广对象为0~5岁婴幼儿家庭和图书馆员。我国规定儿童接受义务教育的年龄为6周岁。孩子上幼儿园的年龄一般在3周岁左右。3周岁以下的孩子一般由其家庭成员看护。考虑到学校和幼儿园通常拥有富有专业经验的教师、丰富的教学用具和舒适的学习（生活）环境，同时也为了降低项目成本、提高项目效率，推广对象可定为0~3岁婴幼儿家庭。具体实施时还需对0~3岁婴幼儿进行年龄细分。0~6个月的婴儿，不能手捧图书也不能将目光聚焦在图画上，只能以听为主。6个月以后的婴儿能够坐起来了，可以抓握一些色彩鲜艳的认知卡片，内容以生活中常见的物品为主，还可以准备一些特殊材质的书，如洗澡时可以玩的塑料书、锻炼触感的布料书等来锻炼触觉。1~2岁的幼儿喜欢翻书、搬书甚至撕书，玩弄带机关的操作书和玩具书是他们最乐此不疲的游戏。这时候可以选择内容简单有趣、一页最好只有一幅图画的书进行亲子共读。2岁以后的幼儿，阅读和语言能力大大增强。他们能够背诵喜欢的儿歌和句子，喜欢解释概念的书，喜欢提问，与成人的互动更加主动。总之，0~3岁的婴幼儿因其年龄差异会表现出大相径庭的阅读兴趣。阅读推广要投其所好，就要仔细研究婴幼儿的成长规律和发育特点，这样才能实现有效指导。

4.2.5 推广效果（with What effects） 婴幼儿阅读推广效果体现在参与项目的婴幼儿能够达到阅读目标的程度。我国学者李麦浪认为，0~3岁婴幼儿图书阅读发展的总目标是：①对图书、图画感兴趣，喜欢听成人念儿歌、讲故事；②逐步学习翻看图书的技能，并能注意或随意地翻看图书；③喜欢跟着成人念图书中的儿歌和故事，用已学会的简单语句说出自己所看到的各种图书、画册的内容，在成人的指导下，回答简单的问题[23]。美国哈佛大学教授凯瑟琳·斯诺领导的"培养成功的阅读者"研究项目中也提出了"早期幼儿阅读教育目标"，其中对0~3岁儿童阅读能力要求如下：①能够通过封面认识不同的图书；②会假装自己在读书；③知道书应该怎么拿；④开始建立跟主要养育者共读图书的习惯；⑤通过发声游戏感受语言节奏的快乐和语言游戏的滑稽等；⑥能够指认书本上的物体；⑦对书中的角色做一些评论；⑧阅读图书上的图片并且意识到图片是真实物体的一种表征；⑨能够聆听故事；⑩会要求或建议大人为他们阅读或书写；⑪可能开始关注某些特定的印刷字词，例如姓名中的字；⑫逐渐有目地地涂涂写写；⑬有时候似乎能够区分图形和文字的差异；⑭能够写出一些类似字的符号，也能像用书面语言写作那样涂涂写写[24]。这些目标大部分都可以通过婴幼儿阅读推广项目来实现。英国 Bookstart 的对比研究显示，是否参加该项目在以下 6 个方面表现出显著差异[25]：①参与计划的家庭中有 68% 的儿童视书为自己的兴趣爱好，未参与计划的家庭中这个比例只有 21%；②参与计划的家庭中有 75% 的父母给孩子买书作为礼物，未参与计划的家庭中这个比例只有 10%；③参与计划的家庭中有 83% 的父母为孩子通篇阅读，未参与计划的家庭中这个比例只有 34%；④参与计划的家庭中有 64% 的父母与孩子讨论故事内容，未参与计划的家庭中这个比例只有 24%；⑤参与计划的家庭中有 43% 的父母鼓励孩子参与到故事中来，未参与计划的家庭中这个比例只有 27%；⑥参与计划的家庭中有 68% 的父母鼓励孩子展开联想，未参与计划的家庭中这个比例只有 38%。

这些方面几乎覆盖了婴幼儿阅读目标的全部内容，可有效地帮助婴幼儿达到或接近阅读总目标。

4.3 推广流程

以上五大要素解析了婴幼儿阅读推广方案的具体内容。根据各要素之间的逻辑关系，对推广流程做如下设计：①确定推广主体，即以青少年阅读推广委员会为首的多方联合；②确定推广内容，即以阅读礼包为突破口的系列活动；③确定推广渠道，即以图书馆为代表的现场活动和以网络媒介为代表的新媒介；④确定推广对象，即 0~3 岁婴幼儿家庭；⑤希望取得的推广效果，即达到或接近婴幼儿阅读总目标。方案的推广流程如图 2 所示：

以青少年阅读推广委员会为首的多方联合体 → 以阅读礼包为突破口的系列活动 → 现场活动 / 网络媒介 → 0~3 岁婴幼儿家庭 → 达到或接近婴幼儿阅读总目标

图 2 婴幼儿阅读推广流程

5　结语

阅读明智，阅读怡情，阅读应从婴幼儿抓起[26]。联合国于1989年通过的《儿童权利公约》中指出：每个儿童都有平等享受充分发展其潜能、自由获取信息、文化设施以及文化活动等权利，而不受年龄、种族、性别、宗教、国籍及文化背景、语言、社会地位或者个人技能和能力的限制[27]。2012年，中国图书馆学会与未成年人图书馆服务专业委员会联合倡议：全国公共图书馆行动起来，积极践行儿童优先原则，保障儿童利益最大化[28]。我国目前基本围绕"4.23"世界读书日展开的推广活动和"全国少年儿童阅读年"活动还远远不够，开展婴幼儿阅读推广活动的各地区图书馆数量太少，并且缺乏统一的协调与指导。借鉴国外成功的婴幼儿阅读推广项目，调查我国婴幼儿阅读现状，研究婴幼儿阅读特点，制定婴幼儿阅读推广方案，构建婴幼儿阅读推广模型是我国婴幼儿阅读推广者面临的重要课题。崇尚读书，才能使民族的发展保持生命的活力，而婴幼儿作为未来的主人翁，作为建设学习型社会的中坚力量，他们的阅读水平事关祖国的未来，事关民族的兴衰[29]。希望我国政府能够高度重视婴幼儿阅读推广计划。

参考文献：

[1] 李胜春. 关于实施幼儿素质教育的思考 [J]. 天津师范大学学报（基础教育版），2001, 2 (2): 70-72.

[2] 周樱格. 日本图书馆少儿阅读推广的策略研究与启迪 [J]. 图书馆杂志，2012 (9): 108-110.

[3] 中国新闻网. 国务院印发中国未来十年儿童发展纲要（全文）[EB/OL]. [2013-02-18]. http://www.chinanews.com/gn/2011/08-08/3242359.shtml.

[4] Hines M, Brooks G. Sheffield babies love books: An evaluation of the Sheffield bookstart project [R]. Sheffield: University of Sheffield, 2005.

[5] Wade B, Moore M. A sure start with books [J]. Early Years, 2000, 20 (2): 39-46.

[6] Social return on investment [EB/OL]. [2012-11-05]. http://www.bookstart.org.uk/professionals/about-bookstart-and-the-packs/research/social-return-on-investment.

[7] About ALSC [EB/OL]. [2012-12-27]. http://www.ala.org/alsc/aboutalsc.

[8] 张慧丽. 美国图书馆界儿童早期阅读推广项目管窥 [J]. 图书馆工作与研究，2012 (11): 113-116.

[9] Elaine M, Harriet H. Overview of Every Child Ready to Read @ your library®, 1st edition [EB/OL]. [2012-12-27]. http://www.everychildreadytoread.org/project-history%09/overview-every-child-ready-read-your-library%C2%AE-1st-edition.

［10］ Building on Success：Every Child Ready to Read. 2nd edition［EB/OL］.［2012-12-27］. http：//www.everychildreadytoread.org/project-history% 09/building-success-every-child-ready-read-2nd-edition.

［11］ 苏州图书馆-悦读宝贝［EB/OL］.［2012-10-20］. http：//www.szlib.com/babyread/description.html.

［12］ 深圳少年儿童图书馆. 喜阅365——亲子共读计划［EB/OL］.［2013-02-24］. http：//gd.wenming.cn/ztzl_ gdwmw/cxfl_ ztzl/201211/t20121108_ 926132.html.

［13］ 首都图书馆第五期"种子"故事人志愿者培训活动招募书［EB/OL］.［2013-02-24］. http：//www.childlib.org/MoreNews/2013_ 1_ 20/13613475684851039.html.

［14］ 中国文化传媒网. 北京：首都图书馆"播撒幸福的种子［EB/OL］.［2013-02-24］. http：//www.ccdy.cn/xinwen/gongong/201109/t20110926_ 53000.htm.

［15］ 谢蓉. 数字时代图书馆阅读推广模式研究［J］. 图书馆论坛，2012（3）：23-27.

［16］ 阅读推广委员会［EB/OL］.［2012-12-27］. http：//www.lib-read.org/reader.jsp?id=99.

［17］ 委员会介绍［EB/OL］.［2012-12-27］. http：//www.lib-read.org/committeeshow.jsp? id=47.

［18］ 中华人民共和国中央人民政府. 国务院关于机构设置的通知（国发［2008］11号）［EB/OL］.［2013-02-24］. http：//www.gov.cn/zwgk/2008-04/24/content_ 953471.htm.

［19］ 中华人民共和国文化部. 文化部主要职责［EB/OL］.［2013-02-24］. http：//www.ccnt.gov.cn/xxfbnew2011/jgsz/zyzz/201111/t20111121_ 136705.html.

［20］ 中华人民共和国教育部. 教育部主要职责［EB/OL］.［2013-02-24］. http：//www.moe.gov.cn/publicfiles/business/htmlfiles/moe/moe_ 188/200408/1728.html.

［21］ 中华人民共和国卫生部. 卫生部政府信息公开专题——机构概况［EB/OL］.［2013-02-24］. http：//61.49.18.65/zwgkzt/pjggk/list_ jggk.shtml.

［22］ 第30次中国互联网络发展状况统计报告［R/OL］.［2012-12-27］. http：//www.cnnic.net.cn/hlwfzyj/hlwxzbg/hlwtjbg/201207/t20120723_ 32497.htm.

［23］ 李麦浪. 0岁，阅读的起跑线：学前儿童图书阅读与指导［M］. 北京：新世纪出版社，2005：53.

［24］ 百度文库. 美国幼儿早期阅读教育目标评析［EB/OL］.［2013-02-24］. http：//wenku.baidu.com/view/bcffa27ba26925c52cc5bf42.html.

［25］ Reasearch of Bookstart［EB/OL］.［2013-02-24］. http：//www.bookstart.org.uk/about-us/research/.

［26］ 李婧璇. 中国儿童阅读推广——走进阅读 任重道远［EB/OL］.［2012-12-27］. http：//www.chuban.cc/ztjj/klyd/zdwz/201205/t20120531_ 110932.html.

［27］ 伊斯特，斯特里切维齐. 婴幼儿图书馆服务指南. 李静霞，邓攀，译［EB/OL］.［2012-12-27］. http：//www.ifla.org/files/assets/hq/publications/professional-report/132.pdf.

［28］ 少年儿童馆. 全国公共图书馆儿童优先服务倡议书［EB/OL］.［2013-02-24］. http：//kids. nlc. gov. cn/newhdbb/201211/t20121130_ 68228. htm.

［29］ 世界读书日_百度百科［EB/OL］.［2012 – 12 – 27］. http：//baike. baidu. com/view/23287. htm.

作者简介

王琳，吉林财经大学图书馆馆员，E-mail：wanglin7876@sohu. com。

意大利早期婴幼儿阅读推广计划管理模式研究

1 引言

联合国于1989年通过的《儿童权利公约》中强调：每个儿童都有平等享受充分发展其潜能、自由获取信息、文化设施以及文化活动等权力，而不受年龄、种族、性别、宗教、文化背景、语言、社会地位或者个人技能和能力的限制。随着社会经济和文化的发展，人们对婴幼儿阶段享有的发展权力也越来越受重视。将0~3岁的婴儿（0~12月）和幼儿群体的阅读推广服务纳入考量至关重要。国际图联的少儿图书馆专业组于2008年颁布了《婴幼儿图书馆服务指南》[1]，旨在为0~3岁的婴幼儿及其家庭和从事早期启蒙教育的组织开展图书馆服务的指导，从而激发孩子们的阅读兴趣，培养他们良好的读写能力，并使阅读成为其终生习惯。联合国教科文组织2013年大会的主题就是"为一生准备！提升对早期素质教育的重视"。此次会议发布的《莱比锡建议》[2]中提到："早期素质教育必须早在婴儿出生起就要在家庭中展开"，对早期素质教育的提升意味着大量社会资源的投入和所有可能社会力量的参与。

意大利的"生而为读"（Nati per Leggere，NpL）计划按照国际图联的工作指南，同时借鉴了英国的"阅读起跑线"（bookstart）计划和美国的"全力读"（reach out and read，ROR）计划，成为世界上实施较早较为全面的、专为0~6岁儿童提供阅读指导服务的国家性计划，旨在促进婴幼儿情感和认知的充分发展，保证儿童精神的健康成长。NpL始于1999年，曾于2008年被IFLA作为婴幼儿阅读推广的范例写入报告[1]。至今经过16年的实践和努力，逐渐形成了覆盖全国的服务网络，并形成了自身行之有效的管理模式。

事实上，我国在0~6岁儿童中进行的早期阅读推广已经有了很多的实践和总结。从实践方面，有图书馆主导其他社会机构参与的项目如深圳市图书馆的"小桔灯"计划[3]，目前此种类型的阅读推广活动占主导地位；有由政府主导作为政令推行地方执行的儿童阅读推广项目，如浙江省的"春泥计划"[4]；还有民间主导公益与商业协调发展的项目，如快乐小陶子[5]、安妮花英文图书馆[6]等，目前此类计划呈现出蓬勃发展的势头。这些实践活动的共同之处在于没有或极少覆盖 0~3 岁这个年龄段，而且与国际上成熟的儿童阅读发展计划相比，除去在具体的管理模式方面存在差距，更在项目的设计规划理念和所应具备的商业意识方面存在可以改进和提升的巨大空间，而 NpL 作为 IFLA 的成功范例在这两方面都值得我们学习和借鉴。

2 NpL 阅读推广管理模式研究

NpL 计划由意大利图书馆协会（Associazione Italiana Biblioteche，AIB）、意大利儿科医师协会（Associazione Culturale Pediatri，ACP）、意大利儿童健康中心（Centro per la Salute del Bambino，CSB）联合发起，是由非政府及私人机构赞助，由文化艺术、教育和健康三大公共服务机构参与并负责的全国性项目，是意大利早期儿童阅读推广的主要阵地。NpL 实施 16 年来，影响力逐渐增强，取得了良好的社会效益和经济效益。其成果的取得很大程度上得益于 NpL 的制度化和实践中逐步完善的管理模式，其特点主要表现为 4 个方面：组织架构设置的系统化，阅读服务协作一体化，工作人员培训规范化和品牌运作商业化。

2.1 NpL 组织架构系统化

NpL 设置了 3 层组织架构来对计划进行系统管理和实施。

最高一级的组织架构是三大发起组织的联合大会，是 NpL 计划一切重要决议的最终决定机构，主要对 NpL 计划方向性议题的决策起作用。《NpL 总章》规定当累积达到 4 个 AIB 的议题或 4 个 ACP 议题又或 4 个 CSB 议题时可以召开联合大会进行审议[7]。

第二层组织架构是 NpL 国家协调委员会、秘书处和编辑部，它们在大会休会期间负责 NpL 计划的常规工作。构成上，NpL 国家协调委员会由 15 位儿科医师、图书馆员、研究员、教育工作者组成，其中包括 AIB、ACP 和 CSB 的主席；秘书处现聘有 4 位工作人员，编辑部聘有 14 位编辑。对上，3 个常设机构负责贯彻 NpL 宗旨，协调 3 家所发起组织的责任和义务，每年进行财务汇报并做好下一年度的财政预算；对下，审查各项以 NpL 名义举办的活动，负责 NpL 商标的审批和发放，编辑出版 NpL 宣传材料和培训资料。另外，负责自 2010 年起设立的一年一度 NpL 图书奖[8]的管理和运作。

组织架构的第 3 个层面是 NpL 的地方参与机构，主要包括三大发起组织的地方分会和后来加入的如出版社和书商等其他社会组织。它们是 NpL 计划的具体执行者,主要执行那些与NpL计划宗旨一致并同时符合大区或地方政策并得到大区或地方行政支持的活动;其活动受到国家秘书处的指导和监督,经授权使用NpL商标。各地方机构在实践中不断创新,通过调查报告和综述进行归纳和总结将个别经验普遍化,源源不断地为NpL计划这个大有机体提供滋养以保持其活力。

NpL计划的组织架构虽然完备,但对地方机构和其他参与组织除法律保护部分外不具强制性。其管理的宗旨是把握原则,灵活处理并鼓励自主创新。NpL自1999年计划创立起,历时最长且目前影响最大的活动是"大声读"[9]。这项活动的主旨是通过鼓励婴幼儿时期的亲子共读提升家庭对于早期阅读重要性的认识。这项活动由NpL秘书处撰写推广材料,包括执行说明、阅读建议和培训指南等,通过三大发起机构的地方分会散发到各机构会员手中,会员们把这项任务和自己的本职工作结合起来;在活动推行中有很多极具原创性的做法,例如在图书馆覆盖不到的地方建立便于父母协同婴幼儿读者一起去的社区书屋;大声读推行过程中由地方组织进行评估和追踪研究,通过问卷、论文和报告的形式对活动进行归纳和反思;成文的意见和建议被发表在三大机构的刊物上,作为下一步政策制定的参考和依据。

需要指出的是,NpL的组织架构在建构好基本框架的基础上,也依然为了适应新的情势逐步调整和完善,2015年3月联合大会签署通过了《NpL总章》,对各层级组织架构的职责与权力进行了明确规定,还制定了规范的财务制度,从制度上为NpL计划的长期执行提供了保障。

2.2 NpL阅读服务协作一体化

NpL计划将需要服务的婴幼儿自0~6岁按照月龄进行详细划分,分析不同月龄孩子的阅读特点,针对其活动的场所和范围配备相应服务人员和特定服务措施,使孩子自出生后的各个生活环节都可以接触到NpL的服务。

0~6个月婴儿阅读特点:胎儿自孕中期开始就可以听见声音,将母亲的声音从其他生理环境中的声音区分开来,对于父母声音的关注是这个时期婴儿的重要特点。服务场所主要是家庭和医院,服务人员以父母和看护人为主,还有医生和其他社会健康服务人员。服务方式主要是:鼓励并指导父母为孩子朗读,哼唱摇篮曲和童谣,复述短小信息,使用象声词来表达名称,辅以丰富的手势和表情;儿科医师在健康回访期间向父母宣传阅读重要性并免费赠阅合适的婴儿书籍。

6~18个月婴幼儿阅读特点:这个时期的孩子内容上喜欢人的面孔、动物和其他日常生活中的物品;开始熟悉日常生活事务。服务场所主要是家庭、医院、社区活动中心，服务人员以父母、儿科医师以及阅读志愿者为主。服务方式：建议父母使用形制较小适合小手翻阅的活页式书籍进行亲子共读，鼓励孩子通过触摸的方式进行认知；儿科医师继续利用回访期间赠阅书籍，鼓励亲子共读；阅读志愿者利用在社区中心服务的机会对父母进行正确阅读的展示，也可以直接为孩子阅读[10]。

18~36个月幼儿阅读特点：这个阶段的幼儿会被简单清晰的故事所吸引，尤其是故事中包含的如恐惧友好等情感要素所吸引，能够接受较为复杂的主题，例如大小、上下等相反概念。服务场所为家庭、社区活动中心、医院、图书馆。服务人员为父母、儿科医师、图书馆员和阅读志愿者。从服务方式来看，父母可以使用纸质绘本进行亲子共读，带着孩子参加图书馆的培训和各类活动；儿科医师利用与家庭稳定持续的联系继续宣传阅读，赠阅书籍，图书馆员为低幼读者及其父母准备舒适友好的阅读环境。

3~6岁幼儿阅读特点：3岁以上的孩子可以理解较为复杂的情节，会被解释概念的初级学习文本所吸引。服务场所主要是日托中心、图书馆、幼儿园。服务人员除去父母、儿科医师、图书馆员和阅读志愿者外，社区工作人员和幼教老师也参与其中。服务方式：阅读志愿者定期到社区日托中心为孩子们讲故事，图书馆员要运用公共资源对父母和其他看护者进行培训，以此促进孩子的发展和学前阅读技巧的提高[10]。

从阅读服务对象和方式研究入手，联合婴幼儿父母及其他照料孩子的看护人、健康护理中心的医生、公共图书馆的馆员、日托中心和幼儿园的幼教老师以及阅读志愿者和所有可能的服务者，NpL架构了一个围绕婴幼儿自出生至上学前生活和成长各个阶段的一体化阅读服务网络。

2.3 NpL人员培训规范化

任何阅读推广服务想要高效专业地运营，必须打造一支经过专业训练的、耐心热忱的服务者队伍。NpL的发起机构自身管理着大量的图书馆员、儿科医师和社会健康工作者，他们构成了NpL计划最坚实的专业服务队伍。随着发展进程的加快，NpL计划逐步吸收了助产士、阅读志愿者、教育家、书商、出版商和其他社会文化工作者参与其中。

从专业人员的角度看，NpL的人员管理对来自于AIB和ACP的儿科医师和图书馆员的管理最早形成明确的工作指南，即《儿科医师手册》和《图书馆员手册》。

儿科医师的参与是NpL计划的一个战略性组成部分，他们可以关联到各种社会组织，其职业的特殊性使他们可以获得的独一无二的与新生儿相处的机会，婴幼儿的父母对他们极为信任，对他们提出的意见和建议也很重视，他们是最适合向婴幼儿父母或监护人进行早期阅读教育宣传的人选之一。由于国家对0~5岁儿童健康回访的规定，儿科医师可以与婴幼儿及其家庭保持规律性、连续性接触，可以对前期零散的宣传进行整合，并能够很方便地进行计划后期的追踪研究和评估材料的收集。目前他们主要在健康回访期间分发NpL的宣传材料和阅读礼包，并建议婴幼儿家庭定期去图书馆[11]。

儿科医师在婴幼儿家庭中所建立的对于早期阅读重要性的认识，应当在图书馆环境中得到进一步深化。图书馆员的职责概括起来就是组织、宣传和培训。为低幼（0~3岁）读者服务的图书馆员，除了需要具备广博的知识外，还应该接受婴幼儿心理发展的专业培训。他们应该对婴幼儿的读写认知知识、育儿理念有深入的了解，熟悉少儿经典读物，并且能够通过一些创新的举措来帮助婴幼儿参与交流、规划和社交等，从而为0~3岁这个特殊读者群体及其父母或看护人提供科学的阅读教育指导；图书馆员还应当投入到残疾儿童或贫困家庭儿童等弱势人群的服务中去；在跨文化交流极为频繁的今天，图书馆员应具备跨文化服务的技能，应与拥有多文化背景家庭中的父母加强联系，发挥他们的作用。除去馆内开展的服务，图书馆员还要负责对NpL参与人员进行图书馆专业服务方面的培训，并寻找并培训阅读志愿者[12]。

对三大发起机构之外的服务人员主要是以工作建议和培训的方式进行管理，阅读志愿者是这部分服务人员中占比最高的，另外，自2016年新增了对于助产士的职责建议[10]，把儿童阅读推广的最早时间推至孕期。

早期婴幼儿阅读推广的职责不能只由家庭和有限的几个专业协会学会来承担，NpL计划希望吸引到更多可能的社会力量参与进来，对阅读志愿者的动员则是这一构想的集中体现。NpL在网站上设置阅读志愿者的招募入口[13]，利用社交媒体，例如脸书（Facebook）建构志愿者交流平台对自己进行宣传，为阅读志愿者提供定期或不定期的朗读和讲故事的培训，这些志愿者在培训结束后可以在图书馆、医院候诊室、社区服务中心、幼儿园展开此类活动。目前有超过5 000位阅读志愿者[14]参与NpL举办的各类活动。对阅读志愿者的招募，不应被理解为由于经济原因而对专业人员的替代，其工作价值就在于能够在常规渠道之外与目标人群进行经常性接触，这支社会力量的引入是对专业力量的完善和补充。

2.4 NpL品牌运作商业化

品牌是源于经济领域的一个概念范畴，随着品牌的价值逐渐被社会公众所认可，其概念已经延伸到社会其他领域，品牌意识和品牌化战略已经成为软实力和社会创新能力的一项标志。NpL 计划也将这种商业品牌意识贯彻到计划中去，从品牌设计、定位、传播和维系几个方面逐步实施和发展。

NpL 于创立 4 年后的 2002 年在意大利工商业标志管理局注册了 NpL 商标[15]，成为唯一拥有在学龄前儿童出版和教育产品和服务为目的的出版物上使用 NpL 商标的机构。

从品牌设计来看，NpL 将母亲怀抱孩子阅读作为自己的形象标识，直接表达了 NpL 计划的含义，使得品牌形象深入人心，用户准确地对品牌形象形成深刻记忆。NpL 将品牌定位于 0~6 岁的学龄前儿童，在其所组织的活动中都不断强调 NpL 这一品牌与孩子的关联，以此强化其用户心中的品牌形象。品牌图标如图 1 所示：

图 1　NpL 计划图标

在品牌传播方面，NpL 以 0~6 岁的婴幼儿作为主角制作阅读推广视频，在 NpL 主页的显著位置、在婴幼儿经常出现的健康中心、医院进行循环播放。在 NpL 的品牌传播中，2010 年是特别值得纪念的一年，这一年设立了 NpL 国家图书奖。该奖项将品牌所定位的 0~6 岁又具体分为 0~18 个月、18 个月~3 岁、3~6 岁 3 个年龄段，分别设置奖项，鼓励针对特定年龄段特定读物的创作，弥补了以往此类读物的创作、出版和发行的不足。对细分出的市场与出版商、书商联手经营，通过在书籍上授权使用 NpL 商标等方式进行强有力的品牌传播。同时，NpL 还很注重品牌的海外传播，目前已经与包括：巴西、克罗地亚、德国、危地马拉、卢森堡、西班牙、瑞士、美国[16]在内的 8 个国家和地区共同推进该计划，逐步实现 NpL 品牌的国际化。

任何品牌都需要随着内部环境和外部环境的变化进行维系，NpL 顺应这一品牌运作的商业规律也采取了相应措施。NpL 把每年的国家图书奖的颁奖大会办成了一次报纸、电视、网络媒体所共同关注的焦点活动，已经连续举办了 8 届。2016 年的第九届颁奖大会早就在一年前就开始宣传，引发用户持续关注。这些举措延续了 NpL 品牌的影响力，有效防止了品牌的老化。从延伸服务分散品牌风险出发，NpL 还衍生出了新品牌"生而为听"（Nati per la Musica，NpM）[17]，NpM 以通过音乐方式提升早期婴幼儿素质为目的，利用

NpL 原有的渠道、资源和品牌影响力，塑造了属于自己的独特的形象和定位，强化了原有品牌的竞争力。

NpL 计划按照品牌的商业规范进行运作，取得了良好的经济成果，为自身的发展奠定了扎实的经济基础。

3 NpL 的成就和对我国的启迪

NpL 计划实施 16 年来取得了良好的社会效益和经济效益。

社会效益指的是 NpL 致力于自婴儿出生起就在家庭中进行阅读教育的理念被社会认可。自 2000—2005 年，在儿科医师以赠阅书籍和回访宣传的方式介入 5 年后，调查表明家庭中对阅读的重视程度都提高了：中北部地区从介入前的 28% 上升至 39.67%，南部和岛区从 12% 上升至 32.5%。重视程度提升的典型地区是 Basilicata——从之前的 20% 上升至 47%。另外，调查还表明那些从不给孩子阅读的父母从 32% 下降至 16%[20]。家庭是孩子受教育的第一场所，家庭中受到的阅读教育将持续影响孩子未来的小学教育，这种影响甚至会延续到青春期。从这个角度看，NpL 取得了良好的社会效益。经济效益是指该计划获得的直接或间接经济支持和潜在的品牌价值。NpL 计划没有在国家和政府层面获得财政支持，其主要收入来自于机构或个人捐赠、对 NpL 商标的注册和使用权出让，通过 NpL 图书奖的设置与书商联合出版，通过举办培训获取一定收入等方式进入良性的发展轨道。数据表明，NpL 于 2001—2007 年的七年时间里筹措了 5 328 472 欧元的资金，不但满足了维持自身运转和发展的需要，创造的 NpL 品牌也在数年经营中获得了不菲的品牌价值。

NpL 之所以取得如此成就，除去具体做法上的科学合理之处外，更重要的在于其先进的规划和设计理念，以及健全的商业意识，这二者是最值得我国深入探究和借鉴之处。

3.1 从社会系统工程的高度进行早期儿童阅读推广的设计和规划

国内也进行了许多儿童阅读推广的实践，例如深圳市盐田区沙头角图书馆的"小桔灯"[3]计划。小桔灯计划自 2007 年开始推行，连续实施了 9 年，取得了不俗的成绩，对制定标准和实施策略都进行了有益的实践。仔细分析可以看到：阅读推广的主体主要还是图书馆，但凡涉及馆校合作、联动家庭、邀请专家等合作的方面都是在图书馆设计好的框架下进行的，其他社会力量的参与既不深入也不主动；阅读推广的服务主要在图书馆内展开，馆外活动主要在 4 所学校内进行；对于少年儿童经常活动的体制外场合涉及太少，没有把握到此类服务突破传统的增长点。我国应当学习 NpL 的设计和规划理念，从社会系统工程的高度去理解儿童阅读推广，从而从最初的设计上克服社会基础薄弱的根本问题。把图书馆系统、社会健康、医疗卫生、出版机构、社会商业力量都纳入到规划中，吸引包括图书馆员、护士、医生、教育工作者、作家、出版编辑、图书经销商等在内的所有可能的专业与非专业人员参与到计划中来，才有可能打破窠臼，给传统的儿童阅读推广服务注入生机与活力。

3.2 树立正确的品牌意识，引入品牌的规范商业运作模式

品牌商业意识的欠缺使得国内的很多阅读推广计划叫好不叫座，在取得社会效益的同时无法兼顾经济效益。例如浙江省的"春泥计划"，它是在农村未成年人中进行的阅读推广活动的一个典型。计划自 2003 年实施以来，截至 2014 年覆盖全省 19 150 个行政村，占行政村总数的 81%，取得了客观的社会效益[4]。但首先"春泥计划"推行这么久，除了文字没有看到其他任何相关的图标设计；其次，计划是以行政命令的方式由上至下推行的；再次，主要经费来自财政专项拨款和各级乡镇村政府的配套经费，一旦停止输血，计划无法依靠自身的运作筹集到足够的经费维持下去。要想建立起过硬的儿童阅读推广服务品牌，仅仅靠行政推广是不够的，必须树立正确的品牌意识，将规范的商业品牌运作模式引入到目前的儿童阅读推广服务中来：①把前期政府已经大量投入的阅读推广服务常态化；②按照规范的模式进行运作，设计并注册品牌的图标，利用法律的力量保护好辛苦创立的品牌；③深入调查研究，按照真正的需要对儿童阅读推广服务进行定位，找到突破点，而不是企图大而无当地面面俱到；④利用新的网络工具进行品牌推广；⑤做好品牌的后期维护，让前期的大量投入获得社会和经济效益的双丰收。

4 结语

本文树立了意大利 NpL 早期儿童阅读推广计划的管理模式，并归纳总结出其管理模式背后蕴含的设计理念和品牌意识。国家的"十三五规划"提出坚持创新发展，"用发展新空间培育发展新动力，用发展新动力开拓发展新空间"。具体从儿童阅读推广领域来看，一方面要结合自身已经拥有的实践经验，在现有工作的基础上借鉴国际上的成功案例优化自己的管理模式；另一方面要将儿童阅读推广服务延伸至更低年龄段，开拓新的发展空间，参照国际上此类项目的系统化模式更新自己的理念，树立并强化品牌意识，在具体的项目运作中熟悉商业规范和流程，用其中蕴含的商业力量为自己的发展注入新动力。

参考文献：

[1] IFLA professional report 100，guidelines of library services to babies and toddles [EB/OL]. [2016-02-18]. http://www.ifla.org/publications/ifla-professional-reports-100? og=51.

[2] 联合国教科文组织《莱比锡宣言》[EB/OL]. [2016-02-18]. http://www.readingworldwide.com/index.php? id=516488.

[3] 罗小红. 公共图书馆儿童阅读推广计划的制定标准与实施策略——以深圳市盐田区沙头角图书馆《"小桔灯"阅读推广计划（2007-2012）》为例 [J]. 图书馆学研究, 2013, (10)：72-75.

[4] 王晓东. "春泥计划"创新模式的实践与探索——以瑞安市图书馆暑期快乐营活动为例 [J]. 图书馆杂志, 2016, (2)：42-47, 19.

[5] 王琳. 快乐小陶子——儿童阅读推广民间模式的实践与思考 [J]. 图书馆建设, 2015, (4)：58-60, 74.

[6] 林晓青, 曹海峰, 倪娟. 安妮花英文图书馆的实践与思考 [J]. 图书馆工作与研究, 2016, (1)：109-111.

[7] Convenzione [EB/OL]. [2016-02-18]. http://www.natiperleggere.it/fileadmin/user_upload/documenti/Convenzione/Convenzione_ACP__AIB__CSB_per_NPL_2015.pdf.

[8] Premio [EB/OL]. [2016-02-18]. http://www.natiperleggere.it/index.php? id=9.

[9] RONFANI L, SILA A, MALGAROLI G, et al. La promozione della Lettura ad alta voce in Italia valutazione dell'efficacia del progetto Nati per Leggere [J]. Quaderni acp, 2006, 13 (5)：187-194.

[10] Partecipare：Nati per Leggere [EB/OL]. [2016-02-18]. http://www.natiperleggere.it/index.php? id=6.

[11] Il pediatra [EB/OL]. [2016-02-18]. http://www.natiperleggere.it/fileadmin/user_upload/documenti/formazione/Il_pediatra.pdf.

[12] Il bibliotecario [EB/OL]. [2016-02-18]. http://www.natiperleggere.it/fileadmin/user_upload/documenti/formazione/Il_biblitecario.pdf.

[13] Lettori volontari：Nati per Leggere [EB/OL]. [2016-02-18]. http://www.natiperleggere.it/index.php? id=123.

[14] English presentation：Nati per Leggere [EB/OL]. [2016-02-23]. http://www.natiperleggere.it/index.php? id=178.

[15] Logo NpL：Nati per Leggere [EB/OL]. [2016-02-23]. http://www.natiperleggere.it/index.php? id=15.

[16] Adesioni all'estero：Nati per Leggere [EB/OL]. [2016-02-23]. http://www.natiperleggere.it/index.php? id=119.

[17] Nati per la Musica：Home [EB/OL]. [2016-02-23]. http://www.natiper-lamusi-

ca. org/.

[18] MALGAROLI G. Nati per Leggere: un primo bilancio a dieci anni dall'awio (1999-2009) [J]. Bollettino AIB, 2010, 50 (1/2): 7-24, 18.

作者简介

徐晓冬 (ORCID: 0000-0001-5019-9503), 馆员, 博士, E-mail: xuxiaodong@yzu.edu.cn。

奥地利儿童阅读推广分析与启示[*]

1 引言

良好的阅读习惯的养成是影响儿童学习能力强弱的一个关键因素，也是影响儿童发散性思维培养的重要环节。世界各国特别是发达国家都非常重视儿童阅读习惯的培养。已经有相关研究对欧美、日本等国的儿童阅读推广情况进行研究：宫丽颖和祁迪[1]立足于公共图书馆，从早期阅读教育、阅读平台搭建、阅读多元环境3个方面对德国的青少年儿童阅读推广进行了分析；沈敏等[2]从儿童阅读的资源、活动、主题、空间和宣传等5个角度对美国公共图书馆所提供的服务进行了细致的探究；在回顾英国公共图书馆在为儿童服务方面所发挥作用的历史基础上，吴银燕和周永红[3]具体分析了英国的儿童阅读环境；在总结日本儿童阅读状况的基础上，王薇[4]介绍并分析了日本儿童阅读推广的项目与具体活动；孙姝慧[5]从儿童阅读的家庭环境、阅读活动比赛、阅读宣传和阅读立法等方面对俄罗斯的儿童阅读推广情况进行了分析和总结。每个国家的阅读推广活动都有自己的特点，对于奥地利的整体阅读推广情况，M. R. Kecht[6]在2010年进行了整体的归纳。奥地利的儿童阅读推广活动无论是在欧盟内部还是在整个世界范围内都以方法的细致、内容的别致和效果的显著而著称。故此，本文对奥地利的儿童阅读推广活动进行分析，以期对提升我国的儿童阅读活动有所助益。

2 研究方法

本文主要采用文献调研的方法，对世界阅读网站、IFLA以及WoS、SCOPUS和EMERALD数据库进行检索。在获得相关文献的基础上，通过对比和分析，对奥地利的主要阅读推广机构以及项目进行总结归纳，探讨其存在的特点，并结合我国情况，分析可资借鉴之处。由于本研究所获取到并经整理的文献以英文文献为主，这在一定程度上可能导致对于一些项目的具体开展

---

[*] 本文系国家科技支撑计划课题"以书为媒介的大众阅读互动平台研发及应用示范"（项目编号：2013BAJY4230）研究成果之一。

效果的数据掌握不够完整，但从整体上来看，并不影响对奥地利儿童阅读推广的探究。笔者通过研究发现，奥地利面向儿童的阅读推广受众面广，模式多样，合作充分，具有独有特征。本文在进行分析时主要参考赵俊玲等在《阅读推广：理念·方法·案例》一书中提出的阅读推广构成要素框架[7]，即阅读推广的主体（谁来推广）、客体（推广什么）、目标群体（向谁推广）以及推广方式（如何推广）。由于本文研究儿童阅读推广，因此推广对象比较明确，故着重就主体、客体和推广模式进行探索，并总结经验。对于儿童的界定，国内外有不同的提法，本项研究中的儿童采用《儿童权利公约》中的界定，即指18岁以下的自然人。

3 奥地利儿童阅读推广主体分析

奥地利儿童阅读推广机构有政府、图书馆、非盈利组织等多种类型，推广主体呈现多元化的特点。

3.1 政府机构

3.1.1 奥地利国家科学院　奥地利国家科学院在阅读推广中起着统筹全局的作用，指引规划整个国家的阅读推广活动，其专门负责活动宣传的网站是"时间阅读-读下奥地利"[8]（下奥地利，德语为Niederösterreich，奥地利东北部的州，也是奥地利面积最大的州），主要职责是对奥地利国家科学院的有关服务、事件以及相关阅读活动资料进行报道与宣传，主要任务是阅读推广项目的实施与宣传，主要合作者有"北投区域教育协会"、"全国教育理事会"、"奥地利青年俱乐部"等。在奥地利国家科学院的领导和组织下，整个国家每年都会开展丰富多彩、形式多样的活动。

3.1.2 奥地利联邦教育、艺术和文化部　奥地利联邦教育、艺术和文化部（Bundesministerium fur Unterricht, Kunst und Kultur, BMUKK[9]，简称教育部，也负责全国文化事务）每学年支出50万欧元，以推动全国学校的阅读推广计划。2011—2012学年，奥地利教育部共赞助了788个阅读推广文化计划，全国共有297所学校受惠。

3.1.3 地方政府　除了国家层面的政府部门，地方政府也致力于本地儿童阅读素养的提升，比如斯蒂马克地区2008年发起该地区的综合性的阅读项目[10]，促进学校、图书馆等各个机构的合作，采用多种方式，将音乐会等多种形式和阅读结合起来，促进儿童及其家长对阅读的了解和提升。同时在各地成立阅读中心，阅读中心的职责是协助社区、教区、学校、寄宿学校、医院等建立图书馆,并向图书馆员提供有关阅读和教育方面的培训。地方政府同时会举办各种阅读推广活动。

3.2 民间组织

3.2.1 维也纳青少年文学研究所 维也纳青少年文学研究所[11]成立于1965年,作为一个非营利组织,其工作职责定位于儿童和青少年文学领域的服务和交流。其核心使命和工作任务是为中小学生提供阅读辅导和培训。维也纳青年文学研究所自成立以来,举办了形式多样的活动,如"奥地利最大的儿童文学会议(自 1965 年以来)"、为期一周的"青少年读者的文学"、"迪西儿童文学奖(自 2001 年以来)"、"阅读在公园"以及近年来关于儿童阅读的专题讨论会和研讨会等,以宣传阅读在儿童成长中的重要地位和作用。

3.2.2 奥地利读书俱乐部 在奥地利从事儿童阅读推广的民间机构中,奥地利读书俱乐部[12]最为活跃,社会影响也最大。其成员主要为 3 岁到 18 岁的成员,约有 400 000 名会员,同时还有 6 000 人的专业顾问。

奥地利读书俱乐部的阅读推广活动主要包括:①与出版儿童和青少年读物的德语出版商合作,为其提供情况介绍、信息和帮助。②向儿童阅读的引领人(如教师、家长、图书馆员)提供教育材料和专家讨论会文集以及推广阅读的综合心理咨询服务。③与其他组织一起响应整个奥地利的阅读倡议,同时宣传阅读。

3.2.3 奥地利阅读协会 奥地利阅读协会成立于 1974 年,成立之初命名为"奥地利读书协会",2010 年重命名为"奥地利阅读协会"。[13]该协会是一个自发组织,主要目标是在全国范围内推广阅读方法,尽最大努力使各类人群都能掌握一套行之有效的阅读方法。该协会认为阅读和写作同等重要,因此致力于通过提供研究成果来提高全民阅读能力和阅读素养。

3.3 图书馆

3.3.1 公共图书馆 公共图书馆是教育、文化、信息和社会融合中心,有着丰富的馆藏资源及开展全民阅读活动的有利条件。奥地利公共图书馆在该国的儿童阅读推广中起着重要作用。在奥地利,各地的公共图书馆都是本地区综合阅读推广项目的积极参与者,并开展了形式多样的阅读推广活动。比如,施泰尔马克州地区的图书馆每年都会举办"七彩阅读周"活动,包括阅读、戏剧表演、音乐会、研讨会等一系列活动。总的说来,公共图书馆在儿童不同成长阶段精心策划与之相适应的小活动,这些活动使图书馆在儿童成长的每一阶段都担当着阅读伙伴的角色。

3.3.2 学校图书馆　学校图书馆是学校重要的教育机构，更对儿童阅读推广活动的开展发挥着重要作用。奥地利的学校图书馆在这方面做得尤其到位——十分重视自身资源在儿童阅读推广中的作用与地位，一般都能积极、主动地开展诸如图书借阅、阅读分享等活动，以培养本校儿童的阅读习惯与阅读素养。

3.3.3 医院图书馆　除了公共图书馆和学校图书馆，医院图书馆也在儿童阅读推广中发挥了重要作用。医院图书馆大多设立医疗阅读站，根据患者的特殊情况，开展一系列富有特色的活动，如把电视节目、拼字游戏添加到每日住院的程序中去，目的是为儿童和青少年患者提供一个多元化的选择。

4　奥地利儿童阅读推广客体分析

所谓阅读推广客体即指推广什么，包括阅读物、阅读能力与阅读兴趣三方面内容。奥地利的儿童阅读推广在阅读推广客体方面有以下两个突出的特点：

4.1　阅读读物以图书为主，兼顾其他形式读物

在推广的读物中，除了图书之外，还对报纸等其他形式的读物进行推广。比如学校图书馆开展的"学校的报纸"[14]主要针对的是在校学生，以儿童熟悉的报纸作为信息和娱乐来源，并作为儿童们获取媒介素养的工具。在一步步循序渐进方式的引导下，各类儿童报纸逐步被孩子们所认识和了解，培养起他们的阅读兴趣。教师带学生到报纸工作车间，帮助学生了解报纸生产的不同阶段和工序，亲身感受报纸的加工过程，然后经过专家和图书馆员的指导来练习写故事、广告方案等，以一名主人翁的身份参与其中。目前，每年多达 120 000 名年龄在 6 至 18 岁之间的学生参与该项目，足以说明其在儿童和青少年群体中产生了广泛的影响力。

4.2　以兴趣为导向开展阅读推广

笔者所了解到的奥地利阅读推广项目，都强调促进阅读兴趣的培养，帮助儿童发现阅读的乐趣（joy of reading）。为了达到这一目的，各个阅读推广项目也充分结合儿童的特点来进行推广，比如设计卡通代言等。下奥地利州推出的"雷奥的阅读迷宫"儿童阅读推广项目专门设计了兔子雷奥这一卡通形象，在该项目中，儿童和雷奥一起通过阅读去解决寻宝等问题，儿

童还可以选择扮演自己喜欢的其他卡通角色。这些设计极大地引发了儿童的阅读参与兴趣。据统计，仅"雷奥的阅读迷宫"这一个项目就吸引了5万儿童参加。

5 奥地利儿童阅读推广模式分析

5.1 持续工程项目模式

持续工程项目模式主要是以年为限的长期持续规划的推广项目，一般都事先制定详细而周密的规划，其中最具代表性的是国家科学院主导的"Zeit Punkt Lesen"项目的系列活动[15]。"Zeit Punkt Lesen"为德语，翻译成汉语的意思是"时间阅读"。该项目是2006年在下奥地利州发起的阅读推广倡议，是一个历时7年的长期推广项目，其主要面向群体是儿童和青少年，宗旨是使下奥地利的儿童、青少年在阅读中学习，在不同的项目推广中主动阅读，自我激励，无论是在校内还是学校外都能以一种愉快的方式进行阅读。项目的重点是发展非传统的阅读服务，部分项目以父母或儿童照顾者为主要的支持对象，与他们一同培养孩子的独立的阅读能力以及自我负责的学习态度。

5.2 征文竞赛评选模式

征文竞赛评选模式的目的是充分调动读者的积极性和创造性，以紧密联系的活动环节让读者真正参与其中。以"最喜爱的书"评选活动为例，其下设4个活动子项目：

（1）第一阶段是2008年"最喜欢的书"的评选活动，主要方式是读者推荐书目，无论是儿童、青少年或成年人都可以从下奥地利州的银行、书店或者图书馆获得参加活动的卡片，直接填写卡片或者通过网络方式（www.zeitpunktlesen.at）参与该活动。填写内容主要包括：你最喜欢的书有哪些、原因是什么、对于你来说具有怎样的教育意义。评选结果由观众投票选出，并通过 www.zeitpunktllesen.at 网站进行公布。这一活动旨在鼓励全民参与阅读，培养全民阅读的良好习惯。

（2）活动的第二阶段是2009年进行"下奥地利人最喜爱的书"的颁奖活动。

（3）活动的第三阶段是录像比赛即剧本改编活动，举办方会邀请部分儿童参加录像竞赛——剧本改编活动，将自己最喜欢的书从全新的视角来展示。参赛者只需按照自己的想象制作一个90秒的视频短剧即可，没有规则限制，可尽情发挥自己的想象力。

（4）第四阶段是摄影比赛，活动主题为"我最喜爱的书，我一直在等待"，要求参赛者以创意、幽默、风趣的形式把自己最喜爱的书以照片的形式展现出来，可以是自己和书的合照，也可以是最喜欢书的照片，取材背景自由发挥。

5.3 成长阶段式活动模式

成长阶段式活动是使用阅读影响人生的"阅读测量尺"来衡量儿童整个成长阶段的阅读变化情况，主要是当地的一些公共图书馆面向婴幼儿不同成长阶段开展的一系列活动，其主要目的是指导初为父母的家长在婴儿成长过程中以健康、正确的方式对孩子进行更有效的引导。该模式的主要代表是施泰尔马克州公共图书馆开展的系列活动，如"阅读从娃娃抓起"，在婴儿出生后会向他们发放婴儿包，里面包含一些精选读物以及为其家长准备的阅读指南。在孩子的第二个生日时，家长都会收到一本图画书和一个"阅读测量尺"，"阅读测量尺"根据儿童的年龄阶段给出相应的阅读指南，供家长参考。

5.4 名人媒体效应模式

奥地利联邦教育、艺术和文化部资助，奥地利图书馆协会曾联手发起了一项令人印象深刻的新闻插入运动[16]。这项活动通过邀请一些具有高度知名度且没有负面影响的人气偶像来做宣传大使，如奥地利歌剧爱好者、歌手C. Sturmer，滑雪赛世界冠军 M. Walchhofer，奥地利国家足球队团队教练 J. Hickersberger，奥林匹克帆船竞赛冠军 Hagara 和 Steinacher 等一大批享有世界声誉的艺术家和顶级运动员参与儿童阅读宣传，并争取到奥地利国家广播电视台和广播公司的支持，以公益广告的形式在国家电台等媒体的黄金时段播出，利用名人效应提高活动的知名度，调动公众参与关注儿童阅读的积极性和主动性。

6 奥地利儿童阅读推广活动对我国儿童阅读推行活动的启示

6.1 加强阅读推广项目策划的科学性

从现有的儿童阅读推广项目来看，奥地利儿童阅读推广项目目标均十分明确，并且制定有相应的服务推广战略计划，这些计划短则 1 年，长则 3~5 年不等，最重要的是政策具有长期性、持续性。如上述项目活动涉及时

171

间段长达四五年之久,活动安排科学紧凑。每个项目在每一个活动实施阶段时都有一个周密而详细的活动策划方案,少则几页,多达几十页,对每一阶段具体活动流程安排等都做了详细说明,且大都公布在相应的网站上,供读者参考。

我国在儿童阅读推广活动中,有必要进行全方位的战略规划,实施全国性的、大规模的、影响深远的、深入人心的阅读推广活动,并自始至终地坚持下来,使活动成为一种理念深入读者心中。

6.2 加强与社会力量的合作

奥地利儿童阅读推广项目往往会联合社会团体和组织力量。如"时间阅读"项目在实施每一项活动时都会有具体的活动合作者,方便活动的开展。合作伙伴包括协会、商会、艺术家、运动员等,宣传大使涵盖体育明星、文艺明星和专家学者等广泛层面;活动的策划和组织不但有专门的阅读推广网站负责活动全方位的活动宣传与推广,而且广泛发动图书馆、出版商、医院、学校、电台和网络新闻媒体等参与其中,使宣传渠道多样化,涉及面广,大大提高了儿童阅读推广的影响范围。

我国公共图书馆目前的儿童阅读推广已经开展了形式多样的合作,比如和新闻媒体合作进行活动宣传,和民间阅读机构进行合作开展儿童阅读活动等。但就儿童阅读推广本身而言,国内仍旧有很多的合作空间可以挖掘,如可充分利用名人效应或和儿童游戏平台等其他机构进行更深度的合作等[17]。

6.3 加强面对弱势群体的阅读推广

奥地利"Zeit Punkt Lesen"项目中特别开展了一项重视弱势群体的活动,面向低收入家庭儿童进行阅读推广,充分体现了阅读推广活动的公益性、公平性。相比而言,我国目前开展的活动虽然强调全民阅读,而且对儿童阅读也给予了足够重视,但活动大多局限在学校以及社区中,对象主要是正常学生,几乎没有活动涉及医院患者、残障儿童等弱势群体以及文化层次较低的部分家庭,因此公共图书馆在完善面向普通儿童的阅读推广的同时,应逐步加强面向农民工儿童、低收入家庭儿童、残障儿童等弱势人群的阅读推广。

6.4 加强对亲子阅读的推进和指导

通过施泰尔马克州公共图书馆开展的关注儿童成长式系列活动"阅读从

娃娃抓起"、"阅读测量尺"以及"朗读在幼儿园"等项目,我们注意到这些活动的最大亮点是重视家长在孩子阅读习惯培养中的重要性,在问卷调查家长的基础上针对不同家长开展内容各异的阅读推广活动,鼓励亲子共读,培养家庭阅读习惯,发挥家长的阅读模范作用。

中国图书馆学会阅读推广委员会曾经组织出版了《亲子阅读》一书,对我国亲子阅读的开展起到了很好的指导作用。未来可以在全国范围内通过不同类型、不同级次的亲子阅读活动,进一步推进亲子阅读实践的科学开展。

参考文献:

[1] 宫丽颖,祁迪.德国公共图书馆的青少年儿童阅读推广[J].出版参考,2014(9):20-21.

[2] 沈敏,王姝,魏群义.美国公共图书馆儿童阅读服务研究与实践——以美国纽约州汤普金斯郡公共图书馆为例[J].图书情报工作,2015,59(7):106-110.

[3] 吴银燕,周永红.英国公共图书馆儿童服务的发展及启示[J].河南图书馆学刊,2015,35(4):124-126.

[4] 王薇.日本儿童阅读状况和推广活动考察[J].图书馆杂志,2013,32(3):70-74.

[5] 孙姝慧.俄罗斯家庭年儿童阅读活动及启示[J].图书馆建设,2012,(4):55-57.

[6] Kecht M R. Austria and other margins:Reading culture[J]. German Quarterly,2007,3(3):334-335.

[7] 赵俊玲,郭腊梅,杨绍志.阅读推广:理念·方法·案例[M].北京:国家图书馆出版社,2013.

[8] Reading projects of "Zeit Punkt Lesen Project"[EB/OL].[2015-05-10]. http://www.reading-worldwide.de.

[9] 奥地利教育部文化教育推广方针[EB/OL].[2015-04-08]. http://epaper.edu.tw/windows.aspx? windows_sn=9268.

[10] 阅读倡议施蒂里亚[EB/OL].[2015-09-30]. http://www.leseoffensive.st/index.php? id=86.

[11] 维也纳青年文学研究所[EB/OL].[2015-09-30]. http://www.jugendliteratur.net.

[12] 奥地利读书俱乐部[EB/OL].[2015-09-30]. http://www.buchklub.at.

[13] 奥地利主题扫盲[EB/OL].[2015-09-30]. http://www.literacy.at/index.php? id=2.

[14] 学校的报纸[EB/OL].[2015-08-10]. http://www.lesenundschreiben.at.

[15] Zeit Punkt Lesen- Leseland Niederösterreich[EB/OL].[2015-08-18]. http://www.zeitpunkt lessen.at/de/index.

［16］ 奥地利全国调查工具［EB/OL］.［2015-08-22］. http：//www.entitlelll.eu/eng/content/download/860/4880/file/ENTITLE_ National_ Survey_ Instrument- Austria_（V1）.pdf.

［17］ 曹桂平.关于台湾地区阅读推广活动的思考［J］.图书馆建设，2010，（3）：78-82.

作者简介

孙蕊（ORCID：0000-0002-5796-7437），馆员，博士研究生，E-mail：srr@nlc.cn。

实践篇

图书馆阅读推广的多元化趋势研究*

——以首届高校图书馆阅读推广大赛为案例

1 引言

阅读推广的使命是让每一位潜在的读者都参与到阅读中来,通过多姿多彩的形式激发他们的阅读兴趣和激情,用阅读推广工作人员的热情,唤醒人们对阅读的渴望,以最大限度地提高个体的阅读素质和能力。在开展"全民阅读"、建设学习型社会的背景下,各类图书馆都在积极开展并创新阅读推广[1]。高校图书馆作为高校办学的三大支柱之一,肩负着为社会优秀人才提供知识、信息、资料的重任。高校图书馆拥有良好的阅读环境、浓厚的人文气息和学习氛围、丰富的馆藏和数字化资源、专业的管理模式和服务人才,因此,做好阅读推广是我国高校图书馆的义务,更是责任[2]。

为"推广阅读文化,弘扬大学精神",2015年10月15~16日由教育部高等学校图书馆情报工作指导委员会读者服务创新与推广工作组主办,上海交通大学图书馆、上海财经大学图书馆和华中师范大学图书馆共同承办的首届全国高校图书馆阅读推广案例大赛全国总决赛在华中师范大学举办。本次大赛通过征集阅读推广创新优秀案例,搭建高校图书馆阅读推广经验学习交流平台,探索信息化新媒体环境下图书馆阅读推广模式与方法的创新,分析高校图书馆阅读推广未来的发展趋势,以强化图书馆服务创新意识,提高图书馆服务质量。整个赛事从启动到决赛共耗时近1年,涉及全国2 403所高校(包括港、澳、台),共征集有效案例456个,最终38个案例脱颖而出,在决赛现场参加角逐,同时118个优秀案例(含单项奖案例)参加决赛现场的海报展示[3]。这38个高校图书馆的阅读推广案例在创新性、可操作性、可持续性、影响力等方面都代表了最高的水准,更代表着阅读推广工作未来的发展方向,对它们进行比较分析和归纳总结将会为各高校图书馆今后阅读推广活动的开展提供最具价值的参考和指引。

---

* 本文系国家社会科学基金西部项目"智慧图书馆理论与系统实践研究"(项目编号:13XTQ009)研究成果之一。

2 高校图书馆阅读推广优秀案例对比分析

如何激发同学以及教师们的阅读兴趣，将大家的碎片化时间整合起来，让阅读走进每个人的生活，是图书馆阅读推广活动的重点，更是难点。想从众多校园活动中脱颖而出得到广大师生的认可，阅读推广活动的类型至关重要。

2.1 阅读推广活动的类型

图1将38个案例按照主题活动类、读者组织类（如读书会、书友会等）、出版物类（指用于活动成果积淀及传播的专题或连续出版物）、新媒体推广类（如微博、微信、APP等）和其他分成五大类[4]。

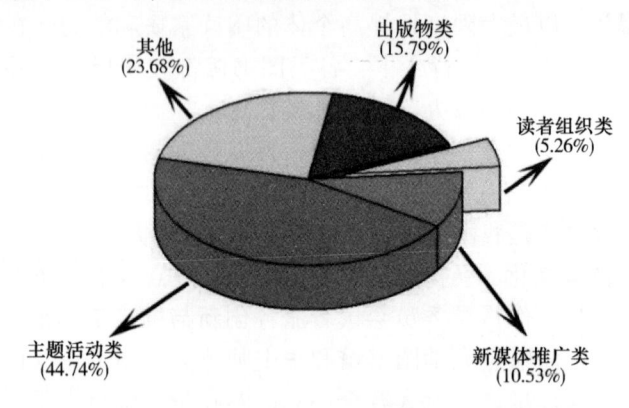

图1 赛案例类型百分比

主题活动类占全部参赛案例的44.74%，阅读推广活动鲜明的主题特点是吸引读者的成功法宝，如何使得主题标新立异，同时又贴近当下文化环境，符合高校育人的目的，成为这类阅读推广活动的成败关键。图书馆定期推出专版读物，以此推荐图书，激发广大师生的阅读兴趣，这类优秀案例占决赛案例的15.79%。高校图书馆从在校师生角度出发，结合校园文化出版属于自己的刊物，可以很好地延续以扩大影响、树立品牌，但活动本身依托读物，如何让师生接受并阅读，这对读物的内容提出了较高的挑战。互联网的普及和移动终端设备的日常化，以及数字图书馆的不断发展，使得阅读推广活动迎来了崭新的契机。四川大学图书馆的微拍电子书、武汉大学图书馆的在线名著知识问答游戏等创新案例利用互联网新媒体的全新形式，为高校阅读推广与互联网新媒体的有机结合做出了榜样。但是，从只有10.53%的结果来看，高校图书馆在利用新媒体推广阅读方面还大有可为。只有2个案例为读者组织类，占比不到10%，其中中国科技大学的"英才书院"是完全由学生团体自主举办，开展丰富多彩的阅读推广主题沙龙活动[5]。香港大学的"西城书画"则是从2002年坚持至今，每次以读者作为主讲，并自主推荐一本图书，与大家分享书中的精彩[6]。这类读书会或书友会是阅读达人们交流心得的最佳平台，也是深度阅读的最佳推广方式之一，所以发动同学们自主地开展类似的活动对阅读推广将具有不可替代的意义，而思考如何利用网络社交平台迎合当下大学生读者的习惯将是这一类型活动新的切入点。其他类型占比高达23.68%，这些高校图书馆的阅读推广活动案例融合了图书导读、名人推荐、真人图书馆、主题论坛、相关影视作品展、微博微信导读和志愿者自发推广等形式，也产生了不错的反响。但是，活动的多样性必然会导致主题的不连续和特色不鲜明，一定程度上削弱了阅读推广的影响力和品牌活动的建立。

2.2 阅读推广活动的内容

评分前10名的案例内容经笔者整理归纳后见表1。这些阅读推广活动不仅主题明确、内容新颖，而且在广大师生中也产生了深远影响。四川大学图书馆通过微拍电子书的创新推广模式，采访校内名人谈书、荐书，并征集广大学生的自创微拍作品，推荐优秀读物，借用官方微博进行宣传展播，这种全新的阅读推广模式效果显著[7]。两季微拍共征集到104份作品，近50 000人观看了微拍作品展，而官方微博针对"微拍电子书"的话题点击量更是达到115.8万次。与此同时，2014—2015年共计3 664 950人次访问了四川大学图书馆，持有效借阅证的师生达到77 596人，图书借阅量更是得到大幅提升。新颖的推广模式、对推荐读物的精选把关、网络媒介的有效宣传使得这种全新的尝试获得成功，同时四川大学图书馆以微拍为缩影，在新媒体和新技术的保障下，大力发展数字阅读，这种全新的阅读体验已经融入该校学生的日常学习生活中。

清华大学和上海交通大学以"真人图书馆"和"鲜悦"这种与嘉宾零距离的互动座谈形式开展阅读推广活动，充分发挥了主讲嘉宾的个人魅力，其自身阅读体验感染了参加活动的读者，激发他们对所推荐读物的浓厚兴趣[8-9]。在整个阅读推广活动中，两所高校利用自己作为国内顶尖名校的强大资源，邀请名人大家为活动主讲站台，从某种意义上扩大了活动的影响力和号召力，并创出自己的活动品牌。

北京大学图书馆的好书排行榜和摄影展、武汉大学图书馆的名著知识竞赛在线游戏、天津财经大学图书馆的名著改编话剧比赛以及重庆大学图书馆的网络书评促阅读，内容新颖、特色鲜明，这也是它们在比赛中取得优良成绩的关键，而且每一个阅读推广案例都具有可持续性，在不断地完善改进中效果显著[10-14]。

根据高校自身的资源、历史、文化的优势，有机地与互联网新媒体结合，打破陈旧单一的纸质读物推荐模式，创新阅读推广活动的内容，利用新媒体，如微拍、线上游戏、电子书、网络短剧，以及读者个人主页、微博、微信等，全新形式丰富高校阅读推广活动的内容，从而吸引更多读者参与其中，最终达到让阅读成为习惯。

2.3 赛事结果分析

入围决赛的38所高校虽然都获得了奖项，但是从最终结果可以发现除3所港澳学校获得特别奖外，成绩排名前10位的高校，只有2所非"985""211"高校，其中天津财经大学图书馆排名第6，中原工学院图书馆排名第9，而其余8所中有6所"985"高校、2所"211"高校。在排名后10位的高校中有9所非"985""211"高校，相对占比见图2。由此可见，高校图书馆阅读推广案例的先进程度与认可度直接受到高校自身发展水平的影响。名校本身就拥有雄厚的资源实力。

表1 比分前10名案例内容

名次	参赛单位	案例名称	案例主要内容
1	四川大学图书馆	光影阅动——微拍电子书[7]	校内名人采访荐书，微拍电子书征集，新媒体及移动图书馆的建设
2	清华大学图书馆	读有故事的人，阅会行走的书——"学在清华．真人图书馆"交流分享[8]	真人图书馆：邀请名家、大师、有故事的人为同学们开讲、荐书
3	上海交通大学图书馆	鲜悦（Living Library）：以人为书，分享智慧[9]	倡导鲜悦式阅读，邀请嘉宾现场与读者交流、荐书
4	北京大学图书馆	"书读花间人博雅"——北京大学图书馆2013年好书榜精选书目/阅读摄影展[10]	年度好书排行榜，精选优秀读物编目，社交媒体与实体交互进行阅读摄影展
5	武汉大学图书馆	《拯救小布之消失的经典》——2015武汉大学读书节经典名著在线游戏[12]	古今中外名著知识竞赛，开发专门游戏，细分类别，建立评分机制，自主设计奖品

续表

名次	参赛单位	案例名称	案例主要内容
6	天津财经大学图书馆	"书与剧的碰撞，你与我的思扬"话剧比赛[13]	资源与服务宣传月，天财读书节，改编经典作品举办话剧比赛
7	重庆大学图书馆	"以书评促阅读"的系统化推广案例[14]	建立个人书斋，以书评促阅读，建立书评积分奖励制度，评选每月书生，奖励优秀书评，出版《砚溪》《书苑》，建设实体和虚拟书友会，举办主题书展讲座和电影展等
8	上海财经大学图书馆	作为学生课外自主学习工具的图书馆出版品——上海财经大学图书馆"悦读"推广计划系列出版物[15]	建立馆刊《读者之友》《年度校园阅读报告》等"悦读"推广系列出版物
9	中原工学院图书馆	"阅读学"的教育与探索[16]	"阅读学"课程的建立与效果
10	南京航空航天大学图书馆	南航大暑期阅读训练营——共读、共写、共生活[17]	利用暑假集中开展阅读参观、指导、讨论等阅读素养训练活动

加之所处省市的经济、文化、教育等发展水平又远超过中西部等地区，致使比赛排名出现图 2 的结果。然而，我国一些欠发达的省市更需要知识的传播和阅读的推广。这些高校图书馆应该通过此次比赛学习名校的先进理念，而名校也应该承担更多的责任，利用自身的资源去帮助那些非"985""211"院校的图书馆，以大力促进我国高校图书馆阅读推广整体水平的提高。

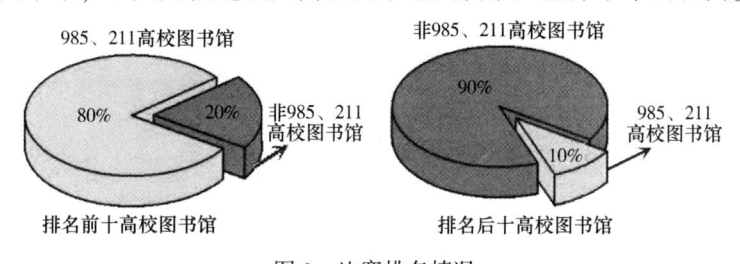

图 2 比赛排名情况

3 优秀案例特点分析

通过对以上参赛作品的活动形式和内容进行总结分析，可以发现一个优秀的阅读推广案例应该具备以下特点。

3.1 主题形式多元化

近些年来高校图书馆阅读推广活动涌现出一系列优秀的案例，它们不仅形式上吸引眼球，而且活动内容特色鲜明，符合当下大学生的关注热点，对所推荐读物也是精挑细选。"真人图书馆"优秀读物排行榜、精品书展、名著知识竞赛游戏、微拍视频推荐、主页个人书斋、主题书友会、优秀图书馆原创出版刊物、地区特色文化读物推荐会以及和推荐读物先关的影视作品展、自主话剧改编演出等一系列延伸活动，让同学们了解更多与阅读相关的文化知识，从接受阅读到习惯阅读再到爱上阅读[18]。

单调乏味的图书推荐会已不能在当下校园引起反响，而多样化的主题形式必将成为高校图书馆在阅读推广发展的主流。

3.2 宣传渠道多元化

传统的展板、传单、海报、横幅等宣传模式具有一定局限性，同时不环保。随着互联网的普及以及移动终端设备的不断进步，利用新媒体进行宣传已经成为发展趋势。高校图书馆拥有自己的主页、官方微博，这些都是阅读推广活动的宣传平台，同时不少图书馆也开始开发自己的手机 APP，建设移动图书馆业务，并利用微信、QQ、MSN 等一系列社交软件对活动的主题、内容、特色、形式加以介绍说明，并嵌入微拍、视频、动画、图片、游戏、音乐等信息，迎合当下年轻人的喜好，使得宣传内容更加生动出彩。

阅读推广活动宣传渠道的多元化，搭建了图书馆与读者之间沟通的桥梁，使得图书馆与读者可以随时随地零距离接触，并且也为高校图书馆创造了主动走出去为读者服务的便捷通道。如何充分发挥互联网和新媒体的宣传作用，将它们与阅读推广活动有机地结合起来，是图书馆人需要学习并加以实践的。

3.3 组织管理多元化

独木难行舟，纵观 38 个案例，可以发现这些成功的阅读推广活动都不仅仅是靠图书馆一个部门来完成选题、策划、组织、运行、管理等各个环节，而是联合了学生社团、研究生会、校团委、各院系、宣传部、兄弟院校等部门或单位通力协作、各尽其能。上海交通大学的"鲜悦"主题阅读推广活动就联合了多家单位和部门一同协作，如图 3 所示[9]：

"倡导全民阅读，建设书香社会"，是所有图书馆人的使命也是义务。在阅读推广活动中图书馆人，在起到带头作用的同时，更要做好衔接和协调工作，调动所有相关力量，组织和管理多部门协作下的阅读推广活动。

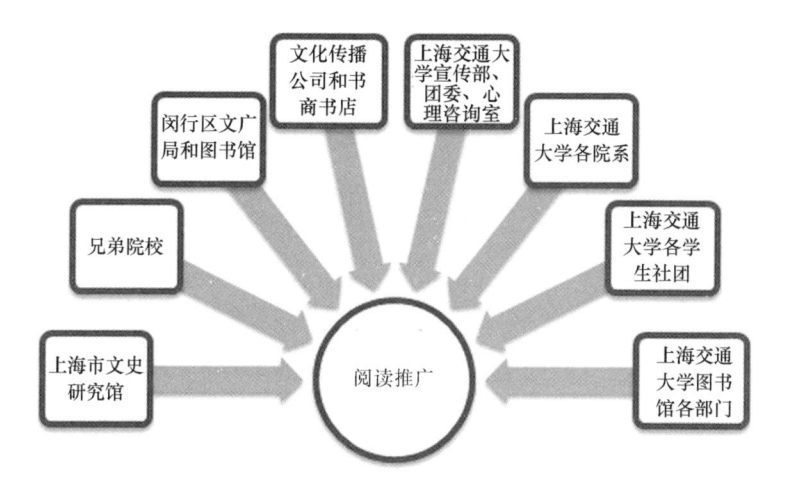

图3 上海交通大学图书馆"鲜悦"主题阅读推广活动组织管理参与部门

3.4 品牌价值多元化

阅读推广活动的可操作性和可持续性是它能否开展和取得良好效果的关键,为此高校图书馆越来越关注每次阅读推广活动的连贯性以及延续性,只有当一个活动定期开展,同时每个活动主题又具有相关性且日积月累、年复一年时,活动的影响力才能逐渐深远,人气积少成多。阅读推广活动不应盲目追求数量,而应注重每个活动的质量,做出精品并予以传承,形成一种阅读文化、阅读品牌。当高校图书馆把阅读推广活动做成一个品牌后,其活动自身的形象价值就会带来人气,品牌魅力和效应将会让阅读推广事半功倍[19]。

入围案例有不少已经将自己学校的阅读推广活动在长年的积累中做出品牌,其中包括四川大学图书馆"光影阅动——微拍电子书"、清华大学图书馆"读有故事的人,阅会行走的书"和上海交通大学图书馆"鲜悦"等品牌主题活动,上海财经大学图书馆创办的《读者之友》以及西南政法大学图书馆创办的《法府书香》、"悦读"系列刊物,南京邮电大学图书馆的导读性馆刊《书林驿》等,依托这些品牌在校园中的口碑和影响力,高校图书馆的阅读推广稳步前行[7-9,15,20-21]。

阅读推广活动一旦形成品牌,不但可以凸显活动自身的价值,更是图书馆价值的体现,同时也是所在高校的一张名片。

4 阅读推广发展建议

首届高校阅读推广大赛的成功举办，让我们欣喜地看到阅读推广活动已有了翻天覆地的变化，无论从活动的内容、形式还是活动的组织、宣传都更加完善、高效。但是，暴露出的问题，如读者自发组织活动欠缺、活动评价机制不健全等也值得我们深思。

高校阅读推广活动已不再是高校图书馆单一承办、组织、管理和宣传，在多个部门的协调配合下，多姿多彩的活动主题和内容让阅读推广变得生动且富有吸引力。诸如真人图书馆、微拍、名著改编话剧、在线游戏等融合了互联网和新媒体等迎合时下大学生读者的主题活动，让阅读推广深受欢迎。陈旧的宣传模式被微信、微博等社交平台所取代，一个个长年积累下大量人气的品牌活动孕育而生，这些都标志着高校阅读推广活动的巨大进步。然而，在肯定进步的同时，我们仍需思考还有哪些不足。

4.1 完善阅读推广的评价机制

高校图书馆阅读推广活动的评价机制建立至关重要，一场活动的成功与否，直观地可以从举办进展判断，但是后期活动效果更为关键。例如，活动举办后图书馆的借阅量、到馆人数、访问量、数字资源的浏览量、下载量等变化情况会体现出阅读推广活动的效果。读者的阅读反馈，即对推荐读物的评价、阅读推广活动的整体意见以及活动对读者阅读体验的影响也是重要的评价标准之一。高校图书馆应该建立完善的活动评价机制，根据数据以及一线读者意见改进阅读推广内容和形式，始终以读者为中心不断完善阅读推广[22]。

4.2 建设阅读推广网络交互平台

通过对全国首届高校图书馆阅读推广大赛优秀参赛案例的研究，不难发现未来阅读推广将会更加依赖互联网和新媒体，网络化的宣传与活动形式也将更加受到新一代大学生的欢迎。利用高校图书馆丰富的数字馆藏资源和技术，为读者构建完善的网络交互平台，激发读者间的相互推广也将，高校阅读推广工作的重点。牵头活动，做好监管和辅助，充分发挥大学生读者的主观能动性和创新思维，将活动的主动权交给读者，由读者自发地进行阅读推广，将是高校图书馆人工作的难点，也将是未来阅读推广活动发展趋势之一。

5 结语

阅读推广任重道远，培养全民的阅读习惯，提高个人的阅读素养，绝非一两场主题活动、一两本导读刊物就可以实现，阅读推广需要持之以恒，与时俱进。高校图书馆应该充分利用自身各项优势，相互学习交流阅读推广的经验，把握阅读推广的发展趋势，有机地结合互联网和新媒体等，创新阅读推广的模式，发展自主品牌活动，联合多方力量群策群力，并建立阅读推广活动的评价体系，以此良性循环，不断改进阅读推广模式。

参考文献：

［1］ 谢蓉，刘炜，赵珊珊．试论图书馆阅读推广理论的构建［J］．中国图书馆学报，2015，41（5）：87-97．

［2］ 王姝，魏群义，黄娟．高校图书馆阅读推广理论架构与实践——以重庆大学图书馆为例［J］．图书情报工作，2014，58（2）：10-12，84．

［3］ 上海交通大学图书馆．首届全国高校图书馆阅读推广案例大赛［EB/OL］．［2015-09-08］．http：//conference．lib．sjtu．edu．cn/rscp2015/news．html．

［4］ 上海交通大学图书馆．首届全国高校图书馆服务创新案例大赛——案例汇报内容［EB/OL］．［2015-11-16］．http：//conference．lib．sjtu．edu．cn/rscp2015/download．html．

［5］ 中国科学技术大学图书馆．中国科大图书馆英才书苑主题读书沙龙［EB/OL］．［2015-11-20］．http：//conference．lib．sjtu．edu．cn/rscp2015/files/05case．pdf．

［6］ 香港大学图书馆．城西书画［EB/OL］．［2015-11-20］．http：//conference．lib．sjtu．edu．cn/rscp2015/files/28case．pdf．

［7］ 四川大学图书馆．光影阅动——微拍电子书［EB/OL］．［2015-11-16］．http：//conference．lib．sjtu．edu．cn/rscp2015/files/18case．pdf．

［8］ 清华大学图书馆．读有故事的人，阅会行走的书——"学在清华．真人图书馆"交流分享［EB/OL］．［2015-11-16］．http：//conference．lib．sjtu．edu．cn/rscp2015/files/07case．pdf．

［9］ 上海交通大学图书馆．鲜悦（Living Library）：以人为书，分享智慧［EB/OL］．［2015-11-16］．http：//conference．lib．sjtu．edu．cn/rscp2015/files/06case．pdf．

［10］ 北京大学图书馆．“书读花间人博雅”——北京大学图书馆2013年好书榜精选书目/阅读摄影展［EB/OL］．［2015-11-20］．http：//conference．lib．sjtu．edu．cn/rscp2015/files/25case．pdf．

［11］ 刘雅琼，张海舰，刘彦丽．创意为先，实效为王——北京大学图书馆阅读推广活动的案例研究［J］．大学图书馆学报，2015，33（3）：77-81．

［12］ 武汉大学图书馆．《拯救小布之消失的经典》——2015武汉大学读书节经典名著在线游戏［EB/OL］．［2015-11-20］．http：//conference．lib．sjtu．edu．cn/rscp2015/

files/31case.pdf.
[13] 天津财经大学图书馆."书与剧的碰撞,你与我的思扬"话剧比赛[EB/OL].[2015-11-20].http://conference.lib.sjtu.edu.cn/rscp2015/files/35case.pdf.
[14] 重庆大学图书馆."以书评促阅读"的系统化推广案例[EB/OL].[2015-11-20].http://conference.lib.sjtu.edu.cn/rscp2015/files/26case.pdf.
[15] 上海财经大学图书馆.作为学生课外自主学习工具的图书馆出版品——上海财经大学图书馆"悦读"推广计划系列出版物[EB/OL].[2015-11-20].http://conference.lib.sjtu.edu.cn/rscp2015/files/15case.pdf.
[16] 中原工学院图书馆."阅读学"的教育与探索[EB/OL].[2015-11-20].http://conference.lib.sjtu.edu.cn/rscp2015/files/30case.pdf.
[17] 南京航空航天大学图书馆.南航大暑期阅读训练营——共读、共写、共生活[EB/OL].[2015-11-20].http://conference.lib.sjtu.edu.cn/rscp2015/files/17case.pdf.
[18] 吴锦辉.2014年高校阅读推广活动优秀案例分析与启示[J].图书情报工作,2015,59(10):79-85.
[19] 石继华.国外阅读推广的品牌化运作及启示[J].图书情报工作,2015,59(2):56-60.
[20] 西南政法大学图书馆.《法府书香》——深度阅读结硕果[EB/OL].[2015-11-20].http://conference.lib.sjtu.edu.cn/rscp2015/files/12case.pdf.
[21] 南京邮电大学图书馆.养阅读情意 建设书香校园——以导读性馆刊《书林驿》为平台的书香校园建设[EB/OL].[2015-11-20].http://conference.lib.sjtu.edu.cn/rscp2015/files/16case.pdf.
[22] 淳姣,姜晓,姜婷婷,等.图书馆阅读推广评估引入CBBE模型研究[J].图书馆论坛,2015,(1):48-53,104.

作者贡献说明:
许天才:设计论文整体研究思路和框架,撰写论文;
杨新涯:修改论文部分内容,提供相关数据;
王宁:收集和整理论文数据;
魏群义:修改论文部分内容。

作者简介

许天才(ORCID:0000-0003-2933-0743),馆员,博士,E-mail:xtc@cqu.edu.cn;杨新涯,研究馆员,博士;王宁,馆员;魏群义,副研究馆员,博士。

高校图书馆阅读推广理论架构与实践[*]

——以重庆大学图书馆为例

1 引言

阅读是传承文明、更新知识、提高民族素质的基本途径[1],也是提升自我生活质量的根本途径。高校图书馆作为文化知识和信息的集散地,不仅承担着保存人类优秀文化知识的重任,更肩负着传播人类优秀文化知识的使命[2]。因此,全面有效地开展阅读推广活动,激发读者的阅读兴趣,营造良好的阅读氛围是高校图书馆的职责和义务。

自联合国教科文组织 1995 年将每年的 4 月 23 日定为"世界读书日"以来,国内阅读推广工作蓬勃开展,阅读推广的主要力量包括政府机构、民间公益组织、公共图书馆以及高校图书馆。政府机构主要从国家的高度提出倡议以及从政策、资金上支持阅读推广工作。民间公益组织、公共图书馆、高校图书馆是阅读推广的具体践行者。民间公益组织"青番茄"图书馆倡导创意阅读理念,以用户为中心举办创新体验活动而大获成功[3]。公共图书馆则推出品牌活动,如首都图书馆的"北京换书大集"[4]、柳州市图书馆的"春苗书屋"[5]、温州市图书馆的"儿童知识银行"等[6]。高校图书馆也开展了各种特色活动,如一些高校图书馆开展的 Living Library 活动[7]、同济大学图书馆的"立体阅读"[8]、首都师范大学图书馆的经典阅读[9]、郑州大学图书馆的"读书达人秀"等[10]。

阅读推广的理论研究主要涉及阅读推广的策略、主体、媒介、对象、国外经验借鉴等方面,研究成果主要有学术论文以及以《全民阅读推广手册》为代表的多本专著[11]。但关于高校图书馆阅读推广的理论研究却比较少。由于高校图书馆与民间组织、公共图书馆在目标和对象上有所不同,因此不能完全照搬其阅读推广的理论和模式,而应在借鉴的基础上建立高校图书馆阅读推广的理论架构,从而推动高校图书馆阅读推广的深入开展。高校图书

---

[*] 本文系中央高校基本科研业务费项目"基于网络环境下高校图书馆慈善与公益援助模式研究"(项目编号:CQDXWL-2012-197)研究成果之一。

实践中也存在一些问题，如推广主体机构缺失、推广活动单调、数字资源阅读推广不足、推广周期过长、推广媒介单一[12]、缺乏系统的整体规划、用户体验不足、深层次交流欠缺[13]等。本文提出阅读推广的五要素并据此构建高校图书馆阅读推广的整体架构，同时对民间公益组织、公共图书馆以及高校图书馆的实践进行研究，提出阅读推广开展的思路和方法，希望为高校图书馆阅读推广有效开展提供参考和借鉴。

2 阅读推广的五要素及架构

阅读推广是一个系统工程，民间公益组织、公共图书馆阅读推广的影响力和实践效果之所以优于高校图书馆，原因主要在于其具有健全的推广组织机构，注重与其他机构部门合作，积极吸纳志愿者，发挥引导作用，尤其重视打造品牌活动。因此，笔者在总结借鉴民间公益组织、公共图书馆理论实践的基础上构建高校图书馆阅读推广架构（见图1），具体包括用户、主体、载体、渠道、活动五要素。用户（主要指学生、教师）是高校阅读推广的中心，强调用户的交互参与；主体是组织机构，包括图书馆专门负责阅读推广的部门、校内相关职能部门以及学生志愿者组织，是阅读推广的基本保障；载体包括传统纸本和电子图书，是阅读推广的基础条件；渠道是阅读推广的平台，包括传统渠道和新媒体；活动是阅读推广的核心，多样化和品牌化的活动是阅读推广能否有效开展并扩大影响力的关键因素。

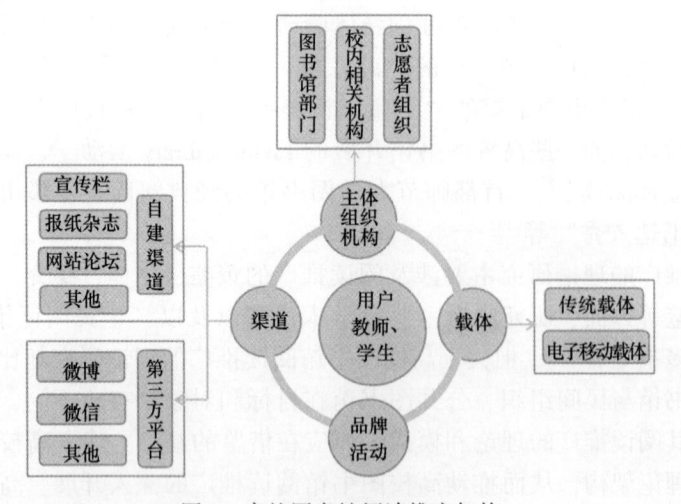

图1 高校图书馆阅读推广架构

2.1 "阅读"的内涵

"阅读"的内涵不是阅读推广的基本要素,但明确"阅读"的内涵是阅读推广有效开展的首要条件。从广义上说,一切学习行为都可以称之为阅读。学习行为包括两方面:一是实用性的学习,即以科研、学业、考试为主要目的的专业学习或数据库使用等;二是提升自我修养、人文气质的学习,包括但不限于哲学、文化、艺术、历史、小说、生活类书籍的阅读。笔者认为,第二方面的学习行为才是通常所指的"阅读"。因此,在明确阅读内涵的基础上,图书馆才能根据不同的需求开展针对性的服务。对于第一方面的学习行为,图书馆主要是提供文献服务方面的保障,读者会根据外在压力或者现实需求自行阅读学习。而图书馆需要进行引导推广的主要是第二个方面的学习行为,即为读者营造良好的阅读氛围、充实馆藏、加强阅读引导、使阅读成为读者的自觉行为。本文所讨论的阅读推广是基于这一内涵的。

2.2 用户

目前高校图书馆虽然没有规定阅读推广对象以学生读者为主,但从具体实践活动看,阅读推广策略基本围绕学生读者制定,自觉或不自觉地忽视了教师群体。实际上,教师是高校固定的一个阅读群体,数量庞大,而且一个教师读者可以影响一个家庭、一群学生读者的阅读兴趣和倾向,其辐射效应大,因此阅读推广实践中应该把教师这个被忽视的读者群作为另一个重点推广对象。

2.3 主体

民间公益组织、公共图书馆的成功案例充分说明不仅要健全组织机构,也要重视与其他机构合作,并积极吸纳志愿者参与阅读推广工作。因此,健全组织机构也是高校图书馆开展阅读推广的基本前提[12]。不言而喻,图书馆是阅读推广的主体,但是这一界定并不明确。因此,阅读推广不仅需要馆领导重视,更需要图书馆成立专门部门并与校内相关职能部门沟通协作。在吸纳读者志愿者方面高校图书馆具有天然优势,因此采用"馆员团队+学生志愿者组织"的模式开展阅读推广工作既节约了图书馆的人力成本,又能充分调动读者的参与积极性,从根本上改变高校图书馆在"世界读书日"前后临时开展一系列应景活动而导致阅读推广缺乏长期性和有效性的现状。

2.4 载体

实现阅读载体的多样化才能保证阅读推广与时俱进。由于信息技术网络的发展，阅读的载体发生了翻天覆地的变化，因此阅读推广既要重视传统纸质阅读，也要利用现代化技术手段满足现代阅读需求，大力推行屏幕阅读，通过纸本阅读、电脑阅览、手机阅读、视频阅览等多种形式，让阅读全方位地走进读者生活[14]。目前移动阅读与传统纸本图书阅读基本是分割的，因此要重视电子图书的推介和阅读数据统计工作，有针对性地开展数字化加工，丰富阅读的载体。

2.5 渠道

阅读推广渠道的多样化、新颖性能激发读者的兴趣，从而降低阅读推广的阻力。民间公益组织如"青番茄"从设计之初就采用用户为中心的营销渠道[3]，公共图书馆如杭州市图书馆采用馆员书评[15]的方式进行推广。高校图书馆推广工作集中在校园内，并且一般都拥有与读者交流宣传的渠道，但传统宣传推广渠道利用比较好，新媒体的应用以及交互性较差，因此既要积极构建具有自身特色的宣传渠道，也要利用第三方媒体拓展推广渠道。

2.6 活动

从各类组织、图书馆的具体案例来看，品牌化活动是阅读推广取得成功的关键因素。活动品牌化既能保证活动的连续性传承，又能在用户中形成固定的影响力，也有利于后期成果的保存和后续活动的开展。活动品牌化要求创意新颖、主题鲜明、操作性强，因此开展品牌化活动对图书馆员的营销、创意、组织协调能力有很高的要求。由于高校图书馆阅读推广活动基本在校园内开展，受众固定，因此开展品牌活动的可操作性相对较强，如参照美国的"一城一书"[16]活动模式在高校范围内开展"一校一书"阅读活动。

3 重庆大学图书馆阅读推广实践

重庆大学图书馆（以下称"我馆"）致力于实践"文献服务+文化育人"的办馆宗旨，以文化服务为基点，围绕"读者在哪里，图书馆就在哪里"的服务目标，通过虚实结合的"书友会"、引入激励机制、重视读者书评、活动品牌化等方式创新性地开展了一系列颇具特色的阅读推广实践活动。

3.1 阅读推广架构的具体实践

3.1.1 以用户为中心 我馆以用户为中心,提出"阅读让图书馆无处不在"的阅读推广理念。这一理念包含3层含义:首先,阅读推广是图书馆重要的职责之一;其次,图书馆利用现代信息网络技术使读者无论是碎片阅读、移动阅读还是深层次传统阅读需求都能便捷、无障碍地获得满足;最后,图书馆对读者阅读的引导影响无处不在。

3.1.2 设置专职部门 我馆2012年成立的文化育人中心是阅读推广的主体,负责阅读推广的组织管理、机构建设、推广活动等。文化育人中心主要以"图书馆部门+学生社团"以及"图书馆馆员+学生志愿者"的模式开展阅读推广工作。馆员主要负责宏观指导工作,制定规划策略,管理学生社团;社团组织"书友会"负责阅读推广的具体工作。文化育人中心的2位馆员之所以能承担文化服务阅读推广的全部工作,就在于阅读推广的各个环节中充分发挥了读者志愿者的主体作用。这一工作模式是我馆阅读推广的特色之一,既节约了图书馆巨大的人力成本,又锻炼了志愿者的各项能力,而且读者志愿者的积极参与不仅拉近了图书馆与阅读推广对象的距离,而且增加了了解学生读者阅读需求的最便捷的渠道。

3.1.3 载体多样化 我馆既重视传统纸质图书馆藏的补充,也重视满足现代阅读需求的电子移动载体资源建设。图书采购广泛征求读者意见,根据读者反馈,分析借阅数据,及时补充馆藏。将亚马逊、当当畅销书榜上的图书压缩采编流程,第一时间在各分馆专门的借阅专区上架借阅。同时,及时发布相关书目信息,并根据实时借阅数据适当增加经典图书、畅销图书的复本量,以保证读者的借阅需求得到满足。提供移动终端电纸书、超星学习本等免费外借服务;利用信息展示设备与图书馆管理系统进行数据对接,全方位展示读者书评、热门图书等信息;推广阅读书架终端,增加移动图书馆EPUB格式电子图书藏书量以满足泛在阅读、碎片化阅读等现代阅读需求。

3.1.4 渠道自主多元化 公共图书馆以及其他高校图书馆强调联合其他力量开展推广工作,而我馆拥有多种自办媒体渠道,因此阅读推广活动主要由我馆独自开展,并且实现了阅读推广与文化服务、与图书馆门户系统的无缝链接,这是我馆的又一特色:①各种自办媒体使我馆能真正掌握宣传渠道,拥有宣传栏、宣传资料、宣传册、报纸《书苑》、杂志《砚溪》、BBS、"我的书斋"激活系统以及门户系统中的虚拟"书友会"等渠道。②阅读推广与文化服务无缝链接。我馆文化服务的"五个一工程"与阅读推广工作紧密结合：学生组织"图管会"负责《书苑》的编辑，民主湖论坛设置"好书赏评"版块，逸夫楼讲座开展名师经典讲座，新生羊皮书提供专题介绍。③阅读推广与门户系统无缝链接。我馆自行研发的LIB2.0系统虚拟社区"个人书斋"迷你博客、虚拟"书友会"提供读者评论交流平台，在借阅流程中增加书评环节等。④积极利用移动技术和第三方平台拓展宣传推广渠道。我馆于2012年上线移动图书馆提供服务；信息交互系统、电视终端实时滚动显示推荐书目的相关信息；同时，利用微博、微信等第三方媒体开展阅读推广，我馆是高校图书馆中第一个开通新浪微博进行宣传推广的图书馆。

3.1.5 活动品牌化　书友会的阅读推广品牌活动"悦读重大"不仅推介新书、好书，举办图书漂流、爱上阅读系列推介、读者沙龙面对面交流活动，还牵头开展读书节晒书会。尽管我馆阅读推广品牌化意识比较强，但在创意上有待加强，需要打造真正体现重庆大学特色、代表重庆大学读者精神文化内涵的品牌才能引起读者的共鸣，扩大影响力。

3.2　建设虚实结合的"书友会"，增强交互性

我馆不仅成立了以学生为主、组织机构健全的"书友会"实体组织，开展各类活动实现与用户面对面的交流互动，而且在图书馆门户系统建设了虚拟"书友会"。虚拟"书友会"通过书评、积分激励的方式引导、促进阅读。实体"书友会"与虚拟"书友会"互相促进提升阅读。通过参加实体"书友会"的各类读书、分享、交流活动可以有效增加虚拟"书友会"的积分，虚拟"书友会"的积分等级增加又能扩充参加实体"书友会"的机会和和获取礼品等。通过虚实结合的"书友会"，极大地改善了阅读推广交互性差、读者体验感缺失的现状。

3.3　引入激励机制引导阅读

阅读推广的实践证明，用户不仅需要引导，更需要激励，否则便是剃头挑子一头热，效果不尽如人意。目前，引导阅读的方式主要是增加阅读的便捷性、趣味性以及采用强制的方式，如浙江财经学院规定读百本书方能获取学分、获得毕业必备条件[17]等。我馆通过引入激励机制激发用户的阅读兴趣而避免了强制措施流于表面形式的尴尬：①改造借阅流程，优化借阅制度。我馆实时采集借阅数据，监测借阅情况，面对借阅量下滑及时调整借阅期限和借阅数量，并改造借阅流程，在传统的借书还书环节中增加书评环节，

并且对读者的书评进行评分和奖励。②虚拟"书友会"主要通过书评的方式激励读者增加积分，提升修炼等级，确立书斋排名。童生、秀才、举人、贡士、进士、状元等修炼等级增加了趣味性，且定期评选"十佳书生"、"最佳书生"，根据修炼的等级给予丰厚的奖品，增加借阅权限。

3.4 重视读者书评

书评是用户产生的内容，属于新产生的知识，具有重要的价值。公共图书馆如杭州市图书馆通过馆员书评推广阅读。馆员阅读层次、偏好等不同不可避免地导致馆员书评水平高低不同[15]。我馆采用读者发表书评、馆员打分的方式。首先提供方便友好的书评发布平台；其次控制书评质量，由馆员手工打分，分数为1-5分；最后将书评与积分等级结合起来，被推荐书评自动增加至10分，被屏蔽书评自动扣1分。这一方式既激发了读者的兴趣，又保证了书评的质量。虚拟"书友会"已有27 520条书评，借阅流程中产生了约7万条书评，其中有9 100余条推荐书评自动发布至新浪微博。

4 结语

民间公益组织、公共图书馆的阅读推广工作无论在理论还是在实践方面都领先于高校图书馆。因此，高校图书馆总结借鉴其经验并结合自身特点，基于用户、主体、载体、渠道、活动5个因素构建阅读推广的理论架构，开展品牌活动是阅读推广工作的当务之急。重庆大学图书馆阅读推广以用户为中心，设置专职部门，实现载体多样化、渠道自主多元化，通过虚实结合的"书友会"增强交互性，并引入激励机制，重视书评等，取得了较好的实践效果。同时，在活动品牌化、深入引导等方面还有待进一步完善和提高。

参考文献：

[1] 张欣．常态化阅读推广活动机制的构建探索［J］．图书与情报，2011，(6)：111-116．

[2] 徐长林，杨玲，李艳菊．高校图书馆与大学校园文化建设探析［J］．图书馆理论与实践，2010，(3)：79-81．

[3] 方海燕．"青番茄"阅读推广营销策略探微［J］．图书馆杂志，2013，(1)：46-50．

[4] 王海茹．北京换书大集：图书馆阅读推广方式的创新［J］．图书馆杂志，2014，(4)：75-78．

［5］　王成东.春苗书屋：一个少儿阅读推广实践的模式［J］.图书馆杂志，2014，（4）：96-99.

［6］　严海帆，郑杨佳.一种新的未成年人阅读推广模式——"儿童知识银行"［J］.图书馆建设，2012，（10）：53-56.

［7］　郑伟青.基于 Living Library 的阅读推广新模式［J］.图书馆工作与研究，2012，（11）：36-40.

［8］　刘悦如，章回波.立体阅读——读者服务新模式［J］.图书馆建设，2013，（1）：42-44.

［9］　彭艳，屈南，李建秀.试论大学图书馆的经典阅读推广——以首都师范大学图书馆为例［J］.大学图书馆学报，2012，（2）：91-94.

［10］　曹炳霞.图书馆阅读推广的新形式——读书达人秀［J］.大学图书馆学报，2013，（6）：97-102.

［11］　郑丽君.近年来我国图书馆阅读推广研究评述［J］.图书与情报，2012，（6）：49-51.

［12］　吴高，韦楠华.我国高校图书馆阅读推广所存在的问题与对策研究［J］.图书情报工作，2013，（2）：47-51.

［13］　苏海燕.大学图书馆阅读推广模式研究［J］.山东图书馆学刊，2012，（2）：52-55.

［14］　李铁梅.大阅读环境下高校学生阅读行为调查及图书馆对策［J］.图书馆学研究，2011，（4）：69-73.

［15］　许琳瑶."馆员书评"在全民阅读推广中的知识导航作用［J］.图书馆杂志，2012，（4）：107-109.

［16］　吴蜀红."一城一书"阅读推广活动的考察分析［J］.大学图书馆学报，2012，（4）：18-23.

［17］　李莉.大学阅读教育模式运行中的问题及其完善思路——以浙江财经学院读"百本书"学分认证为例［J］.图书馆理论与实践，2012，（1）：94-96.

作者简介

王姝，重庆大学图书馆馆员，E-mail：ws@cqu.edu.cn；魏群义，重庆大学图书馆副研究馆员；黄娟，重庆大学图书馆馆员。

2014年高校阅读推广活动优秀案例分析与启示

1 引言

在全社会"倡导全民阅读，建设书香社会"的时代潮流下，高校图书馆的阅读推广工作近年来也备受重视，许多高校的阅读推广活动都由每年"世界阅读日"前后的应景活动扩展为开学季、毕业季甚至持续一整年的长期性活动，这其中更是涌现出了很多优秀的推广案例，在本地区乃至全国都产生了积极的影响，值得其他图书馆学习和借鉴。然而，在现有的研究成果中，虽然有较多关于阅读推广案例的研究，但大部分以单一图书馆或单一的活动项目为研究对象，如胡益芳[1]介绍了浙江师范大学图书馆通过多种途径让图书馆"发亮、发声"的阅读推广探索；李园园[2]介绍了同济大学图书馆立体阅读的案例；雷菊霞等[3]介绍了北京师范大学图书馆阅读推广的实践；周国忠[4]则介绍了福建师范大学读书节活动的策划方案。综合性的案例研究寥寥无几，仅有魏秀娟[5]回顾了河南省高校图工委10年来的阅读推广实践，且主要是从工作总结的角度进行阐述，耿晓宁等[6]、查宇[7]分别调研了大连地区、上海地区高校图书馆阅读推广活动的现状和存在的问题。目前，对众多优秀案例进行对比性分析的研究则相当缺乏。将优秀的阅读推广案例结合起来探寻其存在的共性和特色，总结案例成功的经验与启示，将更利于其他高校图书馆对比本馆的实际情况，有针对性地改进阅读推广工作。

本文以2014年中国图书馆学会阅读推广委员会评选出的高校阅读推广活动优秀案例9个一等奖的获奖案例为研究对象，同时对案例所在馆的阅读推广工作进行调研分析，探讨各优秀案例在阅读推广的形式选择、组织管理、宣传报道和品牌树立方面的实践情况，总结其值得推广的共同经验，以期为其他高校图书馆深入持久地开展阅读推广工作提供借鉴。

2 高校阅读推广优秀案例分析

2.1 优秀案例主要内容调研

2014年由中国图书馆学会阅读推广委员会主办的高校阅读推广活动优秀

案例征集活动共收到来自全国57所高校图书馆、2个联合组织提交的案例71份，最终评选出特别奖2个，一等奖9个，二等奖12个，三等奖18个，笔者通过网络调研和对获奖案例所在馆馆员进行访谈的方式对9个一等奖案例的具体内容进行了解（见表1）。

表1 2014年高校阅读推广活动优秀案例一等奖案例主要内容

序号	选送单位	案例名称	主要内容
1	北京大学图书馆	"书读花间人博雅"	包括"北大读书讲座"、2013年度未名读者之星评奖、2013好书榜精选书目/阅读摄影展、"书籍之美"视频节目展映、换书大集/图书漂流、"别让手机控了你"特别策划活动等[8]
2	清华大学图书馆	专题书架	在图书馆中划出固定区域，根据学校或社会热点选择主题设立专题书展，每期选择部分重点图书设计精美的导读海报。同时提供所有馆藏专题目录供读者现场浏览和网络下载
3	武汉大学图书馆	基于卡通形象"小布"的高校图书馆阅读推广	设计卡通形象"小布"，将其融于图书馆的资源、服务和活动中，借"小布"的亲和力来开展校园阅读推广，拉近了图书馆与读者之间的距离，增强了阅读推广活动的趣味性，有效提高了读者参与度[9]
4	上海财经大学图书馆	悦读·行者的故事	与香港城市大学联合主办，旨在推动两校学子交流，鼓励人文阅读与写作。包含主题征文、主题馆藏推荐、写作工作坊、写作分享会等活动；2014年开始"行走沪杭，文化寻迹——'悦读·行者的故事'沪港学生文化交流活动"[10]
5	郑州大学图书馆	微博——@大学生阅读分享平台	阅读推广专题微博，设有#诗林晨曲#、#午后佳茗#、#经典时刻#、#湄湖私语#、#话题讨论#等话题，每天更新，部分话题向学生征稿
6	北京建筑大学图书馆	招投标——让学生作阅读的主人	图书馆每年发布"读书活动招投标文件"，每届活动都有数十个学生组织投标，活动组委会根据策划方案的创意和可操作性等指标定标与中标方签订承办协议书并督导学生实施，活动结束后进行总结和表彰。每年组织分项活动10余项[11]

续表

序号	选送单位	案例名称	主要内容
7	河南大学图书馆	晨读经典	河南大学读书月活动之一,由该校书评学社、国学研究于会2009年发起,以"品国学经典,享智慧人生"为主题,旨在通过品读国学经典篇目,让广大青年学子树立起对中国传统文化的正确认识
8	北京科技大学图书馆	"对话-足迹"品牌阅读活动	包含讲座和访谈形式的"与名家和草根读者对话"和面向毕业生的"留下青春足迹,带走读书记忆"活动两方面内容,举办了一系列读书分享活动
9	中原工学院图书馆	以"阅读学"课程推进阅读文化建设	通过构建立体型阅读教学平台,形成"二新五课多讲座"的模式,使大学生系统地积累阅读知识。"二新"指的是"开展新教工、新同学图书馆资源利用培训";"五课"指的是开设信息检索必修课、阅读学通识课、竞争情报通识课、信息文化通识课、论语解读通识课;"多讲座"是指持续举办专家现场讲座和视频讲座,同时每年围绕"阅读学"教学开展多项读书活动

  这些优秀的案例均在学生中引发了热烈的反响,取得了很好的推广效果,如"书读花间人博雅"系列活动中的"2013好书榜精选书目/阅读摄影展"一经推出便引发了轰动效应,除了展厅现场很多同学慕名而来外,图书馆官微每日同步进行的"一书一图一介绍"微展览也引发了众多网友、社交网站和媒体的转发报道[12-13]。"悦读·行者的故事"至2014年初已出版年度优秀学生作品选集2册计13万余字,并被列入上海财经大学图书馆与香港城市大学图书馆的特色馆藏,活动主页点击率超过3 000次,在两地校园均产生较大影响,已成为两馆长期合作的推广项目,并获得教育部立项资助[10]。而北京建筑大学图书馆每年的"开卷"系列读书活动在采用"招投标"的形式后持续时间、活动数量、参与人数等得到显著增长,持续时间从2个月扩展到全年12个月,每届的单项活动数量从6项增加到12项,总参与人数从200人激增到每年2 500余人次[11]。

2.2 阅读推广形式的选择

  阅读推广是图书馆的重要职能之一,各高校图书馆都不同程度地开展了阅读推广工作,然而,从现有的研究成果来看,活动形式与活动内容的趋同现象比较普遍[14]。现在的大学校园中,各种社团活动层出不穷,以笔者所在馆为例，除了寒暑假外，每天校园内都挂满了各种活动横幅和海报，而大学生们的精力终究是有限的，参加活动必然会有所选择。高校图书馆的阅读推广作为一种"活动化、碎片化的服务"[15]，要想激发读者参与的兴趣，首先就要在推广形式的策划上下功夫，要充分考虑如何才能对读者产生强烈的吸引力。

根据表1的内容调研，在9个获得一等奖的优秀案例中，"书读花间人博雅"、"悦读·行者的故事"、"招投标——让学生作阅读的主人"、"晨读经典"和"对话-足迹"品牌阅读活动都属于主题活动类项目；"专题书架"属于馆藏书展类；"微博——@大学生阅读分享平台"可以归为新媒体类；"基于卡通形象'小布'的高校图书馆阅读推广"和"以'阅读学'课程推进阅读文化建设"则是较为少见的形象塑造和课程建设类项目。推广形式分布情况如表2所示：

表2 2014年高校阅读推广活动优秀案例推广形式

推广方式	主题活动类	馆藏书展类	新媒体类	形象塑造类	课程建设类
数量（个）	5	1	1	1	1

由此可见，在优秀的阅读推广案例中，开展主题活动仍然是最受欢迎的一种形式，而在具体的活动内容上，优秀案例大都具有新颖的创意，主题鲜明，符合年轻读者喜欢打破传统、重视分享和实践的兴趣特征，通过阅读与摄影的结合、阅读与异地文化交流和实地考察的结合、阅读与对活动承办方进行招投标的结合等具有视觉冲击力或强烈实践性的方式吸引大学生读者的注意力。

但是，主题活动毕竟只能掀起短暂的阅读高潮，持续性的有吸引力的图书推荐、形象塑造和课程建设等方式则能使阅读推广成为图书馆日常工作的组成部分，提醒读者图书馆的优质资源就在身边，触手可及。

2.3 阅读推广活动的组织管理

新颖的活动创意、吸引读者的活动形式只是阅读推广工作走向成功的第一步，良好的组织管理团队才能使阅读推广的策划得到有效的执行。在当前图书馆界的阅读推广工作中，作为活动主体的图书馆很多都是单打独斗、缺乏合作。然而阅读推广要在高校中办出规模、办出成效，仅仅依靠馆员的力量是不够的。特别是主题活动类的推广方式，活动的前期宣传、现场组织、影像摄制、报道撰写等需要大量的人员投入，图书馆应该努力寻求合适的合作者,将高校中丰富的社团资源、院系资源等纳入到阅读推广工作的后备力量中,保障阅读推广所需的充足的人力资源。

根据对获奖案例的分析,5个活动类项目均是图书馆与学校其他部门或学生社团联合组织的,表3为获奖案例中主题活动类案例的组织部门。

表3 2014年高校阅读推广活动优秀案例的组织部门

序号	案例名称	组织部门
1	"书读花间人博雅"	北京大学图书馆主办; 部分活动由北京大学青年摄影协会协办[12]
2	悦读·行者的故事	上海财经大学、香港城市大学主办; 上海财经大学方面活动:图书馆、悦读书友会承办[16]
3	晨读经典	河南大学读书月组委会主办; 校书评学社、国学研究会、星星草文学社、宋韵诗社、英语协会和新闻与传播学院编辑出版系承办[17]
4	招投标——让学生作阅读的主人	北京建筑大学图书馆主办; 每年中标活动方案的策划社团或院系承办
5	"对话-足迹"品牌阅读活动	北京科技大学图书馆主办; 该校学生社团北科大青年、北科读书会、史学社、齐民学社、犀牛文学社、子牛诗社、武侠小说研读会等承办[18-20]

不同于主题活动需要在短期内集中众多人力协助组织,馆藏书展、形象树立以及课程建设则更注重持之以恒的管理和维护,因此均是以图书馆工作人员为主开展工作,仅部分环节可能召集少数学生志愿者协助。这些形式的阅读推广往往更考验馆员的耐心、细心和恒心,需要图书馆设立专门的部门或岗位,健全管理机制。

2.4 阅读推广工作的宣传与报道

宣传是任何活动项目必不可少的环节,是读者参与活动的前提,也是其他人了解活动情况的途径。只有宣传,才能让阅读推广的内容广为人知,宣传的广度和深度,也在一定程度上决定着活动的参与人数。因此,高校图书馆阅读推广中,必须充分重视宣传工作。

阅读推广活动的宣传分为活动前和活动中(持续性活动)的宣传介绍以及活动后的新闻报道两方面,活动前和活动中的宣传能吸引更多的用户参与,活动后的报道则能扩大活动的影响力。根据笔者对获奖项目所在图书馆网站和微博、微信等社交媒体的调查以及与部分馆微媒体运营人员的访谈，可知所有活动类项目均在活动前通过众多媒介进行了广泛的宣传，部分活动如"悦读·行者的故事"的观影会等更是在活动前一段时间、活动前一天以及活动现场进行时不断通过微博进行宣传。同时，大部分优秀案例作为系列活动的组成部分，均在系列活动的整体宣传之外还进行了独立的单项活动宣传。

活动后的新闻报道方面，各图书馆均撰写了新闻稿在本馆网站和学校新闻中发布，"书读花间人博雅"、晨读经典等活动还在众多社会媒体上进行了报道。

非主题活动类的推广项目，则仅"专题书架"在每期书展举办时通过图书馆的各类媒体进行了广泛的宣传，其他如卡通形象、微博和课程建设则限于其本身的性质，将宣传工作融入到日常的服务中。如表4所示：

表4　2014年高校阅读推广活动优秀案例宣传途径

序号	案例名称	活动前和活动中宣传	活动后新闻报道
1	"书读花间人博雅"	海报；图书馆网站、微博、微信和人人网	学校和图书馆网站；众多社会媒体
2	悦读·行者的故事	海报；图书馆专题网页、微博、微信、人人网；悦读书友会微博、微信	学校和图书馆网站；图书馆微博、微信；社会媒体
3	晨读经典	海报；图书馆网站	学校和图书馆网站；多家社会媒体
4	招投标——让学生作阅读的主人	海报；图书馆网站；召开新闻发布会发布招标公告，邀请学生组织参加[11]	学校和图书馆网站
5	"对话-足迹"品牌阅读活动	海报；图书馆网站、微信	学校和图书馆网站；学校和图书馆微信
6	专题书架	海报；图书馆网站、微博、微信	
7	基于卡通形象"小布"的高校图书馆阅读推广	融入图书馆日常的资源、服务和活动中	
8	微博——@大学生阅读分享平台	阅读活动微博；图书馆微博	
9	以"阅读学"课程推进阅读文化建设	图书馆网站	

2.5 阅读推广项目的品牌树立

阅读推广是一项长期性的工作，要想在读者中产生深远的影响力，使读者闻而知之，树立品牌无疑是最好的方式。形成了品牌的项目也更容易吸引读者的注意力，激发读者参与的兴趣。国外的一些阅读推广机构在阅读推广中就非常注重品牌建设[21]。

从获奖案例来看，没有一项阅读推广案例是独立存在或一次性举办的，所有活动类案例或者本身便包含一系列的活动，或者是系列活动中的组成部分，且均是持续了多年，已形成品牌的活动；其他形式的案例如基于卡通形象"小布"的高校图书馆阅读推广、微博——@大学生阅读分享平台以及以"阅读学"课程推进阅读文化建设等则是长期性的工作，其本身便已形成一个品牌。表5为各案例品牌建设的具体情况。

表5　2014年高校阅读推广活动优秀案例活动品牌创立

序号	案例名称	活动品牌
1	"书读花间人博雅"	北京大学图书馆每年举办"4·23世界读书日系列活动"，"书读花间人博雅"为2013年的活动主题
2	专题书架	长期性活动，不定期更换书架主题
3	基于卡通形象"小布"的高校图书馆阅读推广	塑造了"小布"这一固定的图书馆对外服务形象
4	悦读·行者的故事	始于2012年，每年均以该主题开展系列活动，具体项目上既保留传统项目又每年有所增加
5	微博——@大学生阅读分享平台	阅读推广专题微博，固定栏目，每天更新
6	招投标——让学生作阅读的主人	图书馆"开卷"系列读书活动的组成项目，始于2008年，每年举办
7	晨读经典	河南大学读书月活动之一，始于2004年，每年由多个学生社团承办
8	"对话-足迹"品牌阅读活动	图书馆读书文化节系列活动，始于2011年
9	以"阅读学"课程推进阅读文化建设	每年开设相关课程，并围绕该课程开展各种读书活动

3 优秀案例对高校图书馆阅读推广活动的启示

3.1 举办创意活动激发阅读兴趣

创意新颖的活动在任何时候都能吸引广泛的注意力，图书馆开展阅读推广活动，也可以借鉴时下深受年轻读者喜爱的微视频、挑战赛、达人秀等形式，让学生成为阅读推广活动的主角，以吸引更多读者的关注。获奖案例"书读花间人博雅"系列活动中的"2013好书榜精选书目/阅读摄影展"以北京大学在校学生为模特，以2013好书榜上榜图书为道具，拍摄了一组生动的油画模仿秀，摄影作品和推荐书目对应展出，一经推出即引起了极大关注[12,22]。此外，清华大学图书馆2011年推出的"爱上图书馆"系列短剧[23]、郑州大学2012年以来连续举办的"读书达人秀"[24]等活动也均获得了很好的社会反响。

读者是阅读活动的主体，面向读者征集活动创意，将使阅读活动更具新颖性、趣味性和参与性。北京建筑大学图书馆直接向校内社团进行活动招投标的方式为高校图书馆提供了一个很好的借鉴。该馆每年发布"读书活动招投标文件"，每届活动都有数十个学生组织和学生社团投标，采用这一方式后，该馆每届读书活动的持续时间和分项活动数量均显著增长，单项活动持续场次和参与人数显著增加，很多活动都能持续一年之久[11]。

3.2 设立专题书展唤醒沉睡好书

高校图书馆有着丰富的馆藏资源，但大量的优质资源均沉睡在书架中没有得到充分利用。阮冈纳赞先生很早就提出"书是为了用的"，图书馆应该让"每本书有其读者"，然而随着资源的越来越丰富，"每本书有其读者"的理念却越来越难以真正实现。因此，图书馆的阅读推广，首先应帮助读者来发现他们所不知道的好书。

要让更多的书引起读者的阅读兴趣，简单的书目推荐无疑不具备足够的吸引力，在图书馆显著位置设立专区定期推出小规模专题书展则较易引起读者的驻足。清华大学图书馆的"专题书架"便秉承了这一理念，将深藏书海的好书分批推送到读者面前。该馆于2013年4月推出首期专题书架——"清华人与清华大学"，精选138本馆藏图书，包含官方校史、校友忆作、校史研究著作以及清华子弟的回忆文章等[25]。采用"重点图书导读+专题图书书展+馆藏专题目录浏览"的方式布展，随后又陆续推出了多个特色鲜明的专题书架。

高校图书馆可以根据自己的馆藏特色，利用各种纪念日、节假日以及热门话题、热点事件等开展主题阅读活动，实现专题书展的常态化。如清华大学图书馆陆续推出了世界环境日"人与大气环境"专题[26]、迎新季"大学第一课"专题[27]、诺贝尔文学奖得主作品"缪斯的歌声里"专题[28]，与跑步、健身、运动相关的"跑进春天里"专题[29]以及纪念甲午战争120周年的"从甲午到甲午"专题[30]等。

所展出图书，可以是学校某一领域的专家教授荐书，可以是馆员或学生志愿者从某大类书架中精挑细选的优质书籍，也可以是图书馆的某一类特色藏书。为避免读者的视觉疲劳，建议尽量避开专深的理工类图书，同时两次书展间宜保持一定的时间间隔。

3.3 联合职能部门提高活动层次

创建书香校园是高校校园文化建设的重要组成部分，高校图书馆应注重联合学校相关部门和院系的力量，共同推动阅读推广工作的开展[31]。

联合学校相关部门举办阅读推广活动不仅能使活动获得更高层次的重视，更主要的是能调动更多的人力物力，发挥各部门的资源优势，如学生处、团委、研究生处等负责学生工作的部门，与学生的联系更为紧密，能使活动的参与度更高；校办、宣传部等部门则能充分发挥宣传工作的优势，使活动的影响面更广。

获奖案例的承办单位中，河南大学图书馆、北京建筑大学图书馆、北京科技大学图书馆、郑州大学图书馆和中原工学院图书馆的读书节或读书月活动均是直接以学校的名义开展，多部门共同主办。河南大学图书馆从2004年开始，每年的读书月均由校党委宣传部、学生处、离退休工作处、校工会、校团委、出版社、图书馆等多部门共同举办[32]，学校领导均出席启动仪式和总结大会并发表讲话；中原工学院大学生读书节由图书馆和学生处、校团委主办，各院系协助，设立大学生读书节活动组委会，主任由学院院长担任，下设副主任、成员、秘书长、副秘书长等职位[33]；郑州大学图书馆的"读书达人秀"活动则联合了学校文明办、学生处、团委、研究生院和大学生文化素质教育基地共同主办。

由此可见，高校图书馆广泛深入地开展阅读推广工作离不开学校领导和各部门、各院系的支持，只有全校上下协力同心，才能更好地推动书香校园建设向广度和深度拓展。同时，有条件的图书馆也可以如上海财经大学图书馆一般举办跨校的联合活动，加强馆际交流，扩大阅读推广活动的规模，形成联动效应。

3.4 吸纳学生社团加强组织力量

学生社团是高校中有共同兴趣爱好的学生组成的团体,具有种类繁多、参与成员众多、组织结构完善、开展活动活跃等特征,吸纳学生社团协助进行阅读推广活动的组织,能有效提高活动的参与度,扩大活动的宣传面,减轻图书馆组织工作的压力,也能使读书活动真正成为大学生自己的事情。正如北京大学图书馆副馆长肖珑所说,"只有让学生融入,才能更好地推广"[12]。对学生社团而言,参与图书馆阅读活动的策划和组织,也可以获得一个展示自身能力的舞台,促进社团成员在专业技能、实践操作方面的锻炼及合作精神的培养。

图书馆可以根据社团的特色和能力,主动寻找合作社团承办或协办主题活动,如征文比赛可以选择文学类社团;读书交流活动选择读书会、书友会性质的社团;书法、摄影比赛或展览选择书法或摄影协会等。也可以采用类似北京建筑大学图书馆"招投标"的方式,鼓励学生社团充分发挥自己的优势和创造力进行竞聘。一些较大型的现场活动,可以由多个社团分工合作。如河南大学图书馆和北京科技大学图书馆的读书活动都是由多个学生社团协助组织。湖南师范大学图书馆2013年读书月活动中协办的学生社团更是多达14个,各社团根据自身的优势和特长承担相应的活动项目,社团成员的组织协调能力、交际沟通能力、实践动手能力等都得到了很大的提升[34]。

在吸纳学生社团参与阅读活动组织的过程中,图书馆既要充分发挥学生的积极性,又要做好指导和协调工作,给学生提供必要的引导和支持,确保活动策划得到有效执行。

3.5 利用全媒体扩大活动影响

阅读推广工作本身便是对阅读、对文献的宣传,高校图书馆在开展阅读活动的过程中,不仅要重视活动前的宣传,也要重视活动中乃至活动后的宣传。活动前和活动中的宣传不仅能激发高校师生的阅读热情,还可使更多的师生知悉、关注进而参与到阅读活动中来;活动后的媒体宣传,则能使社会人士及兄弟院校图书馆的同仁了解阅读活动情况,在更大范围内分享阅读推广的方式方法,在提升活动的知名度的同时为其他机构开展活动提供参考。

在当前社交媒体在高校师生中逐渐普及的情况下,图书馆应综合利用传统媒体和新媒体,进行全方位的媒体营销。可以在校内人流密集场所悬挂横幅、设立大型展板、张贴海报、发放宣传彩页等;也可以通过校广播台、校内各处电子屏发布信息;还可以设置活动专题网页,并通过学校、图书馆以及各院系的网站、论坛、微博、微信发布活动海报,报道活动进展。

在宣传推广的过程中,图书馆应当鼓励参与读书活动的各学生社团成员策划宣传方案、设计宣传海报和撰写新闻稿,也可以邀请当地媒体参加各类大型活动。对于成系列的阅读活动而言,全方位、多层面、持续性的宣传报道,能够提供强大的舆论支持,在校园人群中激发兴奋点和共振点,形成广泛而持久的影响。

从表4可以看出,大部分高校图书馆的阅读活动前期都进行了全方位的宣传,河南大学图书馆、北京科技大学图书馆等尤为重视活动后的新闻报道,各项子活动均在图书馆和学校网站发布了内容翔实的新闻稿。郑州大学图书馆的"读书达人秀"品牌活动就通过广泛的宣传被信阳师范学院和合肥工业大学所借鉴采用[5]。

3.6 建立长效机制创造品牌效应

在全民阅读的大环境下,校园阅读活动更应是一个持续的、系统的工程。实现活动品牌化既能保证活动的连续性传承,又能在用户中形成固定的影响力,也有利于后期成果的保存和后续活动的开展[35]。图书馆作为阅读推广工作的主体,应建立长效机制,努力创建活动品牌,持续性地开展阅读推广工作。

阅读活动的品牌,既可以是每年在固定时间段的主题活动,如河南大学图书馆自2004年起每年4月举办的读书月活动和北京建筑大学图书馆始于2008年的读书活动"招投标";也可以是某一项持续性的日常推广工作,如郑州大学图书馆的微博——@大学生阅读分享平台和中原工学院图书馆的以"阅读学"课程推进阅读文化建设;还可以如武汉大学图书馆般树立一个图书馆阅读推广的虚拟品牌形象。

阅读推广的品牌化运作,既要重视品牌名称的确立和品牌标识的设计,也要确立清晰、准确的目标定位,利用多种传播渠道使品牌形象深入人心,并采取相应的维系措施以防范品牌的老化[21]。在这个过程中,高校图书馆还应健全阅读推广的组织机构,合理利用学校各类资源,调动相关部门的积极性,统筹安排阅读推广活动[36],实现阅读推广的常态化。

4 结语

对于高校图书馆而言,阅读推广是一项长期性、普遍性的工作,需要覆盖到所有高校并持之以恒地开展下去。随着高校图书馆对阅读推广工作重视程度的增加,活动的形式和内容将不断丰富,在这个过程中,相互交流经验,取长补短尤为重要，只有不断总结和反思，才能在学习中成长，在交流中找准适合本馆的推广道路，最终实现增加本校大学生的阅读时间，改善大学生的阅读质量，提高大学生的阅读能力的目标，在全校范围营造出积极向上的学习氛围，真正推动书香校园的建设。

参考文献：

[1] 胡益芳．发亮、发声：引导大学图书馆发展的新理念——以浙江师范大学图书馆的探索为例［J］．大学图书馆学报，2015，33（1）：51-54，42.

[2] 李园园．高校图书馆阅读推广机制研究——以同济大学图书馆立体阅读为例［J］．图书馆学研究，2014，(7)：85-88，96.

[3] 雷菊霞，乔婧，袁玉敏．新环境下图书馆阅读推广工作探析——北京师范大学阅读推广实践与思考［J］．大学图书馆学报，2014，32（5）：86-91.

[4] 周国忠．阅读推广方案策划的思路及原则——以2013年福建师范大学第七届读书节策划方案为例［J］．图书馆论坛，2014，34（9）：76-79.

[5] 魏秀娟．协同创新：共谋共享高校图书馆阅读推广的新形式——河南省高校图工委阅读推广10周年回顾［J］．大学图书馆学报，2014，32（2）：44-49.

[6] 耿晓宁，王洪波．高校图书馆阅读推广活动现状与对策［J］．图书馆学刊，2015，37（1）：78-83.

[7] 查宇．上海地区高校图书馆阅读推广活动探讨［J］．图书馆论坛，2014，34（2）：41-50.

[8] 北京大学图书馆．图书馆"世界读书日"系列活动开幕暨2013年度未名读者之星颁奖［EB/OL］．［2014-10-28］．http：//pkunews.pku.edu.cn/xywh/2014-04/28/content_ 282606.htm.

[9] 周燕妮，卢林．"小布"获图书馆阅读推广活动案例全国一等奖［EB/OL］．［2014-10-28］．http：//news.whu.edu.cn/info/1007/42010.htm.

[10] 上海财经大学图书馆．"悦读·行者的故事"上海财经大学与香港城市大学图书馆阅读推广合作项目［EB/OL］．［2014-10-28］．http：//conference.lib.sjtu.edu.cn/rscp/style/images/art/18-full.jpg.

[11] 沈茜．爱阅读到会阅读——北京建筑大学图书馆阅读推广与教育实践研究［EB/OL］．［2014-10-28］．http：//www.lsc.org.cn/d/2014-10/21/201410211113397.rar.

[12] 解慧．书读花间人博雅——记北京大学图书馆"2013年好书榜精选书目/摄影展［EB/OL］．［2014-10-28］．http：//xhsmb.com/20140502/news_ 8_ 1.htm.

[13] 冯美娜．读书之姿美如斯——十二位北大女生出任"阅读的少女"主题摄影模特［EB/OL］．［2014-10-28］．http：//epaper.ynet.com/html/2014-05/11/content_ 57528.htm?div=-1.

[14] 彭年冬，贺卫国．我国阅读推广研究述评［J］．图书馆工作与研究，2014，(3)：

93-97.

[15] 范并思.阅读推广与图书馆学：基础理论问题分析［J］.中国图书馆学报，2014，40（5）：4-13.

[16] 上海财经大学图书馆."悦读·行者的故事"图书馆2015年度阅读推广活动［EB/OL］.［2015-03-09］.http：//researchguides.sufe.edu.cn/enjoyreading2015.

[17] 河南大学图书馆.诵读经典，品味书香——我校青年学子晨读《逍遥游》［EB/OL］.［2015-04-23］.http：//lib.henu.edu.cn/ArticleShow.aspx? c_ id＝30&s_ id＝77&a_ id＝557.

[18] 北京科技大学图书馆.我馆参加2014中国图书馆学会年会第21分会场活动［EB/OL］.［2014-10-28］.http：//lib.ustb.edu.cn/news/ShowArticle.asp? ff＝d&ArticleID＝1388.

[19] 北京科技大学图书馆.留下青春足迹 带走读书记忆——图书馆2014年毕业季活动［EB/OL］.［2014-10-28］.http：//lib.ustb.edu.cn/news/ShowArticle.asp? ff＝d&ArticleID＝1345.

[20] 北京科技大学图书馆."书香北科"全民阅读系列活动——2014年北京科技大学第四届读书文化节［EB/OL］.［2014-10-28］.http：//lib.ustb.edu.cn/tongzhi/ShowArticle.asp? ArticleID＝1272.

[21] 石继华.国外阅读推广的品牌化运作及启示［J］.图书情报工作，2015，59（2）：56-60.

[22] 北京大学图书馆."好书榜精选书目暨阅读摄影展"在图书馆开展［EB/OL］.［2014-10-29］.http：//pkunews.pku.edu.cn/xwzh/2014-04/29/content_ 282626.htm.

[23] 赵靓靓.不一样的故事，不一样的图书馆——清华大学学生原创系列短剧"爱上图书馆"及其解说版网上热播［EB/OL］. ［2014-11-27］.http：//page.renren.com/600638900/note/783267701.

[24] 曹炳霞.图书馆阅读推广的新形式——读书达人秀［J］.大学图书馆学报，2013，（6）：97-102.

[25] 清华大学图书馆.图书馆推出"清华人与清华大学"专题书架［EB/OL］.［2014-10-25］.http：//lib.tsinghua.edu.cn/dra/news/newbooks/4667.

[26] 清华大学校图书馆.图书馆推出"人与大气环境"专题书架［EB/OL］.［2014-10-28］.http：//lib.tsinghua.edu.cn/dra/news/annoucement/5075.

[27] 清华大学校图书馆.图书馆推出迎新生专题书架——"大学第一课"［EB/OL］.［2014-10-26］.http：//lib.tsinghua.edu.cn/dra/news/annoucement/5722.

[28] 清华大学图书馆.图书馆推出"缪斯的歌声里"专题书架［EB/OL］.［2014-10-22］.http：//lib.tsinghua.edu.cn/dra/news/annoucement/5291.

[29] 清华大学图书馆.图书馆推出第六期专题书架——跑进春天里［EB/OL］.［2014-10-22］.http：//www.lib.tsinghua.edu.cn/dra/news/annoucement/5514.

[30] 清华大学图书馆.第九期专题书架——从甲午到甲午！［EB/OL］.［2014-10-28］.

http：//lib.tsinghua.edu.cn/dra/news/annoucement/5882.

[31] 郑伟青. 高校图书馆阅读推广实践现状调查与分析——以"211 工程"高校图书馆为例［J］. 图书馆工作与研究，2012，(8)：108-112.

[32] 河南大学图书馆."2015 年河南大学读书月活动"启动仪式隆重举行［EB/OL］.［2015-04-14］. http：//lib.henu.edu.cn/ArticleShow.aspx?c_id=30&s_id=77&a_id=542.

[33] 崔波，岳修志. 图书馆加强阅读推广的途径与方式［J］. 大学图书馆学报，2010，28（4）：37-39，124.

[34] 李艳萍，鄢朝晖. 以学生社团建设为推手构建校园阅读文化——以湖南师范大学图书馆历届读书月活动为例［J］. 高校图书馆工作，2014，34（2）：10-12，84.

[35] 王姝，魏群义，黄娟. 高校图书馆阅读推广理论架构与实践——以重庆大学图书馆为例［J］. 图书情报工作，2014，58（11）：73-76.

[36] 吴高，韦楠华. 我国高校图书馆阅读推广所存在的问题与对策研究［J］. 图书情报工作，2013，57（3）：47-51.

作者简介

吴锦辉（ORCID：0000-0002-5306-2657），馆员，硕士研究生，E-mail：streamwater109@qq.com。

总分馆服务模式下的儿童阅读推广实践研究

——以大连少儿馆为例

1 总分馆服务模式与儿童阅读推广

图书馆总分馆服务模式是指在政府主导、多级投入、分层管理、资源共享、普遍均等的原则下，在总馆或中心馆下设置分馆，最大限度地普及图书馆服务的模式。在不改变原有行政、人事、财政隶属关系的前提下，以一个规模较大、文献资源丰富、技术力量强的图书馆为总馆，以区域内在某一方面与总馆具有共同发展方向、共同利益关系的图书馆为分馆，实现区域内各级图书馆统一机构标识、业务规范、服务标准和文献通借通还等高效率专业化的管理和服务。总分馆服务模式最早起源于西方，在美国已有百年的发展历史。我国总分馆服务始于20世纪末至21世纪初，近些年，随着公共文化服务体系建设被作为国家战略提上日程，图书馆总分馆服务也成为图书馆界的研究热点。

自2006年党的十六大起，"全民阅读"作为"学习型社会"建设的一项重要举措在全国范围内开展，图书馆阅读推广工作进入了一个新的发展阶段。随着2014年全民阅读战略首次被写入党的十八大报告，国务院政府工作报告连续三年提出"倡导全民阅读"，图书馆领域迎来了一个阅读推广研究和实践的热潮。儿童时期是一个人阅读兴趣、阅读习惯和阅读能力培养的关键时期，阅读对于儿童智力的开发和学习能力的提升，乃至品格性格的塑造都具有重要意义。

1.1 总分馆服务研究现状

欧美等国家的公共图书馆普遍采用了总分馆的管理模式，王嘉陵论述了美国公共图书馆总分馆的发展历程，阐述了美国总分馆制的运行机制，并对我国总分馆制的发展提供借鉴经验[1]。刘兰等以洛杉矶公共图书馆的总分馆为例，从图书馆使命、组织管理、战略规划、资金来源、公众支持和技术应用等方面为我国图书馆总分馆的发展提出启示[2]。在国内地区总分馆建设模式研究方面，金武刚从设施建设、资源保障、服务提供和运营管理方面对县域公共图书馆总分馆制的构建与实现进行了论述[3]。金武刚、李国新总结了中国公共图书馆总分馆制的3种建设模式：一是"多元投入、协同管理"松散型总分馆模式，二是"多级投入、集中管理"集约型总分馆模式，三是"单一投入、统一管理"统一型总分馆模式[4]。还有学者对广州、哈尔滨、苏州、嘉兴、厦门等公共图书馆的总分馆制实施路径进行研究。在公共图书馆总分馆体系的资源整合研究方面，倪晓建对国内外公共图书馆总分馆资源整合模式进行比较，分析了不同总分馆资源整合模式的优劣，提出在中国制度环境和政策语境下改进总分馆资源整合模式的建议[5]。

1.2 儿童阅读推广研究现状

1.2.1 儿童阅读推广的主客体研究　主体研究方面，少儿图书馆和具有资源、场地优势的公共图书馆是儿童阅读推广的主要阵地，是儿童阅读推广研究的重点，也有学者探讨图书馆与出版社、政府、民间阅读组织或者企业合作共同开展儿童阅读推广活动的模式[6]。客体研究方面，因为绘本读物具有图文并茂的优点，陈蔚提出可以通过绘本知识讲座、儿童故事会、角色扮演、亲子共读、绘本创作、绘本漂流、绘本治疗等一系列阅读活动让儿童爱上绘本，指导他们开展自主阅读，养成良好的阅读习惯。同时，随着移动阅读设备的兴起，研究者们提出应重视开发儿童数字图书馆网站、加强数字馆藏资源的建设[7]。同时，有研究者指出，新媒体阅读因内容生动形象、信息获取便捷，将成为儿童阅读的主要载体，需要克服给青少年带来浅阅读、杂阅读、盲从和娱乐性的负面影响，老师和家长要予以正确引导[8]。

1.2.2 国外少儿阅读推广的经验介绍　有学者选取典型的国外少儿阅读推广项目，如芝加哥公共图书馆的"暑期学习挑战"项目[9]、澳大利亚的"Read4Life"项目[10]等，从组织机构、活动内容和形式方面对少儿阅读推广进行研究。为了有针对性地开展少儿阅读推广，国外还提出了分级阅读，按照少儿不同年龄段的智力和心理发育程度为儿童提供科学的阅读计划，为不同孩子提供不同的读物，提供科学性和有针对性的阅读图书。其中，蓝思的分级结构是通过全美人类健康与研究所的认证和认可的科学客观的分级方式[11]。同时，国外很重视对阅读推广项目的评估，英国、美国、加拿大等国家针对开展的阅读推广项目进行评估，如英国的"Bookstart"项目评估、美国的全国公共图书馆"暑期阅读计划"项目评估、加拿大全国范围"TD 暑期阅读俱乐部"项目评估等,从投入、产出、结果和影响维度对儿童阅读推广活动进行评估[12]。

大连少儿馆在全市范围内建立起以大连少儿馆为中心馆,整合地区中小学、教育机构及村镇社区图书馆(室)文献资源,逐步建立起布局合理、协调有序、规范高效的管理统一、服务统一、标志统一、资源高度共享的总分馆体系[13]。经过数年实践,在儿童阅读推广方面已获得了较为成功的实践经验。

2 大连少儿馆的总分馆服务模式概述

大连少儿馆 2008 年开始尝试实践总分馆服务,到 2014 年底已建成分馆 100 家、流通站 60 家、智能书屋 8 家,摸索出一套政策、资金和管理三位一体的总分馆服务体系,搭建了开展全民阅读推广活动的大平台。

2.1 政策方面

2010 年围绕大连市"全域城市化"发展战略、《大连市"十二五"时期文化发展规划纲要》[14],以及市委十一次全会提出的"深入实施文化惠民工程,完善覆盖城乡的公共文化服务体系"等工作目标[3],大连少儿图书馆正式向市有关部门提出建设少儿图书馆总分馆服务体系的工作方案,该方案得到了市文化局、财政局等部门的高度重视。2012 年 3 月,由市财政局、文化局和教育局三部门共同签发了《大连市少儿图书资源全域共享建设实施方案》[15]。市财政局按照方案要求,适时为市少儿图书馆和各区县图书馆补贴少儿购书经费和图书物流配送专项经费。市教育局为少儿图书馆的 Interlib 集群管理系统提供终端出口,解决学校分馆网络速度慢、数字资源利用困难的问题。

2.2 经费方面

大连市财政从 2011 年开始,每年持续投入 300 多万元用于总分馆信息资源的补充,其中 2014 年投入 450 万元,每年调拨 150 万元专项物流经费用于各分馆间文献资源的调配,同时承担了 Interlib 图书馆集群管理系统 100 家分馆的 100 万元授权费。

2.3 管理方面

大连少儿馆转换原来"6+1"的组织结构,调整为"4+2"的模式,设立文献资源建设中心、网络资源服务中心、读者服务中心、读者培训中心和业务办公室与行政办公室，这种组织结构与总分馆服务的需求相一致。分馆由文化、教育部门实地考察办馆条件，条件具备才能成为少儿图书馆的分馆。总分馆服务模式以 Interlib 集群管理系统为依托，开展"一馆办证，多馆借书；一馆借书，多馆还书"的服务。各分馆配备图书馆管理员，总馆每年都会采取集中和分片的方式，对分馆管理员进行培训和指导。此外，该项工作还建立了专门的联席会议制度，通过定期召开联席会议对现有有问题进行发现解决，并探讨未来进一步发展思路。

2015 年开始，市少儿馆的工作由建设转为管理，组织调研小组到分馆调研，评估分馆的使用效率，对发展不好的分馆予以撤馆处理。

3 基于总分馆服务模式的大连少儿图书馆儿童阅读推广实践

大连少儿馆实行总分馆服务模式以来，在馆内外开展了一系列儿童阅读推广活动，充分发挥了总馆对分馆的阅读引导作用，通过总分馆整体联动，共同开展展览、讲座、读书、宣传等活动，活动内容丰富、形式多样、覆盖范围广、读者参与度高，经过长期的实践已逐渐形成具有本馆特色的品牌活动。在这些活动的组织和策划中，大连少儿馆把活动的重心下沉，一方面继续注重发挥区市县图书馆的阅读活动组织推荐作用，另一方面，根据总分馆服务体系建设发展的实际需要，有意识地将各分馆作为活动连接点，使活动从最基层抓起，吸引基层分馆的孩子们参与到活动中来，确保人人都有参加活动的机会，并通过地区性活动的引导示范作用，带动各分馆读书活动的推广普及，提高了整体服务效能，也提升了图书馆的社会影响力。

3.1 大连少儿馆总分馆服务模式

3.1.1 采用"协议合作型分馆模式"为儿童阅读推广提供支撑　大连少儿馆采用了"协议合作型分馆模式"，按照"规范标示、集中管理、统一平台、资源共享"的总体要求，总馆为分馆免费提供服务，保障总分馆读者的阅读服务。在业务培训与指导上，总馆采取随时咨询、集中培训、实地指导等方式加强对分馆的业务指导工作，按照总分馆业务标准及规章制度，在馆舍规划、馆藏建设、功能布局、人员培训、读者服务、业务管理等方面给予全面、具体指导。在文献采编与配送上，总馆按照分馆提出的文献使用计划，实现文献的统一采购、加工、整理和编目，并定期向分馆配送。该馆不是简单地把书送到分馆，而是在"文献利用"上做足文章，主动将"馆"

"校"多种资源进行有效整合，加以统筹考虑。在业务系统管理上，采用统一的 Interlib 图书馆集群管理平台进行业务管理，负责对分馆的计算机网络连接进行技术指导，授予各分馆计算机系统权限，统一的业务管理平台使得各分馆无需配置高层技术人员，提高了办馆效率。在工作规范上，少儿馆作为中心馆，是区域图书馆的数据存储中心和技术管理中心，负责制定一系列的工作规程、业务标准和规章制度，同时指导和协调分馆的服务工作。为保证区域内总分馆体系工作顺畅有序，总馆建立了一整套科学的行业规范和业务标准。

3.1.2 "送图书馆到基层"实现阅读资源触手可及 大连少儿馆依托政府惠民政策，发挥自身优势，以"构建具有大连特色的少儿图书资源全域共享服务体系"为目标，以偏远涉农地区为重点，积极推动和深化"总馆——分馆——图书流动站（智能书屋）——流动车"四级服务网络建设。建设过程中，优先考虑偏远涉农地区，在已经建成的 100 所分馆中，偏远涉农分馆占总量的 79%，且均设在中小学和幼儿园，把文献资源送到少儿读者身边，定期通过物流进行分馆间文献资源调换，一方面充分利用了基层学校、幼儿园的馆舍资源，避免了重复建设；另一方面实现了图书馆阅读服务的方便原则，尤其是有条件的中小学把阅读的校本课程开设在图书馆，提高了少儿读者对图书馆的认知能力。

3.1.3 实施"对口帮扶"提升贫困地区阅读水平 大连少儿馆落实习近平总书记在贵州调研及中央扶贫开发工作会议上提出的精准扶贫、精准脱贫的精神，在大连市文广局的支持下，坚持文化扶贫，精准扶贫，落实文化扶贫项目，实施了数字分馆建设，以文化扶贫从娃娃的阅读抓起，培养山区孩子们的阅读习惯，开阔山区孩子们的精神视野为目标，切实解决偏远地区孩子们图书资源匮乏的问题。

3.2 基于总分馆服务模式的儿童阅读推广活动内容

3.2.1 馆内品牌系列阅读推广活动 多年来，大连市少儿图书馆的阅读推广活动秉承着"读者参与、读者满意、读者受益"的理念，深化主题活动。彩虹桥阅读主题活动是大连少儿馆将多年馆内阵地活动中的特色活动进行整合，系统的分出五大系列读书活动。

（1）悦读宝贝亲子系列。邀请专家、志愿者做主讲人，以亲子共读、绘本故事讲读、手工制作、绘本表演等形式，搭建亲子情感桥梁，培养学龄前儿童的早期阅读兴趣，使学龄前儿童从小爱上阅读，养成良好读书习惯。活动包括：绘本故事大家讲、宝贝秀手工、宝贝演绘本剧、绘本故事大赛等活动，主要面向全市学龄前儿童。

（2）阅读欣赏系列。通过视觉的传达形式，帮助未成年读者提升阅读兴趣，培养他们的感知能力及审美观。阅读欣赏系列活动包括：优秀少儿中英文电影、电视片赏析、馆藏数字资源赏析、少儿美术作品展示、少儿语言艺术优秀作品展演等。

（3）外语阅读指导系列。利用各种外语资源，举办各种形式的读书活动，满足未成年读者对原著阅读的渴望，给他们搭建一个外语交流的平台。外语阅读指导系列活动包括：英语沙龙、英文绘本故事、Follow me、Story telling、"学礼仪·秀英语"等。

（4）阅读指导系列。利用各种形式的读书活动，帮助提高未成年读者的阅读能力，引导他们在体验阅读快乐的同时，养成爱读书、多读书、读好书的良好阅读习惯。阅读指导系列活动包括：阅读技巧讲解、专题书评、"教子有方"家长沙龙、少儿朗诵艺术沙龙、明德堂系列讲座、小读者采购团活动、义务小馆员实践活动、益智互动游戏等。

（5）培训系列。提升未成年读者的文化、品德修养，帮助他们有效利用图书馆的文献信息资源。培训系列活动包括：各种短期课外阅读兴趣班、计算机网页制作培训、新读者教育培训等。

3.2.2 总分馆联动推广阅读 依托大连少儿馆总分馆服务体系，策划了以纸质图书为主的海量阅读主题活动和以数字资源为主的彩虹阅读主题活动。

（1）以纸质图书为主的海量阅读主题活动。一种形式是各学校分馆开展特色阅读活动。由总馆辅导分馆馆员策划组织本校师生开展特色阅读活动。例如：从2015年开始，五四路小学安排三个班级的学生到少儿馆来上阅读课，该课程由少儿馆的馆员协助完成。同时，五四路小学成立了"阅读推广教师团"，尝试年级制阅读推广探索。普兰店市37中学分馆连续两年举办以"读国学经典，做少年君子"为主题的读书节，开展"我和书的故事读书报告会""国学经典集体诵读比赛""阅读之星"读书笔记评选等活动，全面推动教师阅读、学生阅读以及家庭亲子阅读。庄河市向阳小学分馆定期举办"经典诵读"百日读书活动，包括"经典诗文配乐朗诵"比赛和"小手拉大手，共读一本书"亲子读书活动等，这一系列主题鲜明、形式多样的活动，提高了学生们的阅读兴趣，扩充了孩子们的知识量。此外，大连少儿馆还组织分馆开展阅读资源推广讲座、图书检索培训、"争当小小图书管理员"等阅读指导活动，普及分馆学生的图书馆利用意识，培养他们利用文献资料的技能，让分馆的孩子们懂得如何利用图书馆、在图书馆寻求帮助、获取知识，认识社会。

另一种形式是集中参与大连少儿馆组织的大型阅读活动。2013年开始，大连少儿馆把大型读书活动"与书为伴·共创明天"启动仪式和表彰大会均设在分馆举办，将大型读书活动引入分馆，以面对面的方式交流成功经验，增强了分馆师生对地区性读书活动的了解。同时，总馆举办的各类大型读书活动，例如：英语文化节英语演讲比赛、"书香家庭"评选活动、"作家进校园"活动、第一届大连市少儿朗诵艺术团选拔赛等，有意识地将各学校分馆作为活动分会场，带动各分馆读书活动的推广普及。

（2）以数字资源为主的彩虹主题阅读活动。为了更好地利用数字资源，推动数字阅读，大连市少儿馆于2015年开启了以推动数字资源阅读为主的彩虹主题阅读活动。一种形式是在原有百所分馆中选择条件好的分馆，稳步进行数字分馆建设，加大数字资源推广力度，在分馆举办数字资源使用专题讲座、通过"班班通"开展共读一本书活动等。

另一种形式是针对贫困地区开展数字阅读活动。随着大连少儿馆总分馆模式的不断规范，2015年下半年开始，大连少儿图书资源全域共享工程向省内贫困地区和大连对口扶贫地区辐射，建设大连市少年儿童图书馆数字分馆，截至目前已在甘肃省白银地区[16]、辽宁省辽阳地区[17]及贵州省六盘水地区建设数字分馆，各馆都已开馆投入使用，这三个地区读者已达24 200人。针对这些偏远落后地区的未成年人，推广本馆数字资源，培养阅读习惯，公平自由地获取知识信息。日常通过网络解答、电话沟通、视频教材等形式组织分馆管理员及读者培训，各馆运行状态良好，阅读活动内容丰富，效果良好。

3.2.3 数字扶贫项目 根据《国务院办公厅关于开展对口帮扶贵州工作的指导意见》（国办发〔2013〕11号）文件精神，由大连市对口帮扶贵州省六盘水市。大连是国家首批公共文化服务体系示范区城市，水城县是国家级贫困县，大连市文广局针对水城县实施了"文化扶贫从娃娃的阅读抓起"精准扶贫举措。2015年12月30日，贵州省六盘水市的九所"大连市少年儿童图书馆数字图书馆分馆"在水城县实验学校一起挂牌。大连市少儿数字图书馆将相当于40万册纸质图书的数字资源向贫困地区开放，包括外研社的英语学习平台、中国少年儿童出版总社的中少快乐阅读平台和博看网等。这些数字资源主题健康、内容丰富，可以让更多的山区孩子与城市孩子一样，享受公共图书资源，达到"扶智"的目的。

215

（1）在指定学校建立数字图书馆并发放数字资源阅览证。大连市少年儿童图书馆在六盘水市第八中学、第七中学、第十九中学、第二十中学、第二十三中学、水城县一小、水城县二小、法那学校等9所学校建立数字分馆，学校在多媒体阅览室（电子教室）等适当位置，悬挂大连市少年儿童图书馆数字分馆牌匾，大连市少年儿童图书馆先为各分馆学校师生免费发放1万张数字资源阅读证。根据该地区读者的需求，大连少儿馆会陆续补发，保证为水城县所建学校分馆发放数量充足的数字资源阅读证。

（2）开展形式多样的数字阅读辅导活动。大连市少儿馆组成数字资源阅读辅导小组，将数字资源使用方法的课程视频刻录成光盘，作为辅导分馆师生的基础资料。同时为水城县学校分馆指派专门技术人员，通过QQ、微信、电话等方式进行对口技术辅导。

（3）设置数字分馆馆员职位。水城县各学校需指派专人负责数字分馆工作，负责对学校师生进行资源使用的辅导，与总馆技术人员沟通，每半年向总馆提交工作总结及利用数字资源开展阅读活动情况（活动计划、参加人员签到、活动照片、总结、媒体报道）。建议每个学校为学生设立固定的电子资源阅读教室（如多媒体教室、电子教室等），做好学生阅览登记和统计，提高资源利用率。

（4）定期组织评估。大连市少年儿童图书馆在数字分馆运行3~6个月内，对分馆使用情况进行调研和互动指导，总结经验，择机在水城县其他学校逐步推广。

（5）组建专项工作团队。成立大连市与贵州省六盘水市水城县少儿图书数字资源共享工作领导小组。组长由大连市文广局副局长和水城县副县长担任，副组长由大连市文广局社文处处长、大连市少儿图书馆馆长、水城县文广局局长和水城县教育局局长担任。成立大连市少年儿童图书馆水城县数字阅读资源业务辅导小组和水城县数字阅读资源业务辅导小组。总馆辅导分馆师生正确使用数字图书资源，对数字分馆的运营维护进行技术指导。

4 大连少儿馆总分馆服务模式下儿童阅读推广效果分析

4.1 效果分析

4.1.1 总分馆服务模式促进少儿馆阅读资源的利用

（1）从新增办证读者人数方面看。如图1所示，自2008年总分馆服务模式实施以来，大连少儿馆总分馆的新增办证总人数呈逐年递增态势。分馆新增办证人数经过 3 年的直线增长后, 自 2013 年起每年办证人数增长量基本稳定在 17 000 人 (总馆各项统计数据截止于 2016 年 10 月 10 日)。

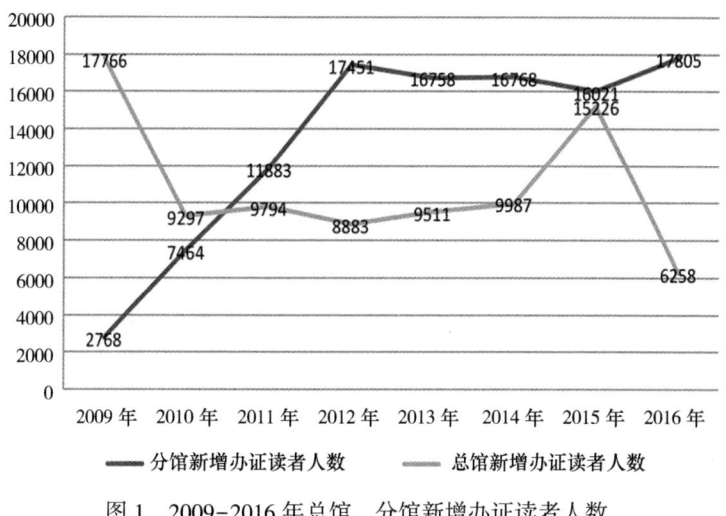

图 1 2009-2016 年总馆、分馆新增办证读者人数

(2) 从年接待读者人数方面看。如图 2 所示, 自 2008 年大连少儿馆实施总分馆服务以来, 年接待读者人数由 2009 年的 36.4 万人次到 2015 年已增长至原来的约 4.52 倍, 约 164.7 万人次; 2016 年截止至 10 月 10 日已接待读者 126.8 万人次。

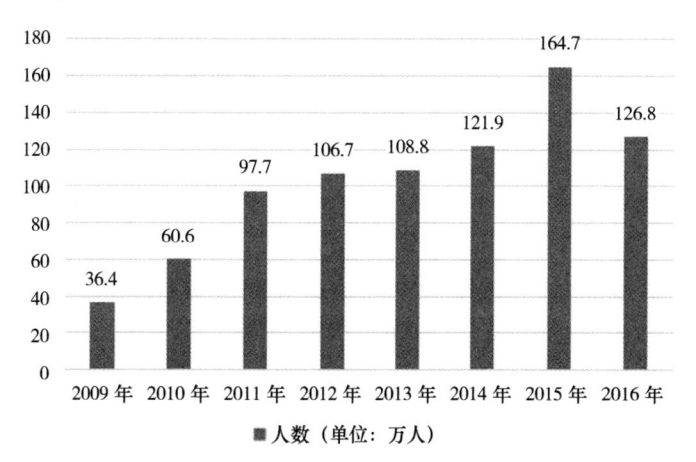

图 2 2009-2016 年年接待读者人数

（3）从文献年总借阅量方面看。如图3所示，文献年总借阅量由2009年的64.19万册增长至2015年的325.9万册，增长至原来的约5倍，截止至2016年10月10日文献总借阅量为505.4万册。其中，分馆借阅量由2009年的7.26万册增长到2016年的316万册，增长至原来的约28倍，增长速度之快令人咂舌，但这些也都充分说明了大连少儿馆实施总分馆服务模式在儿童阅读推广中发挥的巨大作用。

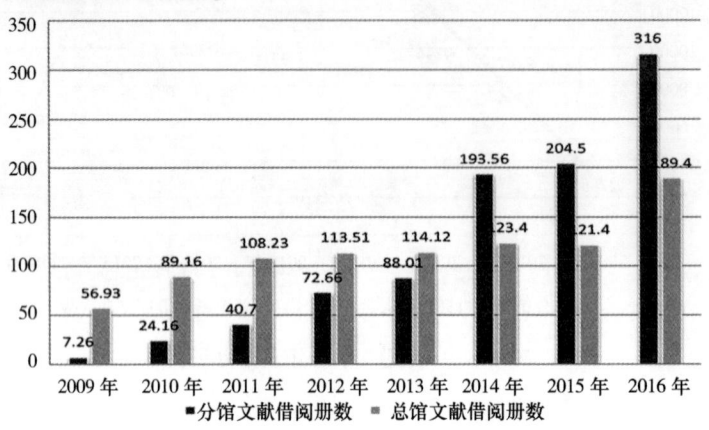

图3 2009-2016年总馆、分馆文献年借阅量

4.1.2 总分馆服务模式推动儿童阅读活动向基层延伸 大连少儿馆总分馆服务网络包括总馆、分馆、图书流通站、图书流动车4级，总馆把社区书屋、农家书屋、中小学及幼儿园的图书室等发展为分馆，再辅以图书流通站和流动车，实现阅读服务网络的全覆盖。少儿馆对分馆统一管理，包括统一管理平台、统一资源配置、统一辅导培训、统一阅读活动，充分发挥总馆的地区引领作用。此外，大连少儿馆及各分馆策划组织举办的各项阅读活动也通过总分馆服务体系及时传达至各基层服务对象，各馆按照其各自的职责协同配合，使得儿童阅读推广工作高效有序进行。

4.1.3 总分馆服务模式能满足欠发达地区儿童阅读需求 由于城乡经济社会发展的不平衡和图书馆体制等方面的原因，造成我国公共图书资源分布极不均衡。大连少儿馆通过实施总分馆服务设计，在全市范围内合理规划分馆网点布局，联动教育系统，弥补欠发达地区图书馆建设投入的缺失，扩大了大连少儿馆的服务辐射范围，使阅读资源稀缺地区的读者也能享受到与总馆一样的阅读服务，在某种程度上极大地促进了城乡阅读资源的均等化。

4.2 未来发展思路

4.2.1 探索网络环境下的儿童阅读推广活动 随着网络和信息技术的发展,读者的阅读方式和阅读习惯也发生了重大变革。2016年4月,中国新闻出版研究院公布了《第十三次全民阅读报告》,报告显示:我国包括书、报刊和数字出版物在内的各种媒介的综合阅读率较2015年有所上升,数字化阅读率持续上升。在阅读方式的选择上,新兴媒介仍旧保持了强劲的增长势头,手机、在线阅读仍是数字化阅读的主流,数字化阅读方式接触率增长迅猛,社交化阅读成为国民阅读的新趋势。大连少儿馆已借助互联网对偏远地区开展数字扶贫阅读项目,在此基础上,应在条件具备的分馆开展数字化阅读服务。

4.2.2 继续强化特殊儿童的阅读保障措施 大连少儿馆基于总分馆服务模式开展的阅读服务对象不包括自闭症等特殊儿童。这些儿童也享有阅读的权利,在未来应加强对他们阅读服务的关注。针对这些特殊儿童的不同特征,创设阅读环境、选择阅读资源、举办阅读活动。

4.2.3 进一步加强儿童阅读推广评价 大连少儿馆于2015年9月中旬至2016年3月底开展了分馆调研走访工作,针对分馆馆藏、藏书结构、图书利用情况和读书活动开展情况等4个方面进行了大致评价,详细的评价指标还在探索中。目前对于阅读推广评价方面的研究不多,对于儿童阅读推广评价的研究更少。评价机制的缺乏造成难以客观地衡量儿童阅读推广工作的优劣,所以建立科学完善的儿童阅读推广评价机制是亟待解决的问题。

参考文献:

[1] 王嘉陵. 美国公共图书馆总分馆制考察 [J]. 图书馆理论与实践, 2011, (4): 66-70, 86.

[2] 刘兰, 黄国彬. 国外公共图书馆总分馆制典型案例分析及其启示——以洛杉矶公共图书馆总分馆制为例 [J]. 图书馆建设, 2010, (8): 2-6, 13.

[3] 金武刚. 论县域公共图书馆总分馆制的构建与实现. 中国图书馆学报, 2015, (5): 42-57.

[4] 金武刚, 李国新. 中国公共图书馆总分馆制建设: 起源、现状与未来趋势 [J]. 图书馆杂志, 2014, (5): 4-15.

[5] 倪晓建, 高莹, 虞敏. 公共图书馆总分馆资源整合模式研究 [J]. 图书馆, 2014, (6): 53-56.

[6] 周琦, 周媛. 谈公共图书馆阅读的多元合作推广模式——以贵阳市首届社区儿童图

书音乐节为例[J].贵图学刊,2012,(1):35-37,11.
[7] 陈蔚.基于绘本的公共图书馆儿童阅读推广研究[D].南京:南京大学,2012.
[8] 孟丽娟.新媒体阅读对青少年精神成长的影响[D].杭州:杭州师范大学,2012.
[9] 周永红,陈思.芝加哥公共图书馆儿童阅读推广项目分析及启示[J].图书馆杂志,2016,35(4):86-91.
[10] 权丽桃.澳大利亚 Read4Life 项目对我国儿童阅读推广的启示[J].图书馆工作与研究,2015,(6):99-101.
[11] 王新利.我国儿童分级阅读存在的问题及对策[J].图书馆,2012,(2):114-116.
[12] 王素芳.国际图书馆界儿童阅读推广活动评估研究综述[J].图书情报知识,2014,(3):53-66.
[13] 曲岩红.大连市少儿图书馆总分馆服务体系建设研究[J].图书馆,2014,(2):34-38.
[14] 大连市国民经济和社会发展第十二个五年规划纲要[EB/OL].[2016-12-05].http://dalian.runsky.com/2011-05/12/content_3898936_10.htm.
[15] 大连市人民政府办公厅关于印发大连市创建国家公共文化服务体系示范区建设规划的通知[EB/OL].[2016-12-05].http://govinfo.nlc.gov.cn/dlfz/xxgk/zlm3/201306/t20130628_3680991.htm?classid=416.
[16] 强晓霞.白银区少儿图书馆2016年元旦举办"数字资源阅读卡"发放活动[EB/OL].[2016-12-05].http://www.baiyinqu.cn/Item/76786.aspx.
[17] 大连市少年儿童图书馆.我馆在辽阳地区建立数字图书馆分馆[EB/OL].[2016-12-05].http://www.greengarden.org.cn/dllib/web/information.do?actionCmd=view&id=3739.

作者贡献说明:

田丽:论文撰写、修改和定稿;

高文静:文献综述、数据收集与分析。

作者简介

田丽(ORCID:0000-0003-4182-7883),副教授,硕士生导师,E-mail:tianlijiaoxue@163.com;高文静(ORCID:0000-0002-8500-9420),硕士研究生。

4I 模型对高校图书馆阅读推广的启示[*]

——以四川大学图书馆阅读推广系列活动为例

1 引言

1.1 研究背景

1995 年 11 月 15 日，联合国教科文组织做出决议，将每年 4 月 23 日定为"世界图书和版权日"（又称"世界读书日"），此后阅读推广在世界各国日益得到重视。2003 年，中国图书馆学会开始倡导全民阅读，标志着国内图书馆界自觉开展阅读推广的时代开启。自此，各地区和机构大力推动阅读活动不胜枚举，积累了丰富的成果和经验。经过全国图书馆界多年的努力，阅读推广逐渐从一种自发、零星、补充式的图书馆服务发展为一种自觉、普遍、不可或缺的图书馆服务[1]。

一个重要的事实是，阅读推广如火如荼开展的 20 年，也是互联网一跃而起、几乎挑战与颠覆了所有行业的 20 年。笔者认为，互联网不仅承载和传播文化，也再造了时代的文化，使得阅读推广处于一个充满悖论和张力的语境，具体而言：

第一，互联网的即时性、低成本性和信息透明化相对于机械复制时代的阅读媒介，其变革效应类似印刷术取代手写，大大降低了阅读的门槛，带来的最大好处是信息产品的易获得性、高普及度。这与阅读推广的初衷以及图书馆行业的核心价值——信息平等化是契合的，二者的合璧是无争议的共识。

第二，互联网的信息加工服务异常发达，复杂、庞大的信息往往被加工包装为短平快的产品上线，为受众提供容易下咽的"快餐"，带来福利的同时产生一个问题，就是阅读的惰性。阅读门槛几乎被消弭，阅读活动原本所需要付出的精力、金钱、智力成本都大大缩减，带来阅读的祛魅化（disenchant-

---

[*] 本文系 2016 年度四川大学中央高校基本科研业务费研究专项（哲学社会科学）项目——青年教师科研启动基金项目"新媒体技术环境下高校图书馆阅读推广 4I 模式探索"（项目编号：skq201629）研究成果之一。

ment)[2]。从心理学角度来看，阅读行为本身不再被郑重对待，愈加走向随意化、碎片化、消闲化，阅读效应大大贬值，网络时代完整读完一本书在多数人日常生活中变成稀有的事情，此现象与阅读推广的目标又背道而驰。

以上悖论就是现代意义上的阅读推广面临的现实语境，互联网一方面降低阅读推广的技术成本和难度，一方面又对读者的阅读动机和意愿构成某种阻碍。因此，研究当代阅读推广特别是针对处于信息海洋中的"80后""90后"高校读者，笔者认为需要借助创新的营销思维，考察Web 2.0时代读者的偏好和习惯，从而制定行之有效的推广策略。

1.2 研究现状

目前学界针对阅读推广的研究已有相当积累，在CNKI数据库以"阅读推广"进行关键词检索，获得论文共1 857篇；其中，从高校图书馆角度展开研究的有479篇（以关键词"阅读推广""高校图书馆"或"大学图书馆"组配进行"逻辑与"检索）；在此基础上，增加关键词"营销"进行二次检索，结果为8篇。此统计表明，阅读推广是目前研究的热点之一，且已引起高校图书馆界的高度重视，但从营销思维的角度来看待和思考高校图书馆阅读推广工作的，目前还为数不多。其中，范继荣的《新营销视域下的高校图书馆阅读推广新模式》[3]一文主要从宏观角度介绍了新营销理念指导下高校图书馆单独推广和联合推广的典型策略，并提及广西民族大学的实践活动；薛宏珍的《服务营销组合理论在阅读推广中的应用研究——以广西科技大学图书馆"书香吧"服务营销为例》[4]和《服务营销组合策略在阅读推广中的实践与探索——以广西科技大学图书馆"微书评"为例》[5]两篇论文，均以营销组合理论为视角，结合广西科技大学图书馆的实践案例，论述阅读推广开展中起关键影响作用的7大因素；另外，张颖的《高校图书馆用户参与阅读推广营销策划的实践与对策》[6]、姜婷婷等的《基于体验营销理念的高校图书馆阅读推广模式构建》[7]、李肖的《视觉营销对高校图书馆阅读推广的启示》[8]、姜化林等的《高校图书馆网络营销式阅读推广策略研究》[9]这4篇论文也运用不同的具体营销策略，结合高校图书馆阅读推广实践进行了有益的思考和探索；王静等的《新媒体环境下高校图书馆阅读推广微营销风险管理研究——对某品牌手机微营销案例策划失败的思考》[10]一文，将研究细化到一定程度，专门论述新媒体营销的风险管理。

以上成果表明，将营销思维引入高校图书馆阅读推广研究，目前已有零星尝试，其中不乏新颖的创意和启发，同时也发现，此领域也富有继续横向拓展和纵向深入的空间，比如营销学领域还有更多的理论与方法可供借鉴，而营销学助力阅读推广、特别是针对当代高校读者的具体运用，其规律、经验以及理论建构都有待进一步探索和呈现。本文引入营销学在 Web 2.0 时代提出的 4I 理论模型，正是将互联网这一媒体作为重要的研究前提来考察新的语境下阅读推广应该具备的重要元素，并结合高校图书馆阅读推广案例，借用"逆向工程"[11]的方法加以剖析和解读，从应用的角度验证该理论的实践意义，从而总结优秀案例的共性与规律，以期为阅读推广实践工作提供清晰明了的参考原则。

2 4I 模型简介

"4I 模型"（Individual gathering，Interactive communication，In and Inside，I）是一个营销学概念，由中国无线营销理论的开创者、手机媒体专家朱海松先生提出，在《4I 模型：Web2.0 的营销本质初探》一文中，他认为传统的营销 4P、4C、4R 理论将被 4I 理论所取代，网络营销模式对建立新型的顾客关系给出了全新的方式，不理解网络世界的本质，将无法展开有效的广告营销活动[12]。诞生于 Web 2.0 时代、以"互动"为核心的 4I 模型是指：第一个"I"：Individual gathering，个体的聚集；第二个"I"：Interactive communication，互动的沟通；第三个"I"：Inside 或 In，在里面；第四个"I"：就是 i，即"我"的个性化。

模型如图 1 所示[13]：

图 1 网络营销的"4I 模型"

4I 模型的提出基于对互联网的观察和理解之上，它为审视网络时代的营销提供了一个广义的视角。与传统营销理论不同的是，它既非单纯从营销主体的角度静态地审视营销行为，也非仅仅从消费者角度侧重于强调客户需求和市场变化，或者将两者结合，建立和维护两者的稳定关系；而是在既有理论基础上，把目光焦点转向营销的媒介，从当今时代最为重要和显赫的媒介——互联网入手，动态地观察这一媒介革命所带来的格局变化，研究网络环境下营销主客体之间形成的一种新型关系。4I正是基于对这种新型媒介所催生的新型关系之观察和研究，从而提出的一套营销策略。

3 4I模型对于高校图书馆阅读推广的实践意义

4I模型提供了一个与时俱进的方法论，非常有益于检视传统思维方式下业务开展的短板，为图书馆行业开展创造性的推广宣传活动提供了耳目一新的思路。以下就以学者朱海松对4I的论述为指南，以四川大学图书馆近年来系列阅读推广活动为例证，考察该模型对于高校图书馆资源推广的实践意义。

3.1 明确分众的阅读推广

4I理论认为，互联网时代的用户由于兴趣、爱好的驱使，形成了各式各样的"客"，博客、播客、换客、闪客、淘客等，以及他们所聚集的各类门户、垂直网站及形成的"社区"，其本质就是"分众"。虚拟社区的存在就是"个体的聚集"，从而形成"有共同目的"的"分众"，或者也可称为"个众"[7]。

分众的概念实质是对服务对象的精准分类，并利用互联网技术对其进行追踪、采集和挖掘，从而展开定向传播、精准营销。在传统的高校图书馆服务模式中，不同的院系专业、不同的年级学位、不同校区等，都是划分读者类型的根据，是既有的"分众"概念。然而经验告诉我们，由于划分标准过于粗放简单，这样的"分众"不一定能形成有效地聚集，不一定能产生良好的传播效应。相反，"拍客"（指用数码设备拍摄并上传网络分享、传播影像的人群）、"驴友"（指旅游爱好者）、"书虫"、影迷、名人的"粉丝团"等，具有强大而鲜明的聚合力，当今互联网百"客"云集的生态，是以兴趣和注意力为坐标而形成的部落，唯有充分理解和准确把握年轻一代的关注所在，与他们的脉动准确契合，才能展开有针对性的传播，从而达到推送资源、引导阅读的目标。

个体聚集是基于网络环境的分众营销原则，此原则对阅读推广带来的启示，可参考2014—2015年四川大学图书馆"光影阅动·微拍电子书"，该活动以总分第一名成绩获得首届全国高校图书馆阅读推广案例大赛一等奖。

"微"与"拍"是该活动创意的两大关键词:"微"指通过微博、微信、微视频等渠道推广,"拍"则是用手机、DV、美拍等工具录制。"微拍电子书"请读者以自助拍摄 60 秒视频的方式,推荐他们心目中优秀的电子书,分享阅读方式和体验。不难看出,此活动对读者参与提出了一定门槛要求,执行难度不可谓不高,但由于对互联网时代校园读者的充分了解和准确观察,提炼出明确的"分众"定位——电子书用户和视频达人的交集,是以兴趣和注意力为坐标形成的有效"个体聚集",因此活动开展十分顺利。前期造势阶段在全校征集学生,参与样片《你值得拥有》和《十二星座如何看书》的编剧、创作、演出及观影,成功营造了氛围,初步形成注意力的聚合;随后活动组以校园采访的方式继续深入,如"最近在看什么书?""纸本阅读和数字阅读更青睐于哪一种?""请分享一种特别的阅读方式?""请畅想未来图书馆或未来阅读是什么样?",形成兴趣与话题的聚合;接下来活动组趁热打铁,在部分读者流露参与意愿之际,为同学们开办关于视频拍摄与制作的专场技能讲座,至此阶段,"个体的聚集"顺利走向精准、有效,"有共同目的"的"分众"已然成形;因此,当读者拿起自己手中的设备拍摄投稿,他们已经乐在其中,对活动的关注和传播也达到高潮。

"微拍"分别于 2014 年 11 月、2015 年 3 月举办两季,共征集投稿 104 份,投稿参与人数达 167 人,活动期间,现场询问人次达 1 000 余人;校内采访师生 60 余人;报名"微拍"讲座 29 人;观看"微拍"作品展近 5 万人。四川大学图书馆官方微博更新"微拍"相关消息 32 次,微博话题#微拍电子书#话题阅读量 115.8 万人次,微博互动讨论 186 条;四川大学官方微信发布活动信息 1 条,总阅读量为 3 309 次;图书馆官方微信发布活动推送 24 条,总的阅读量为 1 633 次[14]。

这一案例表明,个体聚集原则贯穿于优秀的阅读推广实践中,它对特定兴趣和特长的个体进行定位、聚合并产生扩散效应,从而产生良好的推广效果。由此带来启发,在策划之初有意识提炼出明确的目标分众,针对读者中的特定对象定向传播,有利于展开精准有效的推广和服务。

3.2 激活互动的阅读推广

4I 理论指出,相对于传统媒体,作为第四媒体的互联网使互动成为可能,媒体不再具有强制性,由普通的大众传播转变为区隔化、顾客导向与个体化,个体具有了选择的自由,在 Web 2.0 时代,我们即是"主",也是"客"[7]。

互动,是 Web 2.0 时代最为突出的特征,对于高校图书馆来说,资源推广不再意味着单向度的推送、宣传,读者既是内容的接收者,又是内容的生成者。如果说在单向度、静态化的 Web 1.0 时代，资源推广实行还存在资金门槛高、执行难度大、收效甚微的障碍；Web 2.0 技术的兴起，正好提供了克服上述困难的有利条件，使推广变得相对灵活和容易。智能手机的普及，微博、微信的流行，使得互动成为一件低成本和即刻实现的事情，低成本和即时性的互动带来好处就是读者参与度的提升，而高参与度正是维持读者高忠诚度的重要前提。既然技术门槛在 Web 2.0 时代已不再是难题，那么与读者互动的质量和深度就是馆方需要考虑的重点。一个有效的互动模式应该是"线上——线下——线上"的良性循环。

在上文案例"微拍电子书"中，已可见"互动"元素在阅读推广中的重要性，下面再举一例，以推广难度更大的古籍资源为例，来说明 4I 模型的第二个 I，互动原则的作用。2015 年 11 月，四川大学图书馆在读者服务周期间，推出了一项名为"跟我学做线装书"的活动，该活动同时面向校内外读者，以《四川省城尊经书院记》作为蓝本（源于该书院为四川大学前身之一），由古籍修复人员手把手教读者制作线装书，旨在让读者感受中国优秀传统文化，认识、体验古籍修复基本流程，培育公众的古籍保护意识，推进古籍保护事业的发展。此活动推出，读者参与热情出乎意料地高涨，达到争相询问、名额供不应求的效果。考察其成功经验，源于对互动原则的灵活运用。活动前一周，图书馆微博、微信平台密集推出系列高质量文案——《养在深闺人未识｜古籍阅览室美图大放送》《影像纪｜一本古籍在川大图书馆会经历什么?》等，以年轻人喜闻乐见的网络语体、以精心装饰的阅读环境，拉近本馆古籍特藏与读者的距离，使读者心向往之。而活动邀请《古籍修复的艺术｜感受在网络时代做手艺人的情怀》作为重点文案，特别注重图文编排传达出的时尚气息，一扫古籍在年轻读者心目中"故纸堆"的印象，同时树立起专业、活力、富有审美情趣的馆员形象，读者转发评论直呼"高大上"，微博、微信的传播力量使影响扩大到校外，读者纷纷询问，两天之内，每天限 5 人为期一周的参与名额被一抢而空，第一阶段的"线上"互动取得良好收效。第二阶段，读者来到馆内参与活动，此处互动设计的核心是把握好"输入"与"输出"这两个关键词。观察表明，面对互联网时代日常式的海量信息"输入"，人们唯独对那些自己做出了回应、评论，也就是自己参与了"输出"的信息和事件保有深刻印象和长久关注。因此，在工作人员简单培训后，活动重点立即放在帮助读者"输出"自己的理解、产出自己的线装书环节上，在其间穿插古籍知识介绍与解答，整个过程在互动气氛中非常具有人性化，当读者亲手做出并带走自己的线装书，他们的成就感与喜悦溢于言表，这是第二阶段"线下"的深层互动。第三阶段，读者将自己的参与过程、成品以及对图书馆的印象晒在微博和微信上,形成二次传播效应,不少读者询问何时再次举办,更有华德福学校希望图书馆教师能够亲临该校指导小学高年级学生制作线装书,线上传播的力量可见一斑。而馆员的再次评论、转发,跟进与读者的联络,是新一轮的"线上"互动,为下一次的参与互动奠定基础,形成"线上——线下——线上"的良性循环。

参与、体验是第二个I互动原则的核心,而要使互动取得好的效果,在于把握"输出>输入"的原则,引导和帮助读者"输出"属于自己的创造成果。

3.3 具有黏性的阅读推广

4I的第三个I意为"进去了"并长时间"在里面",这是4I理论所强调的"黏性"原则。笔者理解,黏性是指信息具有吸引用户的能力、被用户记住的特点以及使用户持续保持兴趣乃至产生依赖的潜力。

根据第三个I的原则,阅读推广策划应该使得读者不但乐意"进去",而且长时间"在里面",生成巨大的"黏"性,这是尤其值得付出人力、物力来达成的目标。在这个号称浅阅读、泛娱乐的时代,投入地阅读、精读越来越成为一项奢侈的事情,在大学生群体中,容易产生"黏"性的往往是网络游戏、社交软件、购物网站等,它们正各自以魔性十足的虚拟空间圈走读者,像一把双刃剑,提供了便利与享受的同时,也耗散着年轻人宝贵的时间精力,由阅读带来的那种思考力、创造力严重萎缩,如果高校图书馆不正视和回应这一时代的挑战,向读者提供可与之竞争的服务,就有负于自身作为"大学的眼睛和心脏"所承担的人文使命。

从阅读推广开展多年的经验来看,不乏短期活动形式的优秀案例,这些推广实践可以提升读者对阅读的兴趣,但仍不足以帮助读者建立长期、终生的阅读习惯。尤其是当大学生毕业进入职场,缺少了校园文化氛围的激励,阅读就容易走向功利化和不可持续。In and inside这一原则为阅读推广的长期目标、可持续发展提供了思路。以"黏性"标准来评价,四川大学图书馆推出的精品服务"书香川大",同时具有吸引用户的能力、被用户记住的特点以及使用户持续保持兴趣乃至产生依赖的潜力,不失为一项符合in and inside原则的服务品牌。"书香川大"旨在打造属于川大人的终生书房,为毕业生提供一个即使离校也能继续使用的精品阅读平台。在校师生只需简单扫码注册,就能在任何时间、任何地点、不同的终端上访问"书香川大"数字图书馆,免费使用10万册电子图书和3万册听书。而它又不仅仅是一个数据库,同时也是一个阅读社区:亮点在于每个读者都拥有自己的终生书房和个人书架,在校期间乃至终生的阅读记录得以保留,而且能够实现书友暨校友之间的互荐图书、分享书评、推荐图书、建立读书小组等交互活动。读者的阅读趣味、思想表达、母校情结、校友互动等，都可以在这一平台上通过阅读变得可视化。实践证明，"书香川大"受到读者真诚欢迎，一经推出便吸引众多师生成为用户，仅2015年4月读书节期间，短短几天就引导读者关注或体验该数据库达11 188人次，至2016年4月，访问达88 127人次，建立个人书房2 204个，书评4 360条[15]。用户增长和读者使用数据表明，基于建立长效阅读机制的推广，在设计操作层面充分注重"黏性"的生成，有助于提高用户忠诚度，帮助读者建立长期的阅读习惯。

3.4 彰显个性的阅读推广

4I的第四个I，就是"我"的意思，代表对个性化的强调。4I理论认为，网络上的个性化是通过互动体现出来的，它不仅指个性表达，还指个性需求、个性交流等各种各样的个性化特征[7]。

如果把Web 1.0时代的网站比喻成一个提供和发布信息的"黑板"，那么Web 2.0时代的网站则更像一个开会的"圆桌"，为用户提供了真正具有信息自主权的平台。当代大学师生当中，微博、微信、人人网、QQ空间、豆瓣等，都是极具人气的资讯工具，随着智能手机的普及，APP的安装使用越来越便捷，年轻人使用上述工具就变得越来越频繁。手机应用在每位用户手中，都可以成为大放异彩的自媒体，分享和交换专具个人视角和创意的信息。在人人有权上传、有权选择、有权发布的条件下，一旦某个原创信息引发共鸣，广大用户就会形成自发的传播效应，产生"刷屏"现象。

因此对第四个I，个性化原则的运用，要建立在对读者兴趣、视角的充分了解上，因为自媒体的内容筛选标准掌握在受众自己手中，凸显的是受众自身的个性，这个信息传播与接受体系是完全个性化的。喜则追捧、不喜则踩，鲜明的爱憎是大学生群体的突出特点，要赢得读者手中尽可能多的传播渠道，就必须明确这是一个"内容为王"的时代，唯有提供个性化、原创性且能激发读者表达欲和传播兴趣的内容，图书馆才能在青年师生当中具有存在感，甚至成为影响和指导阅读的"意见领袖"。

以时下热门的微信公众平台为例，近年来多数高校图书馆都建立了自己的微信公众账号，如何避免流于雷同和平庸，形成个性与特色，使图书馆在读者心中不再是被动提供服务的工具性存在，而是一个主动发声、有着独特人格和人文风采的位格化主体，与读者产生人性化互动，就是4I模型第四个I要解决的问题。

四川大学图书馆微信公众账号堪称一个成功的APP轻应用[16]案例，它将"有用、有趣、有爱"作为自己的个性定位，除了绑定图书馆的常规服务为读者提供便利外，采取收集馆员原创的方式，定期向读者发布文章，以推送图书馆资源和服务为主，没有转载，均为原创。而馆员的创作也充分与年轻读者的口吻与视角贴近，默契地使用"微信体"，没有专业艰深的图情术语，而是风趣幽默、平易近人，用最易消化的短文、图片、音频、视频，全方位推介图书馆，取得意想不到的传播效果，粉丝数量从2015年初的1 000多人，用一年时间成功破万。其中一个里程碑式的事件是2016年1月20日，该平台推出"您的2015年度阅读对账单"，因其带给读者的私人订制感和一键分享的便捷，在微信朋友圈中迅速传播，当天粉丝量暴增5 045人，充分体现了自媒体时代尊重用户个性需求、鼓励个性表达和交流的威力。

另一篇在读者中极富口碑的帖子题为《芈月传丨如何优雅而专业地八卦》，在2015年12月推出，趁着电视剧热播之际借势推广，有意将历史考据称为"八卦"，娱乐轻松的口吻之下，逻辑严密、天衣无缝地向读者依次介绍了从读秀图书搜索到明远搜索，从馆藏文献到中国基本古籍库，从纸本图书到电子图书等资源，阅读量高达6 865次，许多读者评论"这个推送给满分"，戏说自己成为图书馆教师的"脑残粉"，与读者的互动效果非常理想。

其他诸如《屋中自有黄金书——奥斯卡获奖影片原著欣赏》，以青年学子关注的热门影片为引子，推送经典文学；《我们的科幻情结：总有一个触动你心》，以70、80、90三代人共同的集体回忆，唤醒读者心中的科幻情结，推送本馆纸质和电子资源，并切合当月在成都举办的第六届全球华语科幻星云奖借势宣传；《大家来找座，技多不压身，文理馆最全找座攻略！》，以馆员对图书馆内部空间构造了如指掌的优势，贴心为考试期间的读者介绍自习场所，并附有错峰、隐藏福利等温馨提示；《小布布的奇幻之旅——在到达你手里之前，小布布都经历了什么》，以动画视频的形式，将图书与光盘经历预订、采访、编目、加工、典藏、上架的过程向读者拟人化显现，以解答读者找书过程中遇到的困惑。以上列举仅为馆员们原创微信的一小部分，代表着此微信公众号的风格与取向，集趣味性、实用性与爱心关怀于一身，不但体现着图书馆这个大写的"I"，其个性、特色与优势，又体现着图书馆员这个"I"，其专业修养、服务理念、个性风采，更重要的是对于读者这个"I"，是"我"所需、"我"所想、"我"所爱。个性表达、个性需求、个性交流以及个性服务，将图书馆与读者连接为一个有机的、成长的共生体，使图书馆在读者心中不再是被动提供服务的工具性存在，而是一个主动发声、有着独特人格和人文风采，与读者脉搏一起跳动的同伴、师长、好友。

4 结语

4I模型作为在互联网时代提出的营销学原则,具有普遍的指导意义。运用这个视角审视高校图书馆阅读推广工作,可以带来一系列具有实践意义的发现。本文所举4个案例("微拍电子书""跟我学做线装书""书香川大"和川大图书馆微信平台),每一例都贯穿着4I的全部原则,本文在论述中一一有所侧重,旨在以丰富的角度,论证该模型的实践意义。总之,成功的阅读推广应该具备4I中的一个或者数个要素,即确定分众、激活互动、产生黏性、彰显个性。本文参照营销4I模型,制作了阅读推广的4I示意图,以期为高校图书馆阅读推广实践工作提供清晰明了的参考原则,如图2所示:

图2 高校阅读推广4I模型

互联网的兴起是这个时代最深刻的改变,作为信息与情报中心的高校图书馆,既是最直接的受冲击者,也可以成为反应最敏锐的受益者。面对网络时代个性化、碎片化、快餐化、去中心化的潮流,图书馆人运用4I的营销思维,不是肤浅地迎合时代,而是创造性地回应时代,以自己对大学人文价值的坚守,在众声喧哗的信息集市中主动出击,为青年学子奉上真正有营养的精神盛宴。

参考文献:

[1] 范并思. 阅读推广与图书馆学. 基础理论问题分析 [J]. 中国图书馆学报, 2014, (5): 4-13.

[2] 王泽应. 祛魅的意义与危机——马克斯·韦伯祛魅观及其影响探论 [J]. 湖南社会科学, 2009, (4): 1-8.

[3] 范继荣. 新营销视域下的高校图书馆阅读推广新模式 [J]. 科技情报开发与经济, 2014, (17): 45-47.

[4] 薛宏珍. 服务营销组合理论在阅读推广中的应用研究——以广西科技大学图书馆"书香吧"服务营销为例 [J]. 图书馆学研究, 2015, (23): 59-64.

[5] 薛宏珍. 服务营销组合策略在阅读推广中的实践与探索——以广西科技大学图书馆"微书评"为例 [J]. 图书情报工作, 2016, 60 (3): 83-89.

[6] 张颖. 高校图书馆用户参与阅读推广营销策划的实践与对策 [J]. 中华医学图书情报杂志, 2015, (12): 42-45.

[7] 姜婷婷, 陈若迅, 于姝, 等. 基于体验营销理念的高校图书馆阅读推广模式构建 [J]. 四川图书馆学报, 2015, (12): 48-51.

[8] 李肖. 视觉营销对高校图书馆阅读推广的启示 [J]. 大学图书情报学刊, 2014, (1): 85-87.

[9] 姜化林, 刘进军. 高校图书馆网络营销式阅读推广策略研究 [J]. 图书馆研究, 2014, (4): 46-48.

[10] 王静, 都平平, 尹良伟, 等. 新媒体环境下高校图书馆阅读推广微营销风险管理研究——对某品牌手机微营销案例策划失败的思考 [J]. 现代情报, 2016, (3): 101-103.

[11] 奇普·希斯; 丹·希斯. 让创意更有黏性: 创意直抵人心的六条路径 [M]. 3 版. 姜奕晖, 译. 北京: 中信出版社, 2014: 230.

[12] 朱海松. 4I 模型: Web 2.0 的营销本质初探 [J]. 广告大观 (综合版), 2007, (6): 116-117.

[13] 朱海松. 微博的碎片化传播——网络传播的蝴蝶效应与路径依赖 [M]. 广州: 广东经济出版社, 2013: 224-225.

[14] 马继刚. 四川大学图书馆: 光影阅动·微拍电子书 [EB/OL]. [2016-04-12]. http://www.chinalibs.net/ArticleInfo.aspx?id=384738.

[15] 书香川大 [EB/OL]. [2016-04-12]. http://scdx.chineseall.cn/org/show/index.

[16] 白明凤, 匡惠华. 高校图书馆移动信息服务中轻应用模式的应用及其借鉴——基于高校图书馆微信公众号的分析 [J]. 情报资料工作, 2014, (4): 78-81.

作者简介

吴诺曼 (ORCID: 0000-0002-5882-5684), 馆员, 硕士, E-mail: 1138462@qq.com。

基于市场细分的大一新生阅读推广研究
——以燕山大学为例

1 研究背景

1.1 市场细分与新生阅读推广

美国市场学家温德尔·史密斯于1956年提出了市场细分的概念。其本质是以消费者为中心，用有限的资源和服务集中起来向最有效的、具有共同特征的目标细分市场提供产品或服务，以达到预期目标[1]。其对市场的分类乃基于受众的不同特质，比如行为、心理、年龄、文化层次、生活方式等。

高校读者以在校生为主，其中本科生、硕士生、博士生的数量依次减少，读者数量集中，层次鲜明。除各专业学生的学科要求和阅读兴趣呈现分化外，不同年级读者的阅读需求也会因学业压力的阶段性或者随着人生观、价值观、世界观的不断变化而改变。从严格意义上来说，每位读者的阅读活动是存在绝对差异的，而学业规律、行为特征、心理需求又使大一新生形成了大致相同的表现，因此作为一种市场营销活动，阅读推广可借鉴市场细分的理念，把大一新生从整个高校读者群体中抽取出来形成细分市场。即读者群体需求的差异性形成了市场细分的基础，效益最大化的目标和愿景强化了阅读推广市场细分的必要性，而大一新生的同质性特征则使市场细分有了实现的可能性。针对新生开展阅读启迪、兴趣培养、习惯固化等阅读活动，从长远看，其效果应优于对高年级时已经固化的阅读习惯进行改变，对全民阅读工程的整体推进大有裨益。

1.2 相关文献

目前针对阅读推广活动的研究集中在创新案例分享、活动总结、活动效果评价、理论探析等方面，针对不同层次读者的认知差距、心理需求和阅读需要进行细分，或针对低年级本科生阅读兴趣培养、阅读现状、阅读意愿的研究较少。其中鄂丽君[2]、田丽丽[3]等学者介绍了美国部分大学针对大一新生开展同一本书"共同阅读"活动的情况，但此类活动更倾向于作为一种交流平台来引领和塑造学生的价值观;王波[4]认为高校图书馆应把握大一新生阅读饥饿感和求知自由感强烈的时机来引导同学读书,并介绍了北京大学图书馆迎新书目推荐活动,以及可供新生阅读的几种书目类型。刘雅琼等[5]、李铭[6]也分别认为应该实施群体差异推广策略,区分受众的年龄、文化、职业,对不同阅读需求和兴趣的读者"量身定做"有针对性的阅读指导;秦疏影[7]、郭文玲[8]分别通过问卷调查的方式分析了大一新生的阅读行为、倾向和特点,并给出了图书馆开展阅读指导的对策。

从目前的研究成果看,部分学者和图书馆已经意识到了对读者群体进行细分或面向新生推广阅读的重要性并开始实践。鉴于一方面读者对阅读的意愿、态度和动机是不同的,而另一方面高校图书馆的精力和投入是有限的,笔者通过分析燕山大学的历史借阅数据和新生特征,建议把大一新生作为阅读推广的细分目标市场,并提出相关推广策略,以期为高校图书馆开展阅读推广活动提供参考。

2 新生阅读现状及群体特征分析

2.1 新生阅读现状

以燕山大学为例,笔者通过分析4年的读者借阅数据,并与统招统分的入学名单(不包含独立学院和留学生)结合,得到大学生在第一学年和第二学年入馆借阅图书的人员数量,并比较两个学年的重复读者,得出第二学年比第一学年流失以及新增的读者数量。统计结果如表1所示:

表1 近年来入馆借书的新生数量及占比情况

年级	新生人数	第一学年入馆借书的新生人数/占比	第二学年入馆借书的新生人数/占比	第二学年流失新生人数/新增新生人数
2011级	4 263	2 937/68.9%	2 589/60.7%	776/428
2012级	4 328	2 816/65.1%	2 424/56.0%	808/416
2013级	4 798	2 771/57.8%	2 780/57.9%	657/666
2014级	4 720	1 633/35.0%	—	—

注:每个学年指当年的9月1日至次年的8月31日

从表1可以看出,与近年来业界整体借阅情况一致[9],受信息技术、社交媒体以及移动阅读等因素的影响,第一学年入馆借书的新生占比逐年下降,其中2014年因校区调整导致读者借书不便,借书的新生数量呈断崖式下跌。

在第二学年中，2013级流失的读者和新增的读者数量基本持平，但2011级和2012级流失读者明显多于新增读者，导致该年级借书读者总体减少，与第一学年借过书的读者数量相比，流失率在23.7%~28.7%之间，即在大一期间借过书的读者中，约有四分之一在第二学年不再借书。另外根据数据分析，2011—2014级借过书的新生中，第一学年分别有24.3%、25.8%、28.6%、25.7%的读者仅借过一次书（每日不同时段和地点借书仅算做一次）。上述数据反映出：①第一学年入馆借书的读者比例不高，借书次数较少；②第二学年读者流失率过高；③上述数字涵盖了学业驱动型的借书行为，而基于兴趣的借书人次应该更少。

2.2 大一新生的细分市场特征

市场细分的目的是通过定位群体的差异性来取得经济效益。阅读推广市场细分的标准或基础可以有很多种，比如对待阅读的态度、阅读的动机、读者所学专业、阅读量大小，等等。从效益最大化的原则出发，大一新生是高校内最适宜培养阅读兴趣、养成阅读习惯的群体，其所具备的下列特征也佐证了按照年级进行细分的有效性。

2.2.1 可衡量性　指细分市场有明确的范围。高校的组织架构决定了学生所处的"年级"本身就是直观明了、相对独立的标签，并且方便通过学号识别。他们有共同的学业和活动规律，易于衡量和分辨。

2.2.2 可进入性　指能进入并有效地开展营销活动。新生具有较强的好奇心和新鲜感，容易接纳新鲜事物，乐于参加各种社团活动，且其住宿和活动场所相对聚集，易于阅读推广活动的开展。

2.2.3 效益性　原意指细分市场的规模要达到能足够获利的程度。从阅读推广的角度，目标群体以"学年"为周期更替，规模可保持长期稳定；相比高年级读者，新生更容易接受阅读兴趣的引导和培养，在图书馆精力和成本固定的情况下，能获得更高的整体社会效益。

2.2.4 差异性　指细分市场在观念上能被区别。大一新生高考压力突然消失，学习方式从应试学习改为自主学习，导致目标缺失或心理不适；缺少了教师和家长的近身管教，自律性、独立性差，处于自由和独立的矛盾阶段，渴望集体组织的认可；课程以通识课为主，学业较轻，阅读的功利性淡薄；部分高校不允许第一学年携带电脑，受网络游戏影响小，自主时间多；作为高考的胜利者，信心满满，有较强的阅读饥饿感和求知自由感，希望能博览群书[4]。

总体来说，在适应新环境的过程中，新生面临的人生课题突然增加了很多，这些因素为图书馆阅读推广的介入提供了很好的机会。有效的引导可以使阅读占据新生空闲时间并固化为习惯，填补空虚，摆脱无聊，充实新鲜的大学生活。否则，其他不良习惯会乘虚而入，部分学生甚至会沉迷于网络游戏，并且随着高年级专业课的增多，需要花费更高的成本去改变已经固化的行为习惯，因此机会稍纵即逝。图书馆以及阅读推广的介入也可作为新生面对新环境、新生活时敏感、压抑、焦虑等心理压力的疏导手段，即新生的阅读推广不仅仅局限于阅读，也对学生树立新的目标、人际关系的构建、学习方法的形成、心理健康甚至在整个大学生涯中顺利成长有着重要影响。

3 新生的阅读推广重点和推广策略

3.1 新生的阅读意愿分类及推广重点

从对阅读的喜好程度划分，大一新生可分为4种类型：①阅读爱好者；②潜在阅读者；③迟钝阅读者；④消极阅读者。经过中学的应试学习之后，学生的兴趣发生分化，喜爱阅读的同学能保持对阅读的渴望，长期阅读不足造成了很强的饥饿感，入学以后如鱼得水，会迫不及待地利用图书馆开展阅读，即第一种；对于第二种类型的学生，学业的压力使其忘记了读书的快乐，阅读的欲望暂时被抑制，但如果能给予适当刺激则容易重新燃起，而不加引导的话，他们会被大学生活的新鲜感或其他兴趣点所吸引，阅读欲望则被压制直至成为记忆；第三种属于少年时期没有培养读书习惯的一类学生，长大后也没有体会过阅读带来的乐趣和阅读对心灵的震撼，需要以较为强烈的、持续的活动和优秀的实例对他们进行引导；也确实存在部分不想读书的同学，可能是没有兴趣，也可能是喜爱运动、难以静心坐下来，即第四种类型。

因此，对于第一种类型的学生，只需鼓励其自由参与阅读推广活动即可；而阅读推广的重点对象应该是第二、三种学生，其中第三种学生具有动摇性，是图书馆重点开展阅读推广和争取的对象。不应该针对第四种类型的学生花费主要精力，而应该利用其身边同学的阅读行为和氛围唤醒其阅读意识。相较而言，第二种和第三种学生较易引导，并能对第四种学生在大学新鲜感消失、激情逐渐递减的迷茫时期形成带动作用，因此要鼓励他们作为活跃读者成为阅读推广的中坚力量并形成辐射效应。在第一学年结束时，应争取把每一类学生（读者）往前推动一个层次，降低第二学年的学生（读者）流失率，提高第二学年新增学生（读者）人次，即把改变读者或潜在读者对阅读的态度或动机作为阅读推广活动的成果之一[10]。

3.2 面向新生的阅读推广策略

根据上述大一新生的特征，图书馆可以依次按照吸引、引导、鼓励、固化的思路策划活动主题，掌握由浅入深的节奏，使阅读推广活动既不会过于频繁使人熟视无睹，又不会周期过长使人忘却，而应该产生叠加效果，达到阅读意识树立、阅读习惯养成的效果。

3.2.1 提早介入，提前行动　录取通知书下发之前，新生的学号已经编排完毕，因此图书馆可以与招生部门合作，利用通知书封底或制作纪念书签的方式，把远程访问电子图书的途径印制上去，把资源推介跟随录取通知书一同投递到每位新生手中，使学生在拿到录取通知书的一刻即可参与阅读。以"书香中国"电子图书数据库为例，图书馆通过导入学生学号、设置初始密码，读者就可在校园网范围外直接使用。这种方式会对第二、三种学生（读者）产生"尝试性"阅读的刺激。

3.2.2 重视新生入馆教育　传统的新生入馆教育主要包括馆舍介绍、规章制度、使用方法等基本内容。而该活动是少有的强制性活动，人气高，覆盖广，非常适合吸引新生对阅读的关注，应该成为新生阅读意识培养的重要契机。可适时推出"共同阅读"活动、移动阅读资源推荐、挑选适合新生的书目设置新生专架、读书会等相关社团现场招募会员、学者或高年级读者现身说法介绍大学生活中阅读的意义等。同时还可以开展问卷调查，了解新生的阅读喜好并进行分类，提高后续阅读推广活动的针对性。

3.2.3 积极组织社团活动　新生军训完成后各种学生社团会广泛招募新的会员，图书馆可主动与阅读类社团合作，通过举办活动、宣讲会的方式扩大宣传效果，并适当提高新生的借阅权限，与前述二、三类读者建立联系，借助高年级活跃读者的力量形成辐射带动作用，使新生既参与集体活动，又有了学长的阅读引导。

3.2.4 开展现场选书活动　现场参与采选的活动以其直观、参与感强、主动性高的优势一直深受读者喜爱。图书馆经过初步筛选，挑选适合大一新生的阅读书目交于馆配商配送至图书馆开展针对大一新生的选书专场，会极大地吸引刚步入大学生活的新生的兴趣，如果能对挑选的图书现场加工、编目并提供借阅，活动带来的新鲜感和参与感对新生的影响会大大强于对高年级读者的影响。

3.2.5 推进跨媒介阅读和立体阅读　在媒体和文化形式面前，单纯图书和阅读的吸引力是比较弱的,其带来的愉悦和充实感也相对产生得较慢,而图文并茂的阅读体验可以激发读者的阅读兴趣。因此在前期新生入馆教育等宣传环节可以公布阅读推广的微博、微信账号,增加读者黏性。在新生有了基本阅读意识后,通过移动阅读、多媒体展示、展览、名人讲堂等推广方式,借助青年人的偶像效应、多媒体效果、新兴载体迅速扩大市场,鼓励其通过符号、文字、语言、图片、视频的综合利用来解码信息、立体阅读[11]。

3.2.6 识别意见领袖并发挥其作用 意见领袖是指在人际传播网络中经常为他人提供信息并施加影响的"活跃分子"[12]。阅读推广的意见领袖应该是兴趣广泛并热爱阅读的同学。通过日常活动、调查问卷、借阅数据尽可能的发掘、识别潜在的意见领袖,发挥其在其他领域的影响力和号召力,会对前述第三、四类阅读意愿不强的学生施加积极影响。比如大一新生往往因环境陌生而结伴或组织集体活动,运动场上的阅读爱好者对球星或者运动技巧的褒扬、点评或推荐可能会促使热爱运动的迟钝或消极阅读者尝试借阅球星个人传记类的书籍。

通过周期性对阅读意识的强化,阅读推广活动的重点可逐渐转移至普适性的活动,比如参考和借鉴各级"阅读推广案例大赛"的优秀案例,或根据阅读兴趣的分化举办针对学院、主题的图书推荐活动,也可以把活动交由相关社团运作,至高年级时读者可根据自己的学业情况自主决定阅读量。

4 应注意的问题

4.1 长远规划

阅读习惯需要反复地刺激与重复才能养成,因此阅读推广最好以"学年"为周期安排活动,有的放矢,思考每种阅读推广活动的细分和定位,比如对阅读意识的启蒙、阅读兴趣的培养、阅读渠道的宣传、阅读习惯的引导、阅读资源的推介或者阅读技巧的分享等,争取每次活动都要有明显的效果,并形成积累。如上海交通大学图书馆提出一套完整的阅读推广计划方案,服务形式上以公益为前提,以年为周期设立阅读推广方案[13]。

4.2 "乘虚而入",趁热打铁

根据对燕山大学图书馆历年借阅数据的分析,无论是否在世界读书日开展阅读推广活动,每年 3 月份的借阅量总是在所有月份中排名第一。其背后的行为逻辑则是开学后读者需要归还假期前借出的图书,并会"顺便"逛一逛图书馆，再次借阅。而对于部分课时仅 8 周的小课来说，读书日期间已接近期末考试，读者会花更多时间和精力备考，无暇顾及阅读。因此，还可以结合读者在校园的行为规律进一步细分市场，分析读者阅读饥饿期、借阅高峰期、每天的高峰时段甚至所借图书的学科分类，避开各种认证考试和学业考试时段，趁热打铁、顺势而为，充分利用学生到馆的人气，适当提高可借复本，使阅读意识在学生心中"安营扎寨"。而如果盲目地在学生学业繁重、到馆量较少的时间做阅读推广，反而会事倍功半，效果大打折扣。

4.3 重视互动

从心理学的角度来说，人们往往有一种向别人表达自己的兴趣、观点和思想的欲望，阅读一本好书、观看一部好电影，往往急于向别人推荐并参与讨论，这也是各种社交媒体的立足点，比如新闻因被分享而受关注的比例达到83%[14]。因此，每次活动后可通过开展征文、短评、分享等活动，在社交网络上形成读者与读者、读者与图书馆之间的互动，告诉读者图书馆在乎其阅读，重视其评价和参与，有条件的图书馆还可以开发移动阅读平台的分享功能，让读者将自己的阅读情况"秀"于自己的交际圈中（如远在他校的中学同学等）。即利用阅读来满足读者的社交需求、尊重需求和自我实现的高层次需求。

4.4 引导为主

在阅读初期，图书的选择和推荐非常重要，无聊、晦涩的图书可能会使阅读者失去阅读兴趣，而低俗的文学作品可能会把读者领入歧途。因此，初始推广阶段要降低非白话文的经典国学、哲学理论以及学术性较强的图书比例，也应该防止类似玄幻、虐恋、畸情等毫无营养的文字作品，而应该以培养兴趣为主，选取科普、艺术、人生哲学、心理健康、人物传记、经典文学等与中学读物相近而在思想和内容上又高于中学读物的图书，待后期学生阅读兴趣分化后，可向其推荐国学、经济、金融、哲学、政治生活热点等具有思想深度的阅读主题。即图书的选择既要照顾到对青年学生"三观"的塑造，又要能引导后续阅读的开展和学业的完成。

4.5 充足的图书供给

在阅读推广阶段存在互联网的快衰定律，浅阅读、冲动性的阅读容易导致阅读兴趣的快速衰落。尤其在信息丰富多变的移动阅读领域，潜在读者的阅读兴趣可能稍纵即逝，想看而借阅不到图书是一种非常糟糕的体验，会直接影响阅读推广的效果。因此，对于计划推广的纸质书籍，图书馆应提前入藏，并适当加大采购复本，有条件的图书馆还应加工或购买同一版本的电子书供读者在电脑以及移动终端上阅读。

5　结语

原则上说，任何时间开始阅读都值得鼓励，但是当习惯逐渐固化以后，开启阅读之旅的代价更高，需要更强和更持久的刺激。因此，对于低年级读者，应该重点使其产生阅读饥饿感，唤醒其阅读意识，引导其阅读兴趣、培养并固化其阅读习惯。也正因如此，当学生对千篇一律的阅读推广活动熟视无睹的时候，细分年级、细分学科乃至细分阅读行为的阅读推广方式应运而生，留住现有读者，吸引新的读者，使阅读推广成为一种市场的争夺战。

参考文献：

[1] 屈云波，张少辉．市场细分市场取舍的方法与案例［M］．北京：企业管理出版社，2010：5-7.

[2] 鄂丽君．美国大学的"共同阅读"活动考察分析［J］．大学图书馆学报，2014，32(6)：18-24.

[3] 田丽丽．华盛顿大学"同一本书"项目及其启示［J］．图书馆建设，2015，8(2)：96-99.

[4] 王波．高校图书馆阅读推广中的新生教育书目［J］．图书情报研究，2015，8(2)：3-15.

[5] 刘雅琼，张海舰，刘彦丽．创意为先，实效为王——北京大学图书馆阅读推广活动的案例研究［J］．大学图书馆学报，2015，33(3)：77-81.

[6] 李铭．图书馆阅读推广策略五向度探析［J］．图书馆工作与研究，2014(11)：24-26.

[7] 秦疏影．高校图书馆针对入学新生的阅读推广调查与分析——以北京农学院为例［J］．大学图书情报学刊，2015，33(6)：91-96.

[8] 郭文玲．大一学生阅读现状调查及对策研究［J］．图书馆论坛，2013，33(5)：149-152.

[9] 屈南，彭艳．大学图书馆纸本图书流通量下降原因分析及对策［J］．图书情报工作，2011，(S2)：144-147.

[10] 谢蓉，刘炜，赵珊珊．试论图书馆阅读推广理论的构建［J］．中国图书馆学报，2015，41(5)：87-98.

[11] 黄丹俞．跨媒体阅读：图书馆阅读推广的新趋势［J］．图书与情报，2012，(5)：26-30.

[12] MBA智库百科．意见领袖［EB/OL］．[2016-03-08]．http://wiki.mbalib.com/

wiki/意见领袖.
[13] 杨莉,郭晶.高校图书馆阅读推广活动的设计与实践[J].图书与情报,2014,(5):34-38.
[14] 栾雪梅.经典阅读推广的误区及对策研究[J].图书情报工作,2015,59(2):51-55.

作者贡献说明:
张春峰:撰写论文;
丁玉东:拟定论文大纲,修改论文;
石伟铂:提供借阅数据并对数据进行统计分析。

作者简介
　　张春峰(ORCID:0000-0001-5431-9592),馆员,硕士,E-mail:zcf@ysu.edu.cn;丁玉东(ORCID:0000-0002-2842-8119),CALIS资源管理部主任,馆员;石伟铂(ORCID:0000-0002-1824-2820),信息技术部主任,实验师。

基于微信公众平台的高校图书馆阅读推广效果实证研究*

自 2006 年中共中央宣传部等 11 个部门联合倡议发起全民阅读活动以来，高校图书馆阅读推广工作从举办读书月、读书节、读书日等嘉年华式的阅读推广活动，逐渐走向日常化、定期化、常态化。进入 Web2.0 时代后，阅读媒介逐渐数字化，新媒体为高校图书馆阅读推广提供了更加新颖、丰富的手段和途径。特别是 2011 年微信的推出，其便捷的服务手段和庞大的用户数吸引了众多高校图书馆。自此，高校图书馆陆续开通微信公众账号，微信逐渐被用于阅读推广工作，如何评价微信阅读推广的效果也成为高校图书馆关注的问题。

在国外，国际图联公布的《图书馆运用调查研究进行文化素养与阅读推广：图书馆员指南》[1]中提供了从读者、方案、图书馆和策划等维度对推广案例进行评估的指标体系；英国 H. Greenwood 等[2]围绕 East Midlands 地区的阅读推广案例提出了阅读推广项目的评价体系。荷兰的 F. Huysmans 等[3]通过在线问卷的形式对学生和教师进行调查，阐述了荷兰政策项目第 1 年在全国推行过程中学校图书馆开展阅读推广对小学生阅读休闲类图书的态度和频率的影响；美国密尔沃基州"大阅读计划"举办方采用问卷调查、轶事记录法、活动护照本、参与日志、媒体分析等方法，从活动内容、参与人数、讨论主题、读者满意度等方面进行深入评估[4]。而我国多数图书馆都是以参与的人数、活动的规模、媒体的关注度、获得政府及社会团体的支持度作为阅读推广活动效果的评价依据，还没有学者就如何科学、客观、有效地评价阅读推广进行系统研究[5]。只有少数学者提出从读者角度对阅读推广活动进行评价也十分重要。王波[6]提出阅读推广活动的效益评价应从图书馆和读者两个方面来设计评价指标体系。王艳[7]、黄健[8]、岳修志[9]认为评价阅读推广活动的效果，最终取决于读者。其中岳修志归纳了 17 种高校阅读推广活动形式，提出评价阅读推广活动的 14 个指标，并运用调查问卷的方式对高校阅读推广

---

* 本文系重庆社会科学规划培育项目"面向社交网站的高校图书馆个性化信息服务研究"（项目编号：2014PY49）研究成果之一。

活动进行了评价。黄健采取座谈会和问卷调查形式，对高校图书馆的阅读推广活动进行了简要评价。通过文献调研可以发现，无论是图书馆还是学者，他们都是对实体的阅读推广活动进行效果评价，而对新媒体阅读推广效果，特别是从读者角度针对微信阅读推广效果进行研究者较少。

本文就我国高校图书馆微信阅读推广的实际情况进行调研，并以黄健[8]通过访谈法确定的在阅读推广评价指标体系中读者认为最重要的两个指标——读者参与广度（参与人数）、满意度为依据，选择由阅读指数和点赞指数构成的微信传播指数（WeChat Communication Index，WCI，即通过微信公众号推送文章的传播度、覆盖度及账号的成熟度和影响力，来反映微信整体热度和公众号的发展走势）来评价各图书馆公众号在阅读推广方面的效果，以期能针对高校图书馆微信阅读推广提出有实际意义的建议。

1 数据来源和数据处理

1.1 数据来源

本文之所以选择中国首个两微一端新媒体大数据平台——新媒体指数平台为数据来源，一是因为该平台权威度较高，由清华大学新闻研究中心研究员、新闻与传播学院博士生导师沈阳教授和上海交通大学大数据与传播创新实验室分析师、温州公共政策研究中心朱旭琪研究员始创，且顾问团成员均为北京大学、清华大学、中国人民大学、中国传媒大学、浙江大学、上海交通大学、中山大学等国内重点高校新闻传媒领域的教授和博士生导师；二是该平台WCI指数是先将单个指标数据标准化，再进行加权计算，之后做整体评估，评估数值与整体样本量无关，且不存在假设条件，更为科学[11]；三是该平台数据获取便捷，只需在平台注册会员便可添加所关注的账号，从而查看这些账号的每日阅读数、点赞数、每周WCI指数等数据，以便进行数据分析。本文数据选取时间段为2014年11月12日—2015年7月25日。

1.2 数据处理

为确定阅读推广的内容范围，笔者通过文献调研法对相关文献进行了调查，整理后发现，美国阅读推广活动内容除了有主题讨论、作者演讲、名人采访、听书活动外，还有名人影评、戏剧表演、品酒会等丰富的形式，这说明举办机构注重宣传推广模式创新，力图从视觉、听觉、味觉等多方位带给人们对阅读主题的充分理解和感受[4]。国内，黄健[8]、岳修志[9]、卜冰华等[11]等学者也认为，阅读推广活动不应再局限于读书征文比赛、图书推介、名家讲座、图书捐赠、读书有奖知识竞赛、图书漂流、精品图书展览、经典视频展播、读书箴言征集、名著影视欣赏、馆徽设计征集、名著名篇朗诵、品茗书香思辩赛和评选优秀读者[12]等类型，应扩大阅读推广内容的范围，比如增加书法作品选（展览）、书签设计、校园阅读（风景）摄影比赛（展览）、有奖知识竞赛和数据库讲座等内容。由此可以看出，随着阅读推广模式的创新，阅读推广内容范围的扩张是一种无法阻挡的趋势。

故此，笔者对微信阅读推广信息的界定比较宽泛，认为除了图书馆新闻公告、相关工作通知、信息查询与服务说明及其他较难界定的信息外，都属于阅读推广信息之范围。此外借鉴连朝曦[13]的相关研究，将通过人工方式逐条筛选出的阅读推广信息归为10类，以便后期利用统计分析方法和WCI计算公式对相关数据进行处理。

2 "985"高校图书馆微信阅读推广现状

2.1 调查分析

笔者在新媒体平台中对"985"高校图书馆进行逐一搜索，截至2015年7月25日，已开通微信公众号的"985"高校图书馆共计31所；去除无信息、信息量极少（推送信息历史记录总量少于30条）的5个账号，对剩余的26个账号所发布的4 555条历史消息进行统计分析，如表1所示：

表1 "985"高校图书馆微信推送信息情况统计

序号	图书馆名称	账名	推送信息总条数	推送总次数	阅读推广信息条数	阅读推广信息所占百分比（%）
1	北京大学图书馆	订阅号 pkulib_1902	656	180	592	90.24
2	中国科学技术大学图书馆	订阅号 ustclib	269	106	240	89.22
3	浙江大学图书馆	订阅号 zju_lib	408	139	360	88.24
4	武汉大学图书馆	订阅号 whu_library	97	45	85	87.63
5	华南理工大学图书馆	订阅号 scutlib	138	99	118	85.51
6	山东大学图书馆	订阅号 sdu-lib	394	162	322	81.73
7	湖南大学图书馆	订阅号 hdtsg66888	151	49	115	76.16
8	中山大学图书馆	订阅号 sysulib	85	52	63	74.12

续表

序号	图书馆名称	账 名	推送信息总条数	推送总次数	阅读推广信息条数	阅读推广信息所占百分比（%）
9	华东师范大学图书馆	订阅号 ecnulib	271	132	200	73.80
10	北京师范大学图书馆	订阅号 bnulibrary	164	90	121	73.78
11	上海交通大学图书馆	订阅号 gh_ 23d7d27da14e	125	68	92	73.60
12	天津大学图书馆	订阅号 gh_ f97b2ca894df	30	28	22	73.33
13	厦门大学图书馆	订阅号 xmulib	116	97	84	72.41
14	兰州大学图书馆	订阅号 lzulib	171	73	123	71.93
15	南开大学图书馆	订阅号 nkulibrary	146	142	102	69.86
16	西安交通大学图书馆	服务号 xjtu_ lib	71	24	49	69.01
17	重庆大学图书馆	服务号 cdweitu	32	11	22	68.75
18	吉林大学图书馆	订阅号 jlulib	149	64	100	67.11
19	复旦大学图书馆	订阅号 fudanlibrary	266	138	177	66.54
20	同济大学图书馆	服务号 tongjilib	47	22	29	61.70
21	南京大学图书馆	订阅号 njulibrary	98	51	58	59.18
22	大连理工大学图书馆	服务号 lib-dlut	79	55	46	58.23
23	东南大学图书馆	订阅号 gh_ c626a488a5f3	189	79	107	56.61
24	中国人民大学图书馆	服务号 rmdxtsg	77	32	43	55.84
25	清华大学图书馆	订阅号 Thu-lib	286	64	156	54.55
26	华中科技大学图书馆	服务号 hust_ lib	40	17	21	52.50
		合计	4 555	2 019	3 447	75.68

＊阅读推广信息主要包括与图书馆阅读推广、阅读活动宣传及阅读推广相关的信息，不包括图书馆新闻公告、相关工作通知、信息查询与服务说明及其他较难界定的信息

2.2 "985"高校图书馆微信阅读推广情况分析

2.2.1 阅读推广相关信息占微信推送信息的比重最大 笔者所调查的26所图书馆微信公众平台共发送消息2 019次，含4 555条信息，其中阅读推广相关信息共3 447条，占发布信息总量的75.68%，且所有高校图书馆阅读推广信息量占信息推送总量的比重均大于50%，其中6所图书馆甚至达到了80%，北京大学图书馆更是以90.24%高居榜首。这表明微信公众平台正逐渐

被高校图书馆看重并作为一种新的服务手段运用在阅读推广工作中。

2.2.2 "985"高校图书馆微信阅读推广使用订阅号的数量高于服务号 通过表1可以发现,有20所高校图书馆注册了订阅号,仅有6所注册了服务号,而且使用订阅号推送阅读推广信息的量远远大于服务号;另外,还可以发现服务号阅读推广信息推送量最高仅为49条,而订阅号最高则达592条,这是因为服务号每月可群发4条消息,而订阅号每天可发送一条消息,显然作为阅读推广日常化而言,服务号的群发功能较差[3]。

2.3 "985"高校图书馆微信阅读推广内容统计分析

笔者针对不同的内容类别,从10个方面对26所图书馆微信公众平台发送的与阅读推广有关的信息进行了统计。分别为:

2.3.1 图书推荐 包括新书推荐、新书通报、经典图书推荐、好书推荐、著名作家著作推荐、主题类图书推荐、高校必读书单、名人推荐书单、期刊推荐、图书馆年度图书借阅排行、单月图书借阅排行、新闻媒体发布的图书排行榜。

2.3.2 信息素养讲座 包括各类数据库推荐、数据库利用讲座、信息处理软件使用讲座、学科资料查找讲座、学科前沿分析方法讲座、论文写作与投稿类讲座等。主讲人为图书馆内部人员或数据库方培训人员。

2.3.3 读书沙龙 包括读书座谈会、名师谈阅读、主题阅读沙龙等。

2.3.4 图书漂流 包括图书漂流活动、图书交换、毕业生图书捐赠、爱心图书捐赠等。

2.3.5 专家讲座 包括专门邀请的校内外专家学者到馆开展的学术类专题讲座。

2.3.6 影视赏析 包括影片介绍、影评、观影沙龙、影片放映公告等。

2.3.7 音视频推荐 包括音乐推荐、视频推荐、图书朗读音频、音乐会等。

2.3.8 图文欣赏 包括照片、美文赏析、精美短句、名家文章摘录、读书方法、学生书评、幽默短文、诗歌、我和图书馆的故事等。

2.3.9 主题展览 包括摄影作品展、绘画作品展、设计作品展、主题书展、古籍类展览、资料展、书商书展等。

2.3.10 图书馆活动 包括读者体验活动、知识竞赛、演讲比赛、辩论赛、微电影大赛、书签设计、馆徽设计、纪念品设计、各类征文、图书评选、著作征集、书目征集、读者荐购、图书现采、PQDT遴选、年度读者之星评选、每月读者之星评选、每周读者之星评选、抽奖获奖等。具体如表2所示：

表2 "985"高校图书馆微信阅读推广整体情况统计

类型	信息素养讲座	图书推荐	图文欣赏	图书馆活动	影视赏析	主题展览	专家讲座	音视频推荐	读书沙龙	图书漂流	合计
数量（次）	882	702	629	451	360	115	103	102	56	47	3 447
百分比（%）	25.59	20.37	18.25	13.08	10.44	3.34	2.99	2.96	1.62	1.36	100.00

从表2可以发现，在阅读推广类信息中，信息素养讲座以25.59%排名第一，其次是图书推荐20.37%，第三是图文欣赏18.25%，这3类阅读推广信息占阅读推广总量的64.20%。可见微信在阅读推广中最常见的应用是信息素养讲座、图书推荐及图文欣赏。

表3 "985"高校图书馆微信公众平台开展各类阅读推广的图书馆数量统计

类型	信息素养讲座	图书馆活动	图文欣赏	主题展览	图书推荐	专家讲座	图书漂流	影视赏析	读书沙龙	音视频推荐
图书馆数量（所）	26	26	24	24	23	17	15	15	14	12
百分比（%）	100.00	100.00	92.31	92.31	88.46	65.38	57.69	57.69	53.85	46.15

从表3中可以看出，26所图书馆都利用微信进行了信息素养讲座和图书馆活动的宣传，92.31%的图书馆利用微信推广图文欣赏、主题展览；88.46%的图书馆利用微信对广大读者进行图书推荐；然后才是专家讲座、图书漂流、影视赏析、读书沙龙和音视频推荐。由此可以发现高校图书馆对传统服务进行的宣传比较多。

表4 "985"高校图书馆微信公众平台开展阅读推广项目统计

类型数量（种）	图书馆数量（所）	百分比（%）
10	5	19.23
9	2	7.69
8	8	30.77
7	5	19.23
6	1	3.85
5	3	11.54
4	2	7.69

从表4中可以看出，北京大学图书馆、华东师范大学图书馆、清华大学图书馆、厦门大学图书馆和武汉大学图书馆，利用微信对所调查的所有阅读推广类型信息进行了推送，而华中科技大学图书馆和天津大学图书馆只对4种类型的阅读推广信息进行了推送。由此发现，"985"高校图书馆微信平台开展阅读推广服务的程度不一，有的全面开花，有的有的放矢。

3 基于WCI的"985"高校图书馆微信阅读推广效果分析

笔者对26所高校图书馆微信公众平台发布的3 447条阅读推广相关数据进行了统计，并借鉴新媒体指数平台WCI计算公式，分别对26所高校图书馆微信公众平台的阅读推广效果进行量化，量化结果如表5所示：

$$WCI = \left\{ \begin{array}{l} 80\% \times [40\% \times ln(R+1) + 45\% \times ln(\frac{R}{n}+1) + 15\% \times ln(R_{max}+1)] \\ + 20\% \times [40\% \times ln(10*Z+1) + 45\% \times ln(10*\frac{Z}{n}+1)\ 15\% \times ln(10*Z_{max}+1)] \end{array} \right\}^2 \times 10$$

表5 "985"高校图书馆微信阅读推广WCI统计

序号	图书馆名称	总阅读数(R)	平均阅读数(R/n)	最大阅读数(Rmax)	总点赞数(Z)	平均点赞数(Z/n)	最大点赞数(Zmax)	WCI
1	复旦大学图书馆	223 790	1 264.35	84 124	1 947	11.00	376	871.46
2	厦门大学图书馆	95 239	1 133.80	6 780	1 344	16.00	91	753.72
3	中国人民大学图书馆	29 398	683.67	16514	187	4.35	38	628.98
4	山东大学图书馆	76 262	236.84	6 361	1 034	3.21	30	615.26
5	中山大学图书馆	32 706	519.14	3 781	316	5.02	32	598.85
6	南京大学图书馆	30 594	527.48	1 259	388	6.69	29	582.16
7	北京大学图书馆	97 739	165.10	1 370	977	1.65	26	569.07
8	华东师范大学图书馆	39 848	199.24	7 863	526	2.63	20	564.92
9	华中科技大学图书馆	14 081	670.52	1 702	223	10.62	32	563.07
10	大连理工大学图书馆	17 900	389.13	1 378	327	7.11	29	540.47
11	武汉大学图书馆	18 582	218.61	2 024	442	5.20	81	522.74
12	中国科学技术大学图书馆	39 434	164.31	606	941	3.92	16	520.00
13	同济大学图书馆	13 646	470.55	1 428	116	4.00	10	514.37
14	重庆大学图书馆	9 810	445.91	1 995	135	6.14	20	512.32
15	清华大学图书馆	29 174	187.01	1 917	251	1.61	17	506.68

续表

序号	图书馆名称	总阅读数（R）	平均阅读数（R/n）	最大阅读数（Rmax）	总点赞数（Z）	平均点赞数（Z/n）	最大点赞数（Zmax）	WCI
16	西安交通大学图书馆	14 056	286.86	1 112	150	3.06	10	485.94
17	北京师范大学图书馆	17 950	148.35	815	237	1.96	14	460.18
18	兰州大学图书馆	15 203	123.60	716	328	2.67	16	449.75
19	南开大学图书馆	14 982	146.88	331	273	2.68	8	440.36
20	浙江大学图书馆	33 754	93.76	573	173	0.48	10	439.66
21	湖南大学图书馆	8 674	75.43	688	237	2.06	14	396.13
22	吉林大学图书馆	8 574	85.74	655	128	1.28	10	388.15
23	上海交通大学图书馆	5 531	60.12	2 306	105	1.14	21	373.51
24	天津大学图书馆	2 733	124.23	205	45	2.05	6	336.25
25	东南大学图书馆	5 124	47.89	192	90	0.84	7	317.99
26	华南理工大学图书馆	3 961	33.57	495	66	0.56	3	298.50
	合计	898 745	260.73	—	10 986	3.19	—	509.64

3.1 基于WCI的阅读推广现状分析

3.1.1 "985"高校图书馆微信阅读推广效果参差不齐 主要表现在两个方面：一方面是整体阅读推广效果两极分化严重，其中WCI超过700点的只有复旦大学图书馆和厦门大学图书馆，而WCI低于400点的有6所图书馆；另一方面是WCI较高的图书馆阅读推广效果差距较大，复旦大学图书馆以871.46高出厦门大学图书馆近120点，而厦门大学图书馆又以753.72超出第三名中国人民大学近130点。

3.1.2 阅读推广效果与公众号类型无关 结合表1可以看出虽然中国人民大学图书馆使用服务号，仍然力压88.46%的图书馆排名第三，说明服务号虽然群发功能较差，但是并不影响阅读推广的效果。

3.1.3 阅读推广效果与推广类型数量无关 前面2.3中提到华东师范大学图书馆阅读推广内容覆盖了所有类型，而华中科技大学图书馆仅对4种类型信息进行了推送，但从表5中可以看出，华东师范大学图书馆WCI只比华中科技大学图书馆高了不到2个点，且华中科技大学图书馆总排名第9，比65.38%的图书馆阅读推广效果都好。

3.1.4 阅读推广效果与阅读推广信息数量无关　结合表1,不难发现WCI平均数排名前两位的复旦大学图书馆、厦门大学图书馆,在推送信息总量、阅读推广信息量及阅读推广信息百分比几方面都不突出,其阅读推广信息总量为261条,仅占所有高校阅读推广总量的7.57%,但阅读量却占所有高校阅读总量的35.50%,点赞量占点赞总量的30.00%；在表1中排名靠前的华南理工大学图书馆、浙江大学图书馆、湖南大学图书馆在推送信息总量、阅读推广信息量及阅读推广信息百分比几方面都较为突出,WCI指数却很低,其阅读推广信息总量为593条,占所有高校阅读推广总量的17.20%,但阅读量仅占所有高校阅读总量的5.16%,点赞量仅占点赞总量的4.33%。这说明高校图书馆要想提高微信阅读推广的效果不能仅依靠数量,更要看所推送信息的质量。

3.2 基于 WCI 二级指数的阅读推广内容分析

笔者对26所高校图书馆整体和WCI指数排名第一的复旦大学图书馆,从图书推荐、信息素养讲座、读书沙龙等10个方面,按照占WCI指数权重最大的阅读数和平均阅读数2个WCI二级指数进行统计,以进一步分析阅读推广内容对阅读推广效果的影响（见表6）。

表6　基于 WCI 二级指数的阅读推广内容统计

类型	整体 条数	阅读数（次）	平均阅读数（次）	阅读数百分比（%）	复旦大学图书馆 条数	阅读数（次）	平均阅读数（次）	阅读数百分比（%）
图书推荐	702	193 769	276.02	21.56	53	62 888	1 186.57	28.10
信息素养讲座	882	139 934	158.66	15.57	54	1 6097	298.09	7.19
读书沙龙	56	15 189	271.23	1.69	4	2 578	644.5	1.15
图书漂流	47	11 594	246.68	1.29	6	1 372	228.67	0.61
专家讲座	103	22 648	219.88	2.52	3	990	330	0.44
影视赏析	360	84 842	235.67	9.44	-	-	-	-
音视频推荐	102	17 705	173.58	1.97	-	-	-	-
图文欣赏	629	270 972	430.8	30.15	35	128 888	3 682.51	57.59
主题展览	115	15 908	138.33	1.77	4	1 818	454.5	0.81
图书馆活动	451	126 184	279.79	14.04	18	9 159	508.83	4.09
合计	3 447	898 745	260.73	100.00	177	223 790	1 264.35	100.00

从表6可以看出，26所高校图书馆整体的阅读平均数为260.73，平均阅读数排名前三的分别是图文欣赏、图书馆活动和图书推荐。表2中以882条占阅读推广信息总量的25.59%、表3中所有图书馆都推送过的信息素养讲座仅以158.66排名倒数第二，而表2、表3中同时排名倒数第二的读书沙龙却在表6中以271.23排名第四。这说明图书馆在信息推送内容上与读者的需求有一定的出入。

与整体相比，复旦大学图书馆的平均阅读数为1 264.35次，接近整体阅读平均数的5倍，总阅读量为223 790次，占整体的24.90%，说明复旦大学图书馆微信阅读推广的影响力非常高；在阅读推广类型上，复旦大学图书馆只有图书漂流的平均阅读数低于整体，其平均阅读数排名第一、第二的图文欣赏和图书推荐分别为整体的8.6倍和4.3倍。在与自身的比较中，复旦大学图书馆图书推荐和图文欣赏的平均阅读数也远高于其他阅读推广类型，同时该馆对图书推荐和图文欣赏的推送力度也明显高于其他类型，共推送88条，占总量的49.72%，说明复旦大学图书馆很清楚自己的优势所在，并抓住优势扩大了微信的影响力。

4 对"985"高校图书馆微信阅读推广的建议

4.1 加强平台宣传，获取用户关注度

前面提到"985"高校图书馆微信阅读推广的效果参差不齐，在整体和局部都存在较大差距。要想提高影响力、缩小差距，图书馆就应提高微信的关注度，以提高推送信息的阅读数和点赞数。而用户数直接决定了关注度，因此，图书馆可以通过以下两种扩大用户数的方式提高关注度：①主动邀请。一方面，可以发挥自身优势，利用新生入馆教育和读书节等活动，宣传图书馆微信平台，邀请同学们扫描二维码，关注图书馆微信平台；另一方面，可以通过"找朋友"或"摇一摇"功能主动向图书馆附近正在使用微信的用户问好或推送宣传信息，吸引用户的关注。②被动设置。一方面，可以把二维码挂在图书馆主页醒目位置，吸引读者关注；另一方面，可以将二维码印成海报，张贴在图书馆入口或人流量大的地方。

4.2 重视读者需求，调整推广内容

图书馆在信息推送上与读者的需求有一定的出入，这是由于工作人员还是根据图书馆传统的工作领域，向读者推送了一些他们并不感兴趣的内容，降低了图书馆的影响力。针对此现状，笔者认为图书馆在使用微信公众平台

进行阅读推广时,应以"读者第一"原则,除了利用微信平台的数据统计功能分析读者的个人信息及行为习惯,还可以利用 WCI 指数计算出不同推广内容在读者中的平均阅读数,根据反馈的信息评估推广效果,调整阅读推广的内容,使阅读推广更有针对性。比如笔者根据表6的统计结果,建议各高校在自身条件允许的情况下,加大读书沙龙的推广力度,邀请知名专家、学者领读,保证读书沙龙的阅读、探讨品质;减少信息素养讲座类信息的推送,因为这类信息一般是研究生和教师利用较多,发送比例过大会使大部分读者产生反感情绪。

4.3 保证信息质量,明确服务重点

前文指出微信平台已经逐步成为图书馆阅读推广的一个重要手段,阅读推广类信息占微信推送总量的比重较大,但推广效果并不明显,影响力较低。笔者认为,图书馆应走出重推送数量的误区,加强对推送信息质量的监管,以提高阅读推广效果。首先,应明确自身的主要服务对象是学生,主要任务是激发大学生的阅读兴趣,培养大学生的阅读习惯。在推送阅读推广类信息时,应权衡信息的适用性,多发普及面较广、契合学生心理需求的信息,多推送学生关注度高、阅读量大的内容及活动信息,如图文欣赏、图书馆活动、图书推荐等类型的信息,少发送馆内工作会议、馆员学习培训等与读者无关的信息。其次,要避免在短时间内重复推送同一信息。最后,每个图书馆还应借鉴复旦大学图书馆的做法,找准自己的文化定位和推广重点,对重点推广类型加大信息推送力度,吸引读者关注,从而提高阅读推广影响力。

参考文献:

[1] Using research to promote literacy and reading in libraries: Guidelines for librarians [EB/OL]. [2015-08-16]. http://www.ifla.org/files/assets/hq/publications/professional-report/125.pdf.

[2] Greenwood H, Davies J E. Designing tools to fill the void: A case study in developing evaluation for reading promotion projects [J]. Performance Measurement and Metrics, 2004, 5 (3): 106-111.

[3] Huysmans F, Kleijnen E, Broekhof K, et al. The library at school: Effects on reading attitude and reading frequency [J]. Performance Measurement and Metrics, 2013, 14 (27): 142-156.

[4] 胡敏. 美国"大阅读计划"及对我国图书馆开展阅读推广的启示 [J]. 图书馆, 2013, (4): 80-82.

[5] 彭年冬,贺卫国. 我国阅读推广研究述评 [J]. 图书馆工作与研究, 2014, (3):

93-97.
[6] 王波. 图书馆阅读推广亟待研究的若干问题 [J]. 图书与情报, 2011, (5): 32-35, 45.
[7] 王艳. 图书馆与大众阅读关系研究 [J]. 图书情报知识, 2004, (5): 10-13.
[8] 黄健. 高校阅读推广活动的影响因素及其评价 [J]. 大学图书馆学报, 2013, (2): 93-96.
[9] 岳修志. 基于问卷调查的高校阅读推广活动评价 [J]. 大学图书馆学报, 2012, (5): 101-106.
[10] 微信传播指数 WCI（V11.3） [EB/OL]. [2015-08-04]. http://www.gsdata.cn/index.php/site/usage.
[11] 卜冰华, 陆俊. 我国高校数字图书馆阅读推广的调查研究 [J]. 图书馆, 2013, (4): 56-58.
[12] 大学生阅读暨高校图书馆阅读推广问卷调查报告（2010）[EB/OL]. [2015-08-04]. http://www.lsc.org.cn/c/cn/news/2011-12/29/news_ 5883.html.
[13] 连朝曦. 微信在高校图书馆阅读推广中的应用 [J]. 图书馆学刊, 2014, (12): 78-82.

作者贡献说明：
万慕晨：构思文章整体框架，撰写论文；
欧亮：进行调研，汇总数据，为论文撰写提供信息支持。

作者简介

万慕晨（ORCID：0000-0002-6198-538X），馆员，硕士，E-mail：muchenwa@sina.com；欧亮（ORCID：0000-0002-5277-0774），馆员，硕士，E-mail：ouliang84@sina.com。

高校阅读推广用户满意度影响因素分析与建议*

伴随着全民阅读推广活动的大力推进，高校阅读推广工作也受到了人们的日益关注。在高校阅读推广活动如火如荼开展的同时，如何科学、专业地衡量阅读推广活动的成效也成为一个值得深思与探究的课题。作为高校阅读推广的主要用户，大学生是阅读推广活动成功实施的关键所在，他们对活动的满意度将影响其本身在阅读活动中的情感投入、努力程度及受益度，也直接或间接影响到阅读推广活动的质量和成效。因此，在从不同维度开展的高校阅读推广活动成效评估中，用户满意度是毋庸置疑的一个重要评判标准。

但众所周知，高校阅读推广活动在人力、物力等资源持续扩大投入的状况下，用户满意度仍不尽如人意。在此背景下，本研究试图全面调研大学生对于阅读推广活动各环节的满意状况，科学挖掘与分析用户满意度的影响因素，并在此基础上寻求针对性的解决策略，使推广实践工作得以修正与完善，从而提高大学生对活动的满意度，推动阅读推广事业高效、可持续地发展。

1 概念与文献回顾

"满意度"一词最初来源于服务性行业，1980年，美国学者R. L. Oliver等提出"用户满意度"这一概念，用于反映用户对一种产品或服务自身的需求与期望被满足程度的感受，是对产品或服务本身的评价[1]。

国外对于阅读活动中用户满意度的研究开展得较早，其主要关注了两个方面的问题：第一，对参与阅读活动的用户进行满意度调查。满意度调查涵盖4项内容：①阅读推广对于用户阅读态度、行为、兴趣及技能的影响程度；②对用户形成终身性阅读习惯的影响程度；③对扩展用户社会交往的影响程度；④对形成阅读氛围的影响程度等[2-5]。第二，对影响满意度的个体特征等因素进行分析。例如，B. Heyns认为，参与公共图书馆阅读活动的孩子的满意度影响因素包括孩子是否运用了公共图书馆资源、孩子的性别、家庭社会

---

* 本文系2015年四川省教育厅科研项目"全民阅读背景下高校图书馆促进大学生开展深度阅读的激励机制研究"（项目编号：15SB0035）研究成果之一。

经济状况及家离图书馆的距离等[6]。A. McGill-Franzen 等则指出用户所处阶层及所拥有的阅读背景、阅读经历将直接影响其阅读效果[7]。

国内对于此方面的研究相对滞后，仅有部分文献涉及阅读推广活动中用户的满意度。如王素芳等在其构建的儿童阅读推广活动的评估指标中设置了参与者满意度指标，并给予其相应权重[8]。黄健通过问卷的方式调查了用户参与阅读推广活动的满意度相关状况[9]。李金花在其学位论文中分析了参与者对阅读活动的具体感知及其阅读期望[10]。

分析国内外已有的研究成果可知：用户满意度的外在影响因素研究相对薄弱，且各因素之间的深层次结构尚未能得以详细揭示。因此，本研究致力于探索影响用户满意度的阅读推广因素（推广人员、推广方式、推广内容等）与非阅读推广因素（性别、学科分类、年级等学生个体因素）以及各因素对满意度的影响强度，作为对本领域研究的补充与完善。

2 研究设计

2.1 问卷的制订

本研究采用问卷调查法来调研大学生对于阅读推广活动的相关满意状况。笔者针对美国顾客满意度指数[11]、瑞典顾客满意度晴雨表指数[12]、E. S. Huebner 编制的多维学生生活满意度量表[13]等多类型满意度相关量表、指数、模型进行分析，并结合部分用户的访谈意见，初步确定了问卷测量变量。其后开展了预调研，并根据预调研的反馈情况，对测量的变量做出了调整与修订。

最终确定的调查问卷其测量维度分为 3 个部分：①第一部分收集大学生的个人基本信息，如：性别、学科范围、学历层次、生长环境等，力图通过数据统计揭示个体因素与满意度之间的关系；②第二部分收集大学生对阅读推广人员、阅读推广活动、自身行为转变等 15 个测量变量的满意度信息，并采用李克特五级量表，对每个变量从"非常满意"到"非常不满意"开展 5 级赋值，以便于后期统计分析阅读推广因素对满意度的影响；③第三部分了解大学生对推广活动的总体评价，如总体满意度、后期活动参与意向等，是对前两部分数据的验证与补充。

2.2 数据收集

本研究的数据样本来源于参与了高校阅读推广活动的大学生。数据通过"问卷星"网络平台进行收集。最终，从 5 所高等院校收集到 1 681 份数据样本，其中，有效样本量为 1 400 份。

2.3 研究方法

采用 SPSS16.0 软件对数据开展相关的描述性统计、信效度检验、因子分析、多元回归分析等。

3 结果分析

3.1 用户基本特征描述

参与调查的学生分布情况如下：①在性别方面，女生占 71.43%，男生占 28.57%；②在学科领域方面，文史类学生占 47.14%，理工类学生占 32.86%，经济管理类学生占 14.29%，艺体类学生占 5.71%；在年级分布上，大一学生占 62.86%，大二学生占 32.86%，大三学生占 2.86%，硕士研究生占 1.43%，无大四及博士研究生参与调查；③从家庭所在地看：家在大中城市的学生占 22.86%，家在县城的学生占 31.43%，家在农村的学生占 45.71%；④21% 的学生在院系或社团担任职务，43% 的学生其父母至少一方具有大学学历。

3.2 数据质量分析

因调查问卷为自行拟定的项目，非标准化测量工具，为此，需要对问卷开展信效度检验，从而保证研究的正确性与稳定性[14]。

对数据开展相关分析，测得问卷的总体信度系数 Cronbach α 为 0.906，这说明问卷可信度较高，研究结果可认定为稳定一致。运用探索因子分析法进行效度分析，KMO=0.717>0.5，且 P=0.000<0.005，这就保证了问卷的结构效度。

3.3 因子分析

研究采用探索性因子分析法，对阅读推广活动中测量学生满意度的 15 类测量变量提取公共因子，寻找影响大学生满意度的推广因素。由表 1 可知，通过变量的降维，共提取了 3 个公因子，3 个公因子特征值累积贡献率达到 70.17%，表明原变量 70.17% 变异能用此 3 个公因子来解释，证明此 3 个公因子具有较好的代表意义。

表1 因子提取结果

因子序号	初始特征值 特征值	初始特征值 方差贡献率	初始特征值 累计方差贡献率	未经旋转的因子载荷平方和 特征值	未经旋转的因子载荷平方和 方差贡献率	未经旋转的因子载荷平方和 累计方差贡献率
1	3.999	26.662	26.662	3.999	26.662	26.662
2	4.165	27.764	54.426	4.165	27.764	54.426
3	2.362	15.749	70.175	2.362	15.749	70.175
4	1.076	7.17	77.345			
5	0.92	6.131	83.476			
6	0.652	4.349	87.825			
7	0.459	3.062	90.9			
8	0.352	2.346	90.887 24			
9	0.278	1.85	95.083 24			
10	0.241	1.604	96.687 24			
11	0.192	1.277	97.964 24			
12	0.146	0.975	98.939 24			
13	0.102	0.679	99.618 24			
14	0.037	0.245	99.863 24			
15	0.02	0.135	100			

为了使因子含义清晰明显，采用方差最大正交旋转，得到旋转后的因子载荷矩阵，如表2所示：

表2 旋转后的因子载荷矩阵（略去系数小于0.5的值）

项目	主成份 1 阅读设计	主成份 2 推广支持	主成份 3 阅读环境
推广人员的态度			.697
推广人员的工作效率			.825
推广环境			.805
支撑资源			.507
交流与互动		.789	
提供阅读指导		.830	

续表

项目	主成份		
	1 阅读设计	2 推广支持	3 阅读环境
开展阅读咨询		.887	
引导反思性阅读		.787	
激励机制		.630	
宣传形式		.763	
内容的选择	.834		
推广的策略	.828		
阅读平台的搭建	.851		
进度与时间安排	.804		
反馈的渠道	.687		

从表2中可以看出：内容的选择、推广策略、阅读平台的搭建、进度安排、反馈渠道此5个变量在第1因子上的载荷较大，在其他两个因子上的载荷较小，且差异性明显，因此，可以将第1因子命名为"阅读设计"，用于解释此5个变量。同理，将第2因子命名为"推广支持"，以代表交流与互动、提供阅读指导、开展阅读咨询、引导反思性阅读、激励机制、宣传形式6个变量；将第3因子命名为"阅读环境"，以代表推广人员的态度、工作效率、推广环境、支撑资源4个变量。从表1可以得出：第1个公因子（阅读设计）与第2个公因子（推广支持）的特征值的贡献率分别达到26.662%与27.764%，这说明"阅读设计"、"推广支持"两项推广因素与总体满意度关系最大，"阅读环境"次之，其贡献率为16.749%。

3.4 回归分析

为了更深入了解在整个阅读推广活动中，影响大学生对推广人员的满意度、学生对本身阅读成就的满意度及其对后期阅读积极性的影响因素，研究以"阅读设计"、"推广支持"、"阅读环境"3个公因子为回归自变量，以对推广人员的整体评价、阅读效果、阅读能力、阅读积极性为回归因变量，建立如下回归方程：

$$Y_i = a_{1i}x_1 + a_{2i}x_2 + a_{3i}x_3 + \varepsilon_i \cdots\cdots (i=1, 2, 3, 4)$$

其中，x_1 为"阅读设计"，x_2 为"推广支持"，x_3 为"阅读环境"；a_{1i}、

a_{2i}、a_{3i}指x_1、x_2、x_3对应的标准化系数；Y_1、Y_2、Y_3、Y_4分别指对推广人员的整体评价、阅读效果、阅读能力、阅读积极性。

从表3可以看出，在大学生对推广人员的整体满意度评价中，推广支持的回归系数最高，这说明"推广支持"是影响大学生对推广人员整体满意度的主要因素。这进一步表明，阅读推广是一个多向相互交流的过程，推广人员是否能正确领会推广内容的内涵，深入浅出地为大学生搭建阅读的支架，并及时按大学生的具体需求开展相关的咨询、沟通、引导与帮助，是大学生关注的重点。此外，"阅读环境"与"阅读设计"也同时影响学生对推广人员的满意度，这表明即使推广人员能做到全面支持学生阅读，没有合理的"阅读设计"及缺乏良好的"阅读环境"，也会影响学生对推广人员的满意度。

表3 满意度影响因素的计量回归分析结果

公因子	对推广人员的整体评价	阅读效果	阅读能力	阅读积极性
阅读设计	-.205***	.348***	-.023	.041
推广支持	.466***	-.134***	.247***	.232***
阅读环境	.134***	.033	-.025	-.043

注：***表示系数显著

阅读效果的总体满意度则受"阅读设计"、"推广支持"两方面的影响，与"阅读环境"无关。这表明在阅读推广活动中，若阅读内容、推广策略及方式合理，再加以一定的阅读支持，则可以有效提高学生的阅读效果。

阅读能力与阅读积极性则只受"推广支持"的影响。说明推广人员就推广资源开展的交流、咨询与指导将不仅有利于大学生在开展阅读时形成团队型、交互性阅读，更能促进大学生开展联想性、反思性的深层次阅读，对于增强学生阅读的积极性、提高学生的阅读能力而言都是卓有成效的。

在分析了阅读推广因素对于用户满意度的影响后，本研究还分析了非阅读推广因素（即个体因素）对于用户满意度的影响，以大学生的相关基本信息为变量，建立回归模型，开展分析。

由表4可知，回归模型的容忍度均大于0.1，因此不存在明显共线性。且家庭所在地、学科类别、担任过职务此三变量的P<0.001，则表明此3项因素在阅读推广过程中将直接影响学生满意度。性别、年级、父母教育水平等其他因素则对大学生满意度在统计学意义上无直接影响。

表4　大学生基本变量回归分析

变量	概率P值	容忍度
性别	0.07	0.122
年级	0.3	0.69
家庭所在地	0.000	0.2
学科类别	0.000 3	0.14
父母教育水平	0.2	0.156
担任职务	0.000 4	0.13

4　研究结论

高校阅读推广活动中，"阅读设计"、"推广支持"、"阅读环境"3个公因子对用户满意度有较大影响，其中，"阅读设计"、"推广支持"与总体满意度关系最大，是重要影响因素。进一步分析得出：用户对推广人员的满意度受三因素的共同影响；阅读效果满意度受到"阅读设计"与"推广支持"的影响；阅读能力与积极性则只受"推广支持"的影响。

一些非阅读推广因素也对用户满意度有影响。家庭所在地、学科领域、是否担任过职务三因素直接影响到用户满意度；性别、年级、父母教育水平等因素则对用户满意度无显著影响。

5　研究建议

5.1　开展多方参与的深度推广支持服务

鉴于高校阅读推广活动的重要性与复杂性，阅读推广支持工作应由当前图书馆一方主导的现状转变为多方参与、合作共建的新格局。高校中的一些组织机构如校团委、学生会、宣传部、学生工作部等都与大学生有着密切的联系，若能使他们参与到阅读推广支持工作中来，使阅读推广成为他们日常工作的一部分，将不仅有助于推广活动的宣传、开展与反馈，更能拓宽阅读推广支持的渠道，增强推广支持的力度，营造出全方位的阅读支持环境。与此同时，为了有效避免各单位人员因责任不清、制度不明而导致在支持活动中产生混乱、推诿、失职等现象，还要建立起标准化、规范化的阅读推广支持体系，包括专业、科学的支持宗旨、支持目标、支持流程与支持架构等，使不同组织机构的人员在协同开展阅读支持活动时，能依据推广支持体系，各司其职，各显其能，有条不紊地采用不同的支持方法与形式，开展全面、快捷、周到的推广支持服务，使大学生在参与活动时，真切感受到多层面的支持，从而乐于长期持续地参与阅读活动，在阅读方面有所成就。

此外，推广人员应对大学生的阅读过程开展进程管理与控制，从而确保为学生提供实时、深度的支持服务。推广人员应充分考虑利用 Web 2.0、物联网等新兴技术搭建阅读管理平台，并通过平台的管理，跟踪了解到学生的阅读进度、阅读行为，阅读反馈等，并对学生的阅读成果定期给予客观公正的评价与建议。当观察到学生在阅读过程中有阅读困难或思维偏差时，应积极快速地对阅读内容、策略进行更新与调整，并开展针对性的引导与干预，确保学生的阅读能顺利进行，从而产生良好的阅读效果。

5.2 采用差异化、弹性化的阅读设计

学生不同的潜质特征，决定了阅读推广不能是"一刀切"的工作，它必须具有差异性。因此，在开展"阅读设计"时，推广人员应分析大学生的需求与期望，针对不同学科背景、不同阅读偏好的学生，制订面向不同知识领域、不同阅读主题的推广活动，并根据活动目标选取适当的阅读策略、模式、评价标准等，引导学生的阅读。

即使对具有共同特性的大学生开展同一主题的阅读推广活动，其"阅读设计"也必须具有弹性。推广人员应考虑设计分层级、有梯度的推广目标，允许学生根据自身的实际状况，参与到不同层次的阅读活动中来。基于此，推广人员首先针对将要推广的内容，开展扩展性、深层次阅读；在明确推广内容意义性与关联性的基础上，思索如何运用技术手段将内容进行细分与重组，形成分层阅读的内容框架，再运用形象化、具体化、可视化的方式向学生进行分层推广；最后，推广人员要搭建多元阅读的"支架"，保障分层级阅读的顺利实现，从而引导学生自定步调开展阅读，快速实现个体阅读目标，感受阅读的快乐，提升阅读满意度。

5.3 注重推广人员的专业素养

无论是对"阅读设计"的思考，还是对"推广支持"的实现，都要求推广人员具备相应的专业素养。推广人员的专业素养包括推广理念、知识、技能、情感、态度等，只有推广人员具备了专业素养，才能使大学生感受到推广人员在"阅读设计"中的专业与细致、"推广支持"过程中的贴心与热情，才能有效提升用户满意度。

但在实际情况中，大部分的推广人员都是兼职人员，其专业技能可能有

所欠缺。且面对推广工作的繁杂与艰巨,推广人员往往存在焦虑、烦躁的工作情绪,这都将对用户满意度产生破坏性的影响。为了有效避免这种情况,管理层应密切关注推广人员的工作状态,重视并寻找适当的方法与途径,提升人员的专业素养。当推广人员知识技能不足时,可采用业务培训与进修的方法来进行提高;面对人员思想观念的不合理,则可以大力开展宣传,改善其意识;对在工作中产生不良情绪、态度不够端正者,则可以采用心理咨询的方式,让推广人员得以释放与宣泄。

6 结语

在高校阅读推广过程中,只有在明确用户满意度影响因素的基础上,因地制宜地寻求适当的方法来改善用户对活动的满意度,阅读推广活动才能真正实现提升阅读效率、优化阅读品质的目标。

由于一些客观因素的影响,此次的实证研究也存在着一定的局限性,如:样本在性别、年级等方面存在明显的不均衡;大学生阅读动机的强弱也可能成为无关变量,影响到结论的有效性。因此,为了验证结论是否具有偏差,在下一步的工作中,将在扩大样本范围、严格控制抽样样本、修正测量变量等方面做出更深入的研究。

参考文献:

[1] Oliver R L, Burke R R. Expectation processes in satisfaction formation [J]. Journal of Service Research, 1999, 1 (3): 196-214.

[2] Booktrust. Bookstart UK national impact evaluation 2009 [R/OL]. [2015-03-22]. http://www.goethe.de/ins/pt/lis/pro/bib/les/marden.pdf.

[3] Cunningham J W. Report of the national reading panel: Teaching children to read: An evidence-based assessment of the scientific research literature on reading and its implications for reading instruction [J]. Reading Research Quarterly, 2001, 36 (3): 326-335.

[4] Dowd F S. Evaluating the impact of public library storytime programs upon the emergent literacy of preschoolers [J]. Public Libraries, 1997, 36 (6): 346-358.

[5] Celano D, Neuman S B. The role of public libraries in children's literacy development: An evaluation report [R/OL]. [2015-04-11]. http://www.ifpl.org/Junior/studies/Role%20of%20Libraries.pdf.

[6] Heyns B. Summer learning and the effects of schooling [M]. Massachusetts: Academic Press Inc, 1979.

[7] McGill-Franzen A, Allington R. Lost summers: Few books and few opportunities to read [R/OL]. [2015-04-12]. http://www.readingrockets.org/article/lost-summers-few-

books-and-few-opportunities-read.
[8] 王素芳, 孙云倩, 王波. 图书馆儿童阅读推广活动评估指标体系构建研究 [J]. 中国图书馆学报, 2013, (11): 41-52.
[9] 黄健. 高校阅读推广活动的影响因素及其评价 [J]. 大学图书馆学报, 2013, (2): 93-96.
[10] 李金花. 大学图书馆阅读促进活动效果评估 [D]. 杭州: 浙江大学, 2011.
[11] 刘新燕, 刘雁妮, 杨智, 等. 顾客满意度指数模型述评 [J]. 当代财经, 2003, (6): 57-60.
[12] 张新安, 田澎. 顾客满意度指数述评 [J]. 系统工程理论方法与应用, 2004, (4): 290-294.
[13] 张兴贵, 何立国, 郑雪. 青少年学生生活满意度的结构和量表编制 [J]. 心理科学, 2004, (5): 257-260.
[14] 耿爱生, 刘海英, 同春芬. 社会调查方法 [M]. 北京: 知识产权出版社, 2014: 129-131.

作者贡献说明：
张泸月：负责研究方法设计、数据收集与分析、论文撰写；
唐琼：参与论文撰写。

作者简介

张泸月（OECID: 0000-0002-0626-2971），副研究馆员，硕士，E-mail: girlzhangluyue@126.com；唐琼（OECID: 0000-0003-4027-7592），馆员，硕士。

专题篇

图书馆"阅读推广人"模式的实践探索[*]

——以沈阳师范大学图书馆为例

阅读推广是高校图书馆的核心工作,是现阶段高校图书馆最引人注目的服务之一。为了更加深入地开展图书馆阅读服务,各高校图书馆尽其所能开拓阅读推广工作,创造了各具特色的丰富多彩的阅读推广活动品牌。有的图书馆打造了"阅读推广人"计划,组建阅读推广部门和推广人队伍,建立阅读推广人聘任长效机制,形成本校阅读推广服务体系,并不断实现变革与创新。这种"阅读推广人"活动品牌值得探讨研究,值得同行学习与借鉴,该阅读推广模式不仅赋予一个图书馆鲜活的生命力,而且赋予一所高校文明沉稳的性格和教育深度,必将随着全民阅读活动的深入发展而得到广泛应用。

1 "阅读推广人"研究及其构成现状

1.1 阅读推广人的涵义及其构成

随着阅读推广工作的组织与实施,一批专职与业余的阅读推广人队伍逐步走向成熟。那么,阅读推广人的涵义是什么?2012年颁布的《深圳市阅读推广人管理办法》规定:"阅读推广人是指市民个人或组织阅读机构,通过多种渠道、形式和载体向公众传播阅读理念、开展阅读指导、提升市民阅读兴趣和阅读能力的专业和业务人士。"[1] 2014年,中国图书馆学会在阅读推广人培育行动中也对阅读推广人进行了定义:"阅读推广人是指具备一定资质,能够开展阅读指导、提升读者阅读兴趣和阅读能力的专职或业余人员,培育对象包括各级各类图书馆和科研、教学、生产等相关企事业单位人员及有志参与阅读推广事业的其他社会人员。"[2] 上述定义说明,一方面阅读推广人是一种社会身份,另一方面阅读推广人也是一种荣誉。其最主要的作用就是推广

---

[*] 本文系2017年度中国图书馆学会阅读推广项目"图书馆阅读推广的体系拓展与内涵深化研究"(项目编号:YD2016A05)和2017年度辽宁经济社会发展项目"东北振兴视阈下高校图书馆多元化阅读服务研究"(项目编号:2017lslktziglx)研究成果之一。

阅读，推广的形式和渠道多样化，目的是培养公众的阅读兴趣、提升阅读能力和素养，促进全民阅读。

《全民阅读促进条例》（征求意见稿）第十六条规定："各级人民政府应当建立阅读推广人队伍，鼓励和支持教师、公务员、大学生、新闻出版工作者等志愿者加入阅读推广人队伍，组织开展面向各类读者群体的专业阅读辅导和推广服务。"[3]《深圳经济特区全民阅读促进条例》第十二条规定："鼓励具有阅读推广专业知识和阅读推广实践经验的阅读组织和个人作为阅读推广人，为企业、学校、社区、养老院、福利院、军营等单位提供公益性阅读推广服务。"[4] 这些相关政策促进了阅读推广人队伍的发展壮大。目前，国内的阅读推广人多为全民阅读活动的组织者、各类图书馆馆员、民间读书会创办人、出版部门的推销者、图书的经营者、教师、文化志愿者等。以深圳市2012年阅读推广人培训班学员为例，其身份构成如下：民间阅读组织者52人（占38%），图书馆职员27人（占19.8%），中小学教师13人（占9%），企业员工7人（占5%），机关公务员6人（占4.4%），全职妈妈4人（占2.9%），其他行业从业者27人（占19.9%）。阅读推广人的构成呈现多元化的特征[1]。

1.2 阅读推广人的研究与实践概况

伴随全民阅读进程的深入，出现了阅读推广人的职业，这个职业的出现、成长、实践及发展是全民阅读走向专业化、规范化、常态化的根本保障。阅读推广人的出现，源于2009年中国图书馆学会"阅读推广委员会"提出的阅读推广人培育行动计划[5]。2014年12月中国图书馆学会启动了阅读推广人培育行动，以此助推全民阅读活动的可持续发展。同时，一些学者开始对阅读推广人制度等进行研究。2008年已经出现2篇对阅读推广人的研究，经过发展至2016年全年已有20多篇研究成果。研究范围逐步扩大，内容涉及阅读推广人的作用、建立阅读推广人制度的可行性、图书馆建立阅读推广人制度的对策、阅读推广人的培育、阅读推广人培训教材、名人阅读推广人等，其中研究公共图书馆阅读推广人和儿童阅读推广人居多，偶有对大学生阅读推广人志愿者和教师阅读推广人的研究，主要也是针对参与社会服务的研究，对于高校图书馆阅读推广人的理论研究则少之又少。

在阅读推广人活动的现实工作中，已知成功实行阅读推广人活动的高校图书馆很少，还没有成型的经验可供我们参考。高校图书馆以阅读推广人为引领的阅读推广模式，具有可操作性且工作效果显著，无疑是一种阅读推广的创新模式。沈阳师范大学（以下称"沈师大"）图书馆对此具有充分认识,并付诸实践,目前已经成功实践了两届聘任活动,积累了本馆的阅读推广人活动经验,并收到很好的推广效果,形成了本馆的活动品牌。笔者借此机会进行总结,以期鞭策本馆的阅读推广人活动持续发展创新,丰富高校图书馆阅读推广人制度的理论研究,更重要的是促进高校图书馆阅读推广服务模式转型与创新。

2 沈师大图书馆"阅读推广人"计划的践行

2.1 阅读推广人活动的背景

伴随网络的发展,高校图书馆的图书借阅量普遍呈下滑趋势。沈师大图书馆2010年图书借阅量为130万册,到2014年借还量已经下降到78万册,下降幅度接近50%。大学生的阅读行为中普遍存在功利性、应试性和浅阅读等问题,大学生的阅读行为需要引领和指导。为了加强阅读推广,图书馆从2010年开始举办读书文化节,千方百计推广阅读活动。一致认为,阅读推广不仅仅是图书馆人的责任,需要集众人之力,将阅读理念推广至每一个人。经过精心策划,于2015年世界读书日前夕,推出"阅燃星火·共享书香"的阅读推广人行动计划,在学校各个层面寻找热爱阅读、乐于分享的师生,为其提供空间和平台,根据他们的身份和特点,量身打造阅读推广活动,在校园内播撒阅读的种子,带动大学生的阅读热情。

2.2 阅读推广人活动的设计

图书馆阅读推广部经过认真准备,发起了阅读推广人行动计划,并开始宣传与选聘工作,在学校教师和学生社团中招聘阅读推广人。首先设计宣传海报。海报图案设计以一个"五角星"之形搭建团队架构,在全校师生群体中分别从学术带头人、教师、辅导员、图书馆员、学生五个层面招募聘用阅读推广人,每个层面各有所长,活动各有侧重,相互交融。团队以推广阅读为核心,五个层面的阅读推广人像围绕在周围的五角星,他们的阅读推广活动相互交织辉映,以点带面,连接一体,凝聚无穷力量,唤醒读者的阅读热情。画面中心是一本翻开的图书,指代阅读。周围环绕的手臂,寓意图书馆与各层面阅读推广人共同承担阅读推广的重任,同心协力做好阅读推广工作,携手迎接阅读的春天,同时圆形有圆满之意,寓意阅读推广事业终将在共同的努力下圆满成功。

2.3 阅读推广人的聘任标准

高校阅读推广与社会阅读推广相比具有特殊性，对工作空间、受众群体、推广内容、阅读深度都有一定要求。笔者认同中国图书馆学会对阅读推广人的要求："高校图书馆阅读推广人既要具备一般图书馆员的资质，更要具备一定的策划组织能力、编写推荐书目的能力、公关能力、书评能力等，能够开展阅读指导、提升读者阅读兴趣和阅读能力"。[6]阅读推广人首先应具有较强的阅读意愿，应该热爱阅读。其次，阅读推广人应具有阅读推广意愿，自愿并乐于从事阅读推广工作，还应以身作则，能够在阅读活动中发挥推广作用、凝聚作用和指导作用。阅读推广人团队确立多层面选聘方式，自荐与招募相结合，每届任期1年，与图书馆协作制订活动方案，切实发挥阅读推广作用。

2.4 阅读推广人团队的构建

第一批阅读推广人团队于2015年读书文化节期间诞生。首批阅读推广人活动的招募范围分别为学术带头人、教师、辅导员、图书馆员、学生五个层面；招募标准要求所选五个层面的人员各有所长，在大学生读者群中享有较高威望和号召力，并热爱从事阅读推广工作。第一批阅读推广人团队成员分别是：学术带头人层面的孟繁华、贺绍俊，教师层面的王力春、金星，辅导员层面的刘君杰、魏泽，图书馆员层面的胡永强、芦金梅，学生层面的孙浩宇、贾婷宇，任期为2015年4月至2016年4月。在读书文化节开幕式上，学校领导为首批10位阅读推广人隆重颁发聘书。

第二批阅读推广人团队于2016年读书文化节期间换届诞生。本届在面向校内招募的同时，将视野扩大到社会，即面向社会招募阅读推广人，希望能够利用社会知名人士的影响力和传播力，吸引更多的大学生读者走进阅读的世界。经过细致的筛选与沟通工作，图书馆第二批阅读推广人团队应时产生。他们是：外聘阅读推广人鲍尔吉·原野[7]、毕玉才[8]、刘奇[9]，校内阅读推广人姚建宗、杨宝林、李福岩、孟宪吉、赵慧平、迟煦、韩汶言10人。任期为2016年4月至2017年4月。阅读推广人团队组建后，图书馆与他们共同策划举办了一系列阅读推广活动，将阅读推广活动推向高潮。

3 阅读推广人活动实践总结

3.1 阅读推广人以其知名度和吸引力创造了较大的影响力

阅读推广人团队中外聘有《光明日报》辽宁记者站站长毕玉才、辽宁省公安厅专业作家鲍尔吉·原野和辽宁省民营科技企业家刘奇。校内有辽宁省作家协会副主席孟繁华，校文化与文学研究所所长贺绍俊，教育部"长江学者"姚建宗，校书法教育研究所所长杨宝林，2014年度辽宁省"最佳藏书人"、本校"阅读达人"金星等。鲍尔吉·原野老师的《经典十日谈》，在引领精品阅读的同时达到培育文学写作素养的目的，创造了"听君一席话，胜读十年书"的阅读推介效果。贺绍俊和孟繁华二位教授，均是国内文学评论界的领军人物，是第六届鲁迅文学奖的获得者，在业内都颇具威望和影响力。金星老师指导的"鲤鱼读书沙龙"已举办数十期。他们均以其自身的知名度和吸引力，积极组织大学生读书活动，传播经典优秀读物。专家学者的读书观点和推荐书目能引起大学生的广泛关注；企业家们丰富的人生阅历和读书观可以对大学生产生说服力和号召力；朝夕相处的研究生、本科生学霸经常为学弟学妹们传经送宝，特别是专题性经典阅读系列活动，每一期活动都成为下一期的宣传，引发大学生的期待和阅读的欲望。他们积极传播健康的阅读理念，不断创新阅读推广方法，积累了丰富的推广活动经验，他们的推广作用与引领作用越来越大。

3.2 阅读推广人以其丰富学识和引领作用对学生产生深远的影响

阅读推广人自选聘以来，以推进校园全员阅读、建设书香校园为己任，每个人都在积极组织开展各项活动。每年开展《经典十日谈》和《向忱讲坛》专题讲座报告20余场，读书沙龙20多场，各种演讲、竞赛、成果展播100余次，多元化活动使阅读推广接连不断。阅读推广人在撒播经典阅读种子、传播读书技巧、引领读书方向上发挥了重要作用。如王力春老师先后创办"兰亭书院""子衿国学会"等，每月都举办读者沙龙，做客真人图书馆。通过《论语》、《一分为二道德经》等国学讲座，品经论典，推介国学精粹，引导阅读方向。刘君杰老师连续两年组织"与书为友·以书会友"大学生读书爱书活动；魏泽老师品读《少有人走的路》读书沙龙活动，用阅读开启学生的心智成熟之路。他们为参加活动的8 500余名大学生解决了为什么阅读、读什么书好、怎样阅读的问题。通过言传身教，引导学生真正懂得择真而读、择善而读、择美而读，并学会精读、略读、快读、默读和听读等读书技能，要为自己成为合格人才而读。他们在各自的领域发挥自身优势，勇于担当阅读师表的社会重任，全面释放自己的光与热，对大学生的成长和校园人才培养意义重大、影响深远。

3.3 阅读推广人在阅读推广活动中发挥了重要作用

图书馆与阅读推广人在策划推广活动时,不搞应时应景或广场型活动,不停留在表面指标上,对活动的科学性、合理性和预期目标展开论证,注重建立可持续发展的阅读推广体系。如姚建宗教授系"长江学者"、国家级教学名师,他为学生做"读书与我们的生活"讲座,开展多场读书沙龙,指导大学生开展法学学科的深度阅读。杨宝林教授为全校楹联爱好者做了《楹联的创作与欣赏》等讲座,对弘扬中国传统文化、促进社会文明发展意义深远。胡永强老师一直通过好书角、新书展架等渠道向读者推送馆藏源。芦金梅老师与读者协会的同学们组织读书沙龙、英语角、真人图书馆等多项阅读活动。阅读推广人行动的实施,解决了学生阅读的惯性和持久性、阅读内容和品位、方法和技巧等诸多问题。围绕阅读兴趣、阅读习惯、阅读质量、阅读能力和阅读效果这5个范畴,规约了阅读推广的内涵和外延[10]。此外,高校图书馆阅读推广人热爱阅读、懂教育、懂馆藏和懂读者的明显优势,专家传道授业、引领读书,辅导员和学生联系密切,并能以阅读活动为载体促进其他工作的开展,成为学生阅读的引路人。

3.4 阅读推广人的形式成为高校阅读推广的最佳模式

建立稳定的阅读推广人队伍是高校图书馆的一项重要工作。社会文化名人、知名企业家、成功人士与校内高素质教师等均是阅读推广人队伍建设的人才资源和重要力量。他们知识渊博、喜爱阅读并乐于分享阅读心得,担任阅读推广人具有明显的优势,可行性和操作性强。图书馆在确定阅读推广人员后,积极与所聘阅读推广人沟通,交流活动目的,进行活动策划,让阅读推广人做出自己的活动计划,由图书馆阅读推广部来统筹安排、组织实施,并对他们的活动提供必要的帮助。鲍尔吉·原野主动制定10部经典讲座计划,除为每一部作品撰写推荐语外,还围绕这些作品精心准备了10场读书沙龙,深受读者重视。迟煦老师作了朗诵概说、朗诵技巧等4期朗诵技巧与训练的推广计划,向学生传授朗诵的准备和表达等技巧。李福岩教授作了"纪念长征胜利80周年"的专题报告,深入浅出、通俗易懂地讲解了《共产党宣言》这部伟大著作。赵慧平教授带来了"新世纪之交,我们一起读鲁迅"的系列讲座。阅读推广人"人无虚职",他们的每一次讲座都取得了非凡的效果,每一次活动都让学生受益匪浅。

4 阅读推广人活动的持续思考

4.1 构建专业化的阅读推广人团队

在策划阅读推广人招募过程中,要放开阅读推广人聘任的视野,走出校园,面向社会媒体、企业、团体、军营、社区等不同领域寻觅人选,利用推广人的优势,让他们在擅长的领域尽情发挥。同时要挖掘大学生身边的力量,在教师团队和读者之星中聘任阅读推广人,树立"同伴榜样",在校内充实阅读推广人队伍。目前,阅读推广人的队伍还很薄弱,因此,必须加强培养阅读推广人团队,通过培训班的系统专业培训,在一批业余推广人、读书人、爱书人以及卖书人中产生一个崭新的社会专门职业不无可能。根据能力水平和实际贡献,对阅读推广人进行等级评定,做好优秀阅读推广人的评选工作,促进业余阅读推广人走向职业阅读推广人。

4.2 借助名人效应建设阅读推广人队伍

名人以其自身的知名度和影响力来助力校园阅读推广人建设具有重要作用。一要选择恰当人选。将各类名人纳入到阅读推广人队伍中来,在其自愿的前提下,聘任为阅读推广人,利用其知名度和影响力来激发阅读推广对象的阅读热情和关注度。二要进行明确分工。社会名人难以全程参与到阅读推广中来,可对阅读推广人进行如倡导者、组织者、讲述人等明确分工,各有侧重,加强各类阅读推广人之间的协作。三要注意"对症下药"。大学生因专业的原因会形成群体阅读需求,因此,阅读推广要根据不同专业群体需求特征来寻找相对应的名人。四要利用名人"激励"的作用。利用名人效应激活各种激励策略,如亲笔签名或签名照,获得偶像或权威的肯定,名人对阅读事迹的赞赏及宣传等,都有利于激发大学生的阅读兴趣。

4.3 阅读推广应从文化传承向学术引领拓展

校园阅读推广与社会阅读推广无论在内容、形式或在受众群体上均有不小的差别。高校阅读推广在文化传承的基础上,更多注重经典阅读、专业拓展与学术研究的引领。阅读推广不能以活动形式来应景,追求一时热闹,丢掉了活动的主旨与核心。高校阅读推广活动中被推荐的"好书"要既具备阅读价值又体现专业价值,要符合主流育人观念又要启发人性思考,要注重文化传承又应引领学术研究拓展。因此需聘任具有不同学科背景、高水平、专家型的阅读推广人,形成校园阅读的推介系统,以学术沙龙为依托,以经典阅读为核心，以提高写作研究水平为目的，助力大学生专业学习和创新能力的提升，助推高校人才的培养。

4.4 重视阅读推广人行动方案的开拓创新

　　阅读推广工作是今后一个时期高校乃至社会的一项重要工作，高校图书馆应切实有效地实施阅读推广人计划，其良好的操作性、实效性与可持续性是高校图书馆阅读推广的最佳模式。阅读推广模式也不应固化，应随着时代发展，结合读者信息需求和阅读习惯的改变而不断转型创新。阅读推广人应针对这些改变，将阅读推广活动不断创新，改变阅读推广存在的追求表面热闹和忽略实践探索的现象。高校图书馆阅读推广人活动需要重视创新与实践的研究，借助各种力量推动阅读推广工作创新发展。创新可包含三层含义：一是更新，二是创造新的东西，三是改变。创新作为一种理论支持人们进行创新思维，阅读推广人也要突破已有常规阅读推广模式的界限，以新的方式和视角去开展阅读推广活动，策划出新颖独创的推广方案，深化推广的活动内涵，产生有指导阅读意义的行动计划，增加新的阅读品牌，从而实现阅读推广常态化、活动形式多元化、经典阅读轻松化、主题阅读更深化、专业阅读加强化的局面。

参考文献：

[1] 谯进华．深圳阅读推广人的实践及发展［J］．特区实践及理论，2013，（2）：64－66．

[2] 中国图书馆学会．中国图书馆学会召开第六届青年学术论坛和阅读推广人培育行动记者会［EB/OL］．［2016-09-12］．http：//www.lsc.org.cn/c/cn/news/2014-11/06/news_7571.html．

[3] 国家新闻出版广电总局．关于《全民阅读促进条例》（征求意见稿）公开征求意见的通知［EB/OL］．［2016-09-12］．http：//www.gapp.gov.cn/news/1663/274862.shtml．

[4] 深圳市第六届人民代表大会常务委员会．深圳经济特区全民阅读促进条例［N］．深圳特区报，2016-01-03（A4）．

[5] 王天泥．图书馆建立阅读推广人制度研究［J］．河北科技图苑，2015，（6）：61－64．

[6] 雷水旺．高校图书馆服务的新生命力——阅读推广人［J］．河南图书馆学刊，2016，（4）：41-44．

[7] 鲍尔吉·原野［EB/OL］．［2016-12-02］http：//baike.baidu.com/item/鲍尔吉·原野?fr=aladdin．

[8] 光明日报辽宁记者站站长做客《向忧讲坛》［EB/OL］．［2016-12-02］．http：//

news.synu.edu.cn/html/XSDT/2016/5/165101036379.html.

［9］ 刘奇董事长做《新工业革命的机遇与挑战》专题报告［EB/OL］.［2016-10-21］.http：//news.synu.edu.cn/html/XSDT/2016/4/1642514119840.html.

［10］ 王波. 阅读推广、图书馆阅读推广的定义——兼论如何认识和学习图书馆时尚阅读推广案例［J］. 图书馆论坛，2015，（10）：1-7.

作者贡献说明：
王磊：提出论文核心研究思路和结构，提供资料，修改论文；
吴瑾：整理资料，撰写论文，校对修改论文。

作者简介

王磊（ORCID：0000-0002-0888-351X），副馆长，馆员，硕士，E-mail：Wanglei-ring@163.com；吴瑾（ORCID：0000-0003-0329-7965），副馆长，研究馆员，硕士。

经典阅读：图书馆阅读推广的永恒主题[*]

——以沈阳师范大学图书馆为例

在全媒体时代，如何推广阅读经典，尤其是传统经典，已是高校图书馆阅读推广中说着容易做着艰难的话题。即便如此，高校图书馆仍在千方百计为创新经典阅读推广活动而努力，想方设法地提高学生对传统经典的阅读兴趣，这是对阅读推广的一种理性选择，是对经典阅读核心价值的回归，是高校图书馆阅读推广的真正价值和使命。

1 经典阅读研究现状

全民阅读工程实施以来，读书受到了社会的普遍重视，尤其是经典阅读的浸染和熏陶正是人文修养和弘扬中国文化"软实力"的必备内涵，因此，经典阅读的理论与实践成为图书馆阅读推广工作的焦点。经典阅读问题是一个交叉学科问题，涉及图书情报学、文学、教育学、政治学等诸多学科。中国目前对于经典阅读问题的研究是以图书情报学界为主力军，其他学科的专家学者也开展了不同角度的研讨，丰富了经典阅读的理论研究[1]。尤其在中国图书馆学会阅读推广委员会倡导下，从2009年起图书馆学界的阅读推广研究日益走向深入。北京大学王余光教授、南开大学徐建华教授等经典阅读推广专家与业界同仁奋力疾呼，不能再"让'经典'的阅读和研究被孤立起来，被置于与其他事物尖锐对立的位置[2]。"尤其王余光教授以《阅读与经典同行》《图书馆经典阅读推广》等专题讲座和论著开展线上线下的奔走传播[3-4]，认为阅读推广的内核应该是经典阅读，回归经典是高校图书馆阅读推广的真正价值和使命，这些观点引领了经典阅读推广的潮流，使被冷落的经典阅读研究有了起色，并实现理论到实践双重意义的提升。

在理论研究方面，2013年以来高校经典阅读研究成果增长显著，研究的内容和领域较为集中，涉及经典的定义、传统文化经典的界定、经典阅读的

---

[*] 本文系2017年度中国图书馆学会阅读推广项目"图书馆阅读推广的体系拓展与内涵深化研究"（项目编号：YD2016A05）和2017年度辽宁经济社会发展项目"东北振兴视阈下高校图书馆多元化阅读服务研究"（项目编号：2017lslktziglx）研究成果之一。

特点与作用、经典阅读推广、大众文化与经典阅读、大学生经典阅读现状、经典阅读策略以及新思路等。研究者多从大学生的现实出发，剖析当今经典阅读的现状，提出高校图书馆如何应对大学生经典阅读的具体问题，提出系列应对的方法和措施[5]，具有较强的针对性和广泛性。经典阅读实践方面，近两年在全国高校图书馆服务创新案例大赛中，经典阅读推广案例屡见不鲜，如武汉大学图书馆的经典名著闯关在线游戏"拯救小布之消失的经典"；湖南大学图书馆的"一校一书：经典、精读、经世阅读活动"；辽宁大学图书馆的"中华传统经典立体阅读之旅"；哈尔滨商业大学图书馆"聆听经典，品味书香"经典阅读活动[6]。虽然经典阅读在一些高校图书馆活动中已占有重要的席位，但仍有许多图书馆对于经典阅读是一派茫然以至于无动于衷。因此，认清经典阅读的重要地位和文化意义，推进和深化经典阅读是当前高校图书馆阅读推广的重大难题。

沈阳师范大学（以下简称沈师大）图书馆，经过认知将阅读推广回归经典，通过探知将经典阅读活动实现多元创新，目前经典阅读活动已经形成常态，推广服务得心应手，活动内容常变常新，收到了很好效果。本文以沈师大图书馆的经典阅读推广实践为例，介绍该图书馆经典阅读推广活动的理念与实践，与业界共同交流探索一条以经典阅读为目标、以指导阅读为纽带、解决大学生经典阅读困境的方法和途径，并起到启发思路、抛砖引玉、参考实践的作用，用以丰富经典阅读研究，以经典阅读精神，推动高校图书馆经典阅读推广走向深入繁荣。

2 沈师大图书馆经典阅读推广实践

2.1 经典阅读理念的回归

沈师大图书馆从 2010 年以来致力于阅读推广，为了找准定位，更好地开展阅读推广活动，举办了东北地区高校图书馆阅读推广培训班，聘请专业学者做了多场报告。特别是北京大学王余光教授所做的主题为"阅读与经典同行"的报告，让图书馆阅读推广方向更明确，推广理念更坚定——经典阅读是阅读推广的核心。2014 年成立阅读推广部，增设经典阅览室；2015 年正式组建"阅读推广人"团队，补充完善各种经典资源；2016 年健全经典阅读体系，引导学生热爱阅读经典名著，从经典中汲取精神营养。图书馆阅读推广理念回归经典，并围绕经典阅读的核心目标策划开展各种活动，多渠道、全方位、立体式地向学生推荐经典名著，提供经典阅读服务，将经典阅读活动形成常态并时而推向高潮。

2.2 经典诵读空间再造

空间再造是数字化时代图书馆转型升级的有效途径之一。沈师大图书馆与时俱进，经过考察论证，对图书馆空间布局进行了大刀阔斧的改造。图书馆打造了主题鲜明、设施完善的 7 大功能区域，其中有"经典诵读"空间，面积 40 平左右，WiFi 全覆盖，各种设备齐全，家具舒适，装点古香古色，以经典和创意为引领，以资源为保障，兼具经典学习、研讨、讲座、沙龙、创意和文化休闲功能，为大学生开展各种经典诵读、文化交流提供专业设备、交流空间和展示平台。经典诵读空间的打造，营造了经典阅读的氛围，让"经典"概念深入读者之心。为校园中的"兰亭书院""子衿国学会"等读书会搭建平台。经典诵读空间的打造，实现了经典阅读的意识引领和空间保障。其精彩纷呈的经典阅读活动不断在策划，可点燃学生对于经典作品的阅读热情，进而推动经典阅读活动走向深入。

2.3 以经典阅读为推广核心

阅读理念确立以后，图书馆阅读推广工作核心定位于经典阅读，主要侧重在国学经典、文学经典和专业经典阅读方面。①以经典文献为主配置馆藏，补充完善经典世界文学名著和汉译世界学术名著丛书。②定期发布"经典阅读推荐书目"，包括历史经典、文学经典和专业经典，线上线下同时宣传。③设立经典诵读室并展示经典文献，开展国学书展、古诗文书展、善本古籍书展，引导经典阅读。④举办讲座和经典读书会，依托信息共享空间开展经典文化阅读推广活动。如"心中有爱说《论语》"；"一分为二《道德经》"等读书沙龙活动。⑤开展热点主题的经典阅读，如 2016 年为纪念莎士比亚逝世 400 周年，针对莎士比亚经典作品的推荐采用书展、影视展、短剧展演、读书嘉年华等多种宣传手段相结合的方式开展多种形式的宣传活动并指导阅读。⑥开展经典品读大赛，如"音沁墨香"大学生古文诵读大赛；"品一抹古韵，绘一路人生"读书计划大赛；图书馆馆员经典名篇朗诵会等。图书馆以书展、图片展、影展、讲座、报告、交流心得以及竞赛等立体阅读推广形式，不断融入游戏、微旅行等充满乐趣的流行元素，调动学生的参与热情，达到引领经典阅读的效果。

2.4 打造本馆经典阅读品牌

图书馆为了更好地开展经典阅读，打造了"向忱讲坛"和"经典十日谈"两个阅读服务平台。①向忱讲坛是以沈师大老校长车向忱的名字命名开设，让专家学者在这个平台上开展经典讲座和报告，为大学生阅读指点迷津。向忱讲坛作为阅读推广的重要讲坛，至今已开展包括各种真人图书馆、读书指导、经典阅读、专业阅读和传统教育等各种讲座。讲坛报告人有校外也有校内。如沈阳军区后勤史馆徐文涛的"重温革命记忆，延续红色精神"[8]；解放军出版社副社长董保存的"苏联红军出兵东北始末"[9]；知名作家何顿的"《来生再见》之民族精神"[10]；著名企业家刘奇的"新工业革命的机遇与挑战"等[11]，并分别围绕报告主题与学生进行面对面的交流互动，在30余场报告中，经典阅读占有10余场。②经典十日谈是我馆在校外聘请的第二批阅读推广人——辽宁省作协副主席鲍尔吉·原野老师[12]开展的讲坛。原野老师以阅读推广人的身份为沈师大的学生推荐10部古今中外广为流传的文学名著，并围绕这10部名著，开展10场读书沙龙，为学生对作品进行一一解读，带领他们品读10本好书、10位作家、10个故事。经典十日谈为10次读书沙龙活动，时间分布在2016年的两个学期。相同的场地和报告人，不同的内容和读者，预期相聚，圆满完成了活动的全程。每场讲座学生对原野老师的演讲都赞誉不绝。这两个讲坛均受到全校师生的欢迎，成为图书馆阅读推广活动最成功的品牌。

2.5 经典阅读多元化创新

图书馆在开展经典阅读工作中，尤其重视推动国学经典阅读。国学经典是民族智慧的结晶，它的价值历久弥新，可以塑造人格，不断提高文化能力，终身受益。主要活动有：①经典读书会：在阅读推广人王力春老师引领下的"兰亭书院""子衿国学会""读者协会"等校园读书会，定期开展经典阅读沙龙、讲座等活动。②经典讲座：2015年开展的"阅古读今：中华传统文化品鉴之旅"等读书沙龙，收到很好的经典阅读的效果。③典籍翻译比赛：由图书馆"古籍保护协会"发起和开展的"书同文"古籍翻译大赛。推出6种古籍经典，根据6种古籍出6套试题，选择其中1套参赛，达到聚焦阅读经典，提高国学认知的学习目的。④传统文化影片展播：馆内影视共享中心通过"爱·视界"空间，播放传统文化影片、视听资料、随书光盘等，如《孔子》《赤壁》等，辅助经典阅读。⑤馆员经典阅读：图书馆开展馆员阅读经典活动，馆员根据经典书目自由选择篇目，写读后感。图书馆还举办了首届馆员经典名篇朗诵会，以引领和推动经典阅读。

3 图书馆经典阅读推广实践的体会

3.1 经典阅读是永恒的主题

阅读推广实践证明，经典阅读是图书馆阅读推广的真正核心。随着高校图书馆阅读推广工作的全面铺展，应摒弃那些确有哗众取宠之嫌的阅读活动形式。阅读推广的理念与目标必须回归经典，它需要受到重视，需要精心策划，更需要引导和推广。在喧嚣浮躁的时代，阅读推广不仅仅是让学生读几本畅销书，而是有目的、有计划、有步骤地营造经典阅读氛围，开展经典阅读指导，让学生与经典相遇并吸取精髓接受教诲，进而激发大学生对经典阅读的兴趣和热情，让经典阅读成为大学生学习生活的重要组成部分，这才是高校图书馆阅读推广的责任和使命。

3.2 全方位加强经典资源保障

图书馆应加大馆藏资源建设力度，不断完善各种经典文献资源的建设，以满足读者经典阅读的需求。文献资源建设应突出馆藏特色，通过购入再造古籍善本和世界汉译名著的途径来补充完善古籍与经典的收藏；建设多元化经典数字资源平台，促进数字经典阅读的健康发展；注重利用网络免费资源，使馆藏实体资源与网络虚拟资源相互补充，提高信息资源建设的管理水平，开设经典阅览室，为校园的经典阅读提供充分的资源保障。同时，经典不能固化，应与社会化的情怀及专家的推荐相结合。

3.3 经典阅读定位于通识教育

阅读经典是大学生教育的重要组成部分，图书馆作为学习的第二课堂，应肩负起引导大学阅读经典的责任与使命，推广经典阅读正是图书馆教育功能发挥的重要途径。图书馆应将经典阅读推广定位于本校的教育方向与学科专业，结合学校通识教育，针对本校大学生读者开展经典阅读服务，以跨时代性、跨学科性、跨文化性的基本准则作为阅读推广的文本选择。深入了解大学生的阅读心理与行为，针对不同专业、不同层次、不同年级大学生系统化提供经典导读书目，围绕学科专业揭示报道和指导阅读中外经典名著，引领大学生了解并亲近经典。

3.4 提供个性化经典阅读服务

图书馆个性化服务对于经典阅读来说十分重要。图书馆应引导学生树立经典阅读的观念，在提供经典阅读服务工作中，注意本科生与研究生的区别来推荐经典目录，指导学生制定与自己专业、爱好和文化层次相适应的个性化经典阅读计划，设定一个合理的经典阅读目标。阅读不仅是大学时代，而且是一辈子的事情，经典阅读尤其如此。解决读者在经典阅读中遇到的问题，引导读者克服"功利阅读"的痼疾，以沉静和沉思的态度研读经典，使其通过理解、认知而得到延展与增值，从而真正走进经典。

3.5 将经典阅读嵌入文检课教育

图书馆经典阅读要另辟推广蹊径，在文检课程中嵌入经典阅读，不失为一种创新选择。沈师大图书馆改革了传统文检课教学，通过经典阅读主导型嵌入、经典阅读辅导型嵌入、微媒体经典阅读嵌入、经典阅读体会嵌入、经典阅读课业写作与竞赛等形式，将文检课由选修课变为必修课、增加学时学分、经典阅读知识竞赛等形式，并用现实中的案例来"说服"学生。通过文献课传授多种经典阅读路径，提高学生阅读经典的积极性，让学生真正认识经典在人生中的重要作用，进而吸引学生走进经典阅读。

3.6 新媒体与经典阅读推广相协同

沈师大图书馆利用网站、微博、微信公众平台协同开展经典阅读推广，尤其是微信公众平台可成为大学生经典阅读的全新技术平台，是不可忽视的手段。阅读推广部要安排专人负责，在微信公众平台中，设计大学生经典阅读一级菜单，下设各种二级菜单。定期推送中外名著排行榜、国学经典书目等；提供经典名著书评或简介；提供经典数字资源在线链接；解答经典阅读咨询；组织经典阅读交流等经典阅读活动，实行线下线上相结合的方式，让大家在数字化阅读中品味经典[13]，同时也为经典阅读增加了立体式学习的方式。

3.7 建立校园经典阅读长效机制

沈师大图书馆在实践中深深体会到，高校图书馆经典阅读推广活动的顺利实施，除需要图书馆自身的推广理念、资源保障、阅读推广人团队等条件，更重要的是要以校内多部门合作和长期努力作为支撑。将经典阅读作为阅读推广的核心，制定出总体规划和每年的活动计划，联合校内各相关部门协同制定推广活动方案，争取各行政部门和院系的人力、财力、组织等方面的支持，联合构建校园经典阅读推广服务的长效机制，将经典阅读推广作为全校阅读推广工作常态化并日益推向深入。

4 结语

全球化时代，多种原因使得世界范围内经典阅读的风气在沦丧，但经典魅力从未因此而消退。高校图书馆有责任不遗余力地推广经典阅读，让各类经典不断折射出历史和时代的精华，使读者从经典里找到阅读的真谛，找回迷失在数字网络中的方向。校园阅读文化尽管存在"年年岁岁'书'相似，岁岁年年'生'不同"，但经典阅读应成为高校图书馆读者阅读的一种风尚。它不但能使学生们看清人间的真善美、假丑恶，引领其远离庸常，攀登高峰，走向高尚；更能使学生们穿越时空，沉浸其中，被其鞭辟入里的文字所震慑，所感动，所熏陶，伴随终身。笔者坚信，以图书馆为中坚力量的经典阅读活动经过各部门、各机构的通力合作，中华民族的古老文明、灿烂文化、辉煌历史、精深智慧一定会通过一代又一代人的阅读体验得到继承和发扬。

参考文献：

[1] 莫泽瑞．国内关于经典阅读研究综述［J］．高教研究，2016，（1）：60-63．

[2] 余灵灵译．杜威全集论文、书评和杂记第十五卷1942-1948［M］．长春：东北师范大学出版社，2015．

[3] 王余光．阅读与经典同行［N］．光明日报，2009-04-30（10）．

[4] 王余光．图书馆经典阅读推广［M］．深圳：海天出版社，2013．

[5] 寸丽华，黄正良．高校图书馆如何推进大学生经典阅读［J］．大理学院学报，2011（9）：56-58．

[6] 教育部高等学校图书情报工作指导委员会．首届全国高校图书馆阅读推广案例大赛［EB/OL］．［2016-10-21］．http：//www. lib. shufe. edu. cn/rscp/check. asp.

[7] 高巍．车向忱：追求平民教育的东北教育家［N］．华商晨报，2011-02-28（A02）．

[8] 百度百科．徐文涛［EB/OL］．［2016-10-21］．http：//baike. baidu. com/link？url=rvswVgG1tebQVQdmWNso6JPOVzlOROURm834fm5zDBEquaUlL0zcBxFQcCDgeblKnPNXShB00mPDV0Ua6sKv0puZc7WjODYne2e1TI2XFfliozt Z0KNS6clQ0sVm8chF.

[9] 中国作家网．董保存［EB/OL］．［2016-10-21］．http：//www. chinawriter. com. cn/zxhy/member/1091. shtml.

[10] 百度百科．何顿［EB/OL］．［2016-10-21］．http：//baike. baidu. com/link？url=NdTd2taLRCJuZifjGCvopCzTuzoJRrvPRDYkrueCO6qDjSBA6bZ-ClnwTmJLyKjxAGIcxaZ4X2A6HU9EFW1CT8o7ffKSOPfGuykjaLxQSoy.

[11] 刘奇董事长做《新工业革命的机遇与挑战》专题报告［EB/OL］．［2016-10-21］．http：//news. synu. edu. cn/html/XSDT/2016/4/1642514119840. html.

[12] 百度百科．鲍尔吉·原野［EB/OL］．［2016-12-02］．http：//baike. baidu. com/item/鲍尔吉·原野？fr=aladdin.

[13] 安晓丽．图书馆微信公众平台与大学生经典阅读协同推进探讨［J］．情报探索，2015，（10）：79-81．

作者贡献说明：

王宇：提出论文核心研究思路、研究结构，拟写提纲，修改论文；
刘偲偲：收集与整理资料，撰写论文与校对。

作者简介

　　王宇（ORCID：0000-0001-8401-2436），馆长，研究馆员，硕士，E-mail:lib_wangyu@126.com；刘偲偲（ORCID：0000-0002-6983-4674），馆员，硕士。

"立体阅读"：多元融合的阅读推广新模式探析[*]

——以沈阳师范大学图书馆为例

现代信息技术的飞速发展，不仅为图书馆带来智能化服务的转变，也深刻地改变着读者的阅读心理和阅读行为，给图书馆造成阅读率逐年下降的冲击，阅读推广由此成为高校图书馆工作的重心之一。图书馆阅读推广工作一面追求主题内涵深化，一面追求阅读形式创新，于是，立体阅读推广应运而生，并成为近年图书馆兴起的创新型阅读推广模式。立体阅读形式以其主题独特、内涵丰富、形式多样、效果突出的特点受到越来越多的图书馆青睐。本文在分析立体阅读推广涵义的基础上，介绍沈阳师范大学（以下简称"沈师大"）图书馆近年开展立体阅读推广活动的做法与体会，与业界同行共勉。

1 图书馆立体阅读推广及其发展概况

1.1 图书馆立体阅读推广的内涵

立体阅读推广是图书馆阅读推广活动模式之一。所谓立体阅读推广，是图书馆利用自身的设施条件和人才等综合性优势，融合实物陈列、图片展览、讲座、演出、组织读者进行相关文献阅读、与读者互动等多种形式为一体，全方位、多层次地宣传推广某一主题图书的一系列活动的总称[1]。换言之，图书馆通过展现某一个阅读主题作品的多种艺术表现形式，或者对比展示某作品的原著和译著等，利用多种时空交换方式，采用多媒体技术，集读者阅读、馆员互动等各种形式为一体来进行阅读主题的推广活动，这种活动模式被称为立体阅读。

立体阅读推广的形式比较丰富，它可以包括真人图书馆、讲座、沙龙、

---

[*] 本文系 2017 年中国图书馆学会阅读推广项目"图书馆阅读推广的体系拓展与内涵深化研究"（项目编号：YD2016A05）和 2017 年辽宁经济社会发展项目"东北振兴视阈下高校图书馆多元化阅读服务研究"（项目编号：2017lslktziglx）研究成果之一。

展览、影视、走读、竞赛、创意、表演等多种活动形式；可以借助书刊、网络、影视、广播、微媒等多种媒体传播或开展；可以选择经典阅读、主题阅读、专业阅读等多种内容进行推广，无论形式多么丰富，其核心关键仍是"围绕阅读主题，综合利用载体资源"开展阅读推广。它可以综合发挥真人阅读与纸质阅读、网络阅读与微媒阅读、文字阅读与声像阅读等的优势，形式大大改变了图书馆传统的服务方式，将单一的阅读转变为全方位、多维度、广角度、深层次、创造性的知识传播平台，并且更加系统、立体、深刻，容易激发读者的阅读兴趣，使其能自由选择喜欢的阅读方式，并加深对作品或主题活动的理解和印记，提高学习的效率和效果。实践证明，立体阅读是最富创造性、最有成效的阅读推广方式，它构建了一个有机阅读的生态网，逐渐被高校图书馆所采用和延伸发展。

1.2 立体阅读推广的研究与发展

目前，美国实施的"阅读火箭（Reading Rocket）"工程，便是一项多媒体立体阅读推广工程。该工程利用电视、纸媒、网站、DVD、手机等多种媒体向读者提供新闻、研究论文、专家讲坛、电子月刊、少儿视频等立体交叉型阅读资源，通过全新的阅读形式引导和帮助读者开展全方位阅读[2]。具体内容包括：①通过华盛顿公共电视台播出阅读信息资源，人们可选择电视阅读或网站阅读，也可以购买 DVD 阅读；②华盛顿公共社交网站提供阅读新闻、研究性文章、教育专家建议和各种供阅读的在线视频；③可以订阅电子月刊等信息资源，并利用网站、手机等读者互动空间活动；④电视制作播出"启动小读者（Launching Young Readers）"系列节目供少年儿童阅读。

在国内，关于立体阅读推广的研究最早出现在 2003 年，至今不足百篇，足见立体阅读推广还没有引起图书馆界的重视，相关研究还处在初期阶段。同济大学图书馆自 2008 年开始策划"立体阅读"方案，陆续开展了"粉墨中国""再现敦煌""经典上海""中华记忆""感受英伦文化""感受意大利文化"等阅读活动，目前已经形成立体阅读推广品牌，深入人心[3]。其他高校图书馆也将立体阅读充分运用到阅读推广活动中：2015 年首届全国高校图书馆阅读推广案例大赛上，入围决赛的 38 个案例中就有多个案例应用了立体阅读的形式。如云南师范大学图书馆的"在复合式阅读中享受发现的快乐"、石家庄学院图书馆的"读书·读人·读己——基于读者协会的立体化阅读推广体系"、海南大学图书馆的"阅读成就梦想——海南大学图书馆三维阅读探索之路"、辽宁大学图书馆的"中华传统经典立体阅读之旅"等[4]。可见立体阅读推广的应用范围已逐渐扩大，将成为未来阅读推广的主要形式之一。

近3年以来，沈师大图书馆的阅读推广工作已经形成常态，并在阅读推广活动中不断探索和创新活动形式。通过图书馆各个部门阅读推广活动的配合联动，形成了全方位、多视角、多层次的阅读活动策划方案。每项主题阅读活动都采取听讲座、观展览、看影剧、读经典、赏音乐、比作品、赛演讲等多种形式，将单一的阅读活动方式拓展为多种多样的阅读活动形式[5]，形成纵横交错的立体阅读推广体系，取得了意想不到的推广效果，创造了阅读推广服务的旗舰品牌。该馆立体阅读推广形成了活动常态化、主题特色化、内容时尚化、组织矩阵化等多种优势。笔者试图通过对该馆立体阅读推广活动实践的总结来丰富阅读推广模式的理论研究，以促进图书馆阅读推广形式向更多样、更互动、更互补、更生动、更有效的方向发展。

2 沈师大图书馆立体阅读推广实践

2.1 图书馆立体阅读活动理念

沈师大图书馆的阅读推广活动理念一直是面向创新，不断探索阅读推广的新模式，科学组织各种主题阅读，促进校园阅读文化发展。通过一系列全方位、立体化、多层次的阅读活动，引导大学生阅读行为，使其有所读，有所思，有所悟，有所为，回归阅读，享受阅读，爱上阅读，养成阅读习惯，提高阅读质量，增强阅读能力，收获阅读成果。近3年来，沈师大图书馆先后开展了多场大型阅读活动，其中立体阅读占4场。为弘扬传统文化、引导经典阅读举办了"阅古读今——中华传统文化品鉴之旅"活动；为纪念抗日战争胜利70周年策划了"奉天烽火·盛京记忆"大型活动；为纪念长征胜利80周年举办了"红色追寻·不忘初心"阅读纪念活动；为响应国家"大众创业、万众创新"的号召举办了"助燃梦想·绽放青春"创新创业阅读活动。这些活动的开展极大地调动了读者阅读的积极性，培养了读者热爱阅读的习惯，每当活动进入尾声，读者都感觉意犹未尽，期待下一次活动的到来。

2.2 图书馆立体阅读活动设计

这里仅以"奉天烽火·盛京记忆——纪念抗日战争胜利70周年"主题阅读活动为例[6]，简要展示立体阅读的系统过程。2015年，恰逢中国人民抗日战争暨世界反法西斯战争胜利70周年，弘扬抗战精神，激发爱国热情，传承家国情怀成为全国的主旋律。沈阳是日本在中国东北蓄意制造并发动侵华战争的开端和日本侵华战争的爆发点，也是清算日本战犯罪行的最后审判地，作为抗战历史文化名城，她见证了中华民族从赢弱走向富强的过程。沈师大图书馆紧扣"抗日战争胜利70周年"主题，集中推荐和提供图书馆相关主题的全部信息资源。每一本图书、每一张照片、每一部影片、每一位嘉宾、每一个历史遗迹的学习阅读都紧紧围绕"抗战胜利"主题以立体阅读形式开展，让当代大学生学历史，知荣辱，加深对脚下这片土地的了解，将爱国主义教育植根于大学生的阅读生活。相关立体阅读推广活动见表1。

由表1可见，以"奉天烽火·盛京记忆——纪念抗日战争胜利70周年"为主题的立体阅读推广，共设计了6个篇章、13项精彩活动。该活动历时3个月，通过"看""听""写""行""创""寻"等多种形式回顾抗战历史，宣传抗战知识，激发大学生的爱家爱国情怀。本案例获得2015年辽宁省首届高校图书馆阅读推广案例大赛一等奖、2015年教育部高校图工委首届全国高校图书馆阅读推广案例大赛二等奖。

表1　纪念抗日战争胜利70周年立体阅读活动概览

6个篇章	13项阅读活动内容	形式
回望历史	"硝烟中的红色记忆"图书展，"文汐阁"展出抗战专题图书100种； "战火中的铿锵玫瑰"抗日巾帼英雄图片展，展板展出抗日英雄图片20多人	书展、图片展 与省图书馆合作
聆听故事	沈阳军区后勤史馆馆长徐文涛大校讲座，重温革命记忆、延续红色精神； 鲁迅文学奖获得者董保存大校讲座，全景解密苏联红军出兵东北始末； 文学诗人何顿，讲述广受赞誉的抗战小说《来生再见》蕴含的民族精神； 辽宁省委党校文史部主任王建学教授报告，用珍贵的史料再现沈阳抗战历程； 沈阳地域文化研究专家罗云天讲座，讲述沈阳历史，宣传盛京文化	外请专家报告 面对面聆听
重温记忆	"战争中的峥嵘岁月"纪念反法西斯战争胜利70周年影片展，陆续播放《南京南京》《太行山上》《兵临城下》等20余部电影、电视片	馆内影视中心 晚间陆续播放
走读文化	访问"九一八历史博物馆""张氏帅府""满铁奉天公所旧址""中共满洲省委旧址""抚顺战犯管理所旧址"等10余处文物保护单位和文化建筑，通过探寻历史遗迹，增强爱国精神	读者分期分批访问沈阳市内及周边历史遗址

续表

6个篇章	13项阅读活动内容	形式
抒写情怀	开展以"铭记抗战历史，为中华之崛起而读书"为主题的楹联创作大赛，楹联创作内容分为"学""创""展"3个部分	线上宣传公布 线下共享互动
寻找秘径	题目为"寻找遗失的代码"读书嘉年华活动，设计"深入敌营""争分夺秒"等7个环节，以小组（3人）为单位报名参赛。通过查找图书、检索数据库、预约学习空间、使用移动图书馆等多种考验，在游戏中提升利用图书馆技能	将阅读主题融入游戏，嵌入竞赛活动中

2.3 立体阅读活动的优势与意义

图书馆立体阅读服务的作用与价值不可低估。它是融读文献、观展览、听讲座、看演出、赏音乐、走访读、享互动、竞技能等为一体，全方位、多维度、广角度地弘扬与传播优秀文化的系列读书教育活动。配合学校的学科教学，每场活动选择一个具有教育意义的阅读主题，将传统的单一、平面的纸质或电子阅读转变为由真人、声、像、走、动等多元形态构成的立体化阅读形式，其感召力和影响力是其他形式无法比拟的。图书馆可将立体阅读推广作为一种重要的阅读传播途径，根据本校的教育目标不断进行深入拓展。立体阅读推广的内涵正在不断得到演绎和延伸，但其以"阅读"为核心和整合资源的任务无法转变。立体阅读推广开发利用了图书馆的各种丰富资源，将传统阅读与新兴媒介结合起来，赋予读者眼动、手动、心动等立体效果，使读者的知识理解能力得到迅速提高，是图书馆提高服务质量的有效途径[7]。

3 沈师大图书馆立体阅读推广实践的感悟

3.1 "特色化"主题挖掘策划

特色是一种风格和形式，是一个事物或一种事物与其他事物的显著区别，是由事物赖以产生和发展的特定的具体的环境因素所决定的，是该事物所独有的。阅读推广活动在注重创新的同时也应关注特色，如地域文化特色、本校培养目标特色、专业活动特色等。通过特色能激发学生的阅读兴趣，调动学生的参与热情。如上述案例中阅读的主题具有沈阳的"地域特色"，所邀请做报告的名家，多为军人，所走读的历史遗址绝无仅有，并将现代网络游戏融入阅读竞赛中，这些特色都成为活动的成功助力，使沈师大学子有幸近距离感受沈阳地域文化的独特魅力。此外，立体阅读活动也可以实现地域特色、教育特色以及纪念意义，体现推广活动的"特色化"原则。

3.2 "创新性"活动规划设计

图书馆阅读推广规划应具有阶段预测性和敏感性特质，在设计具体活动时，发挥设计者的远见与智慧，从国家重大纪念活动、重要节日、国内外名人的纪念活动、重要地域文化活动、本校的重大活动中寻找思路，捕捉创意，设计方案，将立体阅读活动呈现系列化，活动进程中会掀起一波接一波的高潮。因此，对立体阅读主题设计及活动内容的考虑应多元丰富，将"创新"和"时尚"作为核心要素。在活动的阅读对象、阅读需要、阅读时段、阅读空间、阅读方法上坚持"创新"；在活动推荐书目、真人图书、影视选择、实地体验等各个环节追求"时尚"。如上述"奉天烽火·盛京记忆"立体阅读推广活动，占有天时、地利与人和的优势，加上活动设计创新性地融入游戏、微旅行等充满乐趣的流行元素，体现了内容的专题性和系统性，使每场报告都座无虚席，每项活动报名都瞬间爆满，使沈师大学子体味到阅读推广项目中涌动的创新活力与正能量，给广大读者留下了深刻而经久的记忆，进而实现了活动的历史知识传授与爱国道德素养培育等目的。

3.3 "矩阵型"组织合作机制

沈师大图书馆经过多年的探索和积累，逐渐打造了"一个核心，多方合作"的模式，即以图书馆为核心，校内相关职能部门助力，协同开展阅读推广工作。2014年成立"阅读推广部"，由馆长助理兼任阅读推广部主任，抽调馆内精干力量专职负责阅读推广工作，同时集聚全馆青年馆员，分别成立资源组、影视组、基地组、社团组4个小组。资源组负责资源推介；影视组负责影视推介；基地组负责开展院系合作；社团组负责组织学生，每个小组各司其职，协同阅读推广部制定阅读推广计划，策划阅读活动。这种"矩阵型"机制有利于减少阅读推广工作专职人员数量、充分发挥馆员的才智，最终形成了图书馆以"阅读推广人"为主题阅读讲座的主报告人，以学生读书会等社团组织为宣传组织者和参与者，阅读推广部负责策划方案和实施活动，图书馆相关部门如影音播放室等辅助开展活动，校内相关部门如学生处、团委、学生会等部门提供助力，校外关系单位如省图书馆等倾力协助的合作组织体系。通过不同部门的通力合作，联袂为广大师生呈现了精彩的阅读盛宴，并使阅读推广工作实现常态化。

3.4 "整合型"资源开发利用

图书馆的阅读推广活动不是阅读推广部馆员个人的事，而是一个时期内全馆的大事，因此，需要集合各种人力、物力资源，围绕阅读活动开展工作。活动中，图书馆可通过海报、展板、大屏幕、网站、微博、微信平台、读者协会等多种渠道展开宣传，让活动时间、地点、内容和形式广为人知。活动的实施需要多部门合作，图书、多媒体、互联网、读者研讨、创意展示、书画作品欣赏、影像播放、经典诵读、多媒体制作、新功能体验等多功能区各司其职，配合协作，整合本馆丰富的资源体系。高端的电子设备、完善的共享渠道和个性化的服务方式，形成"众人拾柴火焰高"的局面，从而改变传统的推广方式，在提高读者阅读兴趣的同时，提高活动的效果和效率。

3.5 "互动性"读者参与分享

"互动"一词的本意应是：一种使对象之间相互作用、令彼此双方产生积极改变的过程。关键是"相互作用"和"积极"。图书馆要使阅读推广活动真正引起读者共鸣，就需要放弃以图书馆为中心、"自说自话"的行为模式，营造良性互动的活动场面，与读者之间建立相似的价值理念和相互依赖的关系。图书馆要从读者的角度思考问题，重视与读者的沟通交流，强调活动的参与性、互动性与分享性；在各种活动环节中，把读者从纯粹的旁听者或围观者变成策划者或参与者。图书馆对读者地位十分重视，选聘"阅读推广人"时考虑了读者的层次。图书馆开展"读书沙龙"和"英语角"活动均由学生来策划和组织，他们既是读者，又是活动的组织者，所策划的活动更贴近读者，互动性强，参与面广。"互动"让读者既是受教育者，又是图书馆阅读推广的有力助手。

3.6 "评估性"总结经验利弊

每一次读书文化节的阅读推广活动闭幕后，都要及时召开总结会，对活动进行简要的评估，分析利弊，明确指出各活动环节存在的优点、缺点、问题及原因，适时提出改正的办法和改进对策。如初次讲座空间小，座位少，读者站满通道，下一次报告就考虑换大报告厅，让每位读者有其位；精彩的展演活动一定安排在课后时间举行，避免有课的同学失掉良机。对活动开展总结评估十分必要，如若缺乏这一环节，活动效果成功与否不去总结，馆员做多做少一个样，不利于下次活动的开展，不利于鼓励先进，警示落后。因此，总结与评估是明确方向、深化内涵、促进创新的必要途径。

4 结语

通过沈师大图书馆立体阅读推广活动实践案例的解析，旨在推动业界对立体阅读推广形式达成广泛共识。立体阅读推广不仅实现了广泛开发利用信息资源、积极调动多部门协同合作、充分体现读者互动、打造时尚创新的旗舰品牌，而且可以提炼深入的阅读内涵、自由拓展的活动外延、纵横交叉的活动场面以及学以致用的阅读成效，不失为阅读推广的最佳模式。立体阅读推广活动不仅可自成系统，也可以与"经典阅读""主题阅读""专题阅读"各种模式相结合，其推广方式和活动内容具有"长度""宽度""高度"以及潜在的延伸发掘空间，可以从载体的多元化与服务人性化相关联、活动的长期性与灵活性相交替的角度，继续延伸立体阅读，实现阅读推广工作的常态化、有序化[8]。

参考文献：

[1] 郭骥，章回波．立体阅读——图书馆服务的新形式［J］．图书馆杂志，2010，(4)：38-39.

[2] 张佳伊．美国怎么做阅读推广［EB/OL］．［2016-12-01］．http：//www.chuban.cc/gjcb/201601/t20160126_172155.html.

[3] 李园园．同济大学图书馆"感受意大利文化"立体阅读系列活动［J］．上海高校图书情报工作研究，2015，(2)：62.

[4] 教育部高校图书馆工作委员会．首届全国高校图书馆阅读推广案例大赛［EB/OL］．［2016-12-01］．http：//www.lib.shufe.edu.cn/rscp/check.asp.

[5] 曾小娟．透过议程设置视角解读高校"读者服务月"传播效果——以同济大学图书馆第六届"立体阅读"项目为例［J］．图书馆论坛，2012，(1)：149-151.

[6] 中国教育在线．沈师荣获首届全国高校图书馆阅读推广案例大赛二等奖［EB/OL］．［2016-12-01］．http：//www.eol.cn/liaoning/liaoningnews/201510/t20151022_1329465.shtml.

[7] 勾丹，杨冬雪．关于高校图书馆"立体阅读"服务的研究与思考［J］．大学图书情报学刊，2016，(2)：86-89.

[8] 徐锦玉．"立体阅读需要立体开发"［EB/OL］．［2016-12-01］．http：//i.yanxiu.com/blog/9905521/637452017109322!cateId=0.

作者贡献说明：
赵锦辉：设计论文研究思路和结构，撰写论文第1、2部分；
刘偲偲：收集、整理资料，撰写论文第3、4部分。

作者简介

赵锦辉（ORCID：0000-0001-9487-4400），馆员，硕士，E-mail：zhjh@cau.edu.cn；刘偲偲（ORCID：0000-0002-6983-4674），馆员，硕士。

"游学阅读"：图书馆体验式阅读模式再造[*]

——以沈阳师范大学"I-Share 暑期游学阅读"活动为例

在国家大力倡导全民阅读的社会环境下，高校图书馆阅读推广工作快速发展。各高校图书馆积极探索推动阅读的各项举措和推广方式。伴随信息化时代的到来，传统的阅读推广活动由于缺乏互动，无法使读者充分融入阅读氛围，影响读者参与阅读活动的热情和阅读推广活动的长效发展。高校图书馆应顺应年轻读者求新求异的特点，迎合读者新的阅读需求，创新阅读推广方式。游学阅读模式应运而生。本文以沈阳师范大学（以下简称沈师大）图书馆"I-Share 暑期游学阅读"活动作为案例深度剖析，以期为高校图书馆阅读推广提供一种全新的思维和实践模式。

1 高校图书馆"体验式"阅读推广概况

"游学阅读"既是一种假期阅读推广形式，又是一种体验式阅读推广模式，为此，首先对体验式阅读推广进行简要讨论。

1.1 体验式阅读推广的涵义

心理学认为，体验是人在实践中亲身经历的一种心理活动，并在亲身经历中体会知识、感受情感[1]。体验式阅读强调以读者为主体，利用其感性经验，将阅读延伸至游戏、参观、竞赛等体验活动中，以此激发参与者某种感觉，触动参与者心灵，便于读者深入感悟作品，提高阅读效果。普通阅读对学生读者来说是外在的，而体验式阅读却是内在的，是学生个人在脑体、情绪、知识上的参与所得。图书馆体验式阅读推广就是将"体验"元素融入阅

---

[*] 本文系 2017 年度中国图书馆学会阅读推广项目"图书馆阅读推广的体系拓展与内涵深化研究"（项目编号：YD2016A05）和 2017 年度辽宁经济社会发展项目"东北振兴视阈下高校图书馆多元化阅读服务研究"（项目编号：2017lslktziglx）研究成果之一。

读推广实践，在阅读推广活动的策划、组织过程中，充分考虑读者个性化体验的需求，加入互动性、自主性、娱乐性因素，帮助读者置身阅读情境之中，让阅读成为一种个性化行为，重视读者在阅读中生成自己独特的体验，使读者在阅读的同时留下难忘的回忆，提升阅读效果。图书馆在阅读推广服务中加入"体验"元素，是图书馆"以人为本"服务理念的具体要求，更是图书馆拉近与读者之间的距离，直接有效地与读者沟通交流，更好地推进阅读推广服务的有效措施[2]。

1.2 体验式阅读推广活动现状

目前，高校图书馆阅读推广活动的主要形式有图书推荐、名家讲座、图书漂流、优秀图书展览、真人图书馆、征文比赛等。但这些阅读体验大多属于被动体验，未能充分激发读者的阅读兴趣，不能给读者提供个性化服务。为强化阅读推广活动成效，促进个性化服务，越来越多高校图书馆开始尝试立体的、互动的、体验式的阅读推广方式。如郑州大学图书馆自2012年开始举办"读书达人秀"活动，在阅读中融入竞赛与才艺展示的体验，选手需经历"知识竞赛""读书达人秀""望词生情""精彩再现""重命经典"等环节的体验。"读书达人秀"环节要求参赛选手充分展示个人才艺；"望词生情"环节要求选手从500个词语中随机抽取5个，用这5个词语即兴创作成文并现场表述；"精彩再现"环节要求选手采用情景剧、舞台剧等与书本结合的表演形式真实再现经典名著的精彩情节[3]。该活动注重读者的参与，体验性极强，为读者提供了一个充分展示自己的平台，使读者在形式多样的比赛和快乐轻松的活动氛围中感悟经典、深入阅读。又如武汉大学图书馆基于卡通形象"小布"开展校园阅读推广，自主设计并制作新生入馆游戏《拯救小布》，分为"穿越时空门""遨游智慧海""玩转迷宫图""书香嘉年华"和"菜鸟须知"5个关卡，在游戏中考查读者对图书馆布局、信息资源、服务设施、文化活动等的熟悉程度[4]。《拯救小布》倡导探索性、主动性学习，体验性极强，使读者在娱乐的过程中增长知识，提高技能。

将体验与阅读推广活动相结合，策划并组织趣味性强、可参与性强的体验式阅读推广活动是高校阅读推广活动的发展趋势，是打造活动品牌、促进深阅读的重要手段。

1.3 游学阅读是体验式阅读的创新

游学，即"读万卷书，行万里路"的过程，它是世界各国、各民族文明中，最为传统的一种学习教育方式。游学阅读是将阅读、旅行、理论学习和社会实践相结合的"四位一体"阅读推广新形式。如西南交通大学图书馆自2013年起组织"带本书去旅行"游学活动,将游学形式融入到假期阅读推广之中。活动要求参与者确定一本书及一条旅行线路,完成游学阅读课程,分享所见所感,交流读书心得,深受读者欢迎。游学阅读是体验式阅读的创新,是促进深阅读的阅读推广形式。游学阅读能够引导读者在阅读的同时体验,在旅行的过程中学习,能够使读者结合阅读内容探寻深层文化背景,让阅读走出书本的框架,使读者收获最真实的阅读体验。

2 沈师大图书馆"I-Share 暑期游学阅读"推广案例分析

2.1 游学阅读活动方案策划

游学阅读活动方案的制订是整个活动的主体部分,也是决定活动最终效果的关键步骤。在设计具体活动方案前,图书馆首先需要把握读者的生活习惯与阅读需求。经过大量读者调研、文献调研、网络调研和多次深入讨论后,图书馆最终确定了"I-Share 暑期游学阅读计划"活动方案。图书馆以"带本书去旅行"的设想为基础,策划了较为详细的活动方案和活动元素,并在图书馆主页、微信公众号、微博等平台同步发布。活动方案的设计包括活动主题、活动流程、奖项设置、咨询方式、推荐线路、课程表、报名表等,并于2016 年 6-9 月组织了首届"I-Share 暑期游学阅读"活动。

2.2 游学阅读活动宗旨与流程

图书馆首期游学阅读活动主题为"I-Share(爱·分享)","I"谐音"爱",又指参与活动主体。"Share"即"分享"之意,每个字母拆开,又代表不同的含义:"S——Study tour(游学)","H——Hobby(兴趣)","A——Ability(能力)","R——Reading(阅读)","E——Experience(体验)"。活动鼓励读者"青春就是要阅读、游学、分享",倡导"阅读是一项既培养兴趣又提升能力的体验"。游学阅读活动分为报名、游学阅读、总结评奖三个阶段。

2.2.1 "I-Share 暑期游学阅读"报名阶段 游学阅读活动报名阶段要求读者制定旅行线路并选定阅读书目。线路选择可从推荐线路中挑选,亦可自选线路,要求所选书目与所制定路线有一定的关联,所选图书纸质版或电子版均可。报名时间设定为两周,名额限定为 30 名,以提交报名表时间先后为序,"先到先得,额满为止"为原则,最终确定首批 30 名学员名单并在图书馆主页、微博、微信公布。报名结束后，建立了QQ群，方便后期的管理、发布通知、相互交流等。"I-Share暑期游学阅读"首期30名学员由26名本科生和4名研究生组成，来自文学院、法学院、物理学院、软件学院等13个不同学院，计划去往北京、天津、内蒙古、西藏、美国等19个不同目的地。

2.2.2 "I-Share暑期游学阅读"游学阅读阶段 7月16日至8月28日为暑假游学阅读阶段，30名学员需根据各自所选的图书与线路，参考游学阅读课程表，完成"游+学"体验式阅读。在活动过程中，图书馆老师需要阅读所负责学员所选书籍，了解学员游学大致行程，对学员完成课程表中各种体验给出合理建议，引导学员思考书中描绘场景与心境。在整个活动中，图书馆老师需要为学员提供细心周到的服务，学员在活动中的感受会直接影响其对图书馆，以及对图书馆阅读推广活动的认同度，良好的服务能够促进活动学员日后更多的参与图书馆阅读推广活动。

2.2.3 "I-Share暑期游学阅读"总结评奖阶段 新学期开始后两个星期为学员撰写、整理、上交读书心得、游记等材料的阶段。此阶段学员需对整个暑期游学阅读过程做全面总结并为游学阅读分享会做素材准备。学员材料上交完毕后，图书馆根据上交材料对每名学员课程完成情况进行打分，形成每名学员的游学阅读课程得分，得分及格（60分及以上）的同学将获得游学阅读结业证书。随后进行游学阅读分享会暨游学阅读结业仪式，每名学员通过PPT、相册、视频等形式展示阅读心得与游学阅读收获，评委老师根据现场表现进行打分，形成每名学员的现场展示得分。综合游学阅读课程得分及现场展示得分，评选出最终奖项。

2.3 游学阅读书目与线路

图书馆为读者推荐15条线路，每条线路配有一本相关阅读书目，如"与孤独的相处之道——《孤独六讲》（蒋勋）""找寻成都的花木记——《草木的理想国：成都物候记》（阿来）""探寻孔子故里——《论语》""古城天津新味道——《俗世奇人》（冯骥才）"等。图书馆老师综合考虑旅行目的地的自然环境、人文气息、旅行费用、安全程度以及与相关书目的匹配程度、文学价值、馆藏情况、理解难易程度等因素来推荐游学阅读线路及相关书目，旨在对尚未做出游学阅读计划的读者起指引和辅助作用。首期30名学员中有20名同学选择了图书馆推荐线路与相应书目，10名同学自行设定了游学阅读的目的地及相关阅读书目。图书馆推荐线路与书目会在一定程度影响学员对游学阅读计划的制订并会引导读者的阅读方向。

2.4 游学阅读活动课程表的设置

游学阅读活动课程表是学员整个游学阅读过程中的指南针，课程设置的合理性直接影响活动的最终效果。此次"I-Share 暑期游学阅读"课程表（见表1）的制定充分体现了游学阅读活动的宗旨，鼓励并督促读者热爱阅读、培养兴趣、提高技能、学会分享。游学阅读课程表中的课程分为必修、选修和附加三种，满分150分。必修课程包括读书笔记、旅行游记、每日心得和游学照片四项；选修课程包括"结识一位旅者，了解对 TA 影响至深的一本书""了解当地的一项风俗，并且能够讲述""学习一项从未接触过的技能""逛逛当地的一家图书馆或书店，寻觅不一样的书香氛围"等9项；附加课程指课程表中没有提到的其他有意义、够特别、印象深刻、值得分享的事情。游学阅读课程表中的课程设置要难度适宜、全面详尽、可操作性强且有一定启发性，旨在引导学员通过完成游学阅读课程养成深入阅读的良好习惯，同时增强生活技能、磨炼个人品格。游学阅读课程表中的课程引导学员将"读""写""学""悟""行"有机结合，对促进大学生深阅读具有引导作用。同时，每项课程的侧重点各有不同，既有深度又有广度，对激发大学生的阅读热情，培养其综合素质具有积极作用。

表1 I-Share 暑期游学阅读课程表

序号	阅读游学课程	课程性质	学分
1	读完所选图书，并认真撰写一篇不少于1000字的读书心得	必修	15
2	游学旅行后，写一篇不少于1000字游记，记述旅途中的感动和收获	必修	15
3	记录游学期间每天的阅读及旅行心得，发至朋友圈，不少于5次	必修	10
4	发现旅途中的小美好，拍摄10张以上照片，提交至指定邮箱	必修	10
5	给图书馆写一封信或寄一张明信片，记录你的游学收获	选修	10
6	在朝阳/余晖中阅读所选图书，并用照片或视频记录读书身影	选修	10
7	结识一位你感兴趣的旅行者，学习了解对 TA 影响至深的一本书	选修	10
8	了解当地的一项民风习俗，并且能够如实讲述下来	选修	10
9	在旅途中品味生活，学习掌握一项从未接触过的技能	选修	10
10	结识一位当地老人（60岁及以上），记录她/他的经历故事	选修	10
11	留下旅行中某一种纪念品，可以是一张明信片、一块石头、一片树叶……	选修	10
12	借住在当地人家中，向他家的孩子推荐并讲述一本图书	选修	10
13	逛逛当地的一家图书馆或书店，寻觅不一样的书香氛围	选修	10
14	其他你觉得有意义、够特别、印象深刻、值得分享的事情	附加	10

2.5 游学阅读活动的激励措施

为扩大活动影响力，吸引更多读者关注，需制定科学有效的激励措施。活动的奖励既要与活动内涵相关联，又要迎合读者需求。经多次讨论，沈师大图书馆最终将活动奖励设定为"游学基金+多媒体学习室固定位置使用权"相结合的方式。游学阅读基金奖励旨在对优秀学员游学过程中购买图书、纪念品等费用予以一定补贴；多媒体学习室的固定位置使用权旨在满足学员对图书馆学习共享空间的需求，鼓励其游学归来继续利用图书馆资源。

2.6 游学阅读活动的延伸价值

在游学阅读分享会暨游学阅读结业仪式中，完成游学阅读的学员通过PPT、相册、视频等形式展示并交流阅读心得与游学收获，将活动推向高潮。对于参与活动的学员而言，本次活动使他们亲身体验了趣味而又深刻的游学阅读，游学阅读分享会更是给他们提供了一个全方位展示自己并结交志同道合书友的平台，对个人综合能力提升有积极的作用。参与活动的图书馆馆员，不仅在策划、组织和实施活动中得到了锻炼，更是激发了他们对阅读推广活动服务创新乃至图书馆其他服务创新的热情与思考。图书馆在一个优质的阅读推广活动结束后，还可以继续发掘活动的延伸价值。例如，在举办游学阅读活动成功后，还可深入挖掘游学阅读学员潜力，组织相关延伸活动：①选拔优秀学员做客真人图书馆，分享游学见闻。每名学员的游学经历都是一本鲜活的图书，可根据不同主题，如骑行主题、自然风光主题、人文情怀主题、异国风情主题等组织游学专题的真人图书馆活动。②组织优秀学员成立书友会，继续多读书、读好书。图书馆可以根据学员书目的选择与读书的感悟，分析其阅读兴趣，将阅读方向相同或相近的学员组织在一起，成立多个不同兴趣不同主题的小型书友会，共读一本好书并定期交流心得，继续多读书、读好书。③选择优秀游记、阅读心得等在图书馆微信平台推送。同龄人的阅读分享与感悟最能引起读者的共鸣，选择优秀的游记与阅读心得，分专题推送，是图书馆非常好的阅读推广手段，可以析出多个优秀专题图书推荐。

3 "游学阅读"体验式实践模式的反思

3.1 游学阅读推广模式的意义与作用

游学阅读模式是图书馆阅读推广活动的深入开拓，其意义和作用主要有以下几点：①有效推动了深阅读。游学阅读不仅是读一本或几本书，还要撰写读书笔记,分享每日读书心得,交流阅读收获,展示阅读成果等。读者对于选定的书目,不仅要阅读,更要用心去感悟,用情去交流,促进了读者对书目图书的深度阅读与深入理解。如学员在看过开封、西安、榆林的名胜古迹后更深刻地感受到《杜甫的五城》中所言:"唯有那些过去,才让一条河一座山乃至一抔土变得生动";学员在《远东背影》中读懂了哈尔滨的历史,在游学过程中和一家60余年老店老板的交流中读懂了"不遗忘不放弃,固守着自己的坚持"的哈尔滨情怀,理解了哈尔滨对沧桑和浪漫的融合;学员在阅读《发现北京》后,借舒乙的感受去贴近北京,了解北京,也尽量像舒乙一样用不同视角去体验北京。发现北京是个过程,而这个过程本身就是一个故事。②真正契合读者的心理期望,能够最大程度的满足读者的阅读需求。该活动以读者为中心,以读者体验为主线,这与高校图书馆在阅读推广工作中一贯坚持并遵循的"以读者为中心"的思想高度吻合[5]。学员们纷纷表示收获颇丰。③为读者提供了真实的阅读体验。这种嵌入用户体验的阅读服务方式更受读者欢迎,更能深入读者内心,同时有助于提升读者的满意度,提高阅读推广的成效。实践表明,30名学员通过此项活动与图书馆建立了更紧密的联系,活跃在图书馆举办的其他活动中,成为图书馆阅读推广活动的忠实粉丝和积极推广者。④实现了读者从被动参与到主动体验的角色转变。活动以读者阅读体验为导向,通过对馆藏资源和阅读推广服务的高度整合吸引了更多读者利用图书馆,帮助读者实现由被动参与到主动体验,从关注阅读资源到重视阅读体验,从消费者到体验者的角色转变[6]。

3.2 游学阅读推广模式的问题与升华

3.2.1 转换视角,真正契合读者的心理需求 阅读推广必须从读者的角度来找灵感。如读者假期拥有相对较多的自由时间,图书馆就可以此为契机嵌入阅读推广活动,帮助读者做阅读规划;读者假期安排外出游玩,图书馆可以将阅读融入旅行途中,组织游学阅读活动;读者期待展示自己的机会,图书馆可以在游学阅读分享会中增加个性化展示的环节,给读者锻炼自我的平台。因此,图书馆必须站在读者的角度,深入挖掘和分析读者的阅读习惯与心理需求,在书目推荐、活动策划、环节设置、跟踪反馈等各个阶段贯彻"读者体验"的理念,这样的活动才能吸引更多的读者主动参与,才能收获良好的活动成效,激发读者的阅读兴趣,使高校图书馆阅读推广活动可持续发展。

3.2.2 统一规划,设计主题式游学阅读 学员自行选择的阅读书目与游学线路保证了活动的多样性、包容性和个性化，但整体效果稍显零散，重点不够突出。因此，在组织游学阅读活动中，应统一策划主题式游学，将主题阅读与游学阅读相结合，如"红色之旅"主题游学阅读，推荐红色经典著作及精品红色旅游路线，所有学员进行同一主题的阅读交流，阅读推广效果将更为显著。

3.2.3 增加关联性，融入其他活动元素　在游学阅读活动中可以融入其他阅读推广活动的元素，增加各个活动间的关联性。体验所涉及的感官愈多，就愈容易成功，愈令人难忘。如图书馆可以针对学员提交的读书笔记、旅行游记等作品，组织征文比赛或择优发表于阅读推广类期刊上；可以推荐学员将展示的照片、视频等参与"最美阅读瞬间"摄影比赛或"我的悦读故事"微电影比赛等各种活动，继续扩大游学阅读的活动成效。

3.2.4 提升参与度，让更多读者参与到活动中　受活动场地、人力、资金等限制，游学阅读规模不会太大，但应鼓励更多的读者参与到游学阅读活动中来。如图书馆可通过组织线上游学的方式扩大读者参与度，利用社交平台分享阅读心得和游学收获，通过网络投票评选相应奖项，此外，还可以在游学阅读分享会上设置大众评审团，增加现场观众提问环节等，以此扩大活动的参与面，可以取得更好的阅读推广效果。

3.2.5 充实团队，充分发挥学生社团的作用　将挂靠图书馆的读书会、读者协会等学生社团纳入活动中，充实活动团队，让学生团队也全程参与到游学阅读活动的策划和实施中来，由教师团队统筹规划，由学生团队组织实施，能够更为有效地保障活动的正常进行。

3.3 构建高校图书馆假期阅读推广品牌

假期阅读推广活动有助于保持读者阅读的持续性、连贯性，是保持图书馆与读者间的关联，进一步促进阅读推广成效的重要手段。高校图书馆应该在假期时间坚持阅读推广，并将假期阅读推广纳入图书馆阅读推广常态化体系。高校图书馆在假期时间组织的游学阅读活动是差别化、个性化、互动式、体验式的新阅读推广模式。这种非同质化的活动能让读者产生真实的阅读感悟，激发读者的阅读兴趣，图书馆应该力争做大、做深，形成良好的品牌效应。

4 结语与思考

高校图书馆的阅读推广工作是一项长期的、系统的、需要不断创新的图书馆服务。游学阅读书目推荐与游学课程表的设计，在如何体现自身特色与图书馆所倡导的阅读理念方面，还需在实践中不断完善。未来的阅读推广更需要关注读者需求，重视读者体验，打造更多适应大学生心理和期望的阅读推广活动形式。实践证明，游学阅读这种立体的、互动的阅读推广方式，将读书与旅游有机结合，既能让图书馆阅读不中断，又可有效利用假期集中开展阅读，是体验式阅读推广的新模式。游学阅读活动让阅读走出书本的框架，走出图书馆的空间环境，让读者收获最真实的阅读体验，能够有效促进深阅读，将成为未来高校图书馆阅读推广的发展趋势之一。

参考文献：

[1] 王荣珍.旅游体验营销策略研究［D］.青岛：中国海洋大学，2010.
[2] 武玥."体验经济"理念引入图书馆阅读推广活动探析［J］.图书馆研究，2016，(4)：33-37.
[3] 曹炳霞.图书馆阅读推广的新形式——读书达人秀［J］.大学图书馆学报，2013，(6)：97-102.
[4] 胡永生.建立推广策略搭建互动平台——武汉大学图书馆的推广服务创新［J］.大学图书馆学报，2013，(5)：76-78.
[5] 周迪.体验式阅读推广活动探析以——以"六五环境日百人读书接力"活动为例［J］.图书情报研究，2015，(4)：12-16.
[6] 刘燕.体验营销助力图书馆全媒体阅读推广的新思路［J］.图书馆，2015，(3)：100-102.

作者贡献说明：

付瑶：提出论文核心研究思路、研究结构，撰写论文；
杜洋：收集、整理资料，修改论文。

作者简介

付瑶（ORCID：0000-0002-7867-4000），馆员，硕士，E-mail：fuyao725@163.com；杜洋（ORCID：0000-0001-8401-2436），馆员，硕士。

图书馆"微媒体阅读推广"实践与探索[*]

——以沈阳师范大学图书馆为例

微信、微博等微传播模式的不断兴起，带来了传播媒介技术的更新迭代，信息获取方式发生极大变革，微阅读开始充斥青年学生的学习和生活。截至 2016 年 6 月 30 日，微信月活跃用户已超过 8 亿[1]，微博月活跃用户达到 2.82 亿[2]，微信、微博等微媒体的相继崛起和大范围使用正引领大众步入微媒体时代。在微媒体时代，如何利用微媒体更有效地开展阅读推广服务，对青年学生进行科学的阅读引导，帮助其培养良好的阅读习惯，更好地发挥图书馆的教育职能，成为高校图书馆亟待思考和解决的新问题。

1 "微媒体阅读推广"现状

1.1 微媒体的涵义与特征

微媒体（micro media）是指把多个微小的独立信息发布点所组成的信息传播网络看做一种媒体，这类由许多独立的发布点构成的网络传播结构，就叫做微媒体[3]。

微媒体相较于传统媒体，具备网络化、多样化、碎片化、草根化的典型特征[4]。网络化是指微媒体是一个集成化概念，永远指代的是大量个体组成的网络结构，只理解为个体是没有意义的；在传播网络中，信息的传播路径呈现短平化、多向化、跨平台的显著特征，传播渠道通畅，传播速度快、互动效果强、辐射范围广。微媒体的存在形式呈现多样化的特点，包括微博、微信、微电台、微视频、微电影、微社区等多种形式。微媒体的传播内容具备碎片化特征，信息被浓缩或拆分成微小的单元，内容短小精悍，"微"言大

---

[*] 本文系 2017 年度中国图书馆学会阅读推广项目"图书馆阅读推广的体系拓展与内涵深化研究"（项目编号：YD2016A05）及 2017 年度辽宁经济社会发展项目"东北振兴视阈下高校图书馆多元化阅读服务研究"（项目编号：2017lslktziglx）研究成果之一。

义，用户可以在极短时间内读取关键信息，颠覆大众已有的信息加工、表达、获取和分析的习惯，更加适应现代化快节奏生活和网络化信息获取的特点和需求。微媒体的草根化特征包括两层含义：①信息发布者趋向草根化，信息发布以个人为主体，个人可以借助微媒体自主生产并添加内容以促进信息增值，微媒体模糊了信息生产者、信息传播者以及信息接收者的界限和角色定位，信息发布者既可以是权威小众，也可以是草根大众，信息源的改变重构了信息传播方式，相对自由的信息发布和传播环境激发了草根大众的积极性和创造力，每个人都可以成为信息的创作主体；②发布内容的平民化。一方面信息发布者的草根化势必会带来信息发布内容的平民化和亲民化，另一方面相较于艰涩难懂的长篇累牍，贴近生活的通俗短文无疑更加得到受众的青睐，微媒体发布内容的平民化是受众选择的必然结果。

1.2 微媒体阅读推广的核心要素

根据中国互联网络信息中心（CNNIC）发布的《2015年中国社交应用用户行为研究报告》显示：从使用频次来看，53.3%的微信用户每天使用微信无数次，每天使用10次以上的用户累计占87%；47.5%的微博用户会每天使用微博[5]，以微信、微博为代表的微媒体已经成为大众生活中不可或缺的重要组成部分。微媒体时代，微媒体阅读推广具有易于访问、受众基础广、交互功能强等典型特征。由于微媒体的高频使用，带来大众信息接收途径和阅读习惯的改变，借助于微媒体开展的微媒体阅读推广日益成为数字化阅读推广的核心。

微媒体阅读推广主要包括传播渠道、传播内容、互动体验、服务方式4个方面的核心要素。

（1）微平台。微平台是指高校图书馆在开展微媒体阅读推广服务时对信息传播渠道的选择。当前，除了广为人知的且被广泛使用的微信、微博，还包括各种形式多样的微平台。如：以喜马拉雅FM、豆瓣FM、新浪微电台为代表的微电台平台，以美拍、秒拍、微拍、足记为代表的微视频平台，以豆瓣、百度贴吧、知乎为代表的微社区平台。类型多样的微平台为高校图书馆开展微媒体阅读推广提供了基础保障。

（2）微内容。微媒体时代，信息以文字、图片、声音、影像等形式充斥于传播网络中，高校图书馆可以根据微媒体的属性和特点，以图、文、声、像等多种形式广泛开展微媒体阅读推广服务。高校图书馆针对推广阅读发布的微内容，需要兼顾大众与小众的需求，既要探讨阳春白雪，又要关注草根平民。

（3）微互动。微媒体平台的互动功能呈现多元化的特点。如：微信、微博具有点赞、转发、评论等互动功能。微媒体实现了信息发布者与用户、用户与用户、信息发布者与信息发布者在单一平台、甚至是跨平台的联系与互动。高校图书馆开展阅读推广服务可以充分利用微媒体的多元互动功能，建立与用户之间的情感联系，增加用户黏性，增强阅读推广的效果。

（4）微服务。高校图书馆借助微媒体针对推广阅读开展的微服务包括：以介绍图书内容、作者、创作背景等为主要内容，以引导阅读为目的的好书推荐服务；以介绍专业阅读资源和使用技巧为主要内容，以激发专业阅读兴趣为目的的专业资源推广服务；以个人兴趣为导向，以满足个性化需求为目的的个性化推送服务等。

1.3 微媒体阅读推广研究及实践现状

本文选取 CNKI 的中国学术期刊网络出版总库为数据来源，检索时段设为 1979 年—2016 年，以"微媒体""全媒体""多媒体""微博""微信"组合"阅读推广"作为检索词进行主题精确检索，检索到论文 121 篇，经过筛选，剔除相关性较小的论文，共得到与微媒体阅读推广相关的文献 116 篇，其时间分布如图 1 所示。近些年来，随着微媒体的兴起，政府机构及高等院校对阅读推广活动日益重视，关于微媒体阅读推广的理论研究不断发展，研究主题主要涉及微媒体环境下的阅读推广方式、微媒体阅读推广品牌塑造、不同类型图书馆微媒体阅读推广案例、微媒体在立体阅读和学科服务等领域的运用、微媒体阅读推广实施现状调研等。虽然相关文献较多，但是缺乏对微媒体阅读推广内容建设和体系设计的系统性研究。

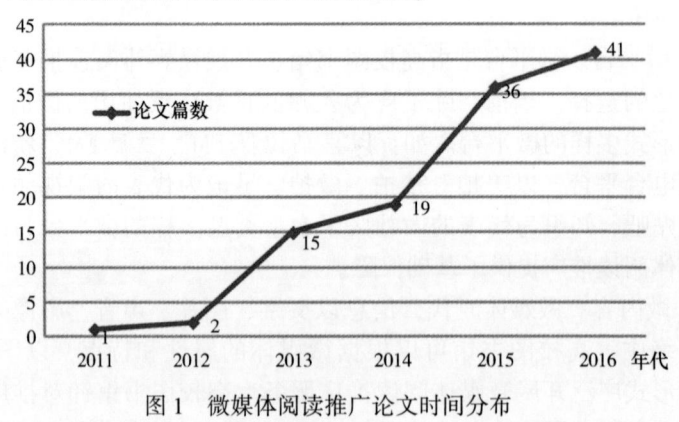

图 1 微媒体阅读推广论文时间分布

在实践层面,高校图书馆微媒体阅读推广在发展过程中存在一些问题:①认识误区。高校图书馆普遍将微媒体平台当作线下阅读推广活动的信息发布和宣传平台,阅读推广服务与微媒体平台的功能属性缺乏融合;②人员不足。高校图书馆普遍尚未配备专业的微媒体阅读推广专职人员,流动性的工作机制、权责不明的工作分工在一定程度上影响了阅读推广服务的效果;③创新乏力。当前,部分高校图书馆将传统的线下阅读推广服务移植、嵌入到微媒体平台中,未能突破固有的阅读推广模式,缺乏创新动力。微媒体时代,高校图书馆阅读推广范式亟待转变和改进。

本文结合沈阳师范大学图书馆(下文简称"沈师大图书馆")以及其他高校图书馆的微媒体阅读推广实践,提出包括微平台、微内容、微互动、微服务的微媒体阅读推广四大核心要素,探讨从空间、内容、用户、功能四大维度构建微媒体阅读推广矩阵,打造系统的微媒体阅读推广体系,构筑更为广阔的校园阅读生态圈,希望对高校图书馆创新开展微媒体阅读推广有所助益。

2　沈师大图书馆"微媒体阅读推广"方案

网络时代的高校图书馆阅读推广服务应该顺应时代变化,最大限度地吸引用户的注意力和持续关注,沈师大图书馆结合网络时代营销的相关理念,在策划阅读推广活动时借鉴4I理论,即:兴趣原则(interesting)、利益原则(interests)、互动原则(interaction)及个性化原则(individuality)[6],借助微媒体平台,探索微媒体阅读推广方案,打造阅读推广微空间,开启图书馆阅读推广的微时代。

2.1　创意驱动用户兴趣

为调动用户兴趣,增强用户黏性,沈师大图书馆以创意为先,通过拓展服务领域、推送阅读微品牌、塑造特色微内容和微语言,开展微媒体阅读推广服务。

2.1.1　拓展阅读推广微服务领域　以创意为引领,沈师大图书馆的微媒体阅读推广服务不断寻求突破,积极拓展微服务领域。目前,从好书推荐服务到以发现优质专业资源为主的学术搜索服务,到校长荐书、校内专业名师荐书、联合辽宁省作协副主席鲍尔吉·原野推出经典推荐书目的阅读书目推荐服务,再到以揭示和获取专业阅读资源为主的微课程服务,图书馆的微服务已经覆盖流行阅读、经典阅读、专业阅读等诸多领域,极大地调动了用户的阅读兴趣，广泛满足了读者的阅读需求。

2.2.2 推送富于特色的阅读微品牌　微媒体时代是注重眼球效应和品牌效应的时代，为激发用户的兴趣和持续关注，沈师大图书馆打造并持续推送一系列富有创意和特色的阅读推广微品牌。打造以推荐优质阅读资源为主的"周一荐"，目前已经推送 20 期，选取每周一作为信息的发布时间，培养读者的使用习惯，增强阅读推广的效果；打造"文汐阁"品牌，每周为读者推送特定主题的优质图书资源，目前已经推送"英语四、六级，过级 so easy！""创业掌门——谁的成功不奋斗""书本中的人性浮世绘——日本文学著作"等 15 期内容；以优质图书推荐为目的，搭建包括畅销书榜、借还书榜、新书榜、书人书事、每日一书、获奖图书、歌德推荐图书等诸多模块的"好书角"专题微站。

2.1.3 塑造微内容和微语言的创造力　图书馆阅读推广的一个核心要素是"创意"，高校图书馆需要的是时尚阅读推广，追求的是时新和受到推崇[7]。图书馆紧跟潮流，借助微媒体平台打造时尚阅读推广，主要体现在两个层面：①微内容。微媒体时代是内容为王的时代，微内容应该是高校图书馆微媒体阅读推广的核心。只有持续地发布高质量的信息内容，才能拥有稳定的读者群体，形成口碑效应，提升阅读推广的竞争力。图书馆在内容策划时重点关注热门话题，抓住用户的兴趣点提升阅读推广的效果。如：在微平台，于电影《疯狂动物城》上映的时候推出"这个周末，一起疯狂一起萌萌哒"活动，并推荐题材与该影片相似的乔治·奥威尔经典著作《动物农场》；抓住人工智能系统 AlphaGo 与围棋冠军李在石"人机大战"的契机，推出"人机大战1：4落幕，科幻小说中其实早有预言"活动，推荐《三体》等科幻小说。②微语言。微平台的语言风格在一定程度上影响用户的阅读兴趣，图书馆关注网络中的热门词汇和句式，打造富有创意的微语言，如：借鉴风靡网络的"我有一××，足以慰风尘"句式，打造"我有一卷书，足以慰风尘"活动，推广《追风筝的人》《我们仨》等读者荐书。

2.2　充分保障用户权益

2.2.1 以用户需求为导向发布微内容　满足用户的阅读需求，最大限度地保障用户权益是高校图书馆阅读推广的重要目标。图书馆的微媒体阅读推广服务以用户需求为基础，策划用户需要的微内容。如：四、六级考试即将来临之际，面向学生推出"给四六级考试加把劲儿"活动，推广"中科VIPExam考试学习资源数据库"，深度揭示阅读资源，满足用户的阅读和学习需求；临近假期，推出数据库资源漫游账号，满足用户的假日专业阅读需求；在暑假推出"I-Share暑期阅读游学计划"活动，在微平台发布通知、接受报名，将阅读与游学相结合，开展暑期阅读推广，提供旅游线路和推荐阅读书目，兼顾用户假期的旅游和阅读需求。

2.2.2 建立网络资源共享微服务 高校图书馆的职责之一就是满足用户的文献需求，充分保障用户阅读的权益。图书馆目前正在尝试整合本馆的文献资源、开放获取资源、网络免费开放资源、公共图书馆以及其他高校图书馆的书目数据库，依托微媒体，建立一站化的共享平台，系统化揭示文献资源，推进网络资源共享微服务[8]，最大限度满足用户的文献阅读需求。

2.3 全面深化互动式推广

2.3.1 利用微媒体互动功能 微媒体革新了图书馆与用户之间的互动方式，微信、微博等微媒体有效地提升了用户的互动体验，改变了用户被动接收的地位，使互动式阅读推广成为可能。图书馆在微平台发布信息后，用户可以通过微平台的点赞、评论、留言、转发等功能实现用户与图书馆、用户与用户之间的有效互动，形成良性互动循环。沈师大图书馆开展微媒体阅读推广注重与用户之前的互动，关注、及时回复并有效利用用户的评论和留言，并且积极寻求互动功能的深化和升级，于2016年4月开通微信的留言功能。

2.3.2 打造亲民的微互动 图书馆为提升微媒体阅读推广的贴近性和有效性，增强用户的参与感，调动用户的积极性，鼓励用户参与到互动式阅读推广中。如：利用微媒体征集并票选"阅读照"，阅读照的标准格式是参加者手持推荐的图书拍照并撰写推荐语，新颖的模式吸引了来自19个学院的453名同学，轻松时尚而又贴近学生生活的微互动架起了图书馆和用户之间沟通的桥梁，用户也在活动中主动承担着阅读推广人的角色，亲民的互动模式达到了良好的阅读推广效果。

2.4 满足读者个性化需求

由于教师读者和学生读者在专业知识储备、信息素养、研究层次、阅读需求等方面存在显著差异，图书馆坚持分众化推广策略，针对教师和学生开展满足其个性化需求的阅读推广微服务。

2.4.1 为教师提供信息推送微服务 图书馆的学科服务团队通过组建微信群、发布微信朋友圈和学科微博等途径，为所负责的院系的教师提供信息推送微服务，推广专业阅读资源。具体内容包括：专业领域内的优质阅读资源、免费资源账号、每月馆藏新书目、已购买的专业数据库及使用技巧、专业版检索和阅读技巧介绍、门户网站推荐、专业阅读与科研管理软件推荐及使用技巧、最新研究动态和成果等诸多与专业阅读相关的微内容。在提供专业信息推送微服务的同时，利用微信、微博的即时通讯功能，解决教师在专业资源查找、使用以及专业阅读方面的困惑，从信息推送到教师读者利用信息的全过程中提供微服务。

2.4.2 面向学生专业阅读开启微课堂 根据学生读者的专业阅读层次和需求，在微信公众平台搭建"微知·威动力"专题微站，开启专业阅读微课堂。"微知·威动力"包括百项微讲座，是图书馆在2015年推出的一系列微视频，将专业数据库资源、网络信息资源、信息检索与利用技巧等知识点进行细分，设计出微课教学视频，读者可以根据阅读和学习需要自行选择在线点播观看学习。首期有10余个微课程上线，包括"中国知网检索结果分组浏览功能介绍""CASHL外文社科文献传递"等资源类微课程、"百度检索技术一点通""中国科学院与汤森路透期刊分区法"等技巧类微课程、"SCI漫游账号的注册"等账号类微课程以及"联合参考咨询网""DOI及DOI查询"等综合类微课程，指导学生用科学的检索策略快速获取专业优质阅读资源，为学生的专业阅读提供引导和帮助。

3 高校图书馆"微媒体阅读推广"的发展策略

3.1 拓展渠道，提升微媒体阅读推广影响力

高校图书馆开展微媒体阅读推广普遍存在受众群体规模有限、影响力小的问题。提升微媒体阅读推广的影响力应该从拓展传播渠道入手，增加传播节点，拓宽传播范围，使信息更好地触达受众，增强受众对图书馆阅读推广活动的认知度和参与度。微媒体时代，用户从传统的个体接收到群体讨论，再到现在的全民传播、全民分享，除了微平台，用户已经成为信息传播中的关键节点。因此，一方面，高校图书馆应该坚持多平台阅读推广。当前，高校图书馆微媒体阅读推广主要以微信、微博为主阵地，为增强阅读推广的辐射范围，应该突破平台的限制，充分利用微电台、微视频、微电影、微社区等微平台，打造多元化、跨平台的微媒体传播推广模式。如西南交通大学图书馆推出的"书影时光"系列微视频，以视频短片的形式，邀请教师、学生以及杰出校友推荐经典好书，借助微视频平台，以影像化、动态化、年轻化的形式开展经典阅读推广；吉林大学图书馆征集师生朗诵作品，打造"白桦

书声"校园微电台,用声音推广阅读。另一方面,高校图书馆应该加强与机构和用户间的合作。比如:①联合影响力较大的校园微平台、公共图书馆以及公共媒体微平台,增强曝光度和校内外影响力。②关注用户群体,挖掘校园内的大V读者(即在微媒体平台上比较有影响力的校内师生)。事实上,读者即最好的阅读推广人,校园大V读者因为更贴近学生群体,消弭了信息传播过程中的隔阂,图书馆应该调动他们的积极性和参与感,邀请他们参与到微媒体阅读推广中,充分发挥大V读者作为舆论领袖的作用,借助他们的评论和转发,依托其在师生中的影响力,增强微媒体阅读推广的效果和影响力。

3.2 内容为王,加强微媒体阅读推广竞争力

微媒体时代,是内容为王的时代。因此,微内容应该是高校图书馆微媒体阅读推广的核心。只有持续地发布高质量的信息内容,才能拥有稳定的用户群体,形成口碑效应,提升阅读推广的竞争力。微信作为微媒体的典型代表,在一定程度上揭示了用户的微媒体使用习惯。根据企鹅智酷发布的2016版《微信数据化报告》,促成用户转发微信、分享信息的三要素是价值、趣味和感动[9]。因此,高校图书馆开展微媒体阅读推广应该关注这3个方面。首先,坚持分众化阅读推广策略,兼顾教师和学生、大众和小众等不同读者群体的阅读需求,基于用户细分发布对用户有价值的微内容;其次,打造趣味阅读推广。微媒体碎片化阅读的特点,要求高校图书馆在开展微媒体阅读推广时发布的微内容可以在短时间内抓住用户的兴趣点,用趣味创意制造引爆点,让用户接受、喜欢并形成自主转发;最后,要建立和维护与用户的情感联系,为用户制造感动,营造用户的归属感,培养用户的忠诚度,进而提升阅读推广的效果。沈师大图书馆在节假日、微信开通纪念日等重要时间节点,回顾与用户之间的互动,向用户送出暖心祝福,维系与用户之间的情感纽带。

3.3 加强教育,培养受众群体的信息鉴别力

借助微媒体,全民传播成为可能,每个人都可能成为信息发布者,信息发布门槛降低导致大量质量参差不齐的信息充斥于大众的生活中。为保证微媒体阅读推广的效果,高校图书馆应该通过线上、线下相结合的方式面向用户开展媒介素养教育和阅读素养教育,培养受众群体的信息鉴别力。媒介素养是一种理性看待媒介并合理使用媒介,以进行有效传播的综合能力,包括对媒介的认知、理解、分析、批判、评估、制作等多个层面,媒介素养教育则以培养人的媒介素养为核心[10]。高校图书馆应该利用线下培训与线上微课堂相结合的方式加强媒介素养教育,培养受众对信源(即媒介)的认知和判

断能力，提升受众群体的媒介素养。阅读素养教育可以通过教育培养受众对阅读对象的选择能力，从而提升受众群体的信息鉴别力。沈师大图书馆面向校内师生开展阅读方法与鉴赏系列培训，传授在阅读内容选择方面的方法和技巧，同时利用微媒体平台向用户推荐优质的阅读APP，培养高雅的阅读志趣，引导受众群体形成良好的信息鉴别能力。

3.4 转变思维，组合和延伸微媒体阅读功能

当前，高校图书馆普遍将微媒体作为阅读推广活动信息发布的窗口，未来的图书馆微媒体阅读推广应该彻底转变思维，整合并延伸微媒体阅读功能，将微媒体平台打造为阅读推广的主阵地。高校图书馆应该整合馆藏数字资源，在微信平台设立统一的检索入口，全面揭示数字资源，满足用户的阅读需求；与校园读书会合作，利用微媒体开展线上读书沙龙，以微信、微博、微电台、微社区为平台，围绕特定图书或主题开展阅读分享活动，注入时尚、互动、社区等元素，构建阅读微社区；将线下的真人图书馆移植到微平台，搭建专题微站，回溯并集中揭示馆藏真人图书资源，便于用户检索和阅读真人图书，提升用户的阅读体验。利用微平台，开展真人图书推荐、微访谈、微书评、真人图书反馈[11]，激发用户的阅读兴趣；开发个性化阅读定制功能，开通私人订阅服务，允许用户根据个人的阅读需求定制信息资源，目前清华大学图书馆、中国人民大学图书馆等部分高校图书馆已开通此阅读推荐功能。同时，高校图书馆可以基于微平台的功能开发特色阅读推荐功能。微信可以设定关键词进行自动回复，用户根据指定关键字，可以向公号提取预定好的消息[12]，图书馆可以依托该功能，提供基于关键词查询的专题图书推送服务。如四川大学图书馆基于微信"摇一摇"功能开发趣味阅读推荐功能，开展"摇一摇摇书"服务，用户绑定卡号后即可使用该服务，摇到书后可以免费在线阅读。

4 结语与思考

虽然，微媒体的兴起为高校图书馆阅读推广注入了新活力，但高校图书馆的微媒体阅读推广仍需要突破藩篱，聚焦微平台、微内容、微互动和微服务，发挥资源、人才和技术优势，用户为先，创意为王，坚持分众化推广策略，开展互动式阅读推广，在渠道、内容、思维以及用户教育等方面寻求革新，实现微媒体平台和阅读推广的有效融合，完善空间布局，以内容和技术为支撑，提升用户体验，打造阅读推广微空间，不断提升微服务，增强微媒体阅读推广的影响力和竞争力。应当借助微媒体，聚拢用户并培养用户的阅读习惯，引导用户的阅读行为，营造浓厚的阅读氛围，从阅读中来，到悦读

中去，构筑和健全校园阅读生态圈。

参考文献：

[1] 微博发布2016第二季度财报：月活跃用户达2.82亿[EB/OL]. [2016-09-25]. http://it.people.com.cn/n1/2016/0809/c1009-28622644.html.

[2] 微信月活跃用户已超8亿朋友圈广告崭露头角[EB/OL]. [2016-09-25]. http://tech.hexun.com/2016-08-18/185572165.html.

[3] 折江虹. 从微薄与微信的异同看社交微媒体走向[J]. 新闻世界, 2014, (7): 193-194.

[4] 刘辛禾. 移动互联时代广播的"微媒体"发展策略探析——以新浪微电台和蜻蜓.fm为例[J]. 中国广播, 2014, (8): 56-59.

[5] 中国互联网络信息中心. 2015年中国社交应用用户行为研究报告[R]. 北京: 中国互联网络信息中心, 2016: 4-30.

[6] 吴胜, 苏霞. 出版社微博营销的"4I"原则[J]. 出版发行研究, 2012, (11): 50-52.

[7] 王波. 阅读推广、图书馆阅读推广的定义——兼论如何认识和学习图书馆时尚阅读推广案例[J]. 图书馆论坛, 2015, (10): 1-7.

[8] 宋志博. 微媒体时代高校图书馆全民阅读微服务探讨[J]. 图书馆研究, 2014, (6): 52-54.

[9] 2016版微信数据化报告：微信发展历程回顾[EB/OL]. [2016-09-30]. http://www.askci.com/news/chanye/2016/03/21/165411r6fm.shtml.

[10] 刘淑波. 高校图书馆开展媒介素养教育研究[D]. 上海: 华东师范大学, 2009.

[11] 张爱科, 丁枝秀. 微媒体视阈下的高校真人图书馆微服务研究[J]. 大学图书情报学刊, 2016, (2): 80-85.

[12] 陈德芳. 微媒体与图书馆定向的个性化服务[J]. 甘肃科技纵横, 2014, (5): 12-15.

作者贡献说明：

杜洋：提出论文核心研究思路、拟写提纲，撰写论文；

付瑶：收集、整理资料，校对及修改论文。

作者简介

杜洋（ORCID：0000-0001-8401-2436），馆员，硕士，E-mail：zoeydu2014@163.com；付瑶（ORCID：0000-0002-7867-4000），馆员，硕士。

高校图书馆"培养型"阅读推广研究与践行[*]

——以沈阳师范大学图书馆为例

在教育部 2015 年 12 月 31 日颁布的《普通高等学校图书馆规程》中，将"积极参与学校人才培养"作为普通高校图书馆的主要任务之一，明确规定"图书馆应全面参与学校人才培养工作，充分发挥第二课堂的作用，采取多种形式提高学生综合素质。"因此，以"助力学校人才培养"为目标的培养型阅读推广将成为高校图书馆开展阅读推广最重要的核心工作之一。

1 "培养型"阅读推广的基本范畴

1.1 "培养型"阅读推广的涵义

"培养型"阅读推广是以高校图书馆为推广主体，以在校大学生为推广对象，将各种阅读推广以开放式的读、学、用等交互方式贯穿大学全程的跟踪式阅读培养，达到系统提升学生各种能力的培养目标的阅读推广方式。培养型阅读推广区别于经典阅读和主题阅读等其他阅读推广方式的最明显特征是系统性、持久性、兼容性。系统性是指培养型阅读推广需要根据高校学生的学习生涯设计一套整体系统的阅读能力提升方案，针对各年级的学生，均有相对应的提升方式，使其能够伴随学生成长，不断提升其阅读能力；持久性指的是培养型阅读推广将伴随学生的整个学习生涯，持续不间断；兼容性是指培养型阅读推广目的的完成需要利用到各种阅读推广方式，对于培养型阅读推广来说，其他阅读推广方式是其实现目的的手段，与其并无任何矛盾和冲突。

按照培养型阅读推广的核心任务，可以将其分为两类："习惯养成型"和

---

[*] 本文系 2017 年度中国图书馆学会阅读推广项目"图书馆阅读推广的体系拓展与内涵深化研究"（项目编号：YD2016A05）和 2017 年度辽宁经济社会发展项目"东北振兴视阈下高校图书馆多元化阅读服务研究"（项目编号：2017lslktziglx）研究成果之一。

"能力提升型"。"习惯养成型"属于培养型阅读推广的入门阶段,侧重于读者良好阅读习惯的培育与养成,包括阅读兴趣的激发、阅读对象的选择、阅读时间的固化等。"能力提升型"则是在读者已养成良好阅读习惯的基础上,让读者通过阅读,能够有所收获、各方面能力有所增长,主要包括阅读能力以及知识分析与总结能力、知识创新能力的提升和优秀道德情操的培育等。

1.2　高校培养型阅读推广现状

高校图书馆肩负着人才培养的重任,是开展培养型阅读推广活动的中坚力量,尤其是 2014 年"全民阅读"首次被写入政府工作报告以后,全社会阅读推广活动都达到了一个高峰,高校图书馆的培养型阅读推广活动的形式也愈加丰富,内容愈加充实,读者的参与程度也越来越高。

2015 年举办的首届高校图书馆阅读推广案例大赛是对各高校图书馆开展的培养型阅读推广活动的一次集中展示和阶段总结,如北京大学的"书读花间人博雅"、吉林大学的"白桦书声"、澳门大学的"开卷有益"等活动属于"习惯养成型",而中原工学院的"阅读学的教育与探索"、西南政法大学的"法府书香"等则是以能力提升为主要目的[1]。2014 年对财经类高校图书馆阅读推广活动的统计结果也表明,新书推介、读书沙龙、名家讲座等培养型阅读推广占据了 12 类阅读推广活动的主体[2]。另外,据调查显示,2015 年辽宁 41 所本科高校开展的读书节活动中,都可以找到培养型阅读推广的身影,其形式有阅读竞赛、图书推介、名家讲坛、专题书展等[3]。

相对于培养型阅读推广实践活动的如火如荼,相关理论研究则略显薄弱,以"培养型阅读推广"为关键词在 CNKI 和万方学术平台中检索得到的结果为零,但与之相关的研究却早已开始,比如儿童阅读领域的分级阅读研究,在 2008 年就已经形成完整的阅读能力培养体系和标准,对于高校培养型阅读体系的构建具有很大的参考价值。上海交通大学图书馆的杨莉、烟台大学图书馆的周兵等学者在研究中也注意到不同年级大学生的阅读能力、阅读倾向有着明显不同,图书馆应该制定系统的、更有针对性的阅读培养策略。从众多专家学者的研究成果中,不难看出,有关培养型阅读推广的研究虽然目前还不是很成熟,但已经有越来越多的业内学者开始关注培养型阅读推广的研究,培养型阅读推广的理论体系也必将日趋完善和丰富。

1.3　培养型阅读推广是高校图书馆阅读推广的责任与使命

"人才强国"是我国在 21 世纪最重大的发展战略,高校在这一战略中,具有极其重要的地位,是人才培养的主要阵地。高校图书馆作为高校人才培养的重要支柱，拥有庞大的阅读资源，应为学校的人才培养提供相应的支撑，这也是国家与社会赋予高校图书馆的责任与使命[4]。

1.3.1 注重学生阅读习惯的养成 培养学生的阅读习惯，必须要激发学生的阅读兴趣，有了兴趣才能使阅读成为爱好，再逐渐形成习惯。图书馆从来不缺乏优质资源，其需要考虑的是如何让学生知道并能利用这些阅读资源，这是图书馆开展培养型阅读推广活动的初衷。比如每年推出经典阅读书目、举办读书沙龙、评选读者最喜欢的图书等活动，都是帮助学生确定读什么书和引导其具体如何读书的有效方法，可引领学生热爱阅读和正确阅读[5]。

1.3.2 加强学生阅读能力的提升 学生提升阅读能力，要泛读和精读相结合，不仅要有广博的知识面，还要学会对阅读的内容进行深层次分析与思考、归纳与总结，让所读每一种书的内容都能成为自己的知识储备。针对这一点，图书馆可以开展经典读书沙龙，以便加深研讨和理解，同时开展书评、读后感等征文类比赛，通过研讨和评论的手段，将学生引入深度阅读[6]。

1.3.3 激发学生的创新思维 创新性思维的产生，需要契机来激发，图书馆开展培养型阅读会带给学生很多这样的契机和灵感，比如读书嘉年华将多项活动以游戏的方式串联在一起，牵一发而动全身，学生在通过思考获取线索的时候，思维会不断地跳跃、碰撞，非常容易激发创新的灵感。再如，图书馆会发布一些书签设计、logo 设计方面的征集，也是对于学生创新思维的一种激发。

1.3.4 培养学习型人才 学习型人才的观察指标有二，即学习态度与学习方法。态度尤为重要，因为态度决定了读者是否为学习型人才，而方法只是影响其学习和成长改变的速度。态度代表能够持续主动学习的愿望，通过培养型阅读推广，首先使学生树立正确的读书目的，进而激发学生浓厚的阅读兴趣，只有目的明确才会拥有强烈的阅读欲望和兴趣，才能够不断地从阅读中汲取知识和力量，实现自身知识体系的不断更新，适应社会环境的改变[7]。图书馆的阅读推广不仅要授人以鱼，而且要授人以渔，通过阅读指导教会学生阅读，让学生学会进行探究性的、建构性的、学生能够自我检验和控制的有效阅读的方法，使其阅读的过程不仅是知识探究和建构的过程，还是不断检验和掌握学习方法、提高自学能力的一个过程。因此培养阅读能力是成为学习型人才的有效途径，它必将为学生将来适应学习型社会打下坚实的基础。图书馆的阅读推广的目标即在于此。

2 沈阳师范大学图书馆培养型阅读推广实践

沈阳师范大学（下文简称"沈师大"）图书馆开展培养型阅读推广有多

年的历史，从初期的零散、生涩到现在的体系化、正规化、成熟化，在开展培养型阅读推广的道路上，积累了大量的经验，以下从 3 个方面进行阐述。

2.1 培养型阅读推广理念的奠基与深入

要做好培养型阅读推广，首先要做好理念的奠基与深入，即为什么而推广，如何让培养型阅读推广活动为读者所熟知和接受。沈师大图书馆在开展培养型阅读推广之前首先确立了"以读者为中心"的服务宗旨，开展的各种形式的阅读推广活动都以服务读者、提升读者综合素养为目的，秉持这样的理念，图书馆开展了一系列的活动，让培养型阅读推广活动影响日广，受众日多。

2.1.1　培养型阅读推广理念的提出与完善　2015 年初，沈师大图书馆主办了以"多元推广创品牌，校园阅读正当时"为主题的东北地区高校图书馆阅读推广培训班，全馆馆员和广大读者通过聆听各位阅读推广专家的精彩解读，与诸多同行的思想进行了碰撞，了解了什么是阅读推广、开展阅读推广在人才培养上的意义，初步形成了图书馆自己的阅读推广理念和体系，为在读者中广泛开展培养型阅读推广奠定了理论基础和群众基础。

2.1.2　培养型阅读推广理念的宣传推广　继阅读推广培训班的成功举办之后，为进一步宣传培养型阅读推广的服务理念，扩大阅读推广的受众范围，让更多的人加入到阅读推广活动中来，加快培养型阅读模式的扩散速度，沈师大图书馆提出了"阅燃星火，共享书香"阅读推广人行动计划，取"星星之火，可以燎原"之意，组建了图书馆自己的阅读推广人队伍，并且成功完成了 2015、2016 年两届阅读推广人的招聘，其中既有学校的特聘教授，又有教学一线的普通讲师；既有图书馆致力阅读实践的馆员，也有热爱读书的青年学子；既有在商海叱咤风云的企业家，又有蜚声文坛的知名作家。阅读推广人覆盖了各个层次、各个领域、校内校外的读者，他们用自己对阅读的热爱、对阅读推广事业的热忱，迅速影响和聚拢了大批的读者，让他们从此走上阅读的道路，爱上读书，这也成为沈师大图书馆推广培养型阅读理念最为有效的手段和方式。

2.1.3　培养型阅读推广理念的成熟与践行　沈师大图书馆培养型阅读推广模式从产生到实际应用，再到大面积推广，其发展过程可以说是非常迅速的。为了检验自身阅读推广的成效，沈师大图书馆承办了以"推广阅读文化，弘扬大学精神"为主题的辽宁省第二届高校图书馆阅读推广案例大赛和 2016 年东北地区高校图书馆阅读推广理论与实践交流研讨会。在阅读推广案例大赛中,沈师大图书馆提交的"奉天烽火,盛京记忆——纪念抗战胜利70周年主题阅读""阅燃星火,共享书香——阅读推广人行动计划"两个案例均获得了一等奖,充分证明了沈师大图书馆的培养型阅读推广活动的卓越成效。而在2016年阅读推广理论与实践交流研讨会上,沈师大图书馆通过与众多优秀案例的学习与交流,进一步完善了自己的培养型阅读推广的理论体系,开拓了眼界和思路,在理论和实践两个方面逐渐走向成熟。

2.2 培养型阅读推广活动的立体多元化

2.2.1 活动主题多元化 读者的阅读兴趣和方向不尽相同,针对读者设置不同的阅读活动主题,才能达到吸引读者的目的,实现培养读者阅读习惯、提升其阅读能力的目的。沈师大图书馆在选取主题的时候,充分考虑到了这一点,例如每周推出"文汐阁"主题书展,目前已经推出21期,每期主题或是时事热点,或是传统文化,或是实用技巧,或是名著赏析,不断推陈出新,抓住学生的阅读兴趣与口味。此外,每年开展的读书季活动主题也会不断变化,例如2015年的"奉天烽火,盛京记忆"纪念抗战胜利70周年主题阅读,2016年的"创·青春"创新创业主题阅读,在大型主题活动中,还穿插着如纪念莎士比亚主题阅读、纪念长征胜利80周年等配合重大节日和纪念日开展的小型阅读主题活动。

2.2.2 活动模式多元化 在开展培养型阅读推广活动的过程中,沈师大图书馆采取了丰富多彩的活动模式,既有比较传统的书展、书评、读后感、读书沙龙等(如自2014年开始、已经连续三年举办的大学生读书爱书推荐活动,以竞赛的形式培养学生的读书热情),又有充满创意的创新型活动,如2015年的沈阳城市文化穿越之旅和2016年的沙漠穿越拓展训练,采用走与读结合的方式,让学生亲身感受行走阅读的魅力;又如每年开展的读书嘉年华,将游戏与经典阅读相结合,让枯燥深奥的经典阅读变得生动有趣,寓阅读于游戏之中;再如以人为书的真人图书馆活动,目前已经开展了数十期,深受读者的欢迎,等等。

2.2.3 活动形式立体化 阅读发展到今天,早已突破了传统意义上的纸质阅读,发展为集音频、视频、纸媒于一体,带有多媒体阅读、移动阅读、微阅读等多种标签的立体化阅读行为。针对阅读开展的阅读推广活动自然拥有了更加丰富与多元的活动形式。例如2016年沈师大图书馆在莎士比亚逝世300周年之际为纪念他而开展的一系列阅读推广活动,有充满趣味的、以"莎士比亚的足迹"为主题的图书馆抢"位"战,有格调高雅的莎士比亚经典剧目演出，也有带着学术味道浓厚、由国家一级导演王延松教授主讲的莎士比亚作品赏析，还有对于莎士比亚作品的全媒体揭示，包括影片展与作品展。这些花样繁多的活动形式，紧紧围绕在一个纪念主题之下，给读者带来了一次触动其所有感官的立体化阅读盛宴。此外，围绕"书香中国""一带一路"等主题，图书馆开展了系列书画、摄影、剪纸作品展以及"书海寻径，辩途争霸"主题辩论赛、"品一抹古韵，绘一路人生"读书计划大赛、"以书为友，以书会友"等活动。通过书展、影展、嘉年华、讲座、沙龙，多角度、多媒体、多形式地全面展现中心主题，让读者多感官、全方位体会阅读的魅力，从而达到培养型阅读推广的目的与效果。

2.3 养型阅读推广活动的长期持续性

不同于其他活动，培养型阅读推广以培养读者阅读习惯、提升其阅读能力为目的，不是一时之功，需要长期坚持，才能取得较好的效果。沈师大图书馆坚持培养型阅读推广的长期持续性，着重在以下3个方面予以保障：

2.3.1 领导层高度重视 培养型阅读推广活动的长期持续，离不开各级领导的支持与重视。首先是学校领导层面的关注，每年年初，学校负责图书馆工作的副校长都会亲自来图书馆，倾听关于开展阅读推广活动的计划与安排，给予指导性意见，并从自己的办公经费中划拨专款，以保障活动的顺利开展。此外，每当图书馆开展重大的阅读推广活动，学校领导均会亲身参与，并帮助协调相关职能部门全面配合图书馆的活动。其次是馆领导的重视，近年来，全面广泛地开展培养型阅读推广活动已经被图书馆确定为工作重心，并在政策、经费、人力上加大投入，保障阅读推广活动的长期持续开展。

2.3.2 设立专业部门，实现推广活动专业化 大学生的第一课是从图书馆开始，为做好新生的图书馆指南，有效开展图书馆阅读推广活动，2015-2016年，图书馆相继成立了阅读推广部和读者活动部，分别负责阅读推广活动的总体策划与具体执行。在此基础上，又跨部门成立了4个阅读推广组，即资源组、影音组、基地组和社团组，既分工明确，又统筹合作，从组织安排和人力配置上充分保证培养型阅读推广活动的长期持续开展，并将阅读推广活动推向常态化。

2.3.3 注重品牌培育，做好长期规划 做好培养型阅读推广，保持其长久持续地开展，最为有效的方式即为打造自己的品牌活动，扩大其影响力，保持主题与形式上具有延续性，增加读者对活动的熟悉感，形成相对固定的模式，这样就比较容易坚持，且可常年开展。如沈师大图书馆在每年四月份举办"大学生读书文化节",已经连续举办7届。又如由借阅部负责的"文汐阁"主题图书推荐,已经举办了22期,读者已经习惯到馆后先去主题书架转一转,看有没有感兴趣的图书。此外还有"好书角""真人图书馆"等多个活动也是图书馆着力打造的品牌活动,长久以来在读者中已经产生了较大的影响。

2.3.4 加大创新力度,保持生机活力 培养型阅读推广活动要保持长久旺盛的生命力,除了要打造自己的品牌活动之外,还要在推广形式与内容上不断创新,不断寻找能够吸引读者关注的亮点。沈师大图书馆在推广模式的创新上可谓煞费苦心,采取了多种办法,以书展、图片展、影展、报告、交流、竞赛等传统阅读推广形式为基础,不断融入游戏、微旅行等充满乐趣的流行元素,充分调动学生的参与热情,激发学生阅读兴趣,达到引领阅读的效果。例如提出"四季阅读"的概念,即读书季之春意盎然、毕业季之夏日如火、迎新季之金秋硕果、文化季之冬日暖流,一举打破了过去每年只在大学生读书文化节搞活动的惯例,四季阅读与自然季节的更替相呼应,将培养型阅读推广活动覆盖了一年四季。经典阅读方面,2016年邀请著名作家鲍尔吉·原野推荐10部他眼中的经典,并围绕10部经典作品开展了原野老师"经典十日谈"活动,连续10场讲座极大提升了学生阅读经典的技巧和能力。对于研究生层面阅读能力的提升,沈师大图书馆也尝试了新的模式,开展了"科研与信息素养精英训练营"活动。活动经过"寻找科研人——训练营营员招募;科研起航梦——训练营开营仪式;实力大摸底——考试与问卷调查;科研加油站——全谱段递进式培训;科研面对面——青年学者分享会;科研收割季——成果大检验;携手共前行——科研分享走读会"7个过程,通过专家教授为营员做"编辑规范与论文写作"等讲座、学科馆员为营员做信息检索与论文写作相关培训、校内青年教师与营员面对面交流学习科研的经历与经验等系列活动,使研究生科研素养和能力得到了提高。

3 培养型阅读推广形式存在的问题与建议

虽然沈师大图书馆开展的培养型阅读推广活动内容丰富、形式多样,但总体看来,活动的统筹和整体安排上也存在许多不足,还有许多地方需要进一步提升。

3.1 系统性不足

目前,培养型阅读推广最大的问题就是系统性不足,体现在两个方面:

①在整体设计上,很少有学校能够设计出整套针对本科生、研究生所有层级阅读能力提升的培养方案,诸多活动的设计缺乏层次感和持续性,看不出递进关系;②各个活动之间缺乏联系,很多活动比较散乱,尤其是多部门同时进行推广时,缺乏统筹机制,如一些重大纪念日,有的部门推出相关纪念活动,但主题各不相同,还有的部门则开展其他与纪念日无关的主题活动,没考虑到协调配合,明显缺少沟通。

要提升阅读推广活动的系统性,达到培养型阅读推广的目的,需要改变目前阅读推广活动的设计模式,以学生从入学到毕业整体学习生涯为周期,制定不同阶段的阅读能力标准,并依据标准开展相对应的活动,对散乱的活动进行系统整合。

3.2 缺少长远规划

由于培养型阅读推广这种阅读推广形式出现的时间并不是很长,各个单位普遍缺少长远规划,沈师大图书馆在这一点上也存在同样的问题,往往是上一年度末或当年年初策划全年的阅读推广活动,并没有比较长远的规划,这样就使各年度之间的主题缺少计划性和连续性,这对于提升读者的阅读技能是极其不利的。要保持培养型阅读的长期持续性,目前最好的办法是确立一种可以长期坚持的阅读活动,让读者可以接受持续系统的阅读技能培养,如开设阅读课,中原工学院的张怀涛馆长多年来一直坚持阅读学的教育,面向全校本科生的通识选修课"阅读学"开设了6年,比较成熟和完善,取得了非常好的效果[8]。

3.3 反馈与评价机制不完善

目前,大多数院校都开展了培养型阅读推广活动,但对于活动效果的收集反馈和评价却不甚重视,不成体系。沈师大图书馆建立了一套阅读推广的评价机制,但并不完善,仅有读者留言、参与人数、问卷反馈等几种评价指标,无法对活动效果进行有效全面的评价,不利于经验的沉淀与积累,并影响后续活动的开展。畅通反馈渠道,完善评价机制,是沈师大图书馆以及其他高校图书馆开展培养型阅读最为关键的工作。

4 结语

培养型阅读推广是图书馆阅读推广的责任与使命,也是图书馆不可推卸的义务和永恒的主题。沈师大图书馆通过近几年的摸索与实践,已经在开展培养型阅读推广方面取得了明显成效,其具体做法和经验符合高等教育中学习分析与自适应学习技术的发展方向，更符合注重学习测量的教育发展趋势，可为高校图书馆同行所借鉴和参考。广泛开展培养型阅读推广活动，是目前阅读推广活动的核心目标之一，能够使高校图书馆重新找到在当今时代的意义和定位。

参考文献：

[1] 孙燕.首届全国高校图书馆阅读推广案例大赛分享和心得［J］.内蒙古科技与经济，2016，（1）：136-137.

[2] 靳峥.财经类高校图书馆阅读推广活动调研及策略研究［J］.图书馆工作与研究，2015，（11）：83-87.

[3] 贾丽萍.辽宁省高校图书馆阅读推广活动的调查与分析［J］.图书情报导刊，2016，（2）：49-52.

[4] 董泽芳.高校人才培养模式的概念界定与要素解析［J］.大学教育科学，2012，（3）：30-36.

[5] 卢容.高校图书馆开展阅读推广服务的问题与对策［J］.农业图书情报学刊，2015，（12）：169-172.

[6] 姚林群.阅读能力表现、要素、水平与指标［J］.教育发展研究，2012，（Z2）：35-39.

[7] 张少良.论学习型人才及其素养［J］.河北经贸大学学报（综合版），2003，（1）：86-88.

[8] 张怀涛王晓美，朱振宁.以"阅读学"课程推进阅读推广［J］.河北科技图苑，2016，（6）：76-78，82.

作者贡献说明：

胡永强：确定研究思路，拟定论文提纲，撰写论文；
赵锦辉：搜集信息资料，修改论文内容，审阅校对。

作者简介

　　胡永强（ORCID：0000-0002-6131-3356），采编部主任，副研究馆员，硕士，E-mail：4217394@qq.com；赵锦辉（ORCID 0000-0001-9487-4400），馆员，硕士。